大学教师海外流动与学术发展

○○● 刘 琳 著

上海社会科学院出版社
SHANGHAI ACADEMY OF SOCIAL SCIENCES PRESS

序　言

大学教师的跨国流动虽然并非一种新现象，但近年来中国高校日益青睐归国留学人员却也是不争的事实，一些青年教师更是蜂拥前往欧美知名大学以访学或合作研究的形式谋求学术上的精进。刘琳的这本著作，就是尝试探讨海外经历对高校教师的学术发展是否有影响、有何影响以及如何影响等问题。

为解决这一问题，本书采用计量模型探讨了海外流动经历对大学教师学术素养、学术网络、学术成果产出和学术地位获得的影响效应，并采用中介效应检验方法，发现海外流动经历有助于促进大学教师学术素养的提升与学术网络的构建，从而间接地对大学教师的学术成果产出和学术地位获得产生影响。在此基础上，本书还进一步分析了单一的海外访学、海外博士、海外工作经历，以及双重的"海外博士和工作"经历这四种不同类型的海外经历对大学教师学术发展的异质性影响。为进一步验证量化研究的发现，本书还结合访谈资料做了进一步的分析与讨论。

当然，不管是单一个体教师还是一个学科专业教师群体的学术发展，都是多因素共同持续作用与影响的过程。天赋、品性、勤奋、理想与信念等个体因素与制度、环境、文化以及群体间的人际互动模式等社会因素，都会交互性地对每位教师的学术发展产生或正向或反向的影响作用。刘琳的著作选择以海外经历作为一个分析主线，综合地考察了各种内、外部影响因素交互作用的内在机制，无疑是一个很好的尝试，也为教师学术发展这一领域的研究增添了新视角、新方法与新发现。

对于刘琳而言，这本著作同样意味着一段崭新的学术生涯的开启。希望她能够一如既往地在教师学术发展领域勤奋地耕耘，持续地发表和出版更多更好的学术成果，为这一领域研究的不断拓展与深化做出自己独特的贡献。

是为序。

荀　渊

2024 年 1 月 4 日于丽娃河畔

前　言

建设一支具有国际视野的高水平师资队伍，对提升中国高等教育发展水平和国家科技创新实力具有重要意义。2022年10月16日，习近平总书记在党的二十大报告中再次强调要“深入实施人才强国战略，完善人才战略布局，加快建设世界重要人才中心和创新高地，着力形成人才国际竞争的比较优势，把各方面优秀人才集聚到党和人民事业中来”。为聚揽一流人才，21世纪以来，中国各级政府部门和高等学校已出台了一系列针对海外高层次人才的支持政策。与本土教师相比，海归教师往往在求职、晋升、薪资待遇与研究条件等方面享有政策优势。在此背景下，寻求海外流动成为大学教师获取更多学术发展机会的策略选项。据教育部统计，中国已于2017年实现了出国留学与回国服务规模的双增长，其中“2017年度出国留学人数首次突破60万大关，达60.84万人，同比增长11.74%；同年留学回国人数较上一年增长11.19%，达到48.09万人”。当前中国高水平大学中的海归教师数量已初具规模，并呈日益增长态势。关于学术人才国际流动原因的研究发现，学术发展是决定学术人才去留的首要因素。如果海归教师不能获得良好的学术发展，很可能会出现归国再出国的现象，这不仅影响现有海归教师队伍的稳定，也不利于后续海外人才的引进。因此，考察中国海归教师的学术发展情况及其影响机制并提出相应对策，就成为当下亟待解决的现实问题。

本书借助科学社会学的研究成果，构建了海外流动经历影响大学教师学术发展的理论分析框架，以任职于中国35所A类“双一流”建设高校的专任教师为研究对象，采用量化主导混合的研究方法，考察了中国高水平大学教师海外流动的现状及其对大学教师学术发展的影响与作用机制等问题。具体议题包括：近40年来，中国“双一流”建设高校教师参与海外流动与海外回流的现状如何？呈现出什么样的演变趋势？海外流动经历对大学教师的学术素养、学术网络、学术成果和学术地位有何影响？海外流动经历对大学教师学术发展的影响效应是否存在学科、性别和年龄差异？单一的海外访学经历、海外博士经历、海外工作经历与双重的“海外博士和工作”流动经历对大学教师学术发展的影响效应是否存在差异？海外流动经历对大学教师学术发展的影响机制是什么？对此，本书的基本内容与观点如下。

首先，通过分析中国“双一流”建设高校教师海外流动与海外回流的现状及演变趋势发现，近40年来，中国“双一流”建设高校教师海外流动的规模平稳上升，并呈现向世界一流大学集聚的发展态势，当前已有近七成教师拥有海外流动经历，其中近八成教师流向Top200的世界一流大学，呈现出“流动规模大，流动质量高”的特点。从流动类型来看，目前“双一流”建设高校教师以海外访学流动为主，海外博士流动和海外工作流动的比例偏低，但随着教师年轻化，海外访学流动的比例将逐渐降低，海外博士流动和海外工作流动的比例将逐渐提升。从流动方向来看，北美尤其是美国，一直是中国大学教师海外流动的中心，但有弱化趋势；欧洲正在替代美国成为中国新一代学者海外流动的主要目的地；东亚作为中国大学教师海外流动的亚中心呈现出先升后降的发展趋势；“一带一路”共建国家对中国大学教师的吸引力虽然一直较低但有上升趋势。随着中国政治经济环境趋于稳定，中外学术实力的差距日渐缩小以及海外引智政策的实施，近40年来，中国“双一流”建设高校的回流教师规模逐步扩大，回流质量逐步提高。然而,回流者多为刚刚获得海外博士学位或仅拥有海外博士后经历的青年学者,年长的高端海外学术人才回流比例一直很低。

其次,系统探究海外流动经历对大学教师学术发展的影响发现,虽然海外流动提高了大学教师的学术素养,优化了其海外学术网络,但也削弱了大学教师的本土学术网络,并因学术场域的变更引发海归教师的归国适应问题。这些消极影响导致海归教师并未产出更高数量的学术成果,在学术地位获得,尤其是高级别的职后地位获得方面也并无显著优势。在中国的学术场域中,能否入选高级别人才项目主要取决于大学教师的学术成果和本土学术网络。海外流动经历本身并不能提升大学教师的学术发展水平,如果海归教师不能建构起良好的本土学术网络,不能将跨国资本优势和政策支持优势转化为高产的学术成果,那么其依然无法在高水平的学术竞争中胜出,这一点不因学科、性别、年龄阶段和流动类型而异。相比人力资本,社会资本对大学教师学术发展的影响作用更大,并且本土学术网络对本土学术发展的影响作用大于海外学术网络。总体而言,“结构洞”并不适用于中国以集体主义为特征的社会文化和以高度承诺为特征的组织文化。

最后,基于以上研究发现,本书提出虽然海外流动经历没有提升大学教师个人的学术发展水平,但海外流动的学术人才培养功能和海外学术网络建构功能对提升中国高校的师资队伍水平、推动中国高等教育融入全球学术网络具有重要意义。面对后疫情时代逆全球化趋势的挑战,中国需要坚持并扩大教育对外开放,探索多元的高等教育国际化发展道路。与此同时,中国需要意识到海外流动会带来人才流失的潜在风险,对海归教师的政策优待也会引发本土教师的不平衡心理,并诱发本土优秀学子热衷于追求海外学位或海外博士后经历,导致中国本土博士生源质量下降和博士后高薪难聘等问题。依托海外学术机构培育高端学术人才只能作为权宜之计,要实现高等教育强国的战略目标，最根本的是要改革本土高校的学术人才培养体系，提升高端学术人才的自主培养能力。中国量化主导的学术评价制度和根深蒂固的人情文化既在一定程度上阻碍了海归教师的学术发展，也不利于吸引海外华人学者回国。未来中国亟须通过学术评价制度改革，营造出一个可以惠及所有教师的健康学术发展环境，并将环境营造而非薪资待遇作为吸引海外人才回国的根本策略。

与已有研究相比，本书的创新之处在于以下三点。(1)研究对象与分类创新。与已有研究仅关注少数精英海归教师或某类海归教师不同，本研究将研究对象扩展至任职于中国“双一流”建设高校的专任教师，着重关注普通海归教师的学术发展情况，并将海外流动分为海外访学、海外博士、海外工作、海外博士/工作①四类，进一步分析不同类型的海外流动经历对大学教师学术发展的异质性影响。(2)研究方法与视角创新。与已有研究多采用文献计量方法与履历分析方法收集数据资料不同，本研究主要采用问卷调查和访谈调查方法收集数据，以确保数据资料可以更全面地覆盖研究所需信息。在研究视角方面，与已有研究多从纵向视角探讨海归教师的学术收获不同，本研究进一步从横向视角对比了海归教师与本土教师的学术素养差异，借此回应了社会上对海归教师真实学术素养水平的质疑。(3)研究内容与技术创新。与已有研究仅关注学术发展的某一维度不同，本研究全面探讨了海外流动经历对大学教师学术素养、学术网络、学术成果和学术地位的影响，并采用中介效应检验方法，探讨海外流动经历是否会通过影响大学教师的学术素养、学术网络进而影响学术成果产出并最终影响学术地位获得，揭示了海外流动经历对大学教师学术发展的影响机制。

---

① 指具有海外博士和海外工作双重经历(但不包含同时具有海外访学、海外博士、海外工作三重经历)，而前三者指仅有单一经历。

目　录

第一章 绪 论

第一节 问题缘起与研究意义

一、问题缘起

随着全球化进程的深入推进，新一代信息技术引领的科技革命迅速到来，培养与造就创新型人才成为国家参与全球经济、科技竞争的制胜法宝，高端学术人才已经成为世界各国极力招揽的重要资源。世界各国纷纷推出系统性的人才战略与配套政策，如采取特殊移民政策，加大研究资助与税收优惠，制订专项行动计划等，极力吸纳高水平学术人才跨国流动。在这场世界范围的人才争夺战中，中国长期处于人才流失的不利境地，大批留学人才滞留海外①，导致中国在相当长的一段时期内，在国际科技创新和以创新为支撑的高科技产业领域处于相对落后的局面。为扭转这一局面，20 世纪 90 年代以来，中国各级政府部门先后出台数十项海外高层次人才引进政策，尝试通过住房保障、家属安置、薪资待遇、研究支持、职称晋升等多项优惠条件，吸引海外人才回国就职。许多高水平大学也越来越重视教

① 李梅.中国留美学术人才回国意向及其影响因素分析[J].复旦教育论坛，2017(2):79－86.

师的海外背景，不仅在招聘环节优先录用具有海外经历的教师[①]，而且在职称晋升环节将海外经历作为必要条件。[②]在这样的政策背景下，寻求海外流动经历成为大学教师获取更多学术发展机会的策略选项。在本研究的访谈对象中，有7位受访教师表示“满足求职与职称晋升的需要”是其选择海外流动的主要原因，占所有受访海归教师的26.92%，还有18位受访教师表示期望通过海外流动“获得更好的学术训练，实现更高的学术素养增值”，占所有受访海归教师的69.23%。虽然后者主要是出于学术成长的目的选择海外流动，但实际仍是希望通过获得更高的学术素养增值来提高在本国学术劳动市场的竞争力。那么海外流动经历究竟能否促进大学教师的学术发展？其又是如何产生影响的呢？

在学术界，自20世纪60年代伦敦皇家学会首次提出“人才流失”(brain drain)这一概念以来，关于学术人才海外流动的研究成果便不断涌现，但已有研究主要从宏观的国家发展视角出发，重点探究海外流动的原因[③]、流动模式的变化及其对流入国与流出国分别有什么影响[④]。包括中国在内的发展中国家因长期处于人才流失的不利境地，学者们往往将研究焦点置于海外人才回流的意愿与影响因素[⑤]，已经回流的海归学者的规模、质量与区域分布特征[⑥]，以及如何吸引

① 秦建国.高校青年教师招聘歧视现象调查分析：以2014年北京“211”高校教学科研岗应届毕业生(博士后)招聘为例[J].北京青年研究，2015，24(4)：50-59.

② 曾婧婧，邱梦真.当前我国高校教师职称评聘的特点：基于20所“985工程”高校的职称评聘细则[J].现代教育管理，2016(10)：73-80.

③ Chen T, Barnett G A. Research on International Student Flows from a Macro Perspective: A Network Analysis of 1985, 1989 and 1995[J]. Higher Education, 2000, 39(4): 435-453.

④ Gaillard A M, Gaillard J. The International Circulation of Scientists and Technologists: A Win-lose or Win-win Situation? [J]. Science Communication, 1998, 20(1): 106-115.

⑤ 魏立才.海外青年理工科人才回国流向及其影响因素研究[J].高等教育研究，2019，40(6)：25-33.

⑥ 杨芳娟，刘云.青年高层次人才引进特征与质量分析[J].科研管理，2016，37(S1)：238-246.

海外学术人才回国服务①,如若不能回国服务则要如何发挥侨民网络的作用使其为国服务等②,以便为相关决策者制定海外引智政策提供参考依据。另有许多学者基于工具主义理性研究海归学者的作用发挥情况,如海归教师是否促进了母国的高等教育国际化③,是否带动了母国的学科发展④,是否有更高的科研产出⑤和有利于本科教学质量等⑥,试图通过这些研究检验高额的海外引智投入是否收到了预期回报。基于人本主义从微观的个人发展视角探讨海归教师学术发展的研究起步较晚、成果较少。一项将考察范围限定于英文国际期刊发表的研究成果的元分析发现,"国际流动对科学家职业的影响"已成为一个非常新颖且日趋活跃的研究议题,最早关于这一议题的研究成果发表于 1994 年,并在 2008 年之后开始呈现较为活跃的研究态势,但截至 2019 年,相关研究成果依然不足百篇(具体发文变化趋势见图 1-1)。⑦中文研究成果的变化趋势也大致如此。可见,虽然关于海外流动的研究早已有之且成果丰硕,但直到 2008 年,尤其是 2013 年之后,才有越来越多的学者从人本角度出发关注海归教师的学术发展问题。

---

① 阎光才.海外高层次学术人才引进的方略与对策[J].复旦教育论坛,2011, 9(5): 49 - 56.

② 黄海刚.散居者策略:人才环流背景下海外人才战略的比较研究[J].比较教育研究,2017, 39(9):55 - 62.

③ 余荔.海归教师是否促进了高等教育国际化:基于"2014 中国大学教师调查"的研究[J].高等教育研究,2018, 39(8):66 - 76.

④ 杨洋,李峰.知识移植与本土转向:以留美生与清华大学政治学的构建为例(1926—1937)[J].华侨华人历史研究,2019(3):81 - 92.

⑤ 叶晓梅,梁文艳.海归教师真的优于本土教师吗?:来自研究型大学教育学科的证据[J].教育与经济,2019(1):75 - 86.

⑥ 马莉萍,张心悦.研究型大学海归教师与本土教师本科教学质量的比较研究[J].中国高教研究,2020(10):54 - 61.

⑦ Netz N, Hampel S, Aman V. What Effects does International Mobility Have on Scientists' Careers? A Systematic Review[J]. Research Evaluation, 2020, 29(3):327 - 351.

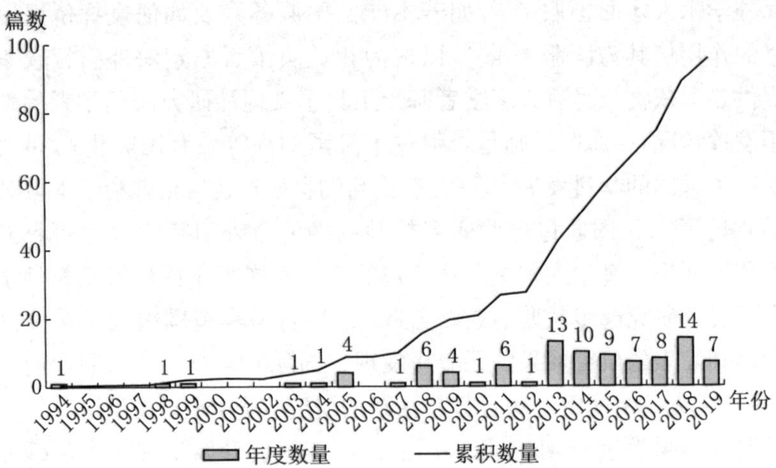

图 1-1 “国际流动对科学家职业的影响研究”的英文成果数量变化趋势

资料来源：Netz N，Hampel S，Aman V. What Effects does International Mobility Have on Scientists' Careers? A Systematic Review[J]. Research Evaluation，2020，29(3)：327－351.

之所以如此，一方面是由于已有关于海外流动的原因、影响因素、流动模式及其国家发展效应等议题的研究成果已经非常丰富，学界也已得出较为一致并被普遍接受的研究结论，继续研究这些议题的创新性不大；另一方面是由于自 20 世纪 90 年代以来，尤其是进入 21 世纪之后，学术人才的全球流动开始由边缘向中心的单向人才流失模式转向更为复杂、分散的双向或多向的人才环流模式(brain circulation)。① 以中国为代表的传统人才流失国开始吸引大量海外人才回国服务。例如，2017 年，《人民日报(海外版)》刊登的《中国迎来最大规模“海归潮”》一文就提到：“10 年前，中国每送出 3 个人出国留学，迎回 1 人；如今，出国与回国人数比例已从 2006 年的 3.15∶1 下降到 2015 年的

① 黄海刚.从人才流失到人才环流：国际高水平人才流动的转换[J].高等教育研究，2017，38(1)：90－97.

1.28∶1,且呈现人才加速回流态势。随着中国国际影响力不断扩大,高学历、高层次人才回流占比明显提升,中国正在经历新中国成立以来最大规模的海外人才回归潮。"①本研究的问卷调查发现,目前在中国"双一流"建设高校中,拥有连续一年及以上海外流动经历的教师已经占到70.7%,海归教师已经成为中国高水平大学教师的主体力量。已有关于海外流动原因的研究发现,无论是人才外流还是人才回流,其首要影响因素都是个人学术发展②。换言之,如果海归教师在母国不能获得良好的学术发展,很可能会出现归国再出国的现象。这不仅影响现有海归教师队伍的稳定,也不利于后续海外人才的引进。显然,在海外回流人才队伍已经初具规模且日趋扩大的时代背景下,比起关注如何吸引海外人才回国服务,关注如何促进海归教师的学术发展以稳定现有的海归教师队伍更为重要。只要已经回国的海外人才可以获得良好的学术发展,那么便可通过"示范效应"吸引更多的海外人才回国服务。这意味着,包括中国在内的发展中国家,尤其是部分已经迎来海外人才大规模回流的发展中国家,应该将人才战略的重心逐步从"重引进"转向"重培养""重作用发挥"。因此,研究海归教师的学术发展问题不仅更具人文关怀精神,也更具政策启发意义。

由于起步较晚、成果较少,目前关于这一议题的研究尚不成熟,已有研究也尚未得出一致结论,甚至呈现出截然相反的观点。一种观点认为海外流动经历是大学教师学术发展的催化剂。相关对中国③、

---

① 人民日报(海外版).中国迎来最大规模"海归潮"[EB/OL].(2017-02-28)[2021-11-01]. http://www.mohrss.gov.cn/.zyjsrygls/ZYJSRYGLSgongzuodongtai/201706/t20170601_271816.html.

② Nerdrum L, Sarpebakken B. Mobility of Foreign Researchers in Norway[J]. Science and Public Policy, 2006, 33(3):217-229.

③ Lu X, Hong W, He G X. The Academic and Innovation Productivity of Overseas Returnees: An Analysis Based on the National Survey of Science and Technology Personnel [J]. Fudan Public Administration Review, 2014, 12(2):7-25.

日本①和阿根廷②等国大学教师的研究发现，海归教师的职称晋升速度快于本土教师。支持这种观点的理论基础是科技人力资本理论(scientific and technical human capital)，该理论认为海外流动经历是大学教师积累科技人力资本和科技社会资本的重要渠道，大学教师可以通过海外流动获得独特的知识集，提升个人的学术能力，扩展海外学术网络，这些都是本土教师难以获得的，独特的跨国资本(transnational capital)促使海归教师产出更高水平的学术成果，进而提升学术发展水平或加快学术发展速度。大量实证研究表明，具有海外流动经历的教师在学术表现和国际参与方面均优于本土教师。与本土教师相比，海归教师发表的国际论文数量、发明专利数量、获得的研究项目资助和科技奖励数量更多。

然而，另一种观点却认为海外流动经历对大学教师的学术发展有消极的负面影响。对中国③、西班牙④、爱尔兰⑤、美国⑥和德国⑦大学教师的研究发现，海外流动经历可能会降低海归教师职称晋升的可能性，海归教师的学术生产力也并不显著高于本土教师。对这

① Lawson C, Shibayama S. International Research Visits and Careers: An Analysis of Bioscience Academics in Japan[J]. Science and Public Policy, 2015, 42(5):690－710.

② Jonkers K. Mobility, Productivity, Gender and Career Development of Argentinean Life Scientists[J]. Research Evaluation, 2011, 20(5):411－421.

③ 闵韡.外来的和尚会念经？——“海归”与本土学者职业特征之比较[J].中国高教研究，2019(8):70－76.

④ Cruz-Castro L, Sanz-Menendez L. Mobility versus Job Stability: Assessing Tenure and Productivity Outcomes[J]. Research Policy, 2010(39):27－38.

⑤ Gibson J, McKenzie D. Scientific Mobility and Knowledge Networks in High Emigration Countries: Evidence from the Pacific[J]. Research Policy, 2014(43):1486－1495.

⑥ Payumo J G, Lan G, Arasu P. Researcher Mobility at a US Research-intensive University: Implications for Research and Internationalization Strategies[J]. Research Evaluation, 2018(27):28－35.

⑦ Lutter M, Schröder M. Who Becomes a Tenured Professor, and Why? Panel Data Evidence from German Sociology, 1980－2013[J]. Research Policy, 2016, 45(5):999－1013.

一结果的解释主要有三种：一是海归教师面临本土学术网络缺失与重建的问题①，海外流动经历会使学者在本土研究团队中缺席，从而对学者的学术发展造成不利影响②；二是由于各国学术环境不同，海归教师在海外习得的知识技能可能与母国的学术环境需求不相匹配，导致在海外获得的人力资本无法有效迁移至本土的学术环境之中③；三是在学术系统高度等级化的国度，如法国、日本、意大利和葡萄牙，从海外获取的制度性文化资本并不一定总能得到认可。美国大学的招聘与晋升政策也并未对海外经历做出明确规定，大部分美国科学家认为离开美国不利于他们长远的学术发展，美国的初级学者常常担忧长期滞留海外将会使他们丧失在美国任职的机会。④

如上所述，海外流动经历是一把双刃剑。它既提升了大学教师的科技人力资本，但也可能存在科技人力资本在本土学术环境中失灵的风险；它既扩展了大学教师的海外学术网络，但也使其丧失了建立本土学术网络的机会。大学教师不只是知识生产者，也是嵌入特定社会文化背景中的学术工作者，大学教师的学术发展路径牢牢地嵌入各国特定的学术制度与学术文化之中，海外流动经历对大学教师学术发展的影响因各国的学术体制与学术文化不同而存在差异。从中国的情况来看，受关系主义社会文化的影响，本土学术网络对中国大学教师的学术发展具有非同寻常的意义。已有研究发现，缺乏

---

① Leung M W H. 'Read Ten Thousand Books, Walk Ten Thousand Miles': Geographical Mobility and Capital Accumulation among Chinese Scholar[J]. Transactions of the Institute of British Geographers, 2013, 38(2):311 - 324.

② Morano-Foadi S. Scientific Mobility, Career Progression, and Excellence in the European Research Area[J]. International Migration, 2005, 43(5):133 - 160.

③ Melin G. The Dark Side of Mobility: Negative Experiences of Doing a Postdoc Period Abroad[J]. Research Evaluation, 2005(14):229 - 237.

④ Bauder H. The International Mobility of Academics: A Labour Market Perspective[J]. International Migration, 2015, 53(1):83 - 96.

本土学术网络会延缓中国大学教师的学术发展速度。①相比本土教师，海归教师享有独特的政策优势和海外学术网络的跨国资本优势，但也面临本土学术网络缺失导致的社会文化劣势与在海外积累的科技人力资本难以迁移至中国本土学术机构的风险。那么，海归教师所拥有的独特优势能否突破社会文化劣势的障碍以促进自身的学术发展？

本研究将以中国35所A类“双一流”建设高校的专任教师为研究对象，基于大学教师学术发展的三个理论模型系统研究“海外流动经历对大学教师学术发展的影响”这一核心议题，具体研究以下五个问题：①近40年来，中国“双一流”建设高校教师参与海外流动与海外回流的现状如何？又呈现出什么样的演变趋势？②海外流动经历对大学教师的学术素养、学术网络、学术成果和学术地位有何影响？③海外流动经历对大学教师学术发展的影响效应是否存在学科、性别和年龄差异？④单一的海外访学经历、海外博士经历、海外工作经历，与双重的“海外博士和工作”流动经历，对大学教师学术发展的影响效应是否存在差异？⑤海外流动经历对大学教师学术发展的影响机制是什么？具体而言，海外流动经历是否会通过影响大学教师的学术素养和学术网络进一步影响学术成果产出并最终影响学术地位获得？

二、研究意义

本研究重点探讨了海外流动经历对大学教师学术发展的影响，相关研究结论兼具理论价值与实践意义，具体有以下几方面。

第一，通过研究海外流动经历对大学教师学术素养的影响，对比海归教师与本土教师的学术素养差异，探究海归教师学术素养的收

① Li F, Li T. When International Mobility Meets Local Connections: Evidence from China[J]. Science and Public Policy, 2019, 46(4):518－529.

获表现、收获来源与影响因素，不仅有助于从理论层面理解海外流动的学术人才培养功能，也有助于回应社会和学界对海归教师真实学术素养的质疑，并促使中国本土学术机构客观审视中国本土学术人才的培养质量与培养中存在的问题，明确改进方向，提升培养质量。

第二，通过研究海外流动经历对大学教师学术网络特征的影响，分析海归教师回国后学术网络特征的动态演变，证实了“海外流动是建构海外学术网络的重要途径，但并非唯一途径”和“个体的关系网络是动态变化的，关系网络容量在一定时间范围内是有限的”这两个理论命题，并为“地理流动与关系网络建构”研究提供来自中国的经验材料。社会网络学派基于普通劳动力市场，尤其是企业劳动力市场做出的“信息资源”和“人情资源”划分并不能完整地反映学术网络中的资源嵌入，本研究根据深度访谈资料揭示了大学教师的学术网络中蕴含着“知识生产资源”和“学术认可资源”，丰富了学界关于学术场域的职业网络中究竟嵌入着何种网络资源的理论认识。通过对比大学教师从海内外学术网络动员的资源差异，证实了对本土学术发展而言，本土学术网络比海外学术网络更为重要这一结论。分析海外流动经历对大学教师本土学术网络资源和海外学术网络资源动员的影响及其作用路径，发现潜在的社会资本确实可以为动员的社会资本提供网络结构优势，但这种影响存在文化差异，其中，学术网络顶端对中西方文化都非常重要，但“强关系”更适用于中国“差序格局”的文化特点。这些研究成果不仅有利于深化社会资本理论研究中关于潜在社会资本向动员社会资本转化的理论认识，也为大学教师理性建构、维持个人的学术关系网络提供了经验依据。

第三，通过检验海外流动经历是否通过影响大学教师的学术素养和学术网络进而影响其学术成果产出并最终影响学术地位获得概率，在理论层面揭示了海外流动经历对大学教师学术发展的影响机制，证实了海外流动经历本身并不能提升大学教师的学术发展水平，如果海归教师不能建构起良好的本土学术网络，不能将跨国人力资本优势和政策支持优势转化为高产的学术成果，那么其依然无法在高水平的学术竞争中胜出。研究还发现，学术网络尤其是本土学术网络，对大学教师学术发展的影响更为重要，并明确了认知偏爱机制、人际信任机制和人情交换机制是学术网络的主要作用机制。对这些议题的研究不仅弥补了已有研究仅将社会网络理论应用于普通劳动力市场的不足，拓展了社会网络理论的应用空间，还进一步丰富了学术场域的社会网络理论，有助于学界了解学术网络影响大学教师学术发展的作用机制，洞悉中国学术场域的实然运行状态。在实践层面，本研究得出的研究结论既有助于各级政府部门完善海外引智政策与留学政策，也有助于高校管理者优化教师招聘与晋升政策，完善学术人才培养制度和学术评价制度。研究结论也可帮助研究生和大学教师理性规划自己的学术发展道路，根据自己的实际情况仔细思考到底要不要参与海外流动，在何时通过何种方式到哪里参与海外流动。同时，也可为海归教师理性规划回国后的学术发展路径提供经验启示。

第二节　核心概念界定

一、海外流动

学术人员以求学或求职为目的发生的跨越国家领土边界的移动通常被称为国际学术流动（international academic mobility）或跨国学术流动（transnational academic mobility），也有学者简称为国际流动（international mobility）或跨国流动（transnational mobility）。相比“留学”一词，“国际学术流动”一词的内涵更为丰富。它不仅包括以获得学位为目的的学位型流动，即留学，也包括以求职为目的的职业型流动或以访学、联合培养等方式开展的进修型流动；其流动时长可以是长期的，也可以是短期的；流动阶段可以是正规的求学阶段，也可以是学业结束后的工作阶段。根据上述特点，沈文钦将国际学术流动界定为："研究者在不同职业阶段（博士生、博士后、获教职后）跨境从事学术研究的流动，这一流动可能是短期的，也可能是长期的，在某种情况下会转变为移民行为。"①目前，在中国高校中，真正拥有海外博士学位的教师仅占小部分，而拥有海外访学或海外博士后经历的教师才是中国海归教师队伍的主体。故本研究使用"海外流动"一词，特指大学教师读博以来在国外或境外从事连续 1 年及以上学术研究的长期流动。这一定义包含三层意思。一是强调流动事件发生在读博以来，包括读博期间和获得博士学位后。之所以限定在这一时期，首先是由于学界一般认为博士阶段是学术职业生涯的起始阶段；其次是由于现实中大部分大学教师往往在这一时期首次参与海外流动。二是强调赴国外或境外的地理流动。港澳台地区作为中国领土的一部分，属于境外，不属于海外，但由于中国实行"一国两制"的政策方针，中国内地与港澳台地区分别实施不同的教育制度，并且多项海外高层次人才引进计划明确规定自中国港澳台地区回流的大学教师也可以享受相应的优惠政策，故本研究将赴中国港澳台地区的跨境流动与国外流动纳入同一研究范畴，统称为"海外"，这既与中国的现实情况相吻合，也与已有研究的划分方法保持一致。三是强调流动时间是连续 1 年及以上的长期流动，而不包含不足 1 年的短期流动。为更细致地探讨不同类型的海外流动经历对大学教师学术发展的异质性影响，本研究根据具体的流动类型将海外流动分为：海外访学（含中外联合培养博士生、中外合作研究）、海外博士、海外工作（含博士后）和海外博士/工作四种流动类型。其中，海外博士/工作是指具有海外博士和海外工作双重经历（但不包含同时具有海外访学、海外博士、海外工作三重经历），而前三者指仅有单一经历。

---

① 沈文钦.国际学术流动与中国大学的发展：逆全球化趋势下的历史审视[J].北京大学教育评论，2020，18(4)：47－70.

二、大学教师

广义的大学教师泛指在大学组织中工作的各类人员，如教学科研人员、教学管理人员和图书管理人员等都被称为大学教师。①狭义的大学教师则多从学术职业的视角出发，将其界定为在大学中从事教学科研工作的专业人员。②作为学术职业的从业者，大学教师既是一种职业也是一种志业。正如马克斯·韦伯(M. Weber)所言，学术职业兼具物质性和精神性：其物质性体现在大学教师是一种可以谋生的职业；其精神性体现在大学教师以学术追求为第一要义，将学术追求视为"天职"(calling)，具有志业属性。③本研究采纳狭义的大学教师概念，特指在大学中从事教学科研工作的专职人员，而不包括单纯在大学中从事教辅工作、后勤保障等工作的人员。根据读博以来是否具有连续一年及以上的海外流动经历，将大学教师划分为海归教师和本土教师，并根据具体的海外流动类型，将海归教师进一步细分为海外访学教师、海外博士教师、海外工作教师、海外博士/工作教师四类。各类大学教师的操作性定义详见表 1-1。

表 1-1　教师类别与操作性定义

教师类别	操作性定义
本土教师	在中国大陆(内地)获得博士学位，读博以来无连续一年及以上国外或境外流动经历，现在中国大陆(内地)高校全职从事教学科研工作的非外籍教师

① 吕素珍.现实与超越：大学教师理想角色形象研究[M]. 武汉：华中师范大学出版社，2012：22.

② 付八军.教育散论：付八军教育学术论文集[M]. 杭州：浙江工商大学出版社，2014：6.

③ 马克斯·韦伯.学术与政治[M]. 冯克利，译.北京：生活·读书·新知三联书店，1999：155.

续表

教师类别		操作性定义
海归教师	海外访学教师	在中国大陆(内地)获得博士学位,读博以来有连续一年及以上国外或境外访学经历,现在中国大陆(内地)高校全职从事教学科研工作的非外籍教师,其访学经历包括海外访学、中外联合培养博士生、中外合作研究等
	海外博士教师	在国外或境外获得博士学位,现在中国大陆(内地)高校全职从事教学科研工作的非外籍教师
	海外工作教师	在中国大陆(内地)获得博士学位,在国外或境外有连续一年及以上博士后研究或其他全职工作经历,现在中国大陆(内地)高校全职从事教学科研工作的非外籍教师
	海外博士/工作教师	在国外或境外获得博士学位且在国外或境外有博士后研究或其他全职工作经历,现在中国大陆(内地)高校全职从事教学科研工作的非外籍教师

三、大学教师学术发展

虽然,学界尚未对大学教师学术发展做出严格规范的概念界定,但自博耶(Boyer)提出“探究的学术、整合的学术、应用的学术和教学的学术”四维一体的“多维学术观”之后①,学界多认为大学教师学术发展应该同时包括这四个维度的发展,其中又以科研学术发展和教学学术发展为主。②然而无论中外,科研学术发展都是大学教师,尤其是高水平大学教师的生存立足之本,缺少科研业绩的教学和服务几乎得不到任何褒奖③,加之不同维度的学术发展所依赖的内在能

① 欧内斯特·博耶.关于美国教育改革的演讲[M].涂艳国,方彤,译.北京:教育科学出版社,2002:72.

② 章锐.比较与启示:美国高校教师学术发展[J].中国成人教育,2016,403(18):129-131.

③ 岳英.我国高校教师职称晋升影响因素的事件史分析[J].教育发展研究,2020,40(增刊1):90-97.

力素养及其外显表征存在较大差异，难以混合到一起加以讨论。因此，本研究中的大学教师学术发展主要是指大学教师作为科学研究人员的科研学术发展，而不包括其他维度的学术发展。为全面把握海外流动经历对大学教师学术发展的影响，并进一步探究其影响机制，本研究将大学教师学术发展分为内在学术发展和外在学术发展两个方面。其中，内在学术发展包括大学教师个人的学术素养水平和学术网络构成，属于影响学术发展水平的过程性因素；外在学术发展包括学术成果产出和学术地位获得，属于学术发展水平的结果性表征。

第三节　文献综述

文献综述的主要目的是在回溯已有研究的基础上找到新的有价值的研究问题与研究视角。因此，本部分首先系统梳理"大学教师参与海外流动"的相关研究成果，以了解这一领域的研究概貌。然后，系统梳理海外流动经历影响大学教师学术发展的相关研究成果，以发现已有研究的不足之处，从而明确需要进一步研究的问题。

一、大学教师参与海外流动研究

（一）大学教师参与海外流动的现状

近几十年来，全球学术人员海外流动的规模大幅增加。据国际教育协会（Institute of International Education）统计，全球学者流动从 2005 年的 89 634 人增加到 2015 年的 124 861 人；国际学生人数从 2005 年的 565 039 人增加到 2015 年的 974 926 人。①从流动方向

① Institute of International Education. Open Doors Data[EB/OL]. (2016-06-07)[2020-07-26]. http://www.iie.org/opendoors.

来看，多项实证研究发现，海外流动的主要趋向是从学术边缘向学术中心流动，学术人才倾向于在学术中心集聚，这进一步加剧了全球学术体系的不平等。例如，比莱森(Bilecen)发现，一半以上的留学生流向美国、英国、澳大利亚、法国和德国。[①]专门针对博士生的研究也发现了类似的流动模式。[②]然而，海外流动目的地会根据学者的学术发展阶段产生变化，一项关于高被引科学家职业迁移与集聚现象的研究发现：在学士到博士的求学阶段，科技精英往往向美国集聚；在博士毕业到初职的职业起步阶段，科技精英向美国集聚的趋势减弱；在初职到现职的学术发展阶段，科技精英从美国向其他创新型国家或地区集聚；从机构层面进行分析可以发现，科技精英呈现出明显的名校集聚趋势，即使在学术发展过程中可能会出现逆向流动，但最终还是会向名校集聚。[③]从海外流动的模式来看，自 20 世纪 90 年代以来，随着信息通信技术、交通运输技术的飞速发展以及后发国家的崛起与政策优势，当前海外流动正在从以往单向的、永久的人才流失或获得模式转变为当今更为复杂的双向甚至多向的、临时的人才环流模式。[④]

具体到中国的情况来看，长期以来，中国一直处于人才流失的不利境地，大批留学人才滞留海外。据统计，2002—2008 年，近九成中国留美博士毕业生选择继续留美工作。[⑤]阎光才于 2016 年对中国留

---

① Bilecen B, Van Mol C. Introduction: International Academic Mobility and Inequalities[J]. Journal of Ethnic and Migration Studies, 2017, 43(8):1241 - 1255.

② Van D W, Marijk. International Academic Mobility: Towards a Concentration of the Minds in Europe[J]. European Review, 2015, 23(1):S70 - S88.

③ 邓侨侨.高被引科学家职业迁移与集聚现象研究[D].上海:上海交通大学,2014:1 - 2.

④ Gaillard A M, Gaillard J. The International Mobility of Brains: Exodus or Circulation? [J]. Science, Technology & Society, 1997, 2(2):195 - 228.

⑤ 李梅.中国留美学术人才回国意向及其影响因素分析[J].复旦教育论坛,2017(2):79 - 86.

美高层次人才回国意愿的调查也发现，仅有20.4%的留美高层次人才打算回国或肯定将来会回国，另有22.2%表示愿意回国兼职工作，16.7%表示无论兼职与全职都不会回国，40.7%仍处于观望状态①，这表明中国海外高层次人才的回流意愿不高。长期在美国任教的华人学者曹聪认为虽然中国出台了一系列海外引智政策，给予海归教师诸多政策优惠，但由于中国的学术管理制度与学术文化环境尚不完善，大部分一流海外华人学者并未回国，他认为除非中国创造出有利于开展一流研究的学术文化环境，否则最杰出的海外华人学者不会大规模回国发展。②阿克斯(Ackers)也认为仅仅注重经济激励的引才政策注定会失败，这样的政策只会导致人才的反向选择，即吸引不太杰出的学者回流而导致国内杰出的学术人才流失海外。③对已经回流的海归学者群体特征的研究发现：中国海归高层次人才主要集聚在国内重点高校和科研院所；学科以自然科学和工程技术领域为主，人文社会科学较少；大部分来自美、英、日、德和新加坡等国；海外青年高层次人才项目入选者的年龄分布集中在30—36岁之间，平均年龄为34岁，海外高层次人才项目入选者的年龄层次偏高，平均年龄为43.38岁；海外高层次人才回国后往往在多所高校身兼数职，主要集聚在北京、上海等东部一线城市；在流动类型方面，中国大学教师的海外流动以短期海外访学为主，获得海外学位的海归教师相对较少。④总体而言，近年来，随着中国科研环境的改善和海外引智政策的实施，中国的海外人才回流趋势有所好转，回流人数逐渐增

---

① 阎光才.新形势下我国留美高层次人才回国意愿和需求分析[J].苏州大学学报(教育科学版)，2016(3)：79－85.

② Cao C. China's Brain Drain at the High End[J]. Asian Population Studies, 2008, 4(3)：331－345.

③ Ackers L. Moving People and Knowledge: Scientific Mobility in the European Union[J]. International Migration, 2005, 43(5), 99－131.

④ Li H S. Bridging Minds across the Pacific: U.S.-China Educational Exchange, 1978－2003[J]. China Review International, 2005, 12(2)：477－484.

多，海归教师队伍规模日渐壮大，据2014年中国大学教师调查数据显示，2/3的中国大学教师具有海外经历。[①]海外人才的回流意愿也有所提升，鲍威于2019年对美国等13个国家和地区的华裔海外高端人才进行问卷调查发现，“华裔海外高端人才的归国意愿强烈，近七成受访者表示将优先选择回国就业，并将学术机构，尤其是高学术选拔性机构作为首选就业单位”[②]。

（二）大学教师参与海外流动的原因

1. 世界体系理论

世界体系理论形成于20世纪70年代，以美国社会学家沃勒斯坦（Wallerstein）为主要代表人物。世界体系理论根据各国的经济发展水平将世界分为中心国家、半边缘国家和边缘国家。其中，中心国家的经济发展水平高，军事力量雄厚，文化形态强大，在现代世界体系中居于主导地位；边缘国家多为劳动密集型国家，军事、政治水平和力量相对弱小；半边缘国家处于中心与边缘的两端，相对边缘国家而言具有一定的独立性，但也需要依附于中心国家。许多社会学者将这一理论应用于人才的国际流动，认为人才的国际流动是经济全球化的必然结果，商品、资本、信息资源的国际流动也必然会推动人力资源的国际流动，并最终促进人力资本的全球优化配置。阿特巴赫（Altbach）教授认为，受国家经济实力、国土面积、学术传统、语言文化等其他因素的影响，学术世界也一直存在着中心（centers）与边缘（peripheries）之分，那些拥有卓越的研究能力和声望的大学处于学术系统的中心地位，而处于边缘地位的大学则多依附于中心大学寻求发展，与世界政治经济格局分布大体一致，中心大学多集中在欧美日等发达国家，发展中国家虽也有少数杰出大学可以跻身中心之列，

① 沈红.中国大学教师发展状况：基于“2014中国大学教师调查”的分析[J].高等教育研究，2016(2)：37-46.

② 鲍威，田明周，陈得春.新形势下海外高端人才的归国意愿及其影响因素[J].高等教育研究，2021，42(2)：24-34.

但数量总体较少。[①]全球学术体系中心—边缘的格局分化形塑了学术人才海外流动的方向，呈现出从学术边缘向学术中心的流动趋势。世界体系理论强调现有结构对海外流动的影响，对于从宏观层面理解学术人才向学术中心集聚的趋势具有一定的解释力，但这一理论过于强调宏观结构要素的影响，忽视了流动主体的主观能动性，流动者的流动动机与主体性均被掩盖，既无法洞察海外流动的内在机制与深层原因，更无法解释学术人才从学术中心向学术边缘的反向流动。

2. 高等教育全球市场供需理论

1994 年底，WTO(世界贸易组织)批准了《服务贸易总协定》，正式将教育纳入 12 种服务贸易之一，极大地推动了高等教育全球市场的形成，市场成为全球范围内高等教育资源供需配置的主角。教育供需理论认为学术人才的国际流动主要是因为高等教育资源供需失衡所致。根据需求的性质不同，高等教育需求可以分为差异需求和过剩需求。其中，差异需求是指虽然受教育者可以在本国获得高等教育机会，但为了追求更高质量或不同类别的高等教育而选择赴境外求学，主要体现在质量与类别上；过剩需求是指受教育者因无法在本国获得高等教育机会而不得不转向境外高等教育市场，主要体现在数量上的供不应求。[②]随着高等教育大众化甚至普及化日程的逐步推进，过剩需求将逐步得到解决，差异需求将成为国际流动的主要原因。澳大利亚学者马金森(Marginson)将高等教育证书视为一种可以决定社会地位的"位置商品"(positional goods)。[③]由于社会上优

---

① 阿特巴赫.全球高等教育趋势：追踪学术革命的轨迹[M].姜有国，等，译.上海：上海交通大学出版社，2010：9.

② 李梅.高等教育国际市场：中国学生的全球流动[M].上海：上海教育出版社，2008：59.

③ Marginson S. Competition and Markets in Higher Education: A 'Glonacal' Analysis[J]. Policy Futures in Education, 2004, 2(2): 175 - 244.

质的就业机会总是有限的，高等教育大众化和普及化使文凭膨胀，一般的高等教育学位贬值，为了获得稀缺的优质岗位，最佳应对策略就是追求更高更好的教育。因此，在海外获得教育证书或拥有海外学习、工作经历就成为学术人才在学术劳动力市场谋求学术发展的必要途径。高等教育全球市场供需理论从教育市场的供需视角解读了海外流动的原因，将海外流动视为教育消费者的理性投资行为，凸显了流动者的主体性，弥补了世界体系理论的不足，但供需理论对境内外高等教育供需结构的强调依然具有浓厚的结构主义色彩，其视野仅局限在高等教育的供需结构，而忽视了社会文化、家庭背景等因素的影响，无法全面洞悉海外流动的原因。

3. 推拉理论

推拉理论是目前用于解释海外流动原因最有影响力的理论，该理论源自对国际移民的研究。1885 年，莱文斯坦（Ravenstein）在对人口迁徙现象进行研究时首次引入了“推力—拉力”概念[①]，后经赫伯尔（Herberle）[②]、埃弗雷特（Everett）[③]的研究不断完善。推拉理论认为人口的国际迁徙是推力和拉力两种不同方向的力综合作用的结果，拉力和推力既存在于流入国，也存在于流出国，这两种力量的合力决定了人口的流动方向。概言之，影响人口国际迁徙的因素主要分为“与流入国有关的因素、与流出国有关的因素、中间障碍因素和个人因素”四个方面。国内外的教育学者们将这一理论应用于海外流动，开展了多项实证研究，使我们对影响海外流动的推拉因素有了比较全面清晰的认识。从已有研究结果来看，影响海外流动的本国推动因素主要有：高等教育机会缺乏、教育设施不足、为出国留学提供奖学金、国外学位在就业市场上的价值高、教育质量问题与教育国

① 段成荣.人口迁移研究原理与方法[M]. 重庆：重庆出版社，1998：45 - 48.

② Herberle R. The Causes of Rural-urban Migration: A Survey of German Theories [J]. American Journal of Sociology, 1938, 43(6):932 - 950.

③ Lee E S. A Theory of Migration[J]. Demography, 1966(6):47 - 57.

际化程度低等;人才接收国的拉力因素主要有:为国际学生提供奖学金、高质量的教育、先进的研究设备、优越的社会经济环境、较好的就业机会和发展前景等。①中间障碍因素主要有:物质阻碍、空间距离、流动主体基于自身价值的判断、语言文化的差异性②;个人因素主要有:个人的学术表现、父母受教育程度、经济背景、在当地的入学机会、自己对海外高等教育的向往等③。推拉理论因其可拓展性可以较为全面地解释海外流动发生的原因,受到学界的广泛认可,无论是对学术人才外流原因的研究还是学术人才回流原因的研究,学者们均在这一理论框架下进行探讨,对海外流动原因具有较强的解释力。应用这一理论开展的对中国海外学术人才回流原因的研究发现,留学国与母国均存在推力与拉力因素。其中,留学国的拉力因素主要有优越的学术环境与住房条件、较高的收入水平与生活水平、自由的政治氛围与工作氛围、简单的人际关系等;留学国的推力因素主要有缺乏归属感、难以融入主流社会与人际关系较为淡漠等。中国的拉力因素主要有文化上的归属感、国内的亲情友情、国内未来的发展前景与国内发展空间;中国的推力因素主要有空气污染、国内复杂的人际关系、不佳的学术环境、工资待遇与子女教育等。④

（三）大学教师参与海外流动的影响因素

已有研究发现,家庭背景、性别、年龄与资历等个人因素均会影响大学教师的海外流动。随着高等教育进入全球化和大众化时代,

---

① 李梅.高等教育国际市场:中国学生的全球流动[M].上海:上海教育出版社,2008:60.

② 李志峰,魏迪.高校教师流动的微观决策机制:基于“四力模型”的解释[J].高等教育研究,2018,39(7):39-45.

③ 李梅.高等教育国际市场:中国学生的全球流动[M].上海:上海教育出版社,2008:139-141.

④ 阎光才.新形势下我国留美高层次人才回国意愿和需求分析[J].苏州大学学报(教育科学版),2016(3):79-85.

海外流动已经成为一种新的更微妙的社会分层机制。①从家庭背景来看，海外流动具有高度的社会选择性，来自弱势家庭的子女较少参与海外流动。②若按经费来源进行分类统计，这一特点体现得更为明显，如有研究发现虽然在获奖学金的留学生中，工农子女的占比达到41%，但在自费留学生中，工农子女的占比仅为16.7%。③弱势家庭子女较少参与海外流动的原因是多方面的：其一，弱势家庭往往经济收入较低，难以承受国外高昂的求学成本；其二，许多弱势家庭子女达不到海外留学所需的成绩、语言要求，他们从父母那里可以获取的支持也较少；其三，弱势家庭子女对出国留学收益的主观估计不高，出国留学的动力不强。④与之相反，良好家庭出身的子女更倾向于通过海外留学巩固自己在社会中的优势地位，这进一步加剧了社会的不平等与阶层固化。

就性别而言，研究发现女性学者的海外流动参与程度低于男性学者。在澳大利亚，男性学者具有海外流动经历的比例比女性高出15%。⑤在美国，男性外籍学者的比例比女性高出28.8%；在意大利，女性外籍学者参与海外流动的时间短于男性。⑥一项关于海外流动性别差异的系统研究得出了更为丰富与细致的研究结论：一是女性学者的国际化程度低于男性学者，这一差异在自然科学领域表现得

---

① Xiang B, Shen W. International Student Migration and Social Stratification in China[J]. International Journal of Educational Development, 2009(29):513 - 522.

② Wiers-Jenssen J. Background and Employability of Mobile vs. Mon-mobile Students[J]. Tertiary Education and Management, 2011, 17(2):79 - 100.

③ 李梅.高等教育国际市场：中国学生的全球流动[M].上海：上海教育出版社，2008:204.

④ Markus L, Nicolai N, Heiko Q. Why do Students from Underprivileged Families Less often Intend to Study Abroad? [J]. Higher Education, 2016(72):153 - 174.

⑤ Welch A R. The Peripatetic Professor: the Internationalisation of the Academic Profession[J]. Higher Education, 1997(34):323 - 345.

⑥ Todisco E, Brandi M C, Tattolo G. Skilled Migration: A Theoretical Framework and the Case of Foreign Researchers in Italy[J]. Fulgor, 2003, 1(3):115 - 130.

尤为明显；二是女性学者海外流动的参与程度随生命历程而动态变化，年轻的、处于学术发展初期的女性学者参与海外流动的程度与男性相同甚至超过男性，但平均年龄在35岁以上且处于学术发展后期的女性学者参与海外流动的比例大幅下降，降幅远超男性，研究者将这一结果归因于传统的性别角色分工，即女性要承担更多的家庭事务责任，虽然当前出现了越来越多的双职工家庭，男性也会因家庭事务而限制流动，但女性面临的障碍依然大于男性；三是海外流动期间随行人员的类型也存在性别差异，大多数男性与家人一起出国，这为男性创造了一个支持性的家庭环境；四是自20世纪80年代以来，女性在海外流动中的参与程度已经有了很大提高，但这一比例依然随国籍、学科、职业阶段和流动时长的变化而有显著差异，丹麦、葡萄牙、法国和西班牙这几个欧洲国家自20世纪90年代以来已经实现了海外流动的性别平衡，人文社会科学中女性学者的海外流动情况好于自然科学；五是女性学者不仅出国流动率低于男性，在邀请、接待访问学者方面相对男性也处于劣势；六是女教授接待女学者的比例高于男性；七是在长期海外流动期间，不存在学术绩效的性别差异。①

就年龄与资历而言，经验数据证明，相比年长的、高资历的学者，年轻的、资历较浅的初级学者参与海外流动的比例更高。例如，意大利30岁的学者参与海外流动的比例高于40岁的学者。②挪威外籍学者的平均年龄（41.1岁）低于本国学者（44.5岁）。③关于这一结果，学界主要有三种理论解释：一是职业竞争理论，该理论认为年轻的、资

① Jons H. Transnational Academic Mobility and Gender[J]. Globalisation, Societies and Education, 2011, 9(2):183-209.

② Todisco E, Brandi M C, Tattolo G. Skilled Migration: A Theoretical Framework and the Case of Foreign Researchers in Italy[J]. Fulgor, 2003, 1(3):115-130.

③ Nerdrum L, Sarpebakken B. Mobility of Foreign Researchers in Norway[J]. Science and Public Policy, 2006, 33(3):217-229.

历尚浅的初级学者需要海外流动经历提升自身在学术劳动力市场的竞争力，而到了学术发展后期，学者已经在学界确立了学术地位，流动需求逐渐减弱；二是成本—收益理论，该理论认为高资历学者流动成本较高，流动会使其付出很大代价，如人力资本可能难以转移到新的岗位、原有的学术关系断裂等，流动后的潜在收益可能不能弥补流动造成的损失，因此高资历学者可能更愿意留在原有岗位上而不愿流动①；三是挖墙脚理论，该理论认为用人单位难以准确评估初级教师的学术潜力，随着时间推移，其学术能力逐渐凸显，高产出的学者很快被挖走，而剩下的都是低产出的学者，虽然有些学者拥有高资历但却具有低产出，这些低产出高资历的学者不具备流动所需的学术资本，难以在学术劳动力市场上自由流动。②

除此之外，各国学术制度和学术文化的差异也会阻碍海外流动。各个国家都有自身独具特色的学术制度和学术文化，这在无形中构成了教师参与海外流动的障碍。例如，大学教师在不同国家的身份不同，英国的大学教师与高校签订的是私人合同，而德国的大学教师则属于国家公务人员。在学术治理方面，美国和加拿大的大学主要由各州分而治之，而法国大学则是由国家集中统一管理。在教师晋升方面，美国的大学教师遵循从助理教授到副教授再到全职教授的典型职业晋升方式，而法国的大学教师往往可以较早获得职称晋升，德国的大学教师则只能等到很晚才有机会获得职称晋升。除正式规则的差异之外，各国大学都会使用非正式规则来选拔候选人，外籍学者因难以通晓这些非正式规则而在学术职位竞聘与晋升过程中处于劣势地位。另外受语言所限，学术人员到外国任职的难度远远高于本国，故许多学术人员多在海

① 刘进.学术职业资历惩罚理论的中国解释：教师流动对于 NRS 模型的贡献分析[J].复旦教育论坛，2015，13(1)：63－68.

② Monks J，Robinson M. The Returns to Seniority in Academic Labor Markets[J]. Journal of Labor Research，2001，22(2)：415－426.

外短期流动之后又回到母国工作。[①]

二、海外流动经历对大学教师学术发展的影响研究

（一）海外流动经历对大学教师学术素养的影响

培育高水平学术人才是世界各国大力推进海外流动的主要政策目标，如欧盟委员会发布的《欧洲研究人员宪章》和《研究人员招聘行为守则》将流动视为研究人员在职业生涯的任何阶段增强科学知识储备、促进专业发展的重要手段。[②]中国各类留学政策的首要目标也是将留学作为国内高等教育的重要补充，以为国内高等教育机构培养高水平师资及其他经济社会建设所需要的高层次人才。[③]为检验这一政策目标的达成度，国内外学者采用访谈调查方法围绕大学教师参与海外流动的学术收获类别进行了诸多探讨。从已有研究来看，无论是对海外博士[④]、海外博士后[⑤]，还是对海外访学[⑥]和中外联合培养博士生[⑦]的研究都发现，海外流动是培养学术人才的有效途径，海外学习工作经历不仅开阔了大学教师的国际化视野，提升其外语水平，也促使大学教师习得了新的研究理论与研究方法以及其他

---

① Bauder H. The International Mobility of Academics: A Labour Market Perspective[J]. International Migration, 2015, 53(1):83-96.

② Ackers L. Internationalisation and Equality: The Contribution of Short Stay Mobility to Progression in Science Careers[J]. Recherches Sociologiques et Anthropologiques, 2010, 41(1):83-103.

③ 苗丹国.出国留学六十年[M].北京:中央文献出版社,2010:285.

④ Zweig D, Chen C G, Rosen S. Globalization and Transnational Human Capital: Overseas and Returnee Scholars to China[J]. The China quarterly(London), 2004(179): 735-757.

⑤ Melin G. The Dark Side of Mobility: Negative Experiences of Doing a Postdoc Period Abroad[J]. Research Evaluation, 2005, 14(3):229-237.

⑥ 蒋玉梅,刘勤.高等教育国际化视野下教师出国访学收益研究[J]. 开放教育研究, 2015,21(1):62-70.

⑦ Kyvik S, Karseth B, Blume S. International Mobility among Nordic Doctoral Students[J]. Higher Education, 1999, 38(4):379-400.

缄默知识，海外学术机构优良的学术文化环境也往往有助于激发大学教师的学术兴趣，养成严谨规范的学术态度。对海归教师学术收获的问卷调查显示，海归教师的各类学术收获大小是有区别的，其中，收益最大的是开阔视野和观念更新，其后依次是外语水平、学术水平和国际学术交流能力等。①除探讨海归教师的学术收获类别之外，还有一些学者探讨了海归教师的学术收获来源与影响因素，结果发现，个人深度的学术参与、海外导师高质量的学术指导和海外学术机构优越的学术环境是最主要的收获来源。②受访教师都认为海外高校先进的设施设备、丰富的藏书、教师高超的教学质量，以及开放、自由、合作的学术氛围对提升个人的学术素养水平具有重要意义。③海外流动的学术素养增值作用也会受到个体流动动机、流动过程、流动时长和流动地区等因素的影响。一般而言，以学习为目的的内在流动动机越强，在海外期间参与学术活动的频率越高、程度越深④，海外流动时间越长⑤，海归教师的学术收获越大。相比流动到非英语国家，流向美国等其他英语国家可以获得更大的学术素养增值。⑥

① 陈学飞.改革开放以来大陆公派留学教育政策的演变及成效[J].复旦教育论坛，2004(3)：12－16.

② Shen W，Liu D，Chen H. Chinese PhD Students on Exchange in European Union Countries：Experiences and Benefits[J]. European Journal of Higher Education，2017，7(3)：322－335.

③ Groves T，López E M，Carvalho T. The Impact of International Mobility as Experienced by Spanish Academics[J]. European Journal of Higher Education，2017，8(1)：83－98.

④ 黄明东，姚建涛，陈越.中国出国访问学者访学效果实证研究[J].高教发展与评估，2016，32(5)：50－61.

⑤ 孙伟，赵世奎.联合培养博士生的留学收益及影响因素分析[J]. 研究生教育研究，2017(6)：47－51.

⑥ Bauder H，Hannan C，Lujan O. International Experience in the Academic Field：Knowledge Production，Symbolic Capital，and Mobility Fetishism[J]. Population Space and Place，2017，23(6)：e2040.

（二）海外流动经历对大学教师学术网络的影响

研究发现，海外流动是大学教师建构海外学术网络的重要渠道。与本土教师相比，海归教师的国际合作网络规模更大。①海外流动不仅有助于拓宽大学教师的国际合作网络规模，也会影响海归教师的国际学术合作方向。有研究发现，从欧洲回国的海归教师与欧洲学术同行的合作数量显著相关，但与美国学术同行的合作数量无显著差异；从美国回国的海归教师与美国学术同行的合作数量显著相关，但与欧洲学术同行的合作数量无显著差异。②不同类型的海外流动对海外学术网络建构的影响作用存在差异，相比海外学位流动，海外博士后流动更有助于拓宽国际合作网络。③与大部分研究采用国际合作网络作为学术网络的表征不同，另一项研究采用的是更为日常化的学术交流网络，并将学术网络分为整体学术网络和由五人构成的核心学术网络，以更完整反映大学教师学术网络的构成样态，结果发现，海归教师的整体学术网络和核心学术网络中的海外学术机构数量均显著较高。其中，海归教师的年龄、回国时间和职称是影响海外博士培养机构进入其核心学术网络的关键因素；海归教师的学科类别、流动动机是影响海外工作（含博士后）机构进入其核心学术网络的关键因素。④虽然，海外流动具有拓宽海外学术网络的积极效应，但对海归教师本土学术网络的建构却会产生消极影响。对 64 位

① Gibson J, McKenzie D. Scientific Mobility and Knowledge Networks in High Emigration Countries: Evidence from the Pacific[J]. Research Policy, 2014, 43(9): 1486-1495.

② Jonkers K, Cruz-Castro L. Research upon Return: The Effect of International Mobility on Scientific Ties, Production and Impact[J]. Research Policy, 2013(42): 1366-1377.

③ Woolley R, Turpin T, Marceau J, et al. Mobility Matters Research Training and Network Building in Science[J]. Comparative Technology Transfer and Society, 2008, 6(3): 159-186.

④ Fontes M, Videira P, Calapez T. The Impact of Long-term Scientific Mobility on the Creation of Persistent Knowledge Networks[J]. Mobilities, 2013, 8(3): 440-465.

留德华人学者的深度访谈发现，海外流动对大学教师的海外学术网络和本土学术网络具有相反的影响，它在拓宽海归教师海外学术网络的同时也使其丧失了建立本土学术网络的机会，海归教师回国后往往面临本土学术网络缺失与重建的问题①，这一问题对那些已经在国外工作五到十年的海外学者而言更加严重。②另一项对中国海归教师的访谈也发现，长期的海外学习经历使得海归教师往往缺乏国内学术关系网络。③综合已有研究成果可知，海外流动经历对大学教师学术网络的影响具有"两面性"，虽然海外流动有助于拓宽大学教师的海外学术网络，但也可能会抑制其本土学术网络的建构。

（三）海外流动经历对大学教师学术成果的影响

关于海外流动经历对大学教师学术成果的影响，已有研究既有对海归教师与本土教师学术成果的横向比较，也有对海归教师回国前后学术成果的纵向比较，其中以横向比较研究居多。然而，相关研究并未得出一致性结论，部分研究甚至得出截然相反的结论。一类研究发现海外流动经历会提升大学教师的学术成果，其中一项研究以美英德等 16 个国家的 47 304 名科学家为研究对象，学科覆盖生物、化学、地球与环境科学、材料科学四个领域，根据海外流动经历和国籍归属将科学家分为本土学者、回流学者和外籍学者三类，对比三类学者的论文影响因子和基于期刊排名的影响因子发现，两类影响因子的排序由高到低依次为外籍学者、回流学者和本土学者。④针对

① Leung M W H. 'Read Ten Thousand Books, Walk Ten Thousand Miles': Geographical Mobility and Capital Accumulation among Chinese Scholar[J]. Transactions of the Institute of British Geographers, 2013, 38(2):311 - 324.

② Cao C. China's Brain Drain at the High End: Why Government Policies have Failed to Attract First-rate Academics to Return[J]. Asian Population Studies, 2008, 4(3):331 - 345.

③ 史兴松.高校海归教师归国适应情况调查研究：以北京高校为例的分析[J]. 华侨华人历史研究，2017(2)：1 - 9.

④ Franzoni C, Scellato G, Stephan P. The Mover's Advantage: The Superior Performance of Migrant Scientists[J]. Economics Letters, 2014(122):89 - 93.

阿根廷生命科学家的一项相似的研究得出的结果也为这一发现提供了佐证。[①]与上述研究采用影响因子作为学术成果的测量指标不同，另一项来自日本的研究以论文引用率作为学术成果测量指标，该研究发现，拥有海外流动经历学者的论文引用率比无此经历的学者平均高出40%。[②]对中国海归博士和本土博士的平均论文发表数量进行对比也发现，海归博士的平均论文发表数量显著高于本土博士。[③]学界主要依据以下三个理论对这一结果进行解释：一是知识整合理论(knowledge recombination theory)认为由于缄默知识的个体嵌入性，学者的海外流动促进了知识流动，来自遥远地方的知识比本土知识更有创造力，流动学者可以利用本土学者不具备的独特知识集提升学术成果；二是科技人力资本理论，认为海外流动经历不仅提升了学者的人力资本，也扩展了学者的学术职业网络和资源获取渠道，具有海外流动经历的学者可以利用积累的科技人力资本提升学术成果[④]；其三是正向筛选理论，该理论否认海外流动的学术增值意义，认为海归学者之所以有较高的学术成果并不是海外培训与教育的结果，而是由于正向选择效应，即只有较高学术生产力的学者才有机会参与海外流动，而低生产力者则缺乏海外流动的机会，如穆莱拉(Müllera)对比南非海外博士和本土博士的职业成就发现，虽然海外博士取得了更大的职业成就，但是发达国家

---

① Jonkers K, Cruz-Castro L. Research upon Return: The Effect of International Mobility on Scientific Ties, Production and Impact[J]. Research Policy, 2013(42):1366-1377.

② Sugimoto C R, Robinson G N, Murray D S, et al. Scientists Have Most Impact When They're Free to Move[J]. Nature(London), 2017, 550(7674):29-31.

③ 赵卫华.海归博士与本土博士职业成就比较:基于全国博士质量调查的统计分析[J].中国高教研究,2010(11):47-50.

④ Woolley R, Turpin T, Marceau J, et al. Mobility Matters: Research Training and Network Building in Science[J]. Comparative Technology Transfer and Society, 2009, 6(3):159-184.

大学的培训并不优于本土培训，海外博士的优越性源于选择效应而不是培训效应。①然而也有研究发现，即便在控制选择效应之后，拥有海外流动经历的科学家在学术表现方面依然优于本土学者。这表明海外流动与学术成果之间可能是相互促进的关系，换言之，卓越的学术成果是海外流动的前提条件，海外流动又通过知识整合和科技人力资本进一步提升个人的知识生产能力。

与上述结论相反，另一类研究却发现海外流动经历并不会提升，甚至会抑制大学教师的学术成果产出。对三个爱尔兰国家的学术精英的调查发现，回流学者并不比没有任何海外背景的本土学者具有更高的学术影响力。②另一项与此相似的研究也发现，是否有海外流动经历对物理学术精英的 H 指数并无显著影响。③对学术成果的积极影响源自学者的国内流动而非国际流动，如美国国内流动的学者比国际流动的学者拥有更高的学术影响力，国际流动只是有助于增加学术发表数量，而不能提升学术影响力。④甚至海外流动对西班牙学者的早期学术生产力具有负面影响。⑤来自中国的研究也有了类似的发现，如对中国研究型大学 46 个教育学院教师的调查发现，海归教师与本土教师在国内科研产出的数量与质量方面均不存在显著差异，当两类教师都发表国际论文时，海

① Müllera M, Cowana R, Barnard H. On the Value of Foreign PhDs in the Developing World: Training versus Selection Effects in the Case of South Africa[J]. Research Policy, 2018, 47(5):47886-47900.

② Gibson J, McKenzie D. Scientific Mobility and Knowledge Networks in High Emigration Countries: Evidence from the Pacific[J]. Research Policy, 2014(43):1486-1495.

③ Hunter R S, Oswald A J, Charlton B G. The Elite Brain Drain[J]. The Economic Journal, 2009, 119(538):231-251.

④ Payumo J G, Lan G, Arasu P. Researcher Mobility at a US Research-intensive University: Implications for Research and Internationalization Strategies[J]. Research Evaluation, 2018(27):28-35.

⑤ Cruz-Castro L, Sanz-Menendez L. Mobility versus Job Stability: Assessing Tenure and Productivity Outcomes[J]. Research Policy, 2010(39):27-38.

归教师也并不优于本土教师。[①]另一项对中国35所研究型大学教师的调查也发现，理工农医的海归教师在SCI国际发表方面并不优于本土学者。[②]基于纵向视角的研究结果也佐证了基于横向视角的研究结论，如对具有海外流动经历的长江学者回国前后的学术生产力进行对比发现，在回国初期，海归教师的学术影响力急剧下降，虽然到后期会有所恢复，但在回国后的十年内，海归教师的整体学术生产力并未达到在国外工作时的最高水平。[③]对于这一结果，学界一般从归国适应角度进行解释，由于海内外的学术研究范式与学术文化环境存在较大差异，海归教师回国后尤其是在回国初期，可能会面临归国适应问题，从而导致其学术生产力较低。[④]

（四）海外流动经历对大学教师学术地位的影响

在学术地位方面，已有研究也并未达成一致。一种观点从科技人力资本理论的视角出发，将海外流动视为提升大学教师学术地位的催化剂，认为海外流动经历有助于大学教师获取先进的知识与技能，扩展学术职业网络，通过整合世界范围内的学术资源，提升个人的学术发展能力和在学术劳动力市场的竞争力。依据这一理论，一些学者对比了海归教师与本土教师的职称晋升情况，如对日本56所顶尖大学300多位生物学家的研究发现，具有短期海外学术访问经历的日本学者比没有这一经历的同辈职称晋升速度快一年，这一积

---

① 叶晓梅，梁文艳.海归教师真的优于本土教师吗?:来自研究型大学教育学科的证据[J].教育与经济，2019，35(1)：75－86.

② 闵韡.外来的和尚会念经?:“海归”与本土学者职业特征之比较[J].中国高教研究，2019(8)：70－76.

③ Li F，Ding J，Shen W. Back on Track：Factors Influencing Chinese Returnee Scholar Performance in the Reintegration Process[J]. Science and Public Policy，2018，46(2)：184－197.

④ 张东海，袁凤凤.高校青年“海归”教师对我国学术体制的适应[J].教师教育研究，2014，26(5)：62－67.

极效应对“近亲教师”尤为显著。①中国海归博士教师的职称晋升速度也快于本土博士教师。②然而，另一种观点却认为海外流动经历并不能促进，甚至会抑制学者学术地位的获得速度或晋升可能性。例如，对德国社会学家的研究发现，在控制学术生产力之后，是否有海外流动经历并不能显著预测学者获得终身职位的机会。③对阿根廷生物学家的研究也发现，虽然拥有海外工作经历的学者往往晋升速度更快，但在控制学术生产力之后，这一积极效应就不存在了，即只有当海归学者的学术生产力更高时才可以获得更快的晋升，而在学术生产力相同的情况下，没有海外经历的学者反而晋升得更快。④对西班牙学者的研究发现，相比没有海外博士后流动经历的学者，海归博士后获得终身副教授职位的可能性更小。⑤

关于海外流动的消极效应，已有研究提供了两种解释：一种观点认为由于学术环境的差异，海归学者在海外获得的知识技能可能与母国学术环境的需求不相匹配，导致无法有效迁移至本土的学术环境之中。梅林(Melin)对瑞典海归学者的研究证实了这一点，他发现很多瑞典海归学者在将海外获得的知识应用于瑞典时遇到了困难。⑥另一种观点认为海外流动可能使海归教师丧失了建立本土学

① Lawson C, Shibayama S. International Research Visits and Careers: An Analysis of Bioscience Academics in Japan[J]. Science and Public Policy, 2015, 42(5):690 - 710.

② Zweig D, Chen C G, Rosen S. Globalization and Transnational Human Capital: Overseas and Returnee Scholars to China[J]. The China Quarterly, 2004(179):735 - 757.

③ Lutter M, Schröder M. Who Becomes a Tenured Professor, and Why? Panel Data Evidence from German Sociology, 1980 - 2013[J]. Research Policy, 2016, 45(5):999 - 1013.

④ Jonkers K. Mobility, Productivity, Gender and Career Development of Argentinean Life Scientists[J]. Research Evaluation, 2011, 20(5):411 - 421.

⑤ Cruz L, Sanz L. Mobility versus Job Stability: Assessing Tenure and Productivity Outcomes[J]. Research Policy, 2010(39):27 - 38.

⑥ Melin G. The Dark Side of Mobility: Negative Experiences of Doing a Postdoc Period Abroad[J]. Research Evaluation, 2005(14):229 - 237.

术网络的机会，正是由于本土学术网络的缺失导致其职称晋升缓慢。这一观点得到国内外许多学者的支持，如阿克斯认为由于学术交流活动越来越多样化，海归教师和本土教师之间的分界线已经日益模糊，分析影响大学教师学术发展的因素不能忽视本土学术网络，海外流动对具有本土学术网络的海归学者的职称晋升具有促进作用，但对没有本土学术网络的海归教师则可能会产生负面影响。①对海外流动与长江学者头衔获得速度的研究发现，本土学术网络加速了中国学者的学术发展，是影响学术认可最重要的因素，但国际流动的影响微乎其微，甚至减慢了学者后期的学术发展速度，与本土同行相比，海归学者获得这一头衔的时间更长，海外流动的惩罚适用于获得海外博士学位和具有海外访学经历的学者。②另一项对中国“211 工程”高校的 339 位数学教师和 86 位社会学教师的研究也发现，本土和海外学术合作网络的规模和强度正向影响本土教师和海归教师的晋升概率，但海外学术网络对海归科学家职业晋升的影响作用随着学术发展而递减，本土学术网络的影响作用开始上升。③已有研究结论还发现不同类型的海外流动可能会有不同的影响，例如，虽然短期海外学术访问可以加速职称晋升速度，但海外博士后流动则无此效用。④

三、文献述评与问题聚焦

已有研究为学界了解大学教师参与海外流动的现状、原因、影响因素及其对大学教师不同维度学术发展的影响提供了丰富的理论资

---

① Ackers L. Internationalisation, Mobility and Metrics: A New form of Indirect Discrimination? [J]. Minerva, 2008, 46(4):411 - 435.

② Li F, Li T. When International Mobility Meets Local Connections: Evidence from China[J]. Science and Public Policy, 2019, 46(4):518 - 529.

③ 鲁晓.海归科学家的社会资本对职业晋升影响的实证研究[J].科学与社会，2014，4(2):49 - 62.

④ Lawson C, Shibayama S. International Research Visits and Careers: An Analysis of Bioscience Academics in Japan[J]. Science and Public Policy, 2015, 42(5):690 - 710.

源与经验材料，但仍存在一些尚未充分解决的议题。基于上述研究现状，本研究将重点聚焦于以下四个问题，以进一步推进相关研究。

（一）中国大学教师海外流动与海外回流的现状及演变趋势

已有研究多从静态视角出发，通过统计分析目前中国大学教师的海外流动率与有回流意向的海外华裔学者占比，以把握中国大学教师的海外流动与海外回流情况。鲜有研究从动态视角审视中国大学教师海外流动与海外回流特征的演变趋势。已有研究中仅有两篇文章涉及这一议题，但并未得出一致性结论。其中一项研究基于1994—2010年数理和化学学部共计715名“杰青”获得者的履历分析发现，在中国当前引进的海外归国高层次人才中，拥有海外博士学位的比例逐渐下降，并且海外博士学位授予机构的层次逐渐降低，总体而言，中国的海外人才引进质量呈现下滑趋势。①另一项研究则基于7 541位国家级人才项目入选者的履历分析得出相反的结论，该研究发现，近40年来，中国大学高层次人才境外求学院校与工作院校的层次均呈逐步上升的态势。②两项研究不仅在研究结论上存在分歧，而且都以国家级人才项目入选者作为研究对象，少数学术精英的海外流动特征并不能代表全体大学教师的海外流动样态，要全面审视中国留学政策与海外引智政策的实施成效，不仅需要静态的数据分析，更需要了解长期以来中国大学教师参与海外流动与海外回流的特征呈现出何种演变趋势。因此，本研究将研究对象扩展至任职于中国“双一流”建设高校的专任教师，以弥补已有研究过于关注少数国家级人才项目获得者的不足。同时，分规模、质量与区域三个维度，重点探讨近40年来中国大学教师海外流动与海外回流的现状及演变趋势。

---

① 朱军文，徐卉.海外归国高层次人才质量与分布变迁研究[J].科技进步与政策，2014，31(14)：144－148.

② 徐娟，毕雪妮.大学高层次人才生成中国际学术流动及演变：基于我国5类项目人才履历的实证分析[J].比较教育研究，2021，43(3)：94－101.

（二）海外流动经历对大学教师学术素养的影响

已有研究多基于纵向视角采用质性访谈方法探究海归教师的学术收获，这些研究成果固然有助于了解大学教师参与海外流动的学术收获类别、收获来源与影响因素，但是由于缺乏基于对照组的横向比较，我们依然无法了解海归教师的学术素养是否真的优于本土教师。目前，学界关于海归教师与本土教师学术素养差异的比较研究尚不多见。国外学者则对比了有无海外流动经历的本科生在核心素养方面的差异①，但仍缺乏以大学教师或研究人员作为研究对象的讨论。国内也仅有三项研究涉及这一议题，其中最早的一项研究来自 20 世纪 90 年代陈昌贵主持的“人才回归与使用”研究课题。该研究发现，与本土博士相比，海归博士的外语水平较高，学术视野更加广阔，可以更加熟练地使用先进的科学仪器设备。②另一项研究基于 2018 年“全国 35 所研究型大学教师调查”的数据发现，最高学位来自境外名校的海归教师比本土教师更具探索精神与风险偏好。③最新的一项研究基于“全国博士毕业生离校调查”数据，考察了中外联合培养博士生科研能力增值情况，结果发现两者并不存在显著差异。④然而，这三项研究都仅涉及学术素养的一些侧面，无法全面把握海归教师与本土教师的学术素养差异，而且现实中大学教师参与海外流动的类型多种多样，已有研究仅仅选取其中一类或两类与本土教师进行对比，忽视了不同类型的海外流动经历对大学教师学术素养的

---

① Kumpilaite V，Duobak K. Developing Core Competencies：Student Mobility Cases[J]. Procedia，Social and Behavioral Science，2013(99)：828 - 834.

② 楼晓玲，陈昌贵，高兰英.我国高校留学人员回国后发挥作用状况与分析[J]. 清华大学教育研究，2000(3)：89 - 97.

③ 闵韡.外来的和尚会念经?：“海归”与本土学者职业特征之比较[J].中国高教研究，2019(8)：70 - 76.

④ 李澄锋，陈洪捷，沈文钦.中外联合培养经历对博士生科研能力增值及论文产出的影响：基于“全国博士毕业生离校调查”数据的分析[J].高等教育研究，2020，41(1)：58 - 67.

影响可能存在差异。本研究在纵向探讨海归教师学术收获的基础上，进一步引入本土教师作为参照，并依据海外流动的类型对海归教师进行更细致的分类，基于横向视角对比各类海归教师与本土教师的学术素养差异，通过横纵结合的研究设计全面检视海外流动的学术人才培养功能。

（三）海外流动经历对大学教师学术网络的影响

已有研究主要采用正式的论文合作网络作为学术网络的表征方式，但大学教师的学术网络并不只局限于正式的论文合作网络，非正式的学术交流网络对学者的学术发展有着更为重要的影响，仅用静态的论文合作发表数据既无法获知完整的学术网络样态，也无法探讨网络成员之间动态的交流互动过程，以及大学教师是如何动用学术网络中的资源，可以动用哪些资源来服务于自己的学术发展。所谓社会资本是指嵌入社会网络中的社会资源，对社会资本的测量要通过对社会网络的测量来实现。社会网络学者认为社会网络从来都不是固定的、一成不变的，而是流动的、易变的。①已有研究结果认为海归教师具有海外学术网络的优势和本土学术网络的劣势，但是关于海归教师的学术网络是否会随时间发生变化，是如何变化的？海归教师回国后，由于空间的阻隔、时间精力的限制，其海外学术网络优势能否得以有效维持？由于受到海外文化的浸润，其能否适应本土的学术环境，顺利建构本土学术网络？本土学术网络和海外学术网络又分别可以为个人的学术发展提供哪些学术资源支持？在中国关系主义的文化背景下，对本土学术发展而言，究竟哪种学术网络更为重要？这些都需要加以深入研究。与传统采用文献计量法收集教师的论文合作网络数据不同，本研究将采用问卷调查方法收集教师

① Davern M. Social Networks and Economic Sociology: A Proposed Research Agenda for a More Complete Social Science[J]. American Journal of Economics and Sociology, 1997, 56(3):287-302.

的学术交流网络数据，以全面把握大学教师的学术网络构成。然后通过访谈调查方法分析学术网络中嵌入的学术资源类别，并将学术网络分为本土学术网络和海外学术网络，通过对比大学教师从海内外学术网络动员的资源差异，检验两类学术网络对大学教师学术发展的独特影响，并回应哪类学术网络对本土学术发展更加重要这一议题。同时，系统探究海外流动经历对大学教师学术网络特征与学术网络资源动员含量的影响，以及海归教师在回国后两类学术网络特征的动态演变情况，从而在理论上分析海外流动的学术网络建构功能，并完善学术场域的社会网络理论。

（四）海外流动经历对大学教师学术发展的影响机制

在现有关于海外流动对大学教师学术地位的影响研究中，研究者多基于文献计量与履历分析的数据资料探讨海外流动经历与职称晋升或“长江学者”称号获得速度之间的关系，但并未揭示其影响机制。已有研究结论的分歧虽然与学者们采用的研究样本与分析方法不同有关，但也反映了海外流动经历究竟能否促进大学教师的学术发展是有前提条件的，理论上只有当海归教师的学术成果显著优于本土教师时才可以获得更好的学术发展，而学术成果的产生又依赖于海归教师个人的学术素养水平与学术网络构成。已有研究之所以没有得出一致结论，就在于仅选取其中一个维度进行探讨，而忽略了学术素养、学术网络、学术成果与学术地位之间是相互联系的，海外流动对学术地位的影响要通过另外三个维度发挥作用。与已有研究仅仅选取大学教师学术发展的一个维度进行研究的路径不同，本研究将全面探讨海外流动经历对上述不同维度学术发展的影响，并在对学术素养和学术网络进行探讨的基础上，进一步采用中介分析方法，深入探讨海外流动经历是否会通过影响大学教师的学术素养和学术网络进而影响学术成果产出并最终影响学术地位的获得，以便从学术发展过程到学术发展结果的全过程视角阐明海外流动经历对大学教师学术发展的影响机制，并借此揭示中国学术场域的实然运行状态。

第二章　理论分析框架与研究设计

第一节　理论分析框架

一、大学教师学术发展的三个理论模型

根据科学社会学关于科学界奖励与分层的研究成果，大学教师的学术发展主要遵循普遍主义和特殊主义两种运行机制。普遍主义机制主要基于人力资本模型，特殊主义机制依其运作基础又可以分为社会结构模型和社会资本模型。三个理论模型分别从个人视角、结构视角和网络视角考察大学教师的学术发展，每个理论模型都具有独特的解释力，但由于现实世界的复杂性，任何一个理论模型都无法完全解释大学教师的学术发展机制，过于偏重任何一种解释都有极端化的取向。因而，目前学界更倾向于认为大学教师的学术发展是普遍主义机制和特殊主义机制综合作用的结果。其中，个人的内在资质是大学教师学术发展的基础性条件，而外在的社会性因素构成大学教师学术发展的支持性条件，通过两者之间的互动放大和转化效应共同作用于大学教师的学术发展。①因此，对大学教师学术发展的研究需要同时考察这三个理论模型，具体阐释如下。

---

① 阎光才.我国学术英才成长过程中的赞助性流动机制分析[J].中国人民大学教育学刊,2011(3):5－22.

（一）人力资本模型与大学教师学术发展的普遍主义机制

人力资本理论兴起于 20 世纪 60 年代。1960 年，舒尔茨(Schultz)首次系统阐述了人力资本理论的核心思想，后经贝克尔(Becker)、明瑟(Mincer)、赫克曼(Heckman)等人的研究日臻完善。舒尔茨认为人力资本是内嵌于个体身上的知识、技能与素养，人力资本的形成与提升是对人进行投资的结果。舒尔茨提出了五种人力资本投资形式，分别是卫生保健、在职培训、学校教育、成人教育和迁移，其中以学校教育和在职培训最为关键。舒尔茨认为人力资本对经济增长的推动作用大于物质资本，人力资本既可通过提高劳动生产率直接促进经济增长，也可通过作用于技术进步、制度变迁等要素间接促进经济增长。①与舒尔茨关注人力资本的宏观经济增长效应不同，贝克尔侧重从微观层面探究人力资本投资与个人收入分配之间的关系。1962 年，贝克尔首次在理论层面论证了人力资本投资对提高个人收入的积极意义，他认为人力资本投资可以直接提高个人的生产率和收入水平，人力资本投资回报不仅包括货币回报，也包括更好的就业机会和更高的文化素养等非货币回报。②明瑟首次对人力资本的个人回报率进行实证研究，提出了目前仍被广泛使用的“明瑟收入方程”，在经验层面证实了人力资本投资的经济收益。③赫克曼的新人力资本理论进一步扩展了传统人力资本理论的概念内涵，他认为人力资本不仅包括认知能力，还包括人的性格、态度与动机等非认知能力，两者对提高劳动生产率和收入水平同样重要。④相关实

① Schultz T. Investment in Human Capital[J]. American Economic Review, 1961, 51(3): 1 - 17.

② Becker G S. Investment in Human Capital: A Theoretical Analysis[J]. The Journal of Political Economy, 1962, 70(5): 9 - 49.

③ Mincer J, Polachek S. Family Investments in Human Capital: Earnings of Women[J]. The Journal of political economy, 1974, 82(2): S76-S108.

④ 杜育红.人力资本理论：演变过程与未来发展[J].北京大学教育评论，2020，18(1)：90 - 100.

证研究发现,认知能力可以有效提高劳动者从事标准化工作任务的生产率,而非认知能力对提高非标准化工作任务的生产率更为重要①,较高的生产率又可以进一步为个人带来较高的收入水平和社会地位②。从人力资本理论代表人物的主要著作来看,人力资本理论的核心观点是个人的人力资本存量越高,生产效率也越高,相比其他人就会有更高的职业绩效,从而获得更多的收入和更高的职业地位。

普遍主义机制主要是从人力资本视角解释大学教师的学术发展过程。大学教师学术发展的普遍主义机制以默顿学派为代表,默顿(Merton)认为与经济领域依据金钱的奖励系统不同,科学界的奖励系统是科学共同体依据科学家对科学知识的贡献大小所给予的承认,一个运作良好的科学奖励系统应该遵循普遍主义原则,造成科学家学术地位差异的主要原因应该是科学家对科学知识的贡献程度,即学术产出的数量和质量,而不应该受到科学家个人和社会属性的干扰。③科尔兄弟(J. R. Cole & S. Cole)、朱克曼(Zuckerman)、加斯顿(Gaston)、布鲁姆(Blume)和辛克莱尔(Sinclair)等人的研究都证实了默顿的观点。科尔兄弟对美国物理学家的研究发现,科学家的研究质量是影响学术地位获得的关键变量。④朱克曼对诺贝尔奖获得者的评选过程与评选结果进行研究也发现,科学界主要根据科学家产出的科学成就这一普遍标准进行个人分层。⑤加斯顿和布鲁姆

① Levin H M. The Importance of Educational Adaptability, Improve Education in the Changing World Economy[M]. Beijing: Peking University Press, 2012:58-80.

② Heckman J J, Stixrud J, Urzua S. The Effects of Cognitive and Noncognitive Abilities on Labor Market Outcomes and Social Behavior[J]. Journal of Labor Economics, 2006, 24(3):411-482.

③ R.K.默顿.科学社会学[M]. 鲁旭东,林聚任,译.北京:商务印书馆,2003:365.

④ 乔纳森·科尔,史蒂芬·科尔.科学界的社会分层[M].赵佳,等,译.北京:华夏出版社,1989:136-137.

⑤ 哈里特·朱克曼.科学界的精英:美国的诺贝尔奖金获得者[M].周叶谦,冯世刚,译.北京:商务印书馆,1982:347.

等人将研究对象转向英国的学术场域，结果发现，英国科学家的学术地位获得也主要依据学术产出等科学因素的考虑，而不是基于科学家的社会属性，87%的高产出率和高质量的科学家得到了高度承认，科学界的奖励系统是根据研究的质量和数量运行的。①中国青年学术精英的选拔也主要遵循普遍主义原则。②在进一步追溯学术产出的来源时，默顿学派将其主要归因于个体人力资本存量的高低、多寡和优劣，强调个人的兴趣、能力与努力是影响学术成就的最重要因素。例如，科尔兄弟用“神圣火花”(sacred spark)一词描述科学家对研究的热爱，将研究视为天职的科学家更具研究激情和抗挫折能力，学术产出也更高。③罗格尔斯(Rodgers)用“在写作中获得能量”“写作时我的注意力容易保持”等题项对“神圣火花”进行了操作性测量，结果发现那些在研究中有“神圣火花”的人学术产出更高，更易成为学术精英。④朱克曼认为能否提出重要的研究问题，能否想出新的解决方法是著名科学家所具备的主要科学修养，决定着科学家能否取得杰出的科学成就。⑤个体的努力程度也是影响学术成就的重要因素，研究发现投入研究的时间与论文发表数量高度相关。⑥从已有研究来看，学者个人的认知能力和非认知能力都对学术产出具有重要

---

① 杰里·加斯顿.科学的社会运行:英美科学界的奖励系统[M].顾昕，译.北京:光明日报出版社，1988:49－50.

② 郭卉，姚源.中国青年学术精英生成中的资质与资本因素影响探究:基于生物学科教师的调查[J].高等教育研究，2019，40(10):46－58.

③ 乔纳森·科尔，史蒂芬·科尔.科学界的社会分层[M].赵佳，等，译.北京:华夏出版社，1989:179.

④ Rodgers R, Rodgers N. The Sacred Spark of Academic Research[J]. Journal of Public Administration Research and Theory, 1999, 9(3):473－492.

⑤ 哈里特·朱克曼.科学界的精英:美国的诺贝尔奖金获得者[M].周叶谦，冯世刚，译.北京:商务印书馆，1982:176.

⑥ Wanner R A, Lewis L S, Gregorio D I. Research Productivity in Academia: A Comparative Study of the Sciences, Social Sciences and Humanities[J]. Sociology of Education, 1981, 54(4):238－253.

影响。其中，认知能力主要包括深厚广博的知识基础，提出、分析与解决研究问题的能力等[①]；非认知能力主要包括个人的学术兴趣、学术抱负、坚强的意志力[②]和丰富的想象力等。[③]

（二）社会结构模型与大学教师学术发展的特殊主义机制

基于社会结构模型的特殊主义发展机制认为普遍主义发展机制过于理想化，对真实的学术世界并不具有普遍的解释力，人力资本模型过于强调个人的主观能动性，忽视了社会结构因素对大学教师学术发展的制约作用。社会结构模型将大学教师学术发展的研究从个体视角转向结构视角，强调学术地位的获得主要嵌入于社会结构之中，遵循特殊主义机制而非普遍主义机制。哈根斯（Hargens）等人认为学术场域有特殊主义的运作空间：一是科学家所置身的学术组织有时会出于非科学因素的考虑更倾向于结构性因素；二是由于学术绩效难以采用一套统一的、客观的标准去测量，对学者学术表现的评价不可避免地会受到特殊主义的影响，而且源于纯绩效导向的竞争压力和个人的不安全感可能也不利于激励科学家做出真正有价值的科学发现。[④]从已有研究来看，大学教师的学术发展主要受三类社会结构因素的制约。

第一类是先赋因素的结构制约，主要包括个体的性别、年龄、家庭背景等。中西方的研究均发现学术职业并非一个性别公正的职业，受社会文化传统和生理、心理等因素的影响，女教师在学术发展过程中面临着“玻璃天花板”困境。[⑤]朱克曼等人的研究发现男科学

---

① 李永刚.成为研究者：理科博士生素养与能力的形成[D].上海：华东师范大学，2018：101－103.

② 阎光才，丁奇竹.学术系统内部分化结构生成机制探究：基于学术人职业生涯过程中产出稳定性的分析[J].高等教育研究，2015(2)：13－21.

③ Eysenck H J. Creativity and Personality: Suggestions for a Theory[J]. Psychological Inquiry, 1993, 4(3)：147－178.

④ Hargens L L, Hagstrom W O. Sponsored and Contest Mobility of American Academic Scientists[J]. Sociology of Education, 1967, 40(1)：24－38.

⑤ 王俊.学术职业的性别寓言：解读大学女教师学术发展的新框架[J]. 现代大学教育，2010(1)：23－26.

家比女科学家更易获得晋升机会,并且这种差异在高声望的学术机构表现得更为突出。①沈红②等人和陆根书③等人的研究也发现,中国学术劳动力市场存在着性别纵向隔离现象,女教师多集聚于低职称段,而其在高职称段的比例远低于男性。如果想要获得和男性同等的认可,女教师就必须做出更多更好的成绩。受家庭责任分工等因素的影响,女教师的学术产出也往往低于男性,科尔和朱克曼将学术产出的性别差异称为“科研生产力之谜”。④在年龄方面,科学界有一种说法是“科学是年轻人的游戏”,认为重大的科学贡献都是年轻人作出的,随着年龄增大,学术创造力会随之衰减。例如,美国心理学家莱曼(Lehman)发现 30—39 岁是人的创造力巅峰时期, 39 岁之后创造力急剧下降。⑤家庭背景也是影响大学教师学术发展的重要先赋因素。朱克曼对诺贝尔奖获得者的社会经济出身的统计分析发现,出身于富裕家庭的人进入科学界超级精英行列的可能性更大。⑥对中国两院院士的研究也得出了类似的结论。⑦家庭背景的影响主要发生在职业早期,通过介入教育筛选过程间接地发挥作用。例如,克兰(Crane)的研究发现家庭的社会阶层会

① Cole J R, Zuckerman H. Marriage, Motherhood and Research Performance in Science[J]. Scientific American, 1987, 256(2):119-125.

② 沈红,熊俊峰.职业性别隔离与高校教师收入的性别差异[J].高等教育研究,2014, 35(3):25-33.

③ 陆根书,彭正霞.大学教师学术发展中的性别隔离现象分析[J].高等教育研究,2010, 31(8):72-79.

④ 梁文艳,周晔馨.社会资本、合作与“科研生产力之谜”:基于中国研究型大学教师的经验分析[J].北京大学教育评论,2016, 14(2):133-156, 191-192.

⑤ Simonton D K. Age and Literary Creativity: A Cross-cultural and Trans-historical Survey[J]. Journal of Cross-cultural Psychology, 1975, 6(3):259-277.

⑥ 哈里特·朱克曼.科学界的精英:美国的诺贝尔奖金获得者[M].周叶谦,冯世刚,译.北京:商务印书馆,1982:91-94.

⑦ 吴殿廷,李东方,刘超,等.高级科技人才成长的环境因素分析:以中国两院院士为例[J].自然辩证法研究,2003, 19(9):54-63.

影响本科和研究生教育阶段的入学机会，中上阶层子女进入高水平大学的机会更多。①阎光才将家庭背景影响学术精英生成的因果链条概括为“中产阶级家庭出身—高声誉本科机构—高声誉研究生教育机构—中产阶级主导的学术人员群体—中产阶级主导的少数英才”②。

第二类是教育经历的结构制约，主要包括博士授予机构声誉和博导声望等。开普勒(Caplow)和麦吉(McGee)对学术岗位招聘决策的研究发现，聘用决定是基于求职者的研究生毕业机构声望、导师知名度和机会，而不是依据求职者的工作表现。③朗(Long)对生物化学家的研究发现，学术发表数量和质量对初始学术职位声誉无显著影响，影响最大的因素是博士毕业机构声誉和导师地位。④他的另一项研究发现博士毕业机构声誉对大学教师学术发展的影响可能长达20余年。⑤赖斯金(Reskin)着重探讨了导师地位对化学家学术发展的影响，研究发现导师在化学家的学术发展中发挥着重要作用，杰出的导师既可为学生提供高质量的培训，也可以帮助学生在学术发展初期谋得一个高声誉的学术职位，并通过后期的累积优势持续促进他们的学术成长。⑥中国高校在教师招聘中往往存在“第一学历歧视现象”，本科毕业于原“985工程”或原“211工程”高校的教师在求职时

---

① Crane D. Social Class Origin and Academic Success: The Influence of Two Stratification Systems on Academic Careers[J]. Sociology of Education, 1969, 42(1):1-17.

② 阎光才.我国学术英才成长过程中的赞助性流动机制分析[J].中国人民大学教育学刊,2011(3):5-22.

③ 杰里·加斯顿.科学的社会运行:英美科学界的奖励系统[M].顾昕,译.北京:光明日报出版社,1988:44.

④ Long J S. Productivity and Academic Position in the Scientific Career[J]. American Sociological Review, 1978, 43(6):889-908.

⑤ Long J S, Allison P D, McGinnis R. Entrance into the Academic Career[J]. American Sociological Review, 1979, 44(5):816-830.

⑥ Reskin B F. Academic Sponsorship and Scientists' Careers[J]. Sociology of Education, 1979, 52(3):129-146.

更具优势，在这种情况下，本科毕业机构声望可能也会影响中国大学教师的学术发展。[①]教育结构性因素的作用机制可以概括为两种效应：一是“筛选放大效应”，精英机构或精英导师首先选拔出具有良好学术潜质的人，然后为其提供良好的环境以促进其天资的释放和能力的形成；二是“符号或标签效应”，毕业于精英机构或师从名师的学者往往被贴上“高能力”的标签，从而借助精英机构或精英导师的符号光环获得学术发展优势。[②]

第三类是职业特征的结构制约，包括工作单位声誉、任教学科、个人的从教年限（或称年资）、行政职务等。朗等人对 179 位有职业流动经历的化学家、生物学家、物理学家和数学家的研究发现，工作单位声誉对学术生产力有显著影响，而科学家早期的学术产出对获得有声望的学术职位仅有微弱的影响，向上流动的科学家学术发表数量和被引次数都显著增加，而向下流动的科学家的学术生产力则显著下降，这表明工作单位声誉对学术产出的影响作用要大于学术产出对学术部门声誉的影响。[③]布莱克本（Blackburn）等人也发现工作单位声誉与学者的科研产出呈高度正相关。[④]克兰对在美国三所声誉不同的大学中工作的心理学家和政治学家的研究发现，在高声誉机构任职的高产科学家比在低声誉机构任职的高产科学家更易赢得承认，工作机构声誉比学术产出对学术发展的影响更大。[⑤]与教育

---

① 易连云，赵国栋，毋改霞.高校教师聘任的“出身论”现象研究：对百所“985”、“211”院校的调查[J].重庆大学学报(社会科学版)，2013，19(5)：173－177.

② 郭卉，姚源.中国青年学术精英生成中的资质与资本因素影响探究：基于生物学科教师的调查[J].高等教育研究，2019，40(10)：46－58.

③ Allison P D，Long J S. Departmental Effects on Scientific Productivity[J]. American Sociological Review，1990，55(4)：469－478.

④ Blackburn R T，Behymer C E，Hall D E. Research Note：Correlates of Faculty Publications[J]. Sociology of Education，1978，51(2)：132－141.

⑤ 杰里·加斯顿.科学的社会运行：英美科学界的奖励系统[M].顾昕，译.北京：光明日报出版社，1988：41－43.

结构性因素的作用机制相同，工作机构声誉也主要通过“筛选放大效应”和“符号标签效应”发挥作用。特殊主义的作用空间还会受到学科性质的影响，一般而言，自然科学家比人文社会科学家受特殊主义的影响更弱，因为自然科学的一致性和可编码化程度更高，其学术表现较易依据普遍主义的标准做出评价，而人文社会科学家则难以依靠自己的努力把握命运。从中国高校教师的职称晋升文件来看，晋升高一级职称一般需要达到一定的从教年限，加之中国一直有“论资排辈”的学术评价传统，年资对大学教师的学术发展有着不可忽视的影响。有实证研究发现，无论是由讲师晋升副教授还是由副教授晋升正教授，年资都是影响中国高校教师职称晋升的最重要变量，但年资的影响不是线性的，如果超过某个临界点还未获得晋升，那么今后获得晋升的可能性反而会下降。①行政职务作为一种政治资本对中国大学教师的学术发展也颇为重要，有调查显示，60%的大学教师不同程度地认为行政职务具有很大的吸引力，担任院系行政职务可以显著影响大学教师的学术地位获致机会。②

（三）社会资本模型与大学教师学术发展的特殊主义机制

社会资本理论兴起于 20 世纪 80 年代，社会资本理论的代表人物布迪厄（Bourdieu）、科尔曼（Coleman）、林南、边燕杰等都认为，社会资本是嵌入社会网络中的社会资源。与人力资本是对个人知识能力的投资不同，社会资本是对社会关系的投资，由于社会关系的多样性和延伸性，社会资源无论在量上还是质上都大于个人资源，当个人资源不足时，个人可以从自己的关系网络中借用相应的资源以达成行动目的。社会资本理论学者认为个人并不是原子化的孤立个体，而是嵌入关系网络中的社会人，从关系网络中获得的社会资本有助

① 岳英.我国高校教师职称晋升影响因素的事件史分析[J].教育发展研究，2020，40（增刊 1）：90－97.

② 阎光才.我国学术英才成长过程中的赞助性流动机制分析[J].中国人民大学教育学刊，2011(3)：5－22.

于个人社会地位的获得。林南认为社会资本可以为个人提供表达性回报和工具性回报，表达性回报主要包括身体健康、心理健康（承受压力、情绪平衡的能力）和生活满意，工具性回报主要包括经济回报（收入、财产）、政治回报（地位、权力）和社会回报（名望）。[①]关于社会资本的回报机制，林南提供了四种解释：第一，促进信息流动，与上层的关系纽带能够为个人提供机密的、有价值的信息，这些信息可以降低交易成本；第二，通过对代理人或决策者施加影响以实现自己的目的；第三，为个人提供社会信用证明，借助"符号效用"使组织或其他人相信他能提供超越个体人力资本之外的额外资源；第四，强化身份和认同感，这有助于维持个人的精神健康和资源的使用资格。[②]简言之，社会资本是通过信息、影响、社会信用和强化四种机制发挥作用的。

跨文化检验发现，社会资本的作用发挥会受到文化环境的影响，在不同的文化环境下，社会资本的表现形式、作用大小与作用机制可能存在根本性的区别。1973 年，格兰诺维特（Granovetter）基于对北美专业技术管理人员求职过程的研究提出了"弱关系"理论，他认为通过强关系联系在一起的成员同质性较强，这使得强关系成员之间分享的信息多为冗余信息，而弱关系则可以发挥"信息桥"的作用，为求职者带来更多非冗余的、更有价值的信息，从而帮助求职者找到更满意、更好的工作。[③]然而，1988 年，林南和边燕杰对中国天津地区的求职者进行研究发现，由于这一时期中国人的工作是由国家分配的，使用关系求职有违国家规定，原则上会受到处分，故只有求职者

---

① 林南.社会资本：关于社会行动与结构的理论[M].张磊，译.上海：上海人民出版社，2004：233－234.

② 林南.社会资本：关于社会行动与结构的理论[M].张磊，译.上海：上海人民出版社，2004：19－20.

③ 马克·格兰诺维特.找工作：关系人与职业生涯研究[M].张文宏，译.上海：上海人民出版社，2008：41－47.

与帮助人之间具有强关系才敢于承担这种风险，所以多数帮助人都是强关系，而不是弱关系。①与弱关系通过传递异质性信息促进西方劳动者的职业发展不同，强关系通过传递更隐秘的信息和提供更具实质意义的人情帮助促进中国劳动者的职业发展。边燕杰在2009年的八城市调查中同时测量了“关系强度和关系资源”这两个变量，结果发现，弱关系往往对应信息资源，而强关系往往对应信息/人情混合资源，并且强关系对入职收入的影响效应大于弱关系，人情资源和人情/信息混合资源的收入效应大于信息资源②，进一步证实了早期的研究结论。伯特(Burt)在格氏的基础上进一步提出了“结构洞”(structural hole)理论，他将行为人之间缺乏直接连接而只能通过中间人进行连接的网络结构称为结构洞，认为占据结构洞位置的个人可以弥合两个非重复群体的信息、机会与资源，从而获得信息优势和控制优势。③虽然结构洞理论在西方得到了实证研究的支持，但肖知兴等人发现结构洞的信息优势和控制优势会被中国的集体主义文化削弱，与西方更青睐于开放的网络结构不同，紧密凝聚的网络结构在中国更具合法性。④

鉴于社会资本理论的文化差异，边燕杰在回国就职后一直致力于社会资本理论的本土化工作，近年来他在接受国际通用的社会资本概念的基础上，根据中国的关系主义文化特点提出了“关系社会资本”概念。他认为与西方社会资本的弱连带性、功能单一性和偶发义务性不同，中国的“关系社会资本”具有强连带性、功能复用性和频发

---

① Lin N, Bian Y. Getting ahead in Urban China[J]. American Journal of Sociology, 1991, 97(3):657-688.

② 边燕杰.社会网络与地位获得[M].北京：社会科学文献出版社，2012:191-193.

③ Burt R S. Structural Holes and Good Ideas[J]. American Journal of Sociology, 2004, 110(2):349-399.

④ Xiao Z, Tsui A S. When Brokers May Not Work: The Cultural Contingency of Social Capital in Chinese High-Tech Firms[J]. Administrative Science Quarterly, 2007, 52(1):1-31.

义务性。所谓强连带是一种特殊纽带，包括更多的拟亲情成分，如“师徒如父子”“近邻胜亲戚”等，这种强连带在西方虽然存在但并不普遍；功能复用性是指同一条关系纽带可以为双方提供多种交换功能，如情感性功能与工具性功能的混合、社会交换与经济交换的混合等，而西方不同属性的交换一般严格遵循不同的规范要求；虽然互惠义务是中西文化的普遍特征，但西方人之间的互惠义务较浅、工具性较弱，并且是偶发的，而受儒家“义”文化的影响，中国人之间的互惠义务和工具性都特别强，并且是频发的，这种人情互惠机制在西方虽然存在但发生作用的频率低、表现少、覆盖面小。①边燕杰将这一概念应用于基层法官的晋升中，结果发现，在个体资质等同的条件下，基层法官的关系社会资本越多，晋升机会越多，而对领导人的晋升决策施加影响是关系社会资本的主要作用机制。②从“关系社会资本”的概念和特征来看，社会资本不仅在中国的文化环境下有更大的作用空间，而且主要通过人情交换机制发挥作用。

由于学术场域有着特殊主义的作用空间，社会资本对大学教师的学术发展也具有重要影响。科尔认为学者的社会网络是特殊主义机制的主要运作基础，传统基于社会结构模型的研究之所以不能为特殊主义运行机制提供充分的证据，就是因为科学家没有研究特殊主义的主要基础——科学家在一个人际连结网络中的位置。③最早发现学术网络会影响学术地位获致的学者是克兰，受社会网络理论和卡杜欣(Charles Kadushin)论述“社会圈子”研究的影响，20 世纪 80 年代末，克兰采用社交测量法研究了科学共同体内部的科学交流系统，研究发现是否卷入学术交流网络会影响学者个人的学术影响

① 边燕杰，张磊.论关系文化与关系社会资本[J]. 人文杂志，2013(1)：107－113.

② 边燕杰，王学旺.作为干部晋升机制的关系社会资本：对于基层法官的实证分析[J]. 西北师大学报(社会科学版)，2019，56(6)：15－22.

③ 史蒂芬・科尔.科学的制造：在自然界与社会之间[M].林建成，王毅，译.上海：上海人民出版社，2001：159.

力，那些很少卷入学术交流网络的学者所做的研究工作，对同领域内其他成员的研究很少产生影响，当提到领域的成员对选题的影响时，与大群体的成员相比，双人群体和独立研究者很少被提到名字，他们也很少通过第三方产生这种影响。①克兰的许多调查对象也认为非正式的学术交流网络对他们的学术研究非常重要，几位受访者表示“你单独一个人进行研究，但是，如果你从来不与其他人交谈，你就会处在一个很糟糕的状态之中，你一定要知道你的研究在这个领域中产生了什么影响”。②原本信奉科学界遵循普遍主义运行机制的科尔也于20世纪90年代改变了自己的看法，受建构主义思想的影响，科尔发现对科学前沿知识的评价并不存在一个事先预定的客观标准，由于认识内容上的共识程度不高，学者个人的网络连结就会对其如何被评价起到至关重要的作用，他认为“科学共同体可以被描绘为一系列社会网络，在这个网络中，根据智力上的联盟、政治上的联盟、制度上的忠诚和友谊，形成了或强或弱的连结。一位科学家如何与那些最终在某种情形下对他进行评价的科学家连结起来或是没有连结，会影响到评价结果”③。他进一步指出研究生招生、新近获得博士学位或博士后人员竞聘第一个教职、续聘教职、申请国家科学基金、晋升高级教授、申报其他有声望的学术奖励等关乎学术发展的重要事项都会不同程度地受到个人网络连结的影响，而且个人的网络规模、学术评价过程的开放性程度、学术奖励名额的匮乏程度和学术评价标准的模糊程度都会影响网络连结的作用程度，一般而言，个体网络规模越大，评价过程越私密，奖励名额越匮乏，评价标准越含糊，

① 黛安娜·克兰.无形学院：知识在科学共同体的扩散[M].刘珺珺，等，译.北京：华夏出版社，1988：58－59.

② 黛安娜·克兰.无形学院：知识在科学共同体的扩散[M].刘珺珺，等，译.北京：华夏出版社，1988：43.

③ 史蒂芬·科尔.科学的制造：在自然界与社会之间[M].林建成，王毅，译.上海：上海人民出版社，2001：185.

网络连结发挥的作用越大。①

进入21世纪之后，随着“社会网络理论”的兴起以及社会网络测量技术的日臻成熟，越来越多的学者开始关注学术网络对大学教师学术发展的影响。已有研究发现，学术网络既会影响学者的学术生产力，也会影响职业晋升。在学术生产力方面，麦克法蒂耶(McFadyen)对173位生物医学教师的合作发表数据进行研究发现，卓越的知识创造与学术生涯早期学术网络的规模和强度正相关，但学术网络的影响力在职业后期会有所减退，呈现出倒U形曲线的特征。②除了学术网络的规模和强度之外，辛格(Singh)的研究进一步发现占据网络的“结构洞”位置也会对学术生产力产生积极影响。③冈萨雷斯(Gonzalez)对网络变量做了更细致的划分，他认为网络嵌入包括关系嵌入、结构嵌入和认知嵌入三个维度，每个维度对知识创造的影响不同。其中，关系维度仅与学术质量相关而与学术发表数量无关，认知维度只与学术发表数量相关而与学术发表质量无关，结构维度对学术发表质量和数量均有影响。④曾明彬等人采用同样的网络划分方法对中国化学家科研绩效的研究发现，认知维度和关系维度社会资本可以显著提升科研绩效，但结构维度对科研绩效的影响呈现出非线性的特征。⑤朱依娜将学术网络对学术生产力的影响机制概

---

① 史蒂芬·科尔.科学的制造：在自然界与社会之间[M].林建成，王毅，译.上海：上海人民出版社，2001：185－189.

② McFadyen M A, Cannella Jr A. Social Capital and Knowledge Creation: Diminishing Returns of the Number and Strength of Exchange Relationships[J]. Academy of Management Journal, 2004, 47(5):735－746.

③ Singh J. External Collaboration, Social Networks and Knowledge Creation: Evidence from Scientific Publications [C]. Frederiksberg: Danish Research Unit for Industrial Dynamics Summer Conference, 2007:1－43.

④ Gonzalez-Brambila C N, Veloso F M, Krackhardt D. The Impact of Network Embeddedness on Research Output[J]. Research Policy, 2013, 42(9):1555－1567.

⑤ 曾明彬，韩欣颖，张古鹏，等.社会资本对科学家科研绩效的影响研究[J].科学学研究，2021(2)：1－24.

况为两种：一种是“信息交流机制”，认为与学术网络成员之间的互动交流可以通过不同观点的碰撞启发创新思想的生成，为做出新的学术发现提供思想启发；另一种是“资源获取机制”，认为与政府和企业等科研资源提供方的关系连结会影响学者可以获取的科研资源含量，为学术研究提供资源保障。①在职业晋升方面，有研究发现私人关系对中国科学院院士身份获得具有显著影响，但只有当候选人的科学贡献旗鼓相当时，“关系”才可能会发挥作用。②另一些研究将学术网络划分为本土学术网络和海外学术网络，结果发现海内外学术网络对大学教师的学术产出和职业晋升有不同的影响：海外学术网络显著影响海归科学家的学术产出，本土学术网络的影响则呈倒 U 形曲线；虽然海外学术网络有助于海归科学家的职称晋升，但这种积极效用在学术发展后期开始弱化，而本土学术网络对高层次学术发展的影响开始凸显。③

二、海外流动经历对大学教师学术发展的影响机制

根据上述三个理论模型以及海外流动经历影响大学教师学术发展的相关研究成果，本研究假定海外流动经历主要通过以下三种方式影响大学教师学术发展。

第一，人力资本模型。人力资本既有适用于各行各业的通用性人力资本，也有仅仅适用于特定职业的专用性人力资本。④学术素养是以学术研究为己任的学术职业所需要的专用性人力资本，根据国

① 朱依娜，何光喜.学术产出的性别差异：一个社会网络分析的视角[J].社会，2016，36(4)：76－102.

② Cong Cao. China's Scientifc Elite [M]. London & New York: Routledge Curzon, 2004：184－185.

③ 鲁晓.海归科学家的社会资本对职业晋升影响的实证研究[J].科学与社会，2014，4(2)：49－62.

④ 杜育红.人力资本理论：演变过程与未来发展[J].北京大学教育评论，2020，18(1)：90－100.

内外发布的研究者能力素养政策文本和相关研究成果，学术素养包括学术志趣、学科知识和学术能力三个维度。已有研究发现，海外流动是一种有效的人力资本投资方式，海外流动可以激发大学教师的学术兴趣，提升大学教师的学科知识和缄默知识水平，促使其掌握新的研究方法与研究技术。学术素养水平的提高赋予了大学教师更高的知识生产能力与知识生产效率，进而凭借更优的学术产出获得更高的学术地位。简言之，海外流动经历通过影响大学教师的学术素养水平进而影响学术成果产出并最终影响学术地位获得，遵循普遍主义作用路径。

第二，社会结构模型。社会结构模型认为博士授予机构的声望可以正向预测初职学术职位的声望。高校间的博士互聘网络并非是完全开放和自由的，而是具有很强的封闭性和排他性。国内外的研究均发现，最有声望的学术机构很少聘用低声望机构的成员，学术交换网络以平行流动和向下流动为主要特征，向上流动非常少见。①在“中心—边缘”分化的全球学术体系中，世界知名学府多集中在西方发达国家，具有海外流动经历的教师，尤其是在海外知名学术机构有过学习工作经历的教师在国内学术劳动力市场中更具竞争优势。中国政府部门设立的各类海外引智政策以及高校在教师招聘中对海外经历的重视，进一步诱发了海外学位优于国内学位的社会认知。②现实中，许多教师选择参与海外流动的原因之一就是为了提升在国内学术劳动力市场的求职竞争力。因而，海外流动经历可能会影响大学教师的初职地位，然后通过累积优势进一步作用于职后地位的获得。

第三，社会资本模型。已有研究发现，海外流动经历会影响大学

---

① 张斌.博士毕业生互聘网络中的院系分层与结构化特征：基于部分物理学学者学缘的社会网络分析[J].教育研究，2013(1)：84－90.

② 黄海刚，马健生.“自主培育”还是“依赖引进”：中国人才战略的实践悖论[J].北京师范大学学报(社会科学版)，2012(4)：20－28.

教师的学术网络构成，而学术网络又是影响大学教师学术生产力和职称晋升的重要因素。因此，海外流动经历影响大学教师学术发展的社会资本模型又可以分为两条路径：一条路径遵循普遍主义机制，海外流动经历通过影响大学教师的学术网络进而影响学术成果产出，然后间接影响学术地位获得；另一条路径遵循特殊主义机制，海外流动经历通过影响大学教师的学术网络直接影响学术地位获得。由于社会资本是指嵌入社会网络中的关系资源，并且真正发挥社会支持作用的是实际动员得到的关系资源，所以一个完整的社会资本模型应该同时测量社会网络特征和网络资源。从已有研究来看，常用的社会网络特征变量主要包括网络规模、关系强度和网络顶端。此外，已有研究发现，海外流动经历对大学教师的海外学术网络和本土学术网络呈现出相反的影响，并且两类学术网络对学

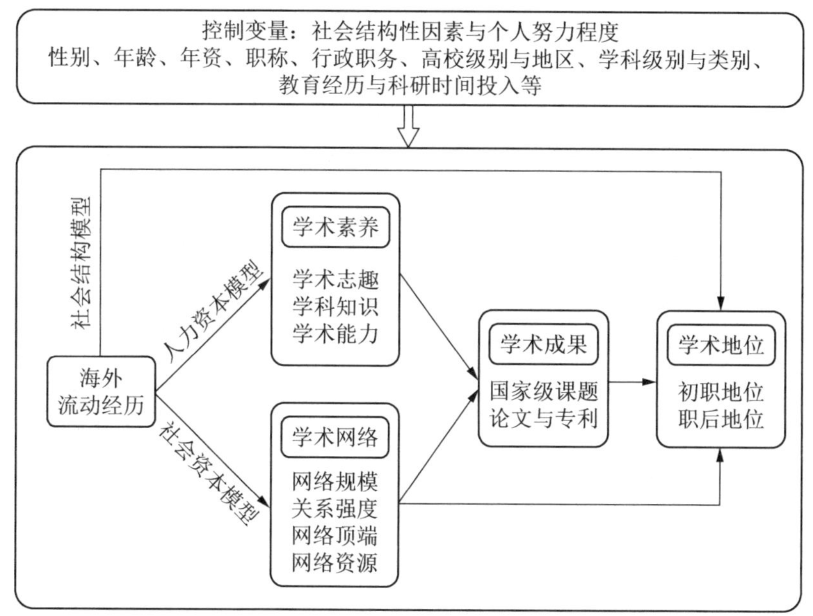

图 2-1 理论分析框架

术发展的影响作用不同，所以本研究将分别测量海外学术网络和本土学术网络，以检验哪类学术网络对中国大学教师的学术发展更为重要。

考虑到各类社会结构性因素和个人努力程度不仅会影响大学教师是否参与海外流动，也会影响大学教师的学术素养、学术网络、学术成果和学术地位，故本研究在整个分析过程中都将上述因素作为控制变量纳入分析模型。综上，本研究构建“海外流动经历影响大学教师学术发展”的理论分析框架，详见图 2-1。

第二节　研究设计

一、研究思路与技术路线图

本研究围绕“海外流动经历对大学教师学术发展的影响”这一核心议题，按照“描绘现状—影响机制—政策启示”的思路逐步展开。首先，综合采用教师简历数据与问卷调查数据，分析中国大学教师海外流动与海外回流的规模、质量与区域特征是如何随时间动态演变的，并结合政策文本和访谈资料分析解读隐藏在这一变化趋势背后的政策、社会与文化缘由，从而动态把握中国大学教师海外流动与海外回流的现状及演变趋势。然后，根据大学教师学术发展的三个理论模型，结合问卷调查和访谈调查资料，逐步探究海外流动经历对大学教师学术素养、学术网络、学术成果和学术地位的影响，然后进一步采用中介效应方法深入分析海外流动经历是否会通过影响大学教师的学术素养和学术网络进而影响其学术成果产出并最终影响学术地位获得，从而揭示海外流动经历对大学教师学术发展的影响机制。最后，在上述研究结果的基础上审视中国目前的留学政策与海外引智政策，以及学术人才培养制度和学术评价制度，并在借鉴国内外先进经验的基础上提出完善相关政策的对策建议。

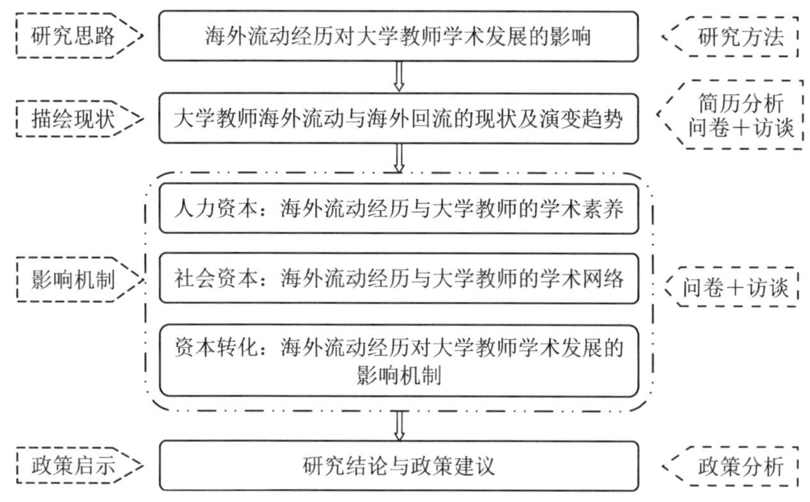

图 2-2　研究思路与技术路线

二、研究策略、视角与数据来源

(一)“量化主导混合”的研究策略

19 世纪中叶以来，社会科学界一直存在着量化研究与质化研究的激烈争论，其根源在于两者在认识论和本体论上大相径庭。量化研究认为世界是客观的，可以通过测量的方式发现客观世界的规律性，遵循“科学主义”“实证主义”的研究路线；质化研究则以建构主义为哲学基础，认为不存在绝对的客观世界与客观真理，真理是相对的，是由个体主观建构出来的，遵循“人文主义”“解释主义”的研究路线。传统观点认为量化研究与质化研究根植于不同的哲学基础与研究范式，两者之间有着不可逾越的鸿沟。然而，深受美国实用主义哲学思想影响的约翰逊(Johnson)等人拒绝两者不能共存的论断，他们不执着于研究方法之间的范式之争，而是将解决研究问题置于第一位，强调只要对解决问题有帮助的研究方法就可以使用，倡导不同研究视角、研究方法的融合。①实用主义者认为量化研究与质化研究不仅可以结合起来使用，而且两者结合可以更好地发挥研究方法的功能性。20 世纪 90 年代之后，综合运用两种方法的混合研究成果数量大幅提升，学界不仅专门成立了混合研究方法特殊兴趣小组，召开了混合研究方法国际会议，而且还发行了专门发表混合研究方法成果的期刊，混合研究方法逐渐被越来越多的社会研究学者所认可，目前已成为社会科学研究中的第三种研究范式。②

格林(Greene)等人认为采取混合研究方法可以实现五个目的：一是三角互证，通过不同研究方法收集的数据资料之间可以相互佐证，提升研究结论的可靠性；二是互补，量化研究长于证明“是什么”，质化研究长于解释“为什么”，量化研究有助于弥补质化研究结论不可推广的局限，质化研究可以深入阐释量化研究的结果，两者结合可以使研究问题更深入；三是发展，研究者可以运用一种研究方法得出的结论指导另一种方法的使用；四是开创，当使用两种研究方法得出矛盾甚至对立的结论时有助于研究者重新定义研究问题；五是扩展，量化与质化结合可以扩展研究的广度和深度。③在具体的操作过程中，混合研究方法可以采取多种设计策略。根据每类方法在研究中的重要性，约翰逊等人将混合研究分为“同等地位混合设计”以及“量化主导混合”“质化主导混合”的主辅设计方式。④根据每类方法的使用顺序，克雷斯韦尔(Creswell)将其分为聚敛式设计、解释性设计和探索性设计三种：聚敛式设计中的量化研究与质化研究的数据收集与分析是同时独立进行的，主要是为了聚合两类研究方法收集的数

---

①④ Johnson R B, Onwuegbuzie A J, Turner L A. Toward a Definition of Mixed Methods Research[J]. Journal of Mixed Methods Research, 2007, 1(2):112 - 133.

② Johnson R B, Onwuegbuzie A J. Mixed Methods Research: A Research Paradigm Whose Time has Come[J]. Educational Researcher, 2004, 33(7):14 - 26.

③ Greene J C, Caracelli V J, Graham W F. Toward a Conceptual Framework for Mixed-method Evaluation Designs[J]. Educational Evaluation and Policy Analysis, 1989, 11(3):255 - 274.

据与分析结果，以检验结论是否一致；解释性设计是先采用量化的方法收集和分析数据结果，然后再采用质化研究解释量化研究的结果，两个研究阶段是相互支撑的；探索性设计是先用质化研究收集资料，对研究问题进行分析探索，然后在此基础上研发新的研究工具或方案，并进一步开展量化研究，后两种设计方式比第一种方式要耗费更多的时间精力。①

米尔斯（Mills）认为，在研究过程中，研究者应该遵循"问题中心"的原则，方法和理论都应围绕研究问题进行选择。②故本研究不纠缠于量化与质化之间的对立纷争，而是依据研究问题选择最适切的研究方法。本研究主要探讨海外流动经历对大学教师学术发展的影响，出于三角互证与互补的目的，本研究采取"量化主导混合"的研究策略，以问卷调查为主，访谈调查为辅。同时，在研究过程中根据具体的研究问题和研究目的决定每类方法的使用顺序。具体而言，本研究采用"聚敛式设计"方法探讨海外流动经历对大学教师学术素养的影响，即同时采用问卷调查和访谈调查方法收集数据，以检验依据两种来源的调查资料得出的研究结论是否一致，通过三角互证提高对这一问题的研究信度。采用"探索性设计"探讨大学教师学术网络中嵌入的学术资源类别。关于学术网络中究竟嵌入着哪些学术资源，目前学界尚未有系统研究，考虑到这一问题的探索性较强，本部分首先采取访谈调查方法收集资料，通过编码的方式提取学术网络中的资源类别，然后据此编制调查问卷中的相关题目，最后利用问卷调查数据做进一步的检验分析。采用"解释性设计"探讨海外流动经历对大学教师不同维度学术发展的影响，在问卷调查结束后，继续采用访谈调查方法收集数据以对问卷调查的研究结果进行深度解析。

---

① 约翰·克雷斯维尔.混合方法研究导论[M].李敏谊，译.上海：格致出版社，2015：1-10.

② C.赖特·米尔斯.社会学的想象力[M].陈强，张永强，译.北京：生活·读书·新知三联书店，2001：130.

同时，对因问卷容量限制没有包含的内容，采用访谈调查资料进行补充，以进一步完善相关研究内容。

（二）“关系主义”的研究视角

关于个人与社会关系的争议在社会科学中表现为关于整体主义与个体主义的激烈争论。整体主义研究视角主张社会先于个人而存在，个体的意志与行动完全受社会结构的支配，不存在拥有自由意志的个体行动者，社会科学应以客观的社会事实为研究对象。迪尔凯姆认为“如果没有社会就不可能有社会学，而如果只有个人就不可能有社会”①，各种社会现象应被当作外在于个人的客观现实来研究。迪尔凯姆提出了“社会事实”的概念，他将“社会事实”界定为“一切行为方式，不论它是固定的还是不固定的，凡是能从外部给予个人以约束的，或者换一句话说，普遍存在于该社会各处并具有其固有存在的，不管其在个人身上的表现如何，都叫做社会事实”②。与此相反，个体主义研究视角则主张个人才是真实存在的，不存在外在于个人的作为整体的社会，社会仅仅是一个单纯的名称而已，社会科学应以个人为研究对象，如韦伯强调“只有个体及其行动才是真实的社会存在，那些集体的存在只是在个体的观念中才具有意义，不存在所谓的集体行动，只有分享了集体观念的个体们的行动”③。自社会学诞生以来，围绕这两者的争议就一直左右着社会科学的发展方向。然而，无论是整体主义还是个体主义都存在着个体与社会二元对立的固有缺陷，无论是单方面对社会结构约束性的凸显还是对个体能动性的强调，都无法充分解释作为社会综合体的经验现象的复杂性。

20世纪80年代以来，以埃利亚斯（Elias）、布迪厄、格兰诺维特为代表的一些学者注意到了这两种研究视角的局限性，主张超越个

---

① 埃米尔·迪尔凯姆.自杀论[M].冯韵文，译.北京：商务印书馆，2008：5.

② 埃米尔·迪尔凯姆.社会学方法的准则[M].狄玉明，译.北京：商务印书馆，1995：34.

③ 郑震.社会学方法论的基本问题：关系主义的视角[J].天津：天津社会科学，2019（4）：74－80.

体与社会的二元对立，将联系个体与社会的社会历史性关系作为社会研究的对象。埃利亚斯认为“日常语言致使我们在行动者与他的行动、结构与过程或者对象与关系之间，做出不自觉的概念区分，其结果是妨碍我们把握社会中相互交织的复杂联系的逻辑”①。布迪厄将个人与社会的对立视为危害社会学的“毒瘤”，他认为社会科学没有必要在这两者之中必择其一，社会现实是由个体行动与社会结构共同作用的结果，这些社会现实既不仅仅存在个体之中，也不存在于社会结构之中，而是存在于关系之中，布迪厄据此抛弃了研究视角上的个体主义和整体主义，而提出关系主义研究视角。②格兰诺维特在经济社会学的研究成果基础上提出了“镶嵌”理论，格氏也认为个体行动与社会结构之间并非相互独立的，两者都深受社会关系的制约。格氏用“低度社会化”和“过度社会化”这两个概念批判传统一元方法论的缺陷，他认为个体主义研究视角犯了“低度社会化”的错误，预设了一个具有完全自由意志的行动者，忽视了社会结构的约束，而整体主义研究视角则犯了“过度社会化”的错误，过于强调社会结构的约束作用，认为个体只是被动地接受社会制约，毫无反抗地满足社会期待。③“镶嵌”理论避免了“社会性孤立”的谬误，调和了两种研究视角的分歧，既保留了个体的自由意志，又把个人行为置于人际关系互动网络中加以考察，在个体行动与社会结构之间搭起了“桥”。

本研究将大学教师的学术发展看作是一个受关系影响的社会过程，大学教师的学术发展不仅依赖于个人的内在资质与身处的社会

① 皮埃尔·布迪厄.实践与反思：反思社会学导引[M].李康，等，译.北京：中央编译出版社，1988：16.

② 皮埃尔·布迪厄.实践与反思：反思社会学导引[M].李康，等，译.北京：中央编译出版社，1988：15－16.

③ 马克·格兰诺维特.镶嵌：社会网与经济行动[M].罗家德，等，译.北京：社会科学文献出版社，2015：5.

结构特征，它还深受学术网络成员之间交流互动的影响，与谁互动以及在互动中可以获取哪些学术资源对大学教师的学术发展至关重要。教师个体既是自主的，也是嵌入关系网络之中的，受到关系网络所能提供的资源制约，学术地位的获得在一定程度上是学者的学术关系网络作用的结果。因此，本研究不仅探讨海外流动经历对大学教师学术素养这一人力资本的影响，也将深入探究海外流动经历对大学教师的学术网络这一社会资本的影响，并进一步分析学术网络与学术成果产出和学术地位获得之间的关系，侧重从“关系主义”视角探究海外流动经历对大学教师学术发展的影响机制。

（三）数据来源与样本特征

1. 简历分析法

简历分析法是通过抓取个人简历中的基本信息、教育经历与工作经历等信息进行学术研究的一种方法。教师简历具有结构化与标准化的特点，通过教师简历可以获取更加客观、真实、全面的研究数据，如海外流动机构的世界排名可以通过教师简历中提供的机构名称查找得知，而通过问卷调查则难以获取准确的信息。在学术劳动力市场，相比传统的问卷调查与访谈调查，简历分析法具有数据获取便利的相对优势，采取简历分析法往往可以获得更大的样本量。正是基于这些优点，简历分析法成为当前国内外学界研究教师流动的主流方法。故本研究将采取简历分析法收集中国大学教师海外流动的相关信息。从已有研究来看，中国海归教师尤其是高层次海归教师，多集中在研究型大学中的优势学科。因此，本研究采取分层整群抽样的方法。首先在理科、工科、社会科学和人文科学四大学科门类中分别选取生物学、材料科学与工程、教育学和历史学四个学科作为研究对象；然后根据第四轮学科评估结果抽取学科等级为 A+、A－和 A 且任职高校属于“双一流”建设高校的所有专任教师作为研究对象。本研究假定任职于中国“双一流”建设高校优势学科教师群体的海外流动情况可以代表中国高水平大学教师海外流动的最高水平。为动态描绘中国大学教师近40年来海外流动与海外回流的规模、质量与区域演变特征，将教师入职时间限定在2020年12月底。考虑到学院网站对新进教师简历的更新时间会有所延迟，本研究的教师简历信息搜集工作分为两个时段：第一时段为2020年4—8月，通过检索教师所在学校和学院主页等途径抓取教师简历信息，部分博士学位授予机构缺失的信息通过博士学位论文数据库进行补充检索；第二时段为2021年7月，在第一时段收集的简历基础上继续补充于2020年12月底之前入职的新进教师简历。然后，根据软科发布的ARWU《2020年世界大学学术排名》检索大学教师海外流动机构的世界排名位次。最终纳入数据库的变量包括教师的性别、年龄、学科、本科与博士学位授予机构和授予时间、海外流动类型、流动时间、流动机构名称、流动地区、海外回流时间、回流时的学术身份和现职入职时间等结构化信息。经过两个时段的简历抓取，共收集到3 290份信息较为完整的教师简历样本。其中，生物学教师占37.87%、材料科学与工程教师占42.43%、历史学教师占9.36%、教育学教师占10.34%。该教师简历样本构成情况详见表2-1。

表2-1　教师简历样本概况

学科	人数（人）	比例（%）	来源学校
生物学	1 246	37.87	北京大学、复旦大学、华中科技大学、南京大学、南开大学、清华大学、厦门大学、上海交通大学、四川大学、武汉大学、浙江大学、中国科学技术大学、中国农业大学、中山大学(共14所)
材料科学与工程	1 396	42.43	北京航空航天大学、北京理工大学、东北大学、哈尔滨工业大学、华南理工大学、清华大学、上海交通大学、四川大学、天津大学、西安交通大学、西北工业大学、浙江大学、中国科学技术大学、中南大学(共14所)

续表

学科	人数（人）	比例（%）	来源学校
历史学	308	9.36	北京大学、北京师范大学、复旦大学、华东师范大学、南京大学、南开大学、中国人民大学、中山大学(共8所)
教育学	340	10.34	北京大学、北京师范大学、华东师范大学、浙江大学(共4所)
总计	3 290	100	北京大学、华中科技大学、厦门大学、武汉大学、中国农业大学、北京航空航天大学、北京理工大学、东北大学、哈尔滨工业大学、华南理工大学、清华大学、上海交通大学、四川大学、天津大学、西安交通大学、西北工业大学、中国科学技术大学、中南大学、复旦大学、南京大学、南开大学、中国人民大学、中山大学、北京师范大学、华东师范大学、浙江大学(共26所)

2. 问卷调查法

根据研究问题和前文构建的理论分析框架，自编“海外(境外)流动经历与大学教师学术发展调查问卷”。问卷共包括六部分内容：第一部分为个人基本信息，包括性别、出生年份、任职高校名称、学科类别、学科级别、专业平台、担任行政职务情况和职称级别，共八个题项；第二部分为教育经历与工作情况，包括学士学位授予机构、博士学位授予机构、博士导师声望、博士学位授予年份、首次在高校/科研院所全职工作的年份、学缘情况、科研投入时间，共七个题项；第三部分为海外(境外)流动经历，包括流动时长、流动类型、流动地区、流动机构属性、流动机构排名、全职回到本土学术机构工作的年份、境外习得的知识技能对目前学术研究的帮助程度，共七个题项；第四部分为学术素养，包括海归教师的学术素养收获水平量表和大学教师学术素养水平自评量表(两个量表的具体测量方法与测量内容详见第四章第一节);第五部分为学术网络特征与网络资源动员,包括本土和海外(境外)学术网络的规模、关系强度与网络顶端三个特征,核心学术网络构成情况,以及从两类学术网络的资源动员情况,共五个题项;第六部分为学术发展情况,包括国家级课题立项数量、以第一/通讯作者身份发表的论文或专利数量、人才项目入选情况,共三个题项。

问卷调查采取分层抽样。首先选取国内 35 所 A 类"双一流"建设高校(不含国防科技大学)作为样本高校;然后分别从每所样本高校中选取规模较大、邮箱较全的理工科和人文社科院系作为样本院系;最后对样本高校的样本院系中拥有博士学位的全职专任教师实施调查。调查采用"问卷星网络调查软件"向抽取的样本教师邮箱发送调查邀请,调查始于 2020 年 10 月,截至 2020 年 12 月,共回收有效问卷 1 701 份。问卷样本构成情况为:本土教师占 29.34%,海归教师占 70.66%(其中,有海外访学经历教师占 47.68%,有海外博士经历教师占 22.93%,有海外工作经历教师占 26.98%。);男教师占 76.78%,女教师占 23.22%; 35 岁及以下教师占 27.51%, 36—45 岁教师占 41.45%, 46 岁及以上教师占 31.04%;中级及以下职称教师占 14.46%,副高教师占 44.62%,正高教师占 40.92%;有行政职务的教师占 17.05%; C9 高校[①]教师占 18.64%;东部高校教师占 59.55%,中部高校教师占 13.23%,西部高校教师占 18.87%,东北高校教师占 8.35%;理工科教师占 63.61%,人文社科教师占 36.39%;国家重点学科教师占 59.96%。样本数据具有较好的代表性。该问卷调查样本特征详见表 2-2 和图 2-3。

---

① C9 高校是中国首个顶尖大学间的高校联盟(简称 C9),于 2009 年 10 月正式启动。联盟成员都是国家首批原"985 工程"重点建设的一流大学,包括北京大学、清华大学、哈尔滨工业大学、复旦大学、上海交通大学、南京大学、浙江大学、中国科学技术大学、西安交通大学共 9 所高校。

表 2-2 问卷调查样本特征

变量名称	变量类别	人数（人）	比例（%）
性别	男	1 306	76.78
	女	395	23.22
年龄	35 岁及以下	468	27.51
	36—45 岁	705	41.45
	46 岁及以上	528	31.04
学校级别	C9	317	18.64
	非 C9	1 384	81.36
学校区域	东部	1 013	59.55
	中部	225	13.23
	西部	321	18.87
	东北	142	8.35

变量名称	变量类别	人数（人）	比例（%）
学科级别	国家重点学科	1 020	59.96
	其他学科	500	29.40
	不清楚	181	10.64
学科级别	理工科	1 082	63.61
	人文社科	619	36.39
职称	中级及以下	246	14.46
	副高级	759	44.62
	正高级	696	40.92
行政职务	无	1 411	82.95
	有	290	17.05
海外流动	无	499	29.34
	有	1 202	70.66
	合计	1 701	100

表 2-3 进一步统计分析了各类海外流动经历教师所属的学科、性别和年龄分布情况，结果发现，在学科方面，理工科教师无海外流动经历的比例（26.71%）低于人文社科教师（33.93%），反映了理工科更高的国际化程度。分流动类型来看，不同学科教师的海外访学率都高于海外博士率、海外工作率。虽然理工科教师和人文社科教师的海外访学率大致等同，但人文社科教师的海外博士率高于理工科教师，海外工作率低于理工科教师，这表明无论是理工科教师还是人文社科教师都主要通过海外访学丰富自己的海外背景，但囿于国内外研究范式的差异，人文社科教师参与海外工作流动的难度更大。

在性别方面，男教师无海外流动经历的比例（30.40%）略高于女教师（25.82%），不同性别教师也均以海外访学流动为主，并且海外

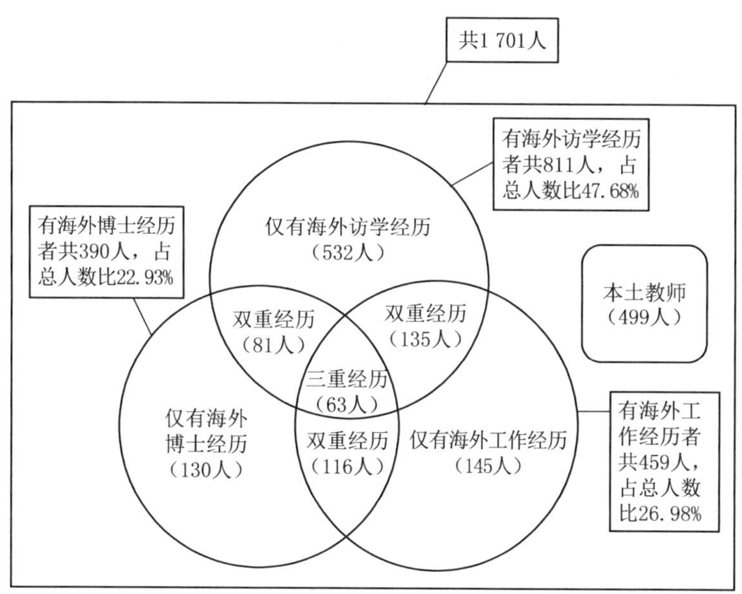

图 2-3　各类经历教师人数及占比

表 2-3　各类海外流动经历教师的学科、性别和年龄分布情况

教师类别	统计量	学科		性别		年龄(岁)		
		理工科(*N*=1 082)	人文社科(*N*=619)	男(*N*=1 306)	女(*N*=395)	≤35(*N*=468)	36—45(*N*=705)	≥46(*N*=528)
本土教师	*N*	289	210	397	102	133	170	196
	%	26.71	33.93	30.40	25.82	28.42	24.11	37.12
有海外访学经历	*N*	512	299	614	197	173	370	268
	%	47.32	48.30	47.01	49.87	36.97	52.48	50.76
有海外博士经历	*N*	214	176	272	118	163	158	69
	%	19.78	28.43	20.83	29.87	34.83	22.41	13.07
有海外工作经历	*N*	387	72	381	78	124	212	123
	%	35.77	11.63	29.17	19.75	26.50	30.07	23.30

注:“%”表示该类教师人数占各分样本教师总数的比例。

访学率的性别差异不明显，但女教师的海外博士率高于男教师，海外工作率低于男教师，表明在获得博士学位后，女教师参与海外流动的可能性有所下降。

在年龄方面，46 岁及以上教师无海外流动经历的比例最高(37.12%)，其次是 35 岁及以下教师(28.42%)，最低的是 36—45 岁教师(24.11%)。不同年代教师采取的海外流动策略也存在差异，虽然不同年代教师都以海外访学流动为主，但 36—45 岁教师的海外访学率(52.48%)和 46 岁及以上教师(50.76%)的海外访学率大大高于 35 岁及以下教师(36.97%)，并且年龄越小的教师参与海外博士流动的比例越高，35 岁及以下和 36—45 岁教师的海外工作率也高于 46 岁及以上教师。总体而言，年轻教师更倾向于选择海外博士或海外工作的流动方式，而年长教师更倾向于选择海外访学的流动方式。

3. 访谈调查法

为补充、解释、验证问卷调查结果，本研究采用半结构访谈方法，依据两份访谈提纲分别对海归教师和本土教师展开访谈。两份访谈提纲既有共同的题目也有针对两类教师的个性化题目。具体而言，共同的题目有：①在您日常的学术交流网络中，有没有海外或本土同行？你们是怎么认识的？②您与海外和本土同行都有哪些方面的交流合作？他们为您的学术研究提供了哪些帮助？本土同行与海外同行提供的帮助有什么不同吗？③您认为就本土学术发展而言，本土学术网络和海外学术网络哪个更重要？④您认为与海归或本土教师相比，您的优势与劣势分别是什么？前三个问题主要用于了解大学教师目前的学术网络构成情况，以及学术网络中究竟嵌入了哪些学术资源，从而为问卷调查中编制学术网络资源动员题项提供经验依据。第四个问题有助于从利弊两个方面全面地审视海外流动经历对大学教师学术发展的影响，进一步探究除学术素养、学术网络和政策支持之外，还有没有其他影响。针对海归教师设计的个性化题目有：①您为什么会去海外读博(做博后、访学)？②您在海外学习/工作期间主要有哪些学术收获？这些收获是如何获得的？哪些收获是在国内无法获得的？③您为什么选择回国发展？④回国后，您在学术发展过程中有没有遇到一些困难？主要困难是什么？其中，第二题有助于补充、验证问卷调查中关于海归教师学术素养收获的分析结果，其余三个题目则有助于我们了解海归教师的流动动机及其回流后的学术发展境遇，为解释问卷调查结果提供生动细致的经验材料。针对本土教师设计的个性化题目有“您有到海外访学或做博后的计划吗？为什么？”透过本土教师的海外流动意向与流动动机，可以进一步了解大学教师对海外流动经历作用的期待与认识。

关于访谈调查的程序，本研究采用最大差异抽样原则进行目的性抽样，在选取访谈对象时充分考虑海外流动目的地、流动类型以及性别、年龄、职称、学科类别和任职高校区域等因素，以最大限度覆盖研究现象的各种情况。每位教师的访谈持续 45—60 分钟，在征得受访教师同意的基础上进行访谈录音，之后将访谈录音转录为文本，并使用 Nvivo11 软件对访谈资料进行三级编码。根据信息饱和度原则决定抽样截止时间。访谈调查始于 2020 年 8 月，截至 2021 年 1 月，共访谈来自 13 所“双一流”建设高校的 29 名大学教师。其中，具有双重的“海外博士和工作”经历（不包含同时具有海外访学、海外博士、海外工作三重经历）的教师 7 名，仅具有单一的海外博士、海外工作、海外访学经历的教师分别为 8 名、6 名和 5 名，本土教师 3 名。访谈调查样本特征分布详见表 2-4。

表 2-4　访谈调查样本特征

序号	代码	性别	年龄	职称	学科类别	学校区域	流动时长（年）	访谈地点
1	DJ1	男	35	研究员	理工科	东部	6	办公室
2	DJ2	男	35	研究员	理工科	东部	10	办公室

续表

序号	代码	性别	年龄	职称	学科类别	学校区域	流动时长（年）	访谈地点
3	DJ3	男	38	青年研究员	理工科	东部	10	办公室
4	DJ4	男	37	副教授	理工科	东部	6	办公室
5	DJ5	男	35	副教授	理工科	东部	5	微信语音
6	DJ6	男	38	副教授	理工科	中部	8	腾讯会议
7	DJ7	男	33	助理研究员	理工科	西部	5	微信语音
8	D1	女	37	青年研究员	人文社科	东部	4	办公室
9	D2	女	34	副研究员	理工科	中部	4	腾讯会议
10	D3	男	36	讲师	人文社科	中部	7	腾讯会议
11	D4	男	33	特聘副研究员	人文社科	中部	5	腾讯会议
12	D5	男	35	特聘副研究员	人文社科	中部	6	微信语音
13	D6	男	31	特聘副研究员	人文社科	西部	5	微信语音
14	D7	男	30	讲师	人文社科	西部	5	腾讯会议
15	D8	男	37	副教授	人文社科	东部	6	腾讯会议
16	J1	男	37	研究员	理工科	东部	5	图书馆
17	J2	男	38	百人计划研究员	理工科	东部	7	微信语音
18	J3	男	35	研究员	理工科	东部	6	微信语音
19	J4	男	36	教授	理工科	中部	4	腾讯会议
20	J5	男	34	特聘研究员	理工科	西部	4	微信语音
21	J6	男	38	副教授	理工科	西部	2	腾讯会议
22	V1	女	42	副教授	人文社科	东部	1	微信语音
23	V2	男	47	教授	理工科	东北	1	电话访谈
24	V3	男	40	副教授	理工科	中部	1	电话访谈
25	V4	男	30	专职博士后	人文社科	西部	1	腾讯会议
26	V5	男	37	副教授	人文社科	西部	1	电话访谈
27	L1	男	36	副教授	理工科	东北	0	微信语音
28	L2	男	34	副教授	人文社科	东北	0	纸质回复
29	L3	男	31	讲师	人文社科	西部	0	微信语音

注：DJ 表示具有双重的“海外博士和工作”流动经历（不含三重经历），D 表示仅有单一的海外博士流动经历，J 表示仅有单一的海外工作流动经历，V 表示仅有单一的海外访学流动经历，L 表示本土教师。

第三章　大学教师海外流动与海外回流的现状及演变趋势

在开始探讨海外流动经历对大学教师学术发展的影响之前，有必要首先了解中国“双一流”建设高校教师参与海外流动与海外回流的现实样态及演变趋势。这不仅有助于审视中国留学政策与海外引智政策的实施成效，也有助于从现实层面了解这一现象的重要性与复杂性，从而为后续在分析海外流动经历对大学教师学术发展的总体影响之后，进一步分学科、性别、年龄阶段与流动类型探讨海外流动经历对大学教师学术发展的异质性影响提供现实依据。因此，本章将综合运用教师简历数据和问卷调查数据，从规模、质量与区域三个维度描绘中国“双一流”建设高校教师海外流动与海外回流的现实样态及演变趋势，同时结合政策文本与访谈调查资料深入解读隐藏在这一流动特征与演变趋势背后的具体原因。

需要说明的是，本章关于演变趋势的统计分析皆来源于教师简历数据。简历数据中，大学教师的出生年份分布在1945—1994年之间，为便于与已有研究进行对比，本研究采取徐娟[①]对大学教师世代的划分方法，根据出生年份以10年为间隔，将中国大学教师划分为

---

① 徐娟，毕雪妮．大学高层次人才生成中国际学术流动及演变：基于我国5类项目人才履历的实证分析[J]．比较教育研究，2021，43(3)：94-101.

"50后""60后""70后""80后"四代。其中,"40后"共6个样本纳入"50后"统计,"90后"因不能涵盖一个完整的世代而纳入"80后"统计。通过比较分析四代人的海外学习工作情况,勾画大学教师海外流动的规模、质量与区域特征及演变趋势。

由于中国教育部、人力资源和社会保障部、公安部分别按照不同口径统计留学数据,而且自费留学生因不必在中国驻外使领馆登记留学生身份,导致此类数据可能存在漏报。目前也没有公开数据专门对中国在海外学习工作的学术人员信息以及已经回到本土学术机构工作的学术人员信息进行统计,因此要确切统计分析大学教师的海外回流情况是非常困难的。鉴于此,本研究提取教师简历数据中需要回国重新求职的海外博士教师和海外工作教师(共计1 312名)作为海外回流样本,根据入职时间和回流时间,分析大学教师海外回流的规模、质量与区域特征及演变趋势。

第一节 海外流动与海外回流的规模特征及演变趋势

一、海外流动的规模特征及演变趋势

(一) 大部分"双一流"建设高校教师拥有海外流动经历,但以海外访学为主,海外博士和海外工作比例偏低

本研究用海外流动率作为海外流动规模的测量指标。对样本数据的统计分析发现,中国大部分"双一流"建设高校教师拥有海外流动经历,问卷调查和教师简历数据中的海外流动率分别为70.7%和67.9%,两套数据非常接近,表明这一研究结果具有较高的信度。从流动类型来看,已有研究发现中国海归教师以短期海外访学为主(61%),获得海外学位的比例较低(30%)。①本研究的数据也得到了

① Li H S. Bridging Minds across the Pacific: U.S.-China Educational Exchange, 1978-2003[J]. China Review International, 2005, 12(2):477-484.

类似的结论，问卷调查数据显示，中国"双一流"建设高校教师中拥有海外访学经历的比例最高，占所有海归教师的 67.5%；其次是拥有海外工作经历的教师，占所有海归教师的 38.2%；再次是拥有海外博士经历的教师，占所有海归教师的 32.4%。教师简历数据中的拥有海外博士经历的比例与问卷调查结果非常接近，进一步验证了这一结果。然而，问卷调查数据中的拥有海外访学经历的比例比教师简历中的数据高出近 20 个百分点，这可能是由于部分拥有海外访学经历的教师未在简历中注明这一经历。此外，问卷调查数据中拥有海外工作经历的比例比教师简历中的数据低 10 多个百分点。问卷调查数据结果显示，理工科教师拥有海外工作经历的比例显著高于人文社科教师，为 63.6%，但还是大大低于教师简历中的该项数据(80.2%)，可见问卷调查数据中具有海外工作经历的教师比例较低。

表 3-1　各类海外流动的规模分布

海外流动经历	问卷调查数据		教师简历数据	
	人数(人)	比例(%)	人数(人)	比例(%)
无海外流动经历	499	29.3	1 058	32.2
有海外流动经历	1 202	70.7	2 232	67.8
合计	1 701	100	3 290	100
具体海外流动类型				
有海外访学流动经历	811	67.5	912	40.9
有海外博士流动经历	390	32.4	729	32.7
有海外工作流动经历	459	38.2	1 214	54.4

注：各类海外流动经历占比是指其占"有海外流动经历"子样本的比例，如"有海外访学流动经历"占比＝"有海外访学流动经历"教师人数/"有海外流动经历"教师的人数；因部分教师同时具有两种及以上海外流动经历，故加总比例大于 100%。

为何如此高比例的教师远赴海外求学深造？为何教师的海外流动经历呈现出海外访学、海外攻读博士学位、海外从事博士后研究或其他全职工作等多种流动类型？究其原因，主要有以下三点。

1. 宏观层面：国家提升国际竞争力的战略要求

历史经验表明，学术人才的数量和质量是影响国家崛起的重要力量。"二战"后，世界各国学术人才向美国的集聚为其取得并维持全球霸主地位发挥了重要作用。随着知识经济和全球化的深入推进，一国的综合国力和国际地位日益依赖于主导科技创新的高端学术人才。为此，世界各国吸引高端学术人才的竞争日趋激烈，纷纷制定政策加大对高端学术人才的培养与引进力度。发达国家凭借独特的政治、经济与学术优势，将吸引外籍人才的"引进来"政策作为核心人才战略，如美国的"富布莱特学者计划"、德国的"洪堡基金会研究奖学金计划"、欧盟的"居里夫人行动计划"和"伊拉斯谟计划"等，通过为世界各国的学生和学者提供奖学金、助学金与优惠贷款吸引其前来留学、访学与就业。为留住高端海外学术人才，20 世纪 60 年代以来，美国、加拿大、澳大利亚、日本，以及德国、法国、英国等欧洲发达国家纷纷改革移民法案，通过多种政策吸引海外人才。例如，专门为海外高级人才留出移民名额；延长外国留学生实习期限；授予外籍专业人士永久居留权；简化签证程序，快速办理"绿卡"；允许家人随迁，安排家属工作；提供税收优惠与工资待遇；承认双重国籍等多重举措为其移民提供便利。①居于世界体系边缘或半边缘的发展中国家为扭转长期以来人才流失的不利局面，主要采取"走出去与引回来"并举的双重政策加强本国学术队伍建设。例如，巴西设立"三明治"博士资助项目，资助博士生到国外学习一年；哥伦比亚设立"COLFUTURO 奖学金项目"，为留学研究生提供贷款并在其回国后给予部分减免；西班牙的拉蒙项目旨在吸引海外博士后回国工作；墨西哥为全职回国工作的博士提供津贴；印度通过在国外设立联系

① 郑永彪，高洁玉，许睢宁.世界主要发达国家吸引海外人才的政策及启示[J].科学学研究，2013，31(2)：223－231.

点鼓励其侨民回国工作。①

中国自清政府第一次派出留美幼童起，就将出国留学作为储备人才、振兴国家的重要举措。②改革开放以来，为培养社会主义现代化建设需要的各类专门人才，实现中华民族伟大复兴的宏伟目标，中国不断完善留学政策，调整留学方针，加强留学工作的组织管理，逐步形成了“国家公派、单位公派、自费留学”的多样化留学渠道③，并于 2007 年专门设立“国家建设高水平大学公派研究生项目”，每年选派数万名研究生、博士后、访问学者和高级研究学者赴海外交流学习，以加强本土高校的师资队伍建设。20 世纪 90 年代以来，为鼓励海外华人学者回国，中国政府部门先后提出了“科教兴国”与“人才强国”的发展战略，各部门纷纷出台海外高层次人才引进政策与人才项目，通过多项优惠措施吸引海外人才回国就职。对海外学术背景的重视也被纳入中国学科评价制度之中，教育部学位与研究生教育发展中心实施的学科评估将具有连续 10 个月以上的海外经历作为衡量师资队伍质量与国际化的一项重要指标，学科评估结果直接与资源分配挂钩。为赢得好的评估结果以获取办学发展所必需的资源，各高校也纷纷发布海外高层次人才引进与教师海外进修政策，一方面大力吸引海外人才来校任教，另一方面要求本土教师通过海外访学或海外博士后等方式增加海外背景，甚至一些高校将是否拥有海外经历作为教师职称晋升的一项必备条件。

重视海外经历的宏观政策传导至个体行动者就变成大学教师参与海外流动的强大助推力。为提升在学术劳动力市场的竞争力，以便在国内谋得理想教职，有学术抱负的研究生或选择直接赴海外攻

① 黄海刚.从人才流失到人才环流：国际高水平人才流动的转换[J].高等教育研究，2017，38(1)：90－104.

② 舒新城.近代中国留学史[M].上海：上海书店出版社，2011：4.

③ 刘宝存，张继桥.改革开放四十年教育对外开放政策变迁的历史考察[J].高校教育管理，2018，12(6)：1－13.

读博士学位，或选择在本土博士毕业后先到海外从事博士后研究再回国求职，已经就业的大学教师为满足职称晋升需要，纷纷选择在职称晋升之前赴海外访学。共计7位受访教师表示“满足求职与职称晋升的需要”是其选择海外流动的原因之一，占所有受访海归教师的26.92%。例如，“因为当时找工作确实困难，所以要有一个出国经历。很多单位对于博士求职都规定要有海外背景，现在我不知道，我博士毕业时(2011年)很多单位都有这个硬性要求，有的单位要求满12个月，有的要求满2年，每个单位要求不一样，但很多单位都有这项要求”(J6 男 副教授 理工科)；“另外一个原因是学校有要求，就是在评职称的时候要求有6个月以上的海外访学经历”(V1 女 副教授 人文社科)。在这样的政策背景下，阿克斯认为学术人员的海外流动很难被视为完全是个体的主动选择，而是带有某种“被迫”的意味，海外流动已经成为学术场域的一种新的歧视形式。[①]世界各国鼓励学术人员跨国流动的共同行动既为大学教师带来了新的学术发展压力，也为大学教师构筑了海外流动的全球空间，降低了海外流动的经济成本。在访谈样本和简历样本中，很多教师都是通过“国家公派留学项目”“单位公派留学项目”“洪堡学者”“富布莱特学者”“外国人特别研究员”等身份赴海外求学深造，这些国际教育交流项目大大减轻了学术人员海外流动的经济负担，使一大批家庭经济基础薄弱的学术人员有机会留学海外。

2. 中观层面：学术职业天然的国际化属性

学术人员的跨国流动并不是现代社会的新现象，早在学术职业诞生的中世纪大学时期，大学教师的流动就呈现出高度国际化的特点。[②]从大学的起源来看，从事科学知识生产与传播的学术职业具有

---

① Ackers L. Internationalisation, Mobility and Metrics: A New Form of Indirect Discrimination? [J]. Minerva, 2008, 46(4):411－435.

② 雅克·韦尔热.中世纪大学[M].王晓辉，译.上海：人民出版社，2007:21.

天然的国际化属性。进入“大科学”时代，科学研究的国际化特征日渐凸显。科学家交流平台 Research Gate 网站公布的一项调查结果显示，2011—2016 年，共有 43％的论文是由国际研究团队撰写的，其中，在瑞典、澳大利亚、比利时、瑞士和新加坡发表的所有论文中，国际合作论文占比已经超过了 50％。①科学社会学的大量研究表明，知识生产在本质上是跨国性的，国际交流合作与国际学术网络在知识生产中发挥着必不可少的作用。②在学术界，学者们通常将海外流动视为一种惯习（habitus），是一个毋庸置疑的、理所当然的学术惯例，如索恩（Thorn）和霍尔姆-尼尔森（Holm-Nielsen）认为科学家之间的国际流动是科学生活的常规与既定规范。③这一点也得到了中国教师的确认，V4 是一位人文社科教师，他在读博期间曾到美国访学一年，当被问及这一选择的原因时，他说：“这个首先是一个惯例，就是大家都这样做，如果你稍微问问就会知道出国算是个传统吧。”（V4 男 人文社科 专职博士后）海外流动也被学者视为从事卓越学术研究必不可少的要素，如鲍德尔（Bauder）认为学术人员的跨国流动是一种有效的研究文化，它对于提升科学研究水平、促进科学知识传播具有至关重要的作用，德国的学者向英国和美国的流动不仅促进了科学知识的扩散，而且促使科学家从事之前从未想过的全新课题。④关于研究团队异质性与研究绩效关系的研究表明，团队异质性可以显著提高知识创新能力，外国科学家的加盟有助于提高研究团

---

① Maarten R. Insights into International Research Collaboration[EB/OL].(2016-10-13)[2021-08-16]. https://www.researchgate.net/blog/post/insights-into-international-research-collaboration.

② Crane D. Transnational Networks in Basic Science[J]. International Organization, 1971, 25(3):585 - 601.

③ Thorn K, L B Holm-Nielsen. The International Mobility of Talent: Types, Causes, and Development Impact[M]. Oxford: Oxford University Press, 2008:147 - 167.

④ Bauder H. The International Mobility of Academics: A Labour Market Perspective[J]. International Migration, 2015, 53(1):83 - 96.

队的整体绩效水平。①对英美两国学术论文的研究发现，相比独作论文，国际合作论文的引用率高出 20%。②对中国博士生学术发表的研究也发现，国际合作程度和文章发表期刊等级呈正相关。③为提高知识生产效率与研究质量，学术人员在全球范围内寻找最佳的知识生产平台与研究伙伴已经成为学术界的普遍现象。学术职业天然的国际属性成为推动学术人员跨国流动的又一动因，如有受访教师表示*"出国访学的一个原因是合作需要，我要出去寻找合作伙伴，一起撰写学术论文"*（V1 女 副教授 人文社科）。

3. 微观层面：学术人才成长的社会化需要

根据魏德曼（Weidman）和斯坦因（Stein）对博士生学术社会化的定义，学术社会化是指博士生通过学习学术场域的价值规范、知识技能与行为准则进而成为学术共同体成员的过程。④学术社会化过程即是学术人才的成长过程，学术人员尤其是处于全球学术体系边缘国家的学者往往认为，学术人员可以通过海外流动获得与国际学术共同体交流互动的机会，从而改善学术社会化经历，获得更好的学术成长，如基维克（Kyvik）等人对丹麦、芬兰、挪威的大学教授与研究生的调查发现，师生一致认为出国留学可以获得更高质量的学术训练。⑤本研究的访谈调查发现，18 位受访教师期望通过海外流动获得更好的学术成长，占所有受访海归教师的 69.23%，是提及频次最

① Barjak F, Robinson S. International Collaboration, Mobility and Team Diversity in the Life Sciences: Impact on Research Performance[J]. Social Geography, 2008, 3(1): 23-36.

② Adams J. Collaborations: The Rise of Research Networks[J]. Nature(London), 2012, 490(7420): 335-336.

③ 陈萍，沈文钦，张存群.国际合作与博士生的知识生产：基于某"985 工程"高校三个实验室的分析[J].中国高教研究，2019(3)：83-90.

④ Weidman J C, Stein E L. Socialization of Doctoral Students to Academic Norms [J]. Research in Higher Education, 2003, 44(6): 641-656.

⑤ Kyvik S, Karseth B, Blume S. International Mobility among Nordic Doctoral Students[J]. Higher Education, 1999, 38(4): 379-400.

高的原因。

一方面，受访教师认为相比国内，海外学术机构的科研历史悠久，科研实力强大，科研条件优越，赴海外留学会实现更高的学术增值。例如，“至少在那个时候觉得美国科研做得好，学校历史也比较悠久，如果能出去看看，开阔开阔眼界也挺好的”（DJ2 男 理工科 研究员）；“国外科研环境比较好，包括人的环境与物的环境，我去的那个课题组在欧洲排前几名，师资力量很强，有两个英国的院士、三个IPV的会士，还有很多年轻教师，他们虽然没有什么 title，但是实力并不逊色，能力很强”（V3 男 理工科 副教授）；“美国在我这个领域比较强，而且我跟的老师是国外顶尖学者，是非常牛的，我主要是想过去面对面地和导师交流，扩展一下自己的视野”（V5 男 人文社科 副教授）；“我主要是想提高自己，如果我在国内读博士当然也可以，但是可能在这个领域就做不到那么深入，如果我能到海外学习应该会比较好”（D2 女 理工科 副研究员）。研究者对海外学术机构的美好期待也受到导师的影响，一些拥有积极留学体验的导师也鼓励学生去海外学习，如“我出国是导师建议的，导师建议我去申请洪堡学者，他希望我可以去德国进一步深造，把研究做得更好，老师肯定都希望学生成长，现在我自己也希望学生可以出去做个博士后，希望学生能够更好地成长”（J4 男 理工科 教授）。

另一方面，几位文科教师提到由于他们的研究对象聚焦国外，赴海外留学可以取得更大的学术收益。例如，“因为我是做德国史学史的，就是德国历史学的发展，国内没有专门的导师可以带我，那我就想还是应该去一个研究方向和我最契合的，因为如果我找国内其他领域的老师，他们也可以带，但是就没办法给予我非常有针对性的指导，所以那个时候就想去德国”（D1 女 人文社科 青年副研究员）；“因为我个人对德国哲学更感兴趣，所以在完成硕士论文之后，我觉得要进一步深入学习的话还是要去德国，沿着我当时的课题方向一步步地深入研究，所以就去了德国”（D5 男 人文社科 特聘副研究员）。大量实证研究也发现，在若干影响学术人员海外流动的因素中，学术发展是最重要的影响因素，研究者的跨国流动主要是研究或好奇心驱动的①，是为了获得能高效学习工作的学术环境与研究设施，以及与顶尖研究团队合作交流的机会，从而提升个人的学术素养与在学术劳动力市场的竞争力。②

（二）海外流动率具有显著的个体差异

问卷调查结果表明，海外流动机会并不是在群体间均匀分布的，个体的人口统计学特征、岗位职业特征、任职高校和学科专业的组织特征、个体教育经历特征，以及学术志向的替代变量科研时间投入，均对海外流动率具有显著影响。

1. 人口统计学特征和岗位职业特征与海外流动率

就性别而言，在中国“双一流”建设高校中，男教师的海外流动率显著低于女教师。这一结论与已有研究结论相反③，受选择效应的影响，高水平大学教师海外流动的性别差异并不同于普通高校。就年龄而言，36—45 岁教师的海外流动率与海外访学率显著高于 35 岁及以下的教师。近年来，中国“双一流”建设高校陆续开展教师聘任制改革，新教师往往签订的是“非升即走”的聘任合同，如果在 6 年内不能完成考核任务就面临离职的风险，为获取稳定的学术职位，新教师将全部精力投入聘期考核的任务之中，暂时没有海外流动的时间。L3 是一名 31 岁的讲师，目前还没有海外流动经历，在谈及原因时，他解释说：“因为现在高校都是‘非升即走’，而且变化太快，前几年讲师还比较好留，现在政策一年一变，越来越难，无法操控的事情太多

① Nerdrum L, Sarpebakken B. Mobility of Foreign Researchers in Norway[J]. Science & Public Policy, 2006, 33(3):217-229.

② 黄海刚.从人才流失到人才环流：国际高水平人才流动的转换[J].高等教育研究，2017，38(1)：90-97.

③ Jons H. Transnational Academic Mobility and Gender [J]. Globalisation, Societies and Education, 2011, 9(2):183-209.

了，所以现在不敢出国，还是先稳定下来吧。”（L3 男 人文社科 讲师）相比生理年龄，年资对海外流动的影响更为显著，除海外访学率外，年资与海外流动率、海外博士率和海外工作率均呈显著负相关，这可能是受时代背景与政策调控的影响，反映了中国“双一流”建设高校对海外经历的重视程度日益提高。就职称而言，副高和正高职称教师的海外流动率和海外工作率显著高于中级及以下职称，表明学术水平越高的教师参与海外流动的机会越多。行政职务对各类海外流动率均无显著影响。

2. 任职高校和学科专业的组织特征与海外流动率

相比非C9高校，任职于C9高校教师的海外流动率和海外工作率均显著升高。中部高校教师的海外流动率和海外访学率显著低于东部；西部高校与东部高校的差距最大，除海外访学率之外，西部高校的其他各类海外流动率均显著低于东部；东北高校教师仅在海外流动率与海外访学率方面与东部无显著差异，其余各类海外流动率均显著低于东部，这一结果与张青根的研究结论类似。①高校特征方面的差异可能主要与高校自身的国际化水平和地区的经济发展水平以及国家的资源倾斜政策有关。在学科专业特征方面，总体而言，受学科国际化程度的影响，理工科教师的海外流动率显著高于人文社科。与人文社科教师相比，理工科教师的海外流动率和海外工作率显著更高，但海外博士率显著低于人文社科教师，海外访学率无显著差异。人文社科教师的海外博士率更高，可能是由于人文社科的研究主题与研究范式具有很强的地方色彩，与国际接轨的程度不及理工科，相比博士毕业后再赴海外从事博士后研究或其他全职工作，直接赴海外攻读博士学位难度更低。是否为国家重点学科对各类海外流动率均无显著影响。然

① 张青根，沈红.出国进修如何影响高校教师收入?:基于“2014中国大学教师调查”的分析[J].教育与经济，2016(4):46-55.

而，任职于学院优势研究方向的教师海外访学率显著升高，但海外工作率显著降低。

3. 个人教育经历特征和科研时间投入与海外流动率

博导为知名学者的教师赴海外攻读博士学位的比率显著较低，在其他方面无显著差异。对中国 44 所高校博士生的调查发现，导师声誉是影响博士生选择入读高校的最重要因素①，在国内有跟随名师读博的机会可以降低海外流动概率。除海外访学率外，本科即毕业于海外高校的教师在其他各类海外流动率方面均高于本科毕业于国内一般高校的教师，而本科毕业于原“211 工程”和原“985 工程”高校的教师在各类海外流动率方面均无显著差异。移民理论认为，过去的国际流动经历提升了未来国际流动的可能性。②从社会资本角度而言，过去的国际流动经历扩展了国际社会网络，为再次流动提供了社会渠道。③从个人情感角度而言，过去的国际流动经历削弱了他们对出生地的情感归属，再次流动的心理情感成本较低。④从文化适应的角度而言，过去的国际流动经历具有学习效应，在如何解决国外的住房生活问题、如何与外国人相处等方面都更具经验，比较容易适应国外的工作生活。⑤已有研究发现，与无学术志向的青年科学家相比，想以学术为业的青年科学家更可能积极

① 黄海刚，白华.博士生需要什么样的导师?：基于对全国 44 所高校博士生的问卷调查[J].高教探索，2018(8)：35 - 43.

② Lörz M, Netz N, Quast H. Why do Students from Underprivileged Families Less often Intend to Study Abroad? [J]. Higher Education, 2016, 72(2)：153 - 174.

③ Massey D S, Espinosa K E. What's Driving Mexico-U.S. Migration? A Theoretical, Empirical, and Policy Analysis[J]. The American Journal of Sociology, 1997, 102(4)：939 - 999.

④ Faggian A, McCann P, Sheppard S. Human Capital, Higher Education and Graduate Migration: An Analysis of Scottish and Welsh Students [J]. Urban Studies (Edinburgh, Scotland), 2007, 44(13)：2511 - 2528.

⑤ Kley S. Explaining the Stages of Migration within a Life-course Framework[J]. European Sociological Review, 2011, 27(4)：469 - 486.

表 3-2　大学教师参与各类海外流动的影响因素分析

变　量	类　型			
	海外流动率	海外访学率	海外博士率	海外工作率
男(参照:女)	−0.46**	−0.24	−0.28	−0.02
年龄(参照:≤35 岁)				
36—45 岁	0.41*	0.41*	−0.21	0.19
≥46 岁	0.26	0.09	−0.19	0.75*
年资	−0.05***	0.02	−0.08***	−0.10***
职称级别(参照:中级及以下)				
副高级	0.56**	0.28	0.22	0.91***
正高级	1.16***	0.24	0.50	2.16***
有行政职务(参照:无)	−0.11	−0.05	−0.02	0.01
C9 高校(参照:非 C9 高校)	0.38*	0.05	0.26	0.60***
高校地区(参照:东部)				
中部	−0.39*	−0.34*	−0.13	−0.33
西部	−0.45**	−0.09	−0.95***	−0.75***
东北	−0.23	0.34	−1.51***	−0.48*
理工科(参照:人文社科)	0.37**	−0.03	−0.32*	1.29***
国家重点学科(参照:一般学科)	−0.13	−0.02	0.20	0.15
学院优势研究方向(参照:非优势方向)	0.08	0.23*	−0.07	−0.38**
博导为知名学者(参照:博导为普通学者)	0.06	0.11	−0.29*	0.18
本科毕业高校声望(参照:国内一般高校)				
原“211 工程”高校	0.17	−0.04	0.21	−0.07
原“985 工程”高校	0.12	−0.10	0.31	0.15
海外高校	3.30**	0.32	5.10***	1.36***
科研时间投入	0.11	0.05	−0.10	0.21**
常数项	0.34	−0.76*	0.13	−3.19***
样本量	1 520	1 520	1 520	1 520
Log pseudolikelihood	−851.82	−1 028.27	−638.99	−730.66
Wald chi2(20)	107.58	47.80	118.80	207.28
Pseudo R^2	0.08	0.02	0.19	0.18

注:数据来源于问卷调查; * 表示 $p<0.05$, ** 表示 $p<0.01$, *** 表示 $p<0.001$。

参与海外流动。[①]由于科研时间投入与学术志业观和学术事业观均呈显著正相关[②]，因此，以科研时间投入作为学术志向的替代变量进行研究，结果发现科研投入时间越长，海外工作率显著越高，但在其他方面并不存在显著差异。

（三）海外流动规模呈平稳上升趋势，但各类海外流动的变动趋势不同

对四代大学教师各类海外流动率的统计分析发现，中国“双一流”建设高校教师海外流动的规模基本呈平稳上升趋势，从“50后”的66%上升至“80后”的70.3%。从流动类型来看，有海外访学经历的比例大致呈小幅下降趋势，从“50后”的29.3%下降至“80后”的23.7%。与之相反，有海外工作经历的比例呈持续上升趋势，从“50后”的23.8%上升至“80后”的40.4%，涨幅近一倍。随着教师年轻化，海外访学经历和海外工作经历呈现出此消彼长的变动趋势，即年轻教师更多地采取海外工作的流动方式，而年长教师则主要通过海外访学增加自己的海外背景。这一结果主要受中国“双一流”建设高校目前的教师招聘与晋升制度的影响，将海外经历纳入教师招聘与职称晋升的制度安排，促使年轻教师在入职前通过海外工作的方式提升在学术劳动力市场的竞争力，早期入职的年长本土教师则通过海外访学的方式增加自己的海外背景以满足职称晋升要求。本研究关于海外工作比例的变动趋势与徐娟的研究结论不同，徐娟对五类国家级人才项目获得者的履历分析发现，四代教师中拥有海外工作经历的比例一直稳定在41.79%—44.05%之间，这表明中国大学高层次人才的海外工作比例一直高于普通教师。

---

① Netz N, Jaksztat S. Explaining Scientists' Plans for International Mobility from a Life Course Perspective[J]. Research in Higher Education, 2017, 58(5):497-519.

② 郭卉，姚源.中国青年学术精英生成中的资质与资本因素影响探究：基于生物学科教师的调查[J].高等教育研究，2019，40(10)：46-58.

有海外博士经历的比例呈先降后升的趋势，即“50后”有海外博士经历的比例最高，为35.7%，而“60后”迅速下降到21.1%，海外博士经历的比例在“70后”中达到最低，仅为17.5%，随后又在“80后”中上升至25.9%，海外博士经历规模的变动趋势与徐娟的研究结论相同。徐娟认为有海外博士经历的比例的下降一定程度上可以归因于中国20世纪90年代推出的“211工程”和“985工程”的重点大学建设政策，“50后”在两大工程实施之前接受博士教育，此时中国主要借助海外学术机构的优质资源培养本土教师，从而塑造出“50后”赴海外攻读博士学位的最高峰。伴随两大工程的实施，中国本土发展出一批高水平大学，逐渐承担起高层次学术人才的培养职责，从而使“70后”有海外博士经历的比例达到最低值。[①]然而徐娟将“80后”有海外博士经历的比例的上升也归入总体的下降趋势，本研究中“80后”有海外博士经历的比例较“70后”上升8.4%且高于总体平均水平，这表明我们不能忽视“80后”有海外博士经历的比例上升这一事实。“80后”接受博士教育的时间大致是在2006年以后，从时间来看，这可能与中国2007年设立的“国家建设高水平大学公派研究生项目”有关，该项目自2007—2011年每年选派5 000名博士生赴海外攻读博士学位或联合培养。近年来，随着财政投入的逐年加大，派出人数也逐年增多。据统计，截至2018年，该项目已资助近8万名博士生赴海外学术机构攻读学位或进行联合培养。[②]“80后”有海外博士经历的比例的上升可能一定程度上受惠于这一政策，中国“双一流”建设高校在教师招聘中对海外博士的过度青睐也是年轻学者赴海外攻读博士学位的另一大诱因。

---

① 徐娟，毕雪妮.大学高层次人才生成中国际学术流动及演变：基于我国5类项目人才履历的实证分析[J].比较教育研究，2021，43(3)：94-101.

② 李澄锋，陈洪捷，沈文钦.中外联合培养经历对博士生科研能力增值及论文产出的影响：基于“全国博士毕业生离校调查”数据的分析[J].高等教育研究，2020，41(1)：58-67.

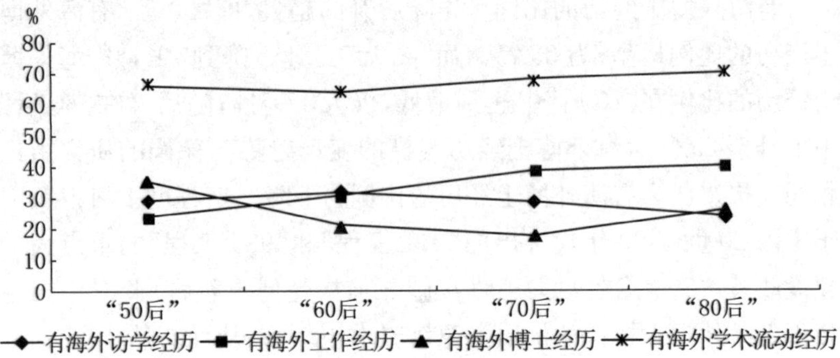

图 3-1　各类海外流动规模的演变趋势

注：当同一教师有两种及以上的海外流动经历时分别计之。

二、海外回流的规模特征及演变趋势

根据教师入职年份，计算海外回流教师占同一入职时期教师总数的比例，用这一比例作为海外回流规模的测量指标，虽然这一比例会受到“招聘筛选效应”和留学人数“自然增长效应”的影响，但也可在一定程度上反映海外华人学者回流规模的变化。回流样本中的教师入职年份集中在 1980—2020 年之间，以五年为间隔，将教师入职年份划分为八个时间段，分别统计不同时段的海外回流率，据此描绘这 40 年来海外回流规模的演变趋势。

统计结果显示，2020 年中国“双一流”建设高校海外回流教师比例较高，为 53.9%。从演变趋势来看，海外回流规模逐步扩大，尤其是进入 2011 年以来，这一比例一直稳定在 50%以上。阎光才分别于 2011 年和 2016 年对中国留美学术人才的回国意愿进行过调查，其中，2011 年肯定回国的比例占 13.5%，2016 年上升到 26%，海外华人学者有回流意愿的比例提高近一倍。①鲍威于 2019 年对美国等 13

① 阎光才.新形势下我国留美高层次人才回国意愿和需求分析[J]. 苏州大学学报(教育科学版)，2016，4(3)：79－85.

个国家和地区海外华裔高端学术人才的调查表明,69.6%的调查对象选择优先回国就业,其中,美国海外华人学者优先回国就业的比例也达到67%①,相比阎光才2016年的调查数据又有了大幅提升。综合这些数据可以初步判断,中国人才流失问题目前已经得到一定程度的缓解,人才环流已渐显端倪。

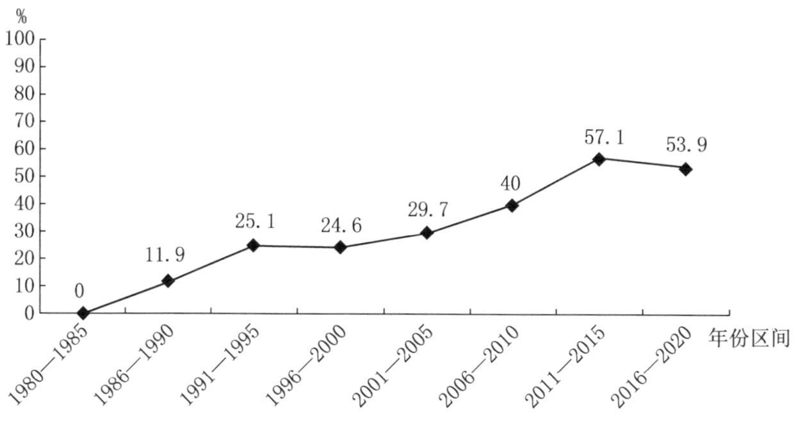

图3-2 1980—2020年海外华人学者回流规模的演变趋势

驱动海外华人学者回流的主要力量因历史时期而异。改革开放之前,中国以公派留学为主,建设祖国是公派留学生的时代使命。作为理想主义的一代,这一时期的留学生怀揣为国读书的梦想,纷纷学成回国,以实现报国之志。②据统计,截至1985年4月30日,共有520人在美国获得博士学位,其中412人返回国内,回国率高达79.2%。③

① 鲍威,田明周,陈得春.新形势下海外高端人才的归国意愿及其影响因素[J].高等教育研究,2021, 42(2):24-34.

② 李梅.中国留美学术人才回国意向及其影响因素分析[J].复旦教育论坛,2017, 15(2):79-86.

③ 沈文钦.国际学术流动与中国大学的发展:逆全球化趋势下的历史审视[J].北京大学教育评论,2020, 18(4):47-70, 186.

改革开放之后，自费留学日渐成为留学生的主体，虽然报效祖国仍具有一定影响，但个人的学术发展因素、社会网络因素和文化因素对海外华人学者回流的影响更加凸显。

1. 学术发展平台与发展前景

学术发展因素是海外华人学者回国的最重要原因，提及频次占海外回流教师总数的71.4%。是否回流是海外学者基于个人学术发展前景的理性选择。与海外的学术发展条件相比，国内具有教职机会多、学术起点高、发展空间大三个优势。其一，国内教职机会较多。全球金融危机之后，海外经济衰退，高等教育经费投入持续缩减，为节省开支，大学和科研院所减少新教师聘用，导致海外一职难求。相反，国内经济发展迅猛，科研投入持续增加，教职机会相对充裕。“日本因为经济问题导致找工作非常困难，我在日本的时候经历过一次全国范围的降薪，澳大利亚现在的经济也非常困难，也没有很多职位空缺了，曾经一个澳大利亚的教授问我是怎么找到职位的，好像中国还有很多职位，但对他们来说一个普通教职就非常难拿到，如果国外天天那么多职位开着，我可能也要试一下，但毕竟没有”(J1 男 理工科 研究员)；“德国的教职比较死板，不仅是教授职位比较稀缺，就是一般的讲师、助教岗位也比较难找，这是一个现实原因”(D7 男 人文社科 讲师)。其二，国内学术起点高。中国各级政府部门和高校出台的各类海外引智计划为海外学者，尤其是为高层次海外学者提供了许多超常规的学术发展条件，包括充足的科研启动经费和优厚的薪资待遇，提供正高职称、博士招生资格等多项支持条件，使他们可以从一个较高的起点展开自己的学术生涯。J5 刚从美国回来就入选了学校的青年教师发展项目，享受相当于正高职称的特聘研究员待遇，拥有独立做 PI(principal investigator)并享有招收博士生的资格，他对学校给予的发展条件非常满意，“在这六年当中，学校给你一定的启动经费，给你非常高的工资、非常高的待遇，给你一步到位的学术头衔，让你去施展才华，让你在一个比较宽松自由的氛围里去发挥你的主观能动性，我觉得这个政策是非常好的"（J5 男 理工科 特聘研究员）。J3 是中国青年海外高层次人才计划入选者，他说之所以回国就是因为入选了这个人才项目，享受的发展条件比国外好。其三，国内学术前景广阔。作为外来族裔，中国学者在海外的发展空间较为受限，面临"玻璃天花板"困境，"在美国你要进入他们的科研圈子肯定还是有壁垒的，因为你不是他们的主要族裔，肯定会碰到一些问题，而这个问题回到国内就完全不是问题了，我个人不想为了这个东西再去争取一番，还是回来更好一点"（J2 男 理工科 研究员）。

2. 学术纽带与亲情纽带

学术纽带和亲情纽带是吸引海外学者回流的第二大因素，提及频次占海归教师总数的 64.3%。鲍威的实证研究也发现，国内的学术纽带和亲情纽带均可提升海外华人学者回国就业的概率，并且学术纽带的提升作用大于亲情纽带。①国内的学术纽带既是"信息桥"，也是"人情网"，与国内学者的密切联系便于海外华人学者及时获取国内的学术发展信息与职位信息，关系密切的国内学者也会为海外华人学者引荐工作，从而提升海外华人学者的回流意愿与回流机会。J4 回流时间与回流地点的选择都是和国内导师商量的结果，"我一直和国内导师保持着密切沟通，有什么事就问问导师，导师建议我说文章和阅历都差不多了，可以回来了。然后还有国内的其他老师也问要不要来哪个地方工作，我现在的工作就是导师推荐的"（J4 男 理工科 教授）。J1 在海外做完两站博士后又回到了博士母校，但他说这并不完全是因为"母校情结"，而是回国求职需要有人帮忙介绍，"因为在中国，回来首先要有一些联系，如果你跟这个学校没有联系的话，就没有人在意你，除非你很'牛'，'牛'到学校觉得需要你这个人来我们学校，多数情况下最好还是这里有个介绍人，否则的话，其实

① 鲍威，田明周，陈得春.新形势下海外高端人才的归国意愿及其影响因素[J].高等教育研究，2021，42(2)：24－34.

中间变数很大，因为整个流程很长，大概半年以上，很多人如果在这个学校没有联系的话，他就会怀疑是不是不要我了，在骗我什么的，就会很焦虑”(J1 男 理工科 研究员)。意大利科学家也认为能否成功回流主要取决于你在母国的学术网络而非光鲜的学术履历，你认识谁比你知道什么更重要。[①]中国传统文化注重亲缘关系和家庭责任，对国内亲人的思念以及照顾父母的责任也驱动着海外华人学者回流。“因为独生子女嘛，父母年龄也大了，如果把他们都接到美国，他们会不习惯，那就回来嘛，反正在国内怎么都方便，买个票两小时就到家了”(DJ2 男 理工科 研究员)；“因为我家在这里，我在外面待了几年也有点想家了，那个时候父母年纪也比较大了，女朋友也在国内，所以一定要回来”(D6 男 人文社科 特聘副研究员)。

3. 祖国文化认同与归属

祖国文化的拉力与海外文化的推力共同构成了海外华人学者回流的又一驱动因素。由于中西文化迥异，回流者往往更认同中国文化，感觉在国内更有归属感，而对西方文化不适应，在西方国家缺乏归属感。“因为我是在国内长大的，比较认同中国的文化以及处理事情的方式，不是说中国文化就一定好，美国文化就一定不好，而是辩证地看，都有好，都有不好，但是你自己心里会有一个最归属的地方，我觉得我在国内待得更舒服一点”(DJ2 男 理工科 研究员)；“除非你从小生活在那里，如果你只是在那里读过几年书，做个博士后，你很难融入当地社会，因为你本身就不属于那个地方，无论美国是一个移民国家也好，是一个什么样的国家也好，别人也会把你当成外来人，你自己也会把自己当成外来人，就是没有归属感”(J5 男 理工科 特聘研究员)。

---

① Gill B. Homeward Bound? The Experience of Return Mobility for Italian Scientists[J]. Innovation(Abingdon, England), 2005, 18(3):319-341.

第二节　海外流动与海外回流的质量特征及演变趋势

一、海外流动的质量特征及演变趋势

（一）海外流动质量较高且呈现向世界一流大学集聚的发展态势

世界大学排名是已有研究中用于度量海外流动质量的常用指标。问卷调查数据显示，中国大部分“双一流”建设高校教师流向Top200的世界一流大学，占所有海归教师的73.8%，占有大学流动经历子样本的76.9%，海外流动质量较高。教师简历数据中流向Top200的比例占所有海归教师的56.5%，占有大学流动经历子样本的62.3%，虽然低于问卷调查数据，但也在一定程度上印证了问卷调查结果。教师简历数据偏低可能是由于该套数据只参考了软科发布的《2020世界大学学术排名》(ARWU 2020)①，而问卷调查的受访教师是根据QS、THE、U.S.News等多个世界大学排行榜做出的回答，同一所高校在不同排行榜中的排名不同。除大部分教师流向Top200的世界名校外，教师简历数据显示，流向非大学机构的教师也多半前往以下机构：美国国家标准与技术研究所（National Institute of Standards and Technology）、美国国家癌症研究所（National Cancer Institute）、德国宇航院空间材料物理研究所（Institute of Materials Physics in Space）、德国马普钢铁研究所（Max Planck Institute for Iron Research）、日本理化研究所（Institute of Physical and Chemical Research）、日本国立材料科学研究所（National Institute for Material Science）等知名研究机构。

分流动类型来看，各类海外流动都呈现同样的特征，海外博士、海外工作和海外访学院校都主要集中在Top200的世界一流大学，占

① 软科.2020世界大学学术排名[EB/OL].[2024-05-07]. http://shanghairanking.cn/rankings/arwu/2020.

比分别为59.8%、56.0%和59.0%。然而，从Top50世界顶尖高校的占比来看，海外博士(25.0%)比海外工作(34.3%)和海外访学(34.3%)低近10个百分点(见表3-4)，这意味着相比博士学位型流动，通过博士后等临时工作身份或短期访学身份流动到世界顶尖学府的可能性更大。

表3-3 海外流动的质量特征

流动机构排名		问卷调查数据			教师简历数据		
		人数(人)	比例1(%)	比例2(%)	人数(人)	比例1(%)	比例2(%)
大学	Top200	888	73.8	76.9	1 261	56.5	62.3
	Top201及以下	146	12.1	12.7	763	34.2	37.7
	不清楚	120	9.9	10.4	—	—	—
	小计	1 154	96.0	100	2 024	90.7	100
非大学机构		215	17.9	—	208	9.3	—
合计		1 202	113.9	—	2 232	100	—

注：问卷调查数据中关于流动机构类型的题目是多选，部分教师同时具有两类机构的流动经历，故合计大于100%；教师简历数据中当某位教师同时具有两类流动经历时按大学机构统计，比例1表示占海归教师总样本的比例，比例2表示占有大学流动经历子样本的比例，"—"表示无此项数据。

本研究根据流动机构类型和《2020世界大学学术排名》中的世界大学排名位次将流动机构分为Top20、Top50、Top100、Top200、Top201及以下、非大学机构六个层级，Top20和Top50代表世界顶级高校的两个层级，Top100和Top200代表世界一流高校的两个层级，"Top201及以下"代表一般海外高校。首先对总体海外流动情况进行统计分析发现，中国"双一流"建设高校教师拥有世界一流大学流动经历的比例呈逐代上升趋势，而拥有一般海外高校流动经历的比例呈逐代下降趋势。具体而言，Top100的比例由"50后"的27.8%上升至"80后"的44.8%，Top200的比例由"50后"的37.5%上升至

“80后”的60.2%。从“50后”到“80后”,Top100和Top200的比例涨幅近一倍。与之相反,“Top201及以下”一般海外高校的比例由“50后”的59.7%下降至“80后”的30.7%,降幅近50%。然而,中国“双一流”建设高校教师海外流动质量的提升主要集中于Top51—Top200的范围,而在Top50顶尖高校范围内的提升幅度较为有限且不稳定。其中Top20的比例呈波动式小幅上升(13.9%—13.1%—19.6%—16.6%),Top50的比例在大幅上升后又有小幅回落(23.6%—23.6%—33.0%—29.8%),但依然略高于总体平均水平,这一结果凸显了世界顶尖高校的高度选拔性。

分流动类型来看,海外博士、海外工作和海外访学均表现出向世界一流大学集中的发展趋势,流动到Top200世界一流大学的比例不断上升,而流动到一般海外高校的比例逐步下降。这一结果与徐娟的研究结论相同,但与朱军文的研究结论不同,他对中国715位“杰青”获得者的履历进行分析发现,在具有海外博士学位的归国高层次人才中,海外博士学位授予学校层次逐渐降低。[①]研究结论的不同可能是由于样本的差异,依据小样本的特定群体得出的研究结论并不具有广泛代表性。

(二)海外博士流动质量提升幅度最大,其次是海外工作,海外访学的涨幅最低

三类海外流动的流动机构质量提升幅度不同。其中,海外博士的涨幅最大,在Top200世界一流高校的占比涨幅为24.9%,其次是海外工作(16.7%),最后是海外访学(12.0%)。值得注意的是,三类海外流动在世界顶尖学府的变动趋势略有不同。其中,海外博士在世界顶尖学府的比例大致呈小幅上升趋势,博士毕业于Top20高校的比例从“50后”的10.3%上升至“80后”的14.0%,Top50的比例

---

① 朱军文,徐卉.海外归国高层次人才质量与分布变迁研究[J].科技进步与对策,2014,31(14):144-148.

从“50后”的20.5%上升至“70后”的28.1%，到“80后”虽有小幅下降但依然保持在24.2%的水平，高于“50后”和“60后”的比例。海外工作在世界顶尖学府的比例大致处于稳定状态，除“60后”在世界顶尖学府的海外工作占比较低外，“50后”“70后”和“80后”三代教师在Top20顶尖高校的占比在22.7%到26.9%的区间内浮动，Top50的占比在34.6%到38.4%的区间内浮动。海外访学在世界顶尖学府的变动趋势更加复杂，四代大学教师在Top20顶尖高校的海外访学比例呈上下起伏的波动状态，在Top50的海外访学比例则呈先降后升的发展趋势。

海外博士流动机构质量的提升幅度最大，这既反映了中国“双一流”建设高校对教师招聘标准的提高，也反映了中国研究生海外留学偏好的变化。随着本土高校科研水平和博士培养质量的提升，年轻一代研究生对海外高校的选择更偏好世界一流大学，尤其是顶尖高校，如若不能被世界知名学府录取，他们宁愿选择在国内高水平大学就读。例如，有受访教师提及“据我了解，现在的小朋友们并不是这么想的，因为我与很多在美国的导师、同学都有联系，基本上现在像化学专业排名在全美前20名左右的这种学校已经招不到中国留学生了，因为没有人申请，能继续招到中国留学生的就只有美国著名高校，至少化学专业是如此，别的专业我没那么清楚。再加上最近美国出台的政策限制，今年更没有人去了……就觉得没有必要，我在国内清华、北大不香吗？在上交、复旦不香吗？对吧，他不愿意去了，就是这么一个情况”（DJ2 男 理工科 研究员）。

二、海外回流的质量特征及演变趋势

（一）一半以上的海归教师来自世界一流大学且呈上升趋势

本研究采用海外流动机构排名和回流时的学术身份两个指标测量海外回流质量。统计结果显示，56.4%的海归教师来自Top200的世界一流大学，其中，Top20高校占16.3%、Top50高校占

表 3-4　各类海外流动质量的演变趋势

流动类型	出生年代	Top20 (%)	Top50 (%)	Top100 (%)	Top200 (%)	Top201 及以下 (%)	非大学机构 (%)
海外流动	"50 后"	13.9	23.6	27.8	37.5	59.7	2.8
	"60 后"	13.1	23.6	34.2	51.9	39.7	8.4
	"70 后"	19.6	33.0	42.7	57.1	31.8	11.1
	"80 后"	16.6	29.8	44.8	60.2	30.7	8.8
	总体	16.8	29.3	41.1	56.5	34.2	9.3
海外博士	"50 后"	10.3	20.5	28.2	38.5	59.0	2.5
	"60 后"	13.8	23.6	33.3	58.6	37.9	3.5
	"70 后"	13.3	28.1	39.4	59.1	38.9	2.0
	"80 后"	14.0	24.2	41.1	63.4	33.2	3.1
	总体	13.6	25.0	38.1	59.8	37.3	2.9
海外工作	"50 后"	26.9	34.6	34.6	42.3	50.0	7.7
	"60 后"	13.5	25.4	37.3	46.8	31.0	22.2
	"70 后"	24.6	38.4	47.1	58.5	23.7	17.8
	"80 后"	22.7	34.9	49.2	59.0	24.1	16.5
	总体	21.6	34.3	45.7	56.0	25.9	18.1
海外访学	"50 后"	25.0	43.8	46.9	50.0	43.8	6.2
	"60 后"	18.3	28.5	38.4	54.8	33.1	12.1
	"70 后"	22.7	36.0	45.6	60.4	27.5	12.1
	"80 后"	17.8	36.6	49.1	62.0	25.1	12.5
	总体	20.0	34.3	44.7	59.0	28.9	12.1

注：当同一教师有两个及以上海外流动机构时，取排名较高的机构计之。

27.4%、Top100 高校占 40.5%，另有 8%的海外回流教师来自非大学机构，表明中国"双一流"建设高校中的海归教师流动机构质量较高。样本中海归教师的回流时间分布在 1986—2020 年之间，以五年为间隔，将回流时间划分为七个时间段，对近 35 年海外回流质量的演化趋势进行统计分析。结果显示，任职于中国“双一流”建设高校的海归教师来自 Top200 的比例在 1996—2000 年间最低，自 2001 年之后来自 Top20、Top50、Top100 和 Top200 的比例均呈逐步上升趋势，而来自“Top201 及以下”一般海外高校的比例则呈下降趋势，表明进入 21 世纪以来中国海外回流教师的流动机构质量不断提升。

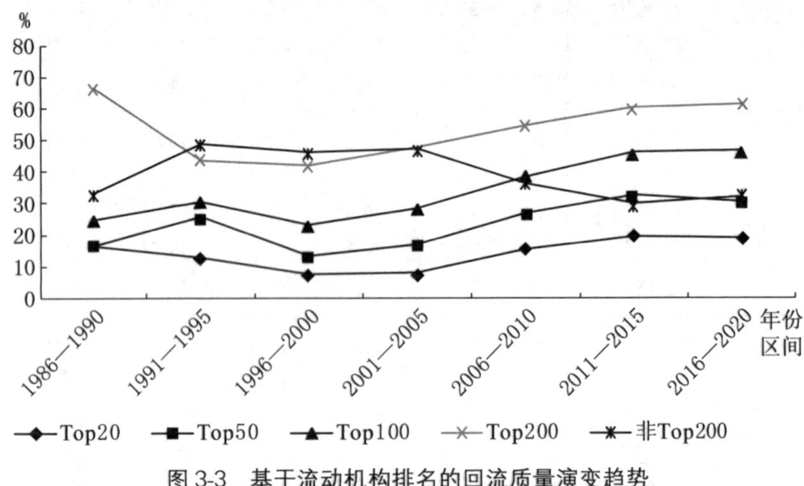

图 3-3　基于流动机构排名的回流质量演变趋势

注：当同一教师有两个及以上海外流动机构时，取排名较高的机构计之。

（二）海外青年学术人才是回流主体且海外博士后取代海外博士成为主要回流群体

从回流时的学术身份来看，中国“双一流”建设高校的海归教师以刚刚在海外获得博士学位和拥有海外博士后经历的海外青年学术人才为主，两者合计占比达到 79.1%，而且海外博士后(60.2%)的比例远高于海外博士(18.9%)。然而，这两个群体在不同时代的回流占比有所变化。在 1986—1995 年的十年间，海外博士是回流主体，占所有海外回流教师的一半以上；但到 1996—2000 年间，海外博士后开始取代海外博士成为回流主体，并且自此之后海外博士后的占比一直呈上升趋势，海外博士的比例却不断下降。从这一变动趋势来看，海外博士后身份正在并将继续成为国内高水平大学的入场券，在学术劳动力市场日趋饱和的时代背景下，仅仅拥有海外博士学位已经难以在国内高水平大学谋得教职。李潇潇和沈文钦等对2011—2017年清华、北大新任教师的履历分析也发现，在两校的新任教师中，72.2%的新任教师具有博士后经历，其中境外博士后是境内博士后的2倍。①中国的海外引智政策也多针对已经取得重大研究成果的学术领军人才，部分高水平大学对新教师的招聘向已入选国家级人才项目计划的学者倾斜，甚至将能否入选国家级人才项目作为招聘标准。为此，许多留学生放弃博士毕业后直接回国，而是选择继续在海外从事博士后研究以积累入选海外引智项目的学术资本。②为提升学术竞争力，本土博士也往往选择先赴海外做一段时间的博士后再回国求职。

（三）年长的海外高端学术人才回流比例持续较低且涨幅较小

在回流的海外人才中，年长的海外高端学术人才占比较低，其中，在海外高校获得中级及以下职称的教师仅占14.5%，获得副高及以上职称的教师仅占3.4%，两者合计不足20%。从演变趋势来看，虽然拥有中级及以下职称的海外学术人才回流比例呈上升趋势，但拥有副高及以上职称的海外学术人才的回流比例一直未超过5.1%，拥有中级及以下职称的海外学术人才回流比例也一直低于20%。从回流时的年龄来看，71.8%的教师回流时的年龄在35岁及以下，26%的教师为36—45岁，46岁及以上的教师仅占2.2%。上述结果表明，虽然中国“双一流”建设高校引进的海外学术人才大部分来自世界一流大学，但是回流群体大部分是青年海外学术人才，而年长的高端海外学术人才回流比例一直较低。鲍威的研究也发现，中国海

① 李潇潇，左玥，沈文钦.谁获得了精英大学的教职：基于北大、清华2011—2017年新任教师的履历分析[J].中国高教研究，2018，4(8)：47-52.

② Dillon N. Tackling the Postdoc Brain Drain[J]. EMBO Reports，2001(9)：746-747.

外高端人才的归国意愿呈现“高龄弱化”的趋势，归国意愿随着年龄增长而逐渐减弱。①这表明中国的海外引智政策仅对世界一流大学的青年学术人才具有较大吸引力，而对高端海外学术人才的吸引力依然不足。可能正如曹聪的分析，虽然中国的海外引智政策基本解决了海外人才回流后的薪资待遇、子女教育和配偶工作等生活问题，但由于中国过度行政化的管理模式、学术风气与关系主义的社会文化等更为深层的原因，大部分高层次海外学术人才依然不愿回国发展。②相比青年学者，年长的海外高端学术人才回国后面临的风险更大，高端学术人才已经在海外工作生活多年，长期脱离本土的学术网络与文化环境，回国后更易引发文化适应问题③，未来发展的不确定

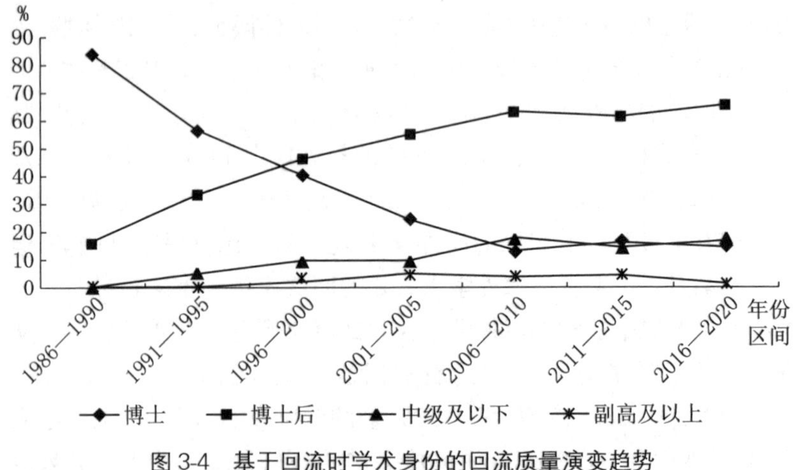

图 3-4 基于回流时学术身份的回流质量演变趋势

① 鲍威，田明周，陈得春.新形势下海外高端人才的归国意愿及其影响因素[J].高等教育研究，2021，42(2)：24－34.

② Cao C. China's Brain Drain at the High End[J]. Asian Population Studies，2008，4(3)：331－345.

③ Li F，Ding J，Shen W. Back on Track：Factors Influencing Chinese Returnee Scholar Performance in the Reintegration Process[J]. Science and Public Policy，2018，46(2)：184－197.

性更大。除此之外，年长者多已在海外结婚生子，这就决定了其跨国流动的决定并不能仅仅基于个人，而是需要整个家庭在权衡利弊后做出最终选择，国内严酷的应试教育环境与紧缺的优质教育资源也打消了海外高端学术人才的回流念头。目前，国内高校教师的收入依然低于海外，居高不下且高速上涨的房价也增加了回国的安居成本①，这些经济因素的考量也影响着海外高端学术人才的回流决定。

第三节 海外流动与海外回流的区域特征及演变趋势

一、海外流动的区域特征及演变趋势

从宏观区域来看，中国“双一流”建设高校教师的海外流动区域集中分布在北美、欧洲和东亚其他国家及我国港澳台地区（以下简称“东亚”），仅有不足10%的教师流向“一带一路”共建国家、大洋洲国家和南非、巴西等国家和地区。具体到国家及地区层面来看，美国、日本、英国、德国四国，以及中国香港地区位居流动目的地的前五名，其中，美国居于绝对主导地位，50%以上的“双一流”建设高校教师有过美国的流动经历，占比超出所有其他国家和地区的总和，不同类型的海外流动目的地均呈现相同的分布特征。然而，近年来，受国际关系和全球学术格局变化的影响，各区域对中国学术人才的吸引力呈现出不同的演变趋势，具体如下。

（一）北美尤其是美国一直是中国学者海外流动的中心，但有弱化趋势

北美在海外流动区域的占比在历经三代连续上升后，于“80后”教师中开始下降，海外博士流动、海外工作流动都呈现出相同的变动趋势，仅海外访学流动呈持续上升趋势。总体而言，北美对中国新一

① 阎光才.新形势下我国留美高层次人才回国意愿和需求分析[J].苏州大学学报（教育科学版），2016，4(3)：79－85.

代学术人才的吸引力有弱化趋势，新一代学者长期赴美流动的意愿有所降低。第二次世界大战结束后，全球学术中心从西欧迁移至美国，自此之后的半个世纪以来，美国的国际学生人数一直雄踞世界之首，成为国际教育交流中心。①然而，鉴于新中国刚成立之时正处于冷战状态下的国际环境，这一时期中国采取一边倒的公派留学政策，留学目的国仅限于苏联和东欧等社会主义国家，中断了与美国等资本主义国家的教育交流关系，直到 1978 年，随着中苏关系恶化以及中美关系的改善，才开始恢复向美国派遣留学生和访问学者。②为扩大中美教育交流，一些华裔学者和美国学者纷纷出谋划策，甚至设计专项出国留学项目帮助中国优秀学子赴美留学，如 1979 年李政道发起的中美物理考试与申请项目、1982 年哈佛大学多林教授启动的中美化学研究生项目以及同年由康奈尔大学华裔教授吴瑞面向生物学领域发起的 CUSBEA 项目等。③在国家政府部门与中美学者的共同努力下，中国于 20 世纪 80 年代掀起了一股留美热潮并一直持续至今，1989 年中国首次成为美国最大的留学生生源国，1991 年中国首次成为美国最大的国际博士生生源国。然而，随着欧洲国家科学体系的重建与亚洲国家科技实力的强势跃升，全球学术发展的“多中心格局”日渐凸显，美国的传统学术中心地位有解体趋势。④由于中美两国意识形态不同，一些美国官员和学者担心与中国的合作将会损害美国的利益，所以美国政府在中美正式建立教育合作关系之初就对中国有所设防，如“1981 年 9 月，美国国务院要求明尼苏达大学限

① 李梅.高等教育国际市场：中国学生的全球流动[M].上海：上海教育出版社，2008：83.

② 陈学飞.改革开放以来大陆公派留学教育政策的演变及成效[J].复旦教育论坛，2004，4(3)：12－16.

③ 沈文钦.国际学术流动与中国大学的发展：逆全球化趋势下的历史审视[J].北京大学教育评论，2020，18(4)：47－70.

④ 鲍威，哈巍，闵维方，等.“985 工程”对中国高校国际学术影响力的驱动效应评估[J].教育研究，2017，38(9)：61－69.

制一位中国访问学者，只允许后者接触已经公开的软件操作系统。1982 年 4 月，里根签署新的保密条例，扩大了保密范围。同年 5 月美国国会举行听证会专门讨论了针对中国和苏联的极端技术外流问题”①。进入 21 世纪，美国政府依然未放松对中国的警惕，如 2011 年，美国政府立法禁止美国航天局与中国合作。近几年，中美贸易摩擦和新冠疫情又进一步损害了中美关系，极大地制约了中美教育交流的正常开展与合作前景。概言之，美国全球学术中心地位的弱化及其对中国学者赴美流动的政策限制构成了中国学术人员赴美流动的外部推力，导致中国新一代大学教师赴美流动的比例有所下降。

（二）欧洲替代美国成为中国新一代学者海外流动的主要目的地

欧洲呈现出与北美相反的变动趋势，欧洲在“50 后”到“70 后”教师海外流动区域中的占比持续下降，到“80 后”有所上升，海外博士流动、海外工作流动和海外访学流动都印证了这一总体变动趋势，这意味着欧洲正在替代美国成为中国新一代学者赴海外学习工作的主要目的地。在中美学术人才流动遇阻后，欧洲作为中国学术人才跨国流动的替代通道具有必然性与合理性。回顾历史，全球学术中心就曾发端于古希腊、古罗马，现代大学建立之后直至 20 世纪初期，德国、法国和英国长期占据全球学术中心地位，虽然美国后来居上，但现在的欧洲也并不逊色。在软科发布的《2020 世界大学学术排名》中，欧洲共有 76 所大学入选前 200 名，超过美国的 65 所。欧洲高校悠久的历史、卓越的学术实力，对中国学术人才有着极大的吸引力。另一方面，中国与欧洲的流动渠道较为通畅，中国于 1972 年便恢复了向法国和英国派遣留学生，时间上比美国还要早六年。几十年来，无论是国家还是高校层面，中欧之间都建立了广泛的教育合作交流项目，为学术人员赴欧学习工作提供了极大便利。

① 沈文钦.国际学术流动与中国大学的发展：逆全球化趋势下的历史审视[J].北京大学教育评论，2020，18(4)：47－70.

（三）东亚作为中国学者海外流动的亚中心呈先升后降的发展趋势

东亚是仅次于北美和欧洲的中国学者海外流动的亚中心。近40年来，东亚在海外流动区域中的占比在“60后”教师中达到高峰后便持续下降，各类海外流动都呈现出同样的演变趋势。其中，日本是中国学者赴东亚流动最主要的目的国，东亚的变化主要是由日本引起的。如表3-6所示，虽然日本一直位居中国学术人才海外流动目的地的前五名，但其占比自“70后”教师起便持续下降。一项关于中国大学生留学目的地选择偏好的研究发现，受益于现代交通技术发展，空间地理距离对国际流动目的地的选择影响不大，而未来的学术发展前景与东道国的机构质量才是最重要的影响因素。①另一项研究发现学术人员流动到英语国家可以获得更大的学术收益。②日本共有七所高校入选《2020世界大学学术排名》的前200名，但只有东京大学和京都大学排在前50名，名古屋大学排在第83名，其他四所高校均排在100名之后，世界顶尖大学的数量较少。虽然日本与中国具有文化与地缘优势，但囿于语言、整体学术声望和能够提供的学术发展前景限制，日本对中国学者的吸引力依然不敌欧美等英语国家。

（四）“一带一路”共建国家中的中国学者占比持续较低但有上升之势

“一带一路”共建国家在中国学者海外流动区域中的占比呈波动上升趋势，“50后”到“80后”教师中的比例分别为3.5%、4.6%、3.7%和6.1%，各类海外流动的演变趋势与之相同。这一结果与徐娟的研究结论类似，她认为“一带一路”共建国家正在崛起，并将逐渐

---

① Cao C. A Survey of the Influencing Factors for International Academic Mobility of Chinese University Students[J]. Higher Education Quarterly，2016，70(2)：200－220.

② Bauder H，Hannan C，Lujan O. International Experience in the Academic Field：Knowledge Production，Symbolic Capital，and Mobility Fetishism[J]. Population Space and Place，2017，23(6)：e2040.

成为继欧洲与东亚之后又一海外流动的亚中心。①"一带一路"共建国家占比较低主要是由于这一区域整体的高等教育基础比较薄弱，只有七所大学进入前200名的世界一流大学行列，在全球学术人才竞争中处于弱势地位，而近年来的上升趋势主要是受国家政策驱动。长期以来，中国高校的国际化被简单化为"西方化"或"欧美化"，国际交流对象主要集中在欧美发达国家，对欧美国家的结构依赖无助于中国摆脱高等教育的边缘地位，近年来中国有意寻求更加独立自主的国际化发展模式，拓宽国际合作交流对象，摆脱对欧美国家的过度依赖。2016年4月，中国发布了《关于做好新时期教育对外开放工作的若干意见》，要求实施"一带一路"教育行动，促进共建国家教育合作，加强教育互联互通，实现合作共赢。同年7月，教育部印发《推进共建"一带一路"教育行动的通知》，进一步细化落实方案并提供政策支撑。自提出"一带一路"倡议以来，中国与共建国家的教育合作交流不断增加。据不完全统计，目前中国与共建国家合作发起的联盟数量已经超过40个。②2017年赴共建国家留学人数较上一年增长近16%。③然而，"一带一路"共建国家因横跨区域广，其内部存在较大差异，具体到国家层面来看，新加坡对"一带一路"共建国家的增长贡献最大。如表3-6所示，新加坡已经跻身"70后"和"80后"海外博士流动目的地的第五位，并跻身"80后"海外工作流动目的地的第五位。这主要得益于中新两国良好的国际关系以及新加坡本身高质量的高等教育。早在1999年，中新两国就正式建立了教育交流合作关系。新加坡还设立了专门面向中国学生的"新加坡教育部奖学金计

① 徐娟，毕雪妮.大学高层次人才生成中国际学术流动及演变：基于我国5类项目人才履历的实证分析[J].比较教育研究，2021，43(3)：94-101.

② 郑淳，闫月勤，杨帆.关于"双一流"背景下高校国际联盟发展的思考：基于对30所"一流大学"建设高校的实证研究[J].上海教育评估研究，2020，9(5)：62-68.

③ 刘影，张优良."一带一路"倡议与中国高等教育国际化的新图景[J].清华大学教育研究，2020，41(4)：81-87.

表 3-5　各类海外流动区域的演化趋势一

流动类型	出生年代	北美（%）	欧洲（%）	东亚（%）	“一带一路”共建国家（%）	大洋洲（%）	南非或巴西（%）
海外流动	“50后”	32.9	37.7	23.5	3.5	2.4	0.0
	“60后”	39.6	25.3	28.0	4.6	2.2	0.3
	“70后”	56.2	18.9	19.1	3.7	2.1	0.0
	“80后”	49.0	26.3	15.0	6.1	3.6	0.0
	总体	48.6	23.8	20.0	4.8	2.7	0.1
海外博士	“50后”	28.2	41.0	25.6	2.6	2.6	0.0
	“60后”	31.0	27.6	35.1	4.6	1.1	0.6
	“70后”	50.2	16.3	28.6	3.4	1.5	0.0
	“80后”	35.1	34.2	19.5	6.7	4.5	0.0
	总体	38.0	28.0	26.1	5.1	2.7	0.1
海外工作	“50后”	44.5	33.3	18.5	3.7	0.0	0.0
	“60后”	42.2	22.6	28.4	4.8	1.7	0.3
	“70后”	60.6	17.4	17.8	3.2	1.0	0.0
	“80后”	53.9	23.6	13.1	6.8	2.6	0.0
	总体	53.5	21.3	18.3	5.0	1.8	0.1
海外访学	“50后”	37.5	37.5	20.0	2.5	2.5	0.0
	“60后”	44.2	25.6	23.6	3.3	3.3	1.0
	“70后”	56.9	19.0	16.2	4.5	3.4	2.0
	“80后”	58.4	22.5	10.6	4.1	4.4	5.0
	总体	52.7	22.8	16.9	4.0	3.6	6.0

注：“一带一路”共建国家若与欧洲或亚洲国家身份重叠，则归入“一带一路”范畴；表中数据 0.0 是保留一位小数后的写法，非值为 0。

表 3-6　各类海外流动区域的演化趋势二

流动类型	出生年代	第1名(%)	第2名(%)	第3名(%)	第4名(%)	第5名(%)
海外流动	"50后"	美国(34.7)	日本(22.2)	英国(19.4)	德国(16.7)	加拿大(6.9)
	"60后"	美国(45.4)	日本(23.2)	英国(10.3)	德国(9.9)	中国香港地区(7.9)
	"70后"	美国(61.6)	日本(12.2)	英国(8.4)	中国香港地区(7.8)	德国(5.8)
	"80后"	美国(51.4)	德国(10.0)	英国(8.7)	日本(8.5)	中国香港地区(7.3)
	总体	美国(53.0)	日本(13.7)	英国(9.3)	德国(8.7)	中国香港地区(7.5)
海外博士	"50后"	美国(25.6)	日本(25.6)	英国(17.9)	德国(7.6)	法国(5.1)
	"60后"	美国(29.3)	日本(28.1)	德国(8.6)	英国(6.3)	中国香港地区(6.3)
	"70后"	美国(49.7)	中国香港地区(14.7)	日本(11.3)	英国(6.8)	新加坡(3.4)
	"80后"	美国(30.7)	中国香港地区(12.1)	德国(9.6)	英国(9.6)	新加坡(6.1)
	总体	美国(35.3)	日本(13.7)	中国香港地区(10.8)	英国(8.5)	德国(7.2)
海外工作	"50后"	美国(34.6)	英国(23.0)	日本(11.5)	加拿大(11.5)	中国香港地区(7.6)
	"60后"	美国(47.2)	日本(23.0)	英国(7.9)	德国(7.1)	中国香港地区(6.3)
	"70后"	美国(63.8)	日本(12.9)	德国(5.3)	法国(4.9)	英国(4.4)
	"80后"	美国(55.1)	德国(10.0)	日本(8.6)	英国(7.4)	新加坡(6.4)
	总体	美国(56.2)	日本(13.2)	德国(7.5)	英国(6.8)	中国香港地区(5.0)

续表

流动类型	出生年代	第1名(%)	第2名(%)	第3名(%)	第4名(%)	第5名(%)
海外访学	"50后"	美国(43.7)	德国(28.1)	日本(15.6)	英国(15.6)	加拿大(6.2)
	"60后"	美国(44.8)	日本(16.3)	英国(11.7)	德国(8.7)	中国香港地区(6.8)
	"70后"	美国(35.6)	英国(10.3)	日本(9.4)	中国香港地区(6.3)	德国(5.7)
	"80后"	美国(56.3)	德国(7.0)	英国(7.0)	日本(7.0)	法国(4.2)
	总体	美国(52.7)	日本(10.8)	英国(9.8)	德国(7.8)	中国香港地区(5.6)

划”,受惠于语言与文化相通,目前,在新加坡留学的国际学生中一半以上来自中国。两国建交30多年来,政治互信不断提升,在其他国家还持观望态度之时,新加坡率先支持中国“一带一路”倡议。2015年,习近平主席出访新加坡时,双方领导人表示要不断拓展教育合作新领域与新模式,并签署了新一期的备忘录。①新加坡国立大学与南洋理工大学是中国学术人员主要流向的学术机构,这两所高校均位居世界一流大学之列,其较高的学术声誉对中国学者也有着极大的吸引力。随着“一带一路”倡议的深入推进,以新加坡为代表的“一带一路”共建国家在中国学术人才未来的跨国流动中可能有继续上升的潜力。

二、海外回流的区域特征及演变趋势

海外回流区域特征与海外流动区域特征基本一致,北美是主要

① 丁瑞常,徐如霖.“一带一路”倡议下中新教育交流合作回顾与前瞻[J].比较教育研究,2020,42(12):30-37.

的回流区域，其次是欧洲和东亚，而"一带一路"共建国家、大洋洲国家以及南非和巴西的回流占比总计不足10%。根据回流时间对海外回流区域的演变趋势进行统计分析发现，来自北美的回流教师占比基本呈上升趋势，尤其是在2001年之后回流比例迅速上升，到2006年之后一直稳定在50%以上的较高水平。可见中国海外引智计划的实施、中美关系的下行以及两国学术水平差距的缩小，不仅降低了赴美流动比例，也提高了自美国回流的比例，这对缓解中国长期以来的人才流失有着积极意义。与北美相反，欧洲回流教师占比基本呈下降趋势，具体而言，欧洲回流教师占比由1986—1990年的40%迅速下降至2006—2010年的19.1%，在2011—2020年的两个时间段大致稳定在24%的水平。东亚回流教师占比在1986—2005年的四个时间段呈小幅上升趋势，但到2006—2010年迅速下降10个百分点，到2011年之后降至14%的较低水平，与最高时期相比下降近一半。从时间拐点来看，北美回流比例上升之时正是欧洲和东亚回流比例下降之时，因此，欧洲和东亚回流比例的下降可能主要是由于北美的挤压作用。值得注意的是，来自"一带一路"共建国家和大洋洲的回流教师占比虽然一直很低却呈上升趋势，尤其是从新加坡国立大学和南洋理工大学回流的教师人数仅次于香港大学和香港中文大学。刘进对中国109所研究型大学教师简历的分析也发现，在新加坡国立大学和南洋理工大学获得博士学位的回流人才分别占中国研究型大学回流博士总数的第二位和第三位。①这一结果表明，以新加坡为代表的"一带一路"共建国家的世界一流大学对散居海外的华人学者回流具有重要贡献，合理引导本土学术人才赴"一带一路"共建国家高水平学术机构求学深造可在一定程度上规避学术人才流失的潜在风险。

① 刘进，哈梦颖.世界一流大学学术人才向中国流动的规律分析："一带一路"视角[J].比较教育研究，2017，39(11)：26－33.

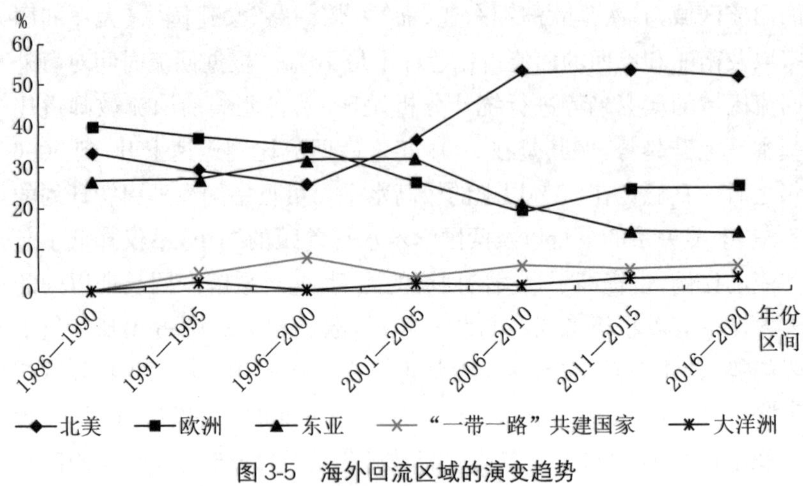

图 3-5　海外回流区域的演变趋势

第四节　本 章 小 结

本章统计分析了中国“双一流”建设高校教师海外流动与海外回流的现实样态及演变趋势。基于本研究样本的数据分析结果发现，中国“双一流”建设高校教师海外流动的规模平稳上升，并呈现出向世界一流大学集聚的发展态势，当前已有近七成教师拥有海外流动经历，据问卷调查结果显示，其中近八成教师流向 Top200 的世界一流大学，呈现出“流动规模大、流动质量高”的特点。由于学术职业天然的国际化属性和学术人才成长的社会化需要，大学教师具有海外流动的内部驱动力，但基于国家战略推出的各类海外引智计划，尤其是高校将海外经历纳入教师招聘与晋升规定的制度安排，构成了大学教师海外流动的强大外部推动力量。在这股力量的推动下，很难说大学教师的海外流动完全是基于个人意愿的主动选择，而更可能是带有一定被动成分的主动。随着中国高等教育国际化的深入推进，“在新一轮的高等教育竞争中，已经出现‘不仅看是否来自海外，更要看来自海外哪里'的基本趋势"①，为提升学术劳动力市场的竞争力，年轻教师往往选择海外博士或海外博士后的流动方式，并努力进入海外知名高校，而年长教师往往已经获得了稳定的学术职位，主要采取海外访学的流动方式来满足职称晋升需要，从而出现四代大学教师的海外博士率和海外工作率不断上升且流动机构排名涨幅较大，而海外访学率不断下降且流动机构排名涨幅较小的变动趋势。

随着中国政治经济环境趋于稳定、中外学术实力差距日渐缩小以及各类海外引智计划的实施，中国"双一流"建设高校海外回流教师的规模逐步扩大，回流质量逐步提高，尤其是进入21世纪以来，来自Top20、Top50、Top100和Top200高校的比例均呈逐步上升趋势。2020年，中国"双一流"建设高校海外回流教师占到53.9%，其中56.4%来自Top200的世界一流大学，还有27.4%来自Top50的世界顶尖高校。这些数据表明目前中国的人才流失问题已经得到一定程度的缓解，人才环流渐显端倪，并呈现出高比例的世界一流大学甚至世界顶尖大学的海外人才回流的可喜局面，显示中国高校至少是中国高水平大学正在逐步融入世界顶级学术网络，具备了与世界顶级高校直接对话的人才基础。然而值得注意的是，由于中国过度行政化的管理模式、学术风气与关系主义的社会文化等更为深层的原因，大部分高端海外学术人才依然不愿回国发展。中国目前的海外回流教师主要是刚刚在海外获得博士学位或仅仅拥有海外博士后经历的青年海外学术人才，而年长的高端海外学术人才回流比例一直较低。与其他职业领域不同，学术发展而非经济利益是决定学术人才去留的首要因素，如果中国无法创造出有利于开展一流研究的学术文化环境，最杰出的海外人才就不会大规模回流，已回流的学者也可能再次流向海外，这既不利于现有海归教师队伍的稳定，也对今后吸引海外学术人才回流构成更大挑战。

① 刘进，哈梦颖.世界一流大学学术人才向中国流动的规律分析："一带一路"视角[J].比较教育研究，2017，39(11)：26－33.

从流动方向来看，中国“双一流”建设高校教师的海外流动区域集中分布在北美、欧洲和东亚，仅有不足10%的教师流向“一带一路”共建国家、大洋洲国家和南非、巴西等国家和地区。美国、日本、英国、德国四国以及中国香港地区位居中国“双一流”建设高校教师流动目的地的前五名，其中美国居于绝对主导地位，50%以上的“双一流”建设高校教师拥有美国的流动经历，占比超出所有其他国家和地区的总和，不同类型的海外流动目的地均呈现出相同的分布特征。然而，近年来，受国际关系和全球学术格局变化的影响，中国“双一流”建设高校教师跨国流动的图景出现明显变化。随着中美关系下行以及全球学术中心的“西迁、东移”，长期居于中心地位的美国对中国新一代学术人才的吸引力有弱化趋势，新冠疫情暴发以来，美国对中国学生与学者赴美流动的限制更加严苛，如果中美关系得不到改善，中国学术人员赴美流动的比例仍将继续下降。在中美学术人才流动遇阻后，欧洲凭借卓越的高等教育质量开始替代美国成为中国新一代学者海外流动的主要目的地。东亚虽然是中国学者海外流动的亚中心，但囿于整体学术声望和能够提供的学术发展前景的限制，其在海外流动区域的占比在“60后”教师中达到高峰后便持续下降。“一带一路”共建国家因整体的高等教育基础比较薄弱，在中国学者海外流动区域中的占比一直较低，但自“一带一路”倡议提出以来，“一带一路”共建国家对中国学术人才的吸引力有所上升，尤其是“一带一路”共建国家中的新加坡已经跻身“70后”和“80后”教师海外博士流动目的地的第五位，并跻身“80后”教师海外工作流动目的地的第五位。随着“一带一路”倡议的深入推进，“一带一路”共建国家在中国学术人才未来的跨国流动中可能有继续上升的潜力。海外回流区域特征也与海外流动区域特征基本一致，北美是主要的回流区域，其次是欧洲和东亚，而“一带一路”共建国家、大洋洲国家、南非和巴西的回流占比较低。从演变趋势来看，来自北美、“一带一路”共建国家和大洋洲国家的回流教师占比呈上升趋势，而来自欧洲和东亚的回流教师占比呈下降趋势。

第四章　人力资本：海外流动经历与大学教师的学术素养

默顿学派认为大学教师的学术素养是影响教师个人学术发展的重要因素。上一章也谈到“获得更好的学术训练，实现更高的学术素养增值”既是中国政府部门大力推进海外流动的重要政策目标，也是中国大学教师赴海外求学深造的首要原因。那么，海外流动经历是否可以提升大学教师的学术素养？如果可以提升，海归教师的学术素养就一定优于本土教师吗？关于这一点，目前学界存在三种质疑的声音。

一是“镀金论”，随着国民收入逐步提高，留学已从“精英留学”变为“大众留学”，海归已从“黄金时代”进入“镀金时代”甚至“青铜时代”，海归已不再是“高水平”的代名词。①张冰冰认为，中国部分海外访学教师仅仅是“为流动而流动”，其目的是通过海外流动经历这一事实满足教师招聘与晋升规定，而并非真正接受学术训练，提升学术素养。②这种质疑不仅存在于中国，也同样出现在其他学术边缘国家，如阿克斯对葡萄牙、波兰、保加利亚等国研究人员的调查发现，由

① 田静，胡中俊.“青铜时代”留学青年的困境及出路[J].当代青年研究，2018(1)：67－71.

② 张冰冰，张青根，沈红.海外访学能提高高校教师的论文产出吗?：基于“2014 中国大学教师调查”的分析[J].宏观质量研究，2018，7(2)：114－128.

于对海外流动的期待已经深深植根于这些国家的学术评价体系之中，流动本身已经成为目标而非达到目标的手段，流动质量通常不如流动事实重要。①二是“凤尾论”，有学者认为海归教师中可能存在“逆向筛选效应”，即杰出的学术人才往往选择留在海外，回流者一般为“凤尾”(worst of the best)，其学术水平并不优于本土名校博士。②三是“赶超论”，在2018年的全国两会上，多位院士和顶尖学者呼吁要高度重视本土科技人才的发展问题，他们认为随着中国科研水平与人才培养质量的提升，在本土培养的学术人才质量并不一定低于海外。③

为回应上述质疑，本章将采用横纵结合的研究设计系统探究海外流动经历对大学教师学术素养的影响。第一节依据国内外发布的研究者能力素养政策文本和相关研究成果构建“大学教师学术素养指标体系”，厘清成为一名杰出的研究者需要具备哪些学术素养，并依据这套指标体系分别编制“学术素养收获量表”(以下简称“收获量表”)和“学术素养自评量表”(以下简称“自评量表”)。收获量表仅由海归教师填写，用于测量海外流动经历是否提高了大学教师的学术素养水平。自评量表由所有大学教师进行填写，用于对比海归教师的学术素养是否优于本土教师。第二节依据收获量表和访谈资料从纵向视角探讨海归教师的学术素养收获水平、收获表现、收获来源和影响因素，同时分析学术素养收获对海归教师学术发展的意义。第三节依据自评量表从横向视角对比海归教师与本土教师的学术素养差异，以检验纵向视角的研究结论，提升研究信度。

---

① Ackers L. Internationalisation, Mobility and Metrics: A New Form of Indirect Discrimination? [J]. Minerva, 2008, 46(4):411-435.

② 叶晓梅，梁文艳.海归教师真的优于本土教师吗?:来自研究型大学教育学科的证据[J].教育与经济，2019(1):75-86.

③ 樊秀娣.本土科技人才发展评价及对策:基于本土人才与海归人才的比较[J].中国高校科技，2018(10):15-17.

第一节 大学教师学术素养的结构特征与测量工具

一、大学教师学术素养的结构特征

关于学术研究人员所需具备的学术素养,英、法、美等发达国家分别发布了几个在世界范围内有重要影响的研究报告。2010年,法国两大咨询公司联合发布《研究领域所需要的技能与能力:目标2020》研究报告(Skills and Competencies Needed in the Research Field: Objectives 2020,简称SCNRF),SCNRF是根据乌尔里希(Ulrich)和达什(Dash)对美国、英国、法国、德国、日本、芬兰、荷兰和瑞士八个国家研究人员进行深度访谈的研究成果,分别提出了成熟学者和青年学者在未来十年所需要具备的核心素养。其中,成熟学者共需要具备20项核心素养,包括科研能力(科研知识、学习和适应能力、提出研究问题的能力、分析和使用尖端IT工具的能力*、在跨学科的环境中工作的能力*、整合当前知识的能力)、项目和团队管理能力(团队合作能力、网络建构能力*、沟通交流能力、评估能力、语言技能*、商业文化和管理技能*、项目管理技能、管理和带领团队的能力、意识到研究的后果及其对环境产生的影响*)、个人态度和处理人际关系的能力(创造力、心智开放、动机/参与、适应力、自我评价的能力),并将带“*”标识的六项能力作为成熟学者所应具备的最核心素养。[①]2011年,英国Vitae机构发布了“研究者发展框架”(Researcher Development Framework,简称RDF),包括知识与智力(知识基础、认知能力、创造力)、个人效能(个人素质、自我管理能力、专业与学术发展能力)、研究管理与组织能力(职业操守、研究管理能力、获取研究资助与资源的能力)、参与度和影响力(与他人合作研究能力、沟通

① Ulrich W, Dash D P. Research Skills for the Future: Summary and Critique of a Comparative Study in Eight Countries[J]. Journal of Research Practice, 2013, 9(1):1-25.

交流与传播能力、学术影响力)4 个一级指标和 12 个二级指标，以此作为培养世界一流学者的指导框架，巩固英国在全球的学术地位。① 为帮助博士后应对未来复杂的职业环境，美国博士后协会提出了博士后需要具备的六项核心能力，具体包括学科理论知识、研究技能发展、沟通交流技能、专业精神、领导和管理能力、研究责任与伦理。② 中国目前则尚未出台专门的研究者素养政策文本，关于大学教师学术素养的规定散见于相关政策法规之中，如中国 2016 年版《高等教育法》第四十七条规定“高等学校教师应系统地掌握本学科的基础理论，具备相应职务的教育教学能力和科学研究能力”③。《高等学校教师职务试行条例》第十条规定“高等学校讲师应具有本专业必需的知识与技能和从事科学技术工作的能力”；第十二条规定“高等学校教授应在教学管理或科学研究方面具有组织领导能力”④。

除国家政府部门和第三方组织发布的研究报告与法律规定外，一些学者也对这一问题进行了研究，如迈克尔(Michael)等人提出了一个基于素养的(competency-based)研究者评价体系，该体系适用于博士生、博士后及其他初级学者，具体包括广博的理论知识、对特定领域的深入了解、批判性思维能力(发现重要研究问题、设计实验、解释数据、设计研究计划的能力)、实验能力、统计分析能力、团队合作研究能力、学术伦理、口语和书面表达能力、领导和管理能力、生存

---

① Vitae. Introducing the Vitae Researcher Development Framework to employers 2011[EB/OL]. (2011-04-02)[2020-05-21]. https://www.vitae.ac.uk/vitae-publications/rdf-related/introducing-the-vitae-researcher-development-framework-rdf-to-employers-2011.pdf/view.

② The NPA Core Competencies Committee. Rationale for Core Competencies[EB/OL]. (2013-10-02)[2020-05-21]. https://cdn.ymaws.com/www.nationalpostdoc.org/resource/resmgr/Docs/Core_Competencies_-_10.02.13.pdf.

③ 教育部.中华人民共和国高等教育法[EB/OL]. (2018-12-29)[2020-06-08]. http://www.moe.gov.cn/s78/A02/zfs__left/s5911/moe_619/201512/t20151228_226196.html.

④ 教育部.高等学校教师职务试行条例[EB/OL]. (2010-01-29)[2020-06-08]. http://www.moe.gov.cn/s78/A04/s7051/201001/t20100129_180698.html.

能力(动机、适应力、参与学术发展活动和网络建构能力)十大核心素养。[①]还有学者从未来研究者所应具备的学术素养的角度提出学术型博士需要具备的核心能力素养,如奈奎斯特(Nyquist)认为学术博士应具备学科知识,创新、冒险与献身精神,教学能力,对学生与工作场景的理解能力,领导能力,跨学科、跨机构交往能力,国际化视野,公民意识与责任,团队合作能力,介绍研究成果的能力,学术伦理等核心素养。[②]包水梅结合学术创新人才从事高深知识生产的工作任务要求提出学术型博士应该具备"学者"的基本素质,包括"坚实的知识基础(系统扎实的专业知识、规范科学的研究方法知识、广博宽厚的跨学科知识)、卓越的学术能力(独立的探究意识、丰富的想象力和理性批判能力),以及以学术为志业的品质(独立人格、对学术的热情、忠诚于学术及坚强的意志力和敢于冒险的精神)"[③]。李永刚对来自英、法、美等国家政府部门,第三方组织和大学的66份政策文本进行了内容分析,采用三级编码的方法提取了适用于学术研究领域的未来学术型理科博士所需要具备的能力素养框架,该框架包括学术志趣与品德(学术志趣与品质、研究伦理与责任感)、学科知识与方法技能(专业理论知识、方法技能知识)、科学思维与研究能力(科学思维与认知能力、研究实施能力、研究呈现能力)、研究合作与管理能力(研究合作与交往能力、研究管理与领导能力)四大素养,并强调社会责任感、知识宽度、跨学科研究、国际交流、团队合作以及学术网络建构能力将在现代科学研究中发挥日益重要的作用。[④]

---

① Michael F V, Victoria H F, Lisa M K, et al. Competency-based Assessment for the Training of PhD Students and Early-career Scientists[J]. eLife, 2018(7):1-5.

② Nyquist J D. The PhD: A Tapestry of Change for the 21st Century[J]. Change the Magazine of Higher Learning, 2010, 34(6):19.

③ 包水梅.学术型博士生培养目标定位及其素质结构研究[J].教育科学,2015, 31(2):71-78.

④ 李永刚.成为研究者:理科博士生素养与能力的形成[D].上海:华东师范大学,2018:92.

综合国内外关于学术素养的相关规定和研究成果，本着“全面性、重要性、简洁性和适切性”的原则，本研究建构了一套大学教师学术素养指标体系，主要包括学术志趣（学术兴趣、学术志向、学术伦理）、学科知识（深厚的学科知识、广博的学科知识、前沿的学科知识）与学术能力（提出研究问题的能力、解决研究问题的能力、理性批判能力、研究管理能力、学术网络建构能力、论文写作能力）3 个一级指标和 12 个二级指标（指标体系与指标来源详见表 4-1），该体系的每一项指标都是从事学术知识生产不可或缺的要素。

表 4-1　大学教师学术素养指标体系与指标来源

一级指标	二级指标	指标来源					
		中国2016年版《高等教育法》	中国《高等学校教师职务试行条例》	英国“研究者发展框架”	美国“博士后核心能力”	法国《研究领域所需要的技能与能力：目标 2020》	中外学术研究成果
学术志趣	学术兴趣			√		√	√
	学术志向			√	√	√	√
	学术伦理		√	√	√	√	√
学科知识	深厚的学科知识	√	√	√	√	√	√
	广博的学科知识				√	√	√
	前沿的学科知识						√
学术能力	提出研究问题的能力				√	√	√
	解决研究问题的能力			√	√		√
	理性批判能力			√	√		√
	研究管理能力		√	√	√	√	√
	学术网络建构能力			√	√	√	√
	论文写作能力			√	√	√	√

二、大学教师学术素养的测量工具

为全面了解海外流动经历对大学教师学术素养的影响,本研究依据上述建构的大学教师学术素养指标体系分别设计了“学术素养收获量表”和“学术素养自评量表”,两个量表对每个二级指标的测量题目采用不同的表述方法(量表的题项内容详见表 4-2),计分方式均为李克特 5 点计分,1 表示完全没有帮助(完全不同意),5 表示帮助

表 4-2　学术素养收获量表与自评量表的题项内容

收获量表	自评量表
海外学习/工作经历对您下列学术素养的影响程度(1 为完全没有帮助,5 为帮助非常大)	您是否同意下列描述(1 为完全不同意,5 为完全同意)
A1 激发学术兴趣	B1 我热爱学术研究
A2 树立学术志向	B2 我很看重我做的研究是否有重要的科学价值
A3 遵守学术伦理	B3 我严格遵守学术规范
A4 打牢知识基础	B4 我精通本学科的基础理论知识
A5 拓宽学术视野	B5 我拥有宽广的学术视野
A6 了解学术前沿	B6 我了解本学科的学术前沿
A7 提出研究问题的能力	B7 我能提出有价值的研究问题
A8 解决研究问题的能力	B8 我能找到合适的方法解决研究中遇到的问题
A9 理性批判已有研究的能力	B9 我能理性地对他人的研究提出质疑
A10 管理研究项目的能力	B10 我能很好地管理课题项目或研究团队
A11 发展、维持和运用海外学术网络的能力	B11 我善于与海外同行建立合作交流关系 B12 我善于与本土同行建立合作交流关系
A12 国际论文写作能力	B13 我善于用英文进行论文写作 B14 我善于用中文进行论文写作

注:考虑到海外流动经历主要对大学教师提升国际化能力有帮助,故收获量表中的学术网络建构能力仅测量海外学术网络建构能力,论文写作能力仅测量国际论文写作能力,而不测量本土学术网络建构能力和中文论文写作能力。

非常大(完全同意)。收获量表共包括 12 道题目,仅限有海外流动经历的教师填写,从纵向了解海外流动对大学教师学术素养的提升程度;自评量表共包括 14 道题目,要求所有调查对象进行填写,从横向对比本土教师与海归教师学术素养的差异。借助这两套横纵结合的调查工具,分别检验:海外流动经历是否有助于提升大学教师的学术素养? 即使有提升作用,海归教师的学术素养就一定优于本土教师吗? 通过对这两个问题的回答,全面审视海外流动在大学教师培养中的独特价值。

采用 STATA 15.1① 进行信度分析发现,收获量表中的学术志趣、学科知识和学术能力三个维度的克隆巴赫 α 系数(Cronbach's α)分别为 0.871、0.770、0.880,总量表的 Cronbach's α 系数为 0.930,而自评量表中的学术志趣、学科知识、学术能力三个维度的 Cronbach's α 系数分别为 0.841、0.880、0.876,总量表的 Cronbach's α 系数为 0.930,均大于 0.7,表明两个量表的内部一致性信度较好。

表 4-3　学术素养收获量表与自评量表的信度检验结果

量表类型	学术志趣	学科知识	学术能力	学术素养
收获量表	0.871	0.770	0.880	0.930
自评量表	0.841	0.880	0.876	0.930

采用 MPLUS7.4 对两个量表进行验证性因子分析,由于数据并非完全多元正态分布,所以选择稳健极大似然估计法(MLM)以获得更精确的拟合指数。结果显示,经过一次修正后,两个量表的测量模型拟合良好,各项适配度指标均达理想水平。在收获量表中,$\chi^2(50, N=1\ 202)=335.47$, TLI=0.94, CFI=0.95,均大于 0.90, SRMR=0.04, RMSEA=0.07,均小于 0.08,每个指标在相应因子上的标准化因子负荷量范围介于 0.587 到 0.896 之间且均达显著水平($p<$

① 本研究的问卷调查数据如无特殊说明均采用 STATA 15.1 软件进行统计分析。

0.001)。在自评量表中,$\chi^2(73, N=1\ 701)=704.05$, TLI=0.93, CFI=0.94,均大于 0.90, SRMR=0.04, RMSEA=0.07,均小于 0.08,每个指标在相应因子上的标准化因子负荷量范围介于 0.451 到 0.886 之间且均达显著水平($p<0.001$),表明量表的收敛效度较好。

表 4-4 学术素养收获量表与学术素养自评量表的模型拟合指数

量表类型	χ^2	df	TLI	CFI	SRMR	RMSEA (90%置信区间)
收获量表	335.47	50	0.94	0.95	0.04	0.07(0.06 0.08)
自评量表	704.05	73	0.93	0.94	0.04	0.07(0.07 0.08)

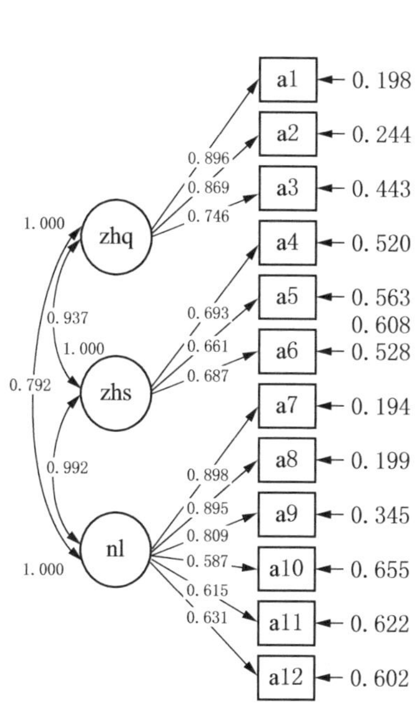

图 4-1 "学术素养收获量表"测量模型

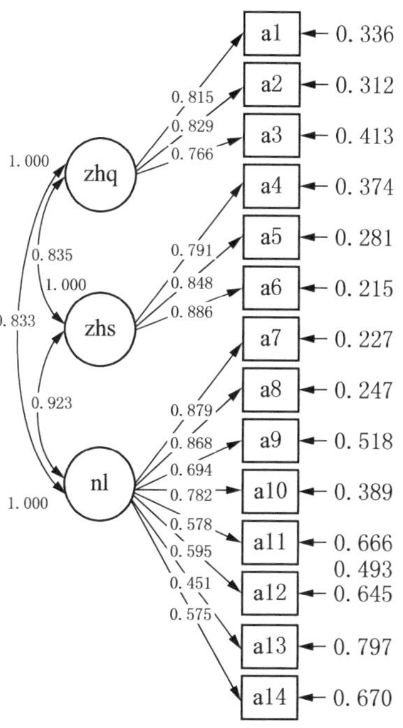

图 4-2 "学术素养自评量表"测量模型

第二节 纵向视角：海归教师的学术素养收获

一、海归教师学术素养的收获情况

（一）海归教师学术素养的收获水平

如表 4-5 所示，海外流动经历大幅提升了大学教师的学术素养水平，海归教师的学术志趣、学科知识和学术能力的收获水平分别为 4.11、4.33 和 4.02，远超过量表中值 2.5。具体到学术素养的二级指标来看，如图 4-3 所示，海归教师收获最大的是拓宽学术视野和了解学术前沿；其次是遵守学术伦理、解决研究问题的能力、提出研究问

表 4-5 各类海归教师学术素养的收获水平

海外流动经历		N	学术志趣		学科知识		学术能力	
			M	SD	M	SD	M	SD
海归教师		1 202	4.11	0.86	4.33	0.70	4.02	0.75
流动类型	海外访学	532	3.85	0.91	4.12	0.73	3.78	0.75
	海外博士	130	4.49	0.65	4.57	0.60	4.28	0.65
	海外工作	145	4.06	0.82	4.27	0.75	3.98	0.77
	海外博士/工作	116	4.59	0.55	4.72	0.42	4.46	0.50
流动时长	1—4 年	858	3.95	0.88	4.20	0.72	3.87	0.76
	5—9 年	309	4.51	0.65	4.63	0.51	4.36	0.58
	10 年及以上	35	4.58	0.62	4.78	0.35	4.62	0.48
机构水平	Top200	888	4.14	0.03	4.37	0.02	4.06	0.02
	Top201 及以下	146	4.11	0.07	4.24	0.06	3.91	0.06
流动地区	美国	615	4.06	0.03	4.33	0.03	4.01	0.03
	其他地区	587	4.16	0.03	4.33	0.03	4.03	0.03

注：表中“N”表示样本量，“M”表示平均值，“SD”表示标准差；“海外博士/工作”的定义见第 119 页脚注②中说明。

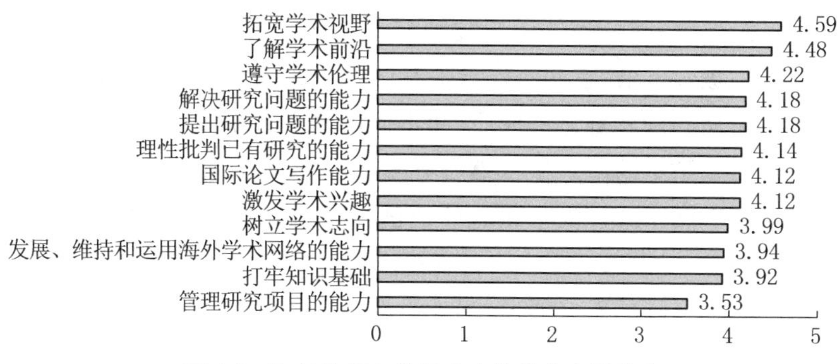

图 4-3　海归教师各类学术素养收获水平排序

题的能力、理性批判已有研究的能力、国际论文写作能力和激发学术兴趣;然后是树立学术志向,发展、维持和运用海外学术网络的能力,打牢知识基础;收获程度最低的是管理研究项目的能力。管理研究项目能力的形成高度依赖于项目管理实践经验①,而样本中的海归教师大部分是以访问学者、博士生或博士后的身份从事学习研究,缺乏独立管理研究项目的实践经验,故而该项能力的收获水平低于其他能力素养,但依然高于量表中值。

具体到不同的海外流动经历来看,各类海归教师按学术志趣、学科知识和学术能力的收获水平从高到低排序,依次是:海外博士/工作②教师、海外博士教师、海外工作教师和海外访学教师。海外访学教师的学术素养收获水平最低可能主要有两个原因。其一,海外访学教师的学术参与相对不足。赵显通对中国大学教师在海外访学过程中遭遇的现实困境进行深度访谈发现,大部分教师选择海外访学是为了满足职称晋升需要,海外访学的内部动机不足,甚至有些教师

① 李永刚.成为研究者:理科博士生素养与能力的形成[D].上海:华东师范大学,2018:117－118.

② 指具有海外博士和海外工作双重经历(但不包含同时具有海外访学、海外博士、海外工作三重经历),而后三者指仅有单一经历,下同。

存在抵触情绪，部分海外访学教师与海外导师建立学术合作与指导关系的积极性较低，有些海外导师对访问学者的态度也较为消极，客观存在对访问学者置之不理、不闻不问的现象。①即使是以联合培养身份到海外访学的博士生依然存在身份模糊的问题，基维克认为由于联培生不属于海外大学正式注册的博士生，海外大学对其并不承担培养义务，导致联培生在一定程度上受到区别对待，部分博士生难以融入海外导师的研究项目，感觉没有人对其学术训练负责。②布鲁姆(Blume)指出如果是博士期间到海外访学还存在接受学术训练与完成学位论文的冲突，为了按期完成学位论文，部分海外访学博士不得不减少参与海外学术活动的时间。③访学教师个人的内部动机不足、海外导师的冷淡以及访学博士客观上存在的身份模糊和任务冲突等问题大大降低了海外访学教师的学术参与程度，导致访学教师的学术素养收获水平较低。其二，海外访学教师的流动时间相对较短。大部分访学教师都只有连续一年的海外流动时间，并且很多都是第一次前往海外，由于社会文化的差异，海外访学教师需要先花一段时间适应海外的生活，有的访学教师英文不太好，刚到海外时语言交流上也会遇到一些困难，这进一步缩短了海外访学教师有效的学术交流时间，影响了学术素养的收获水平。曾到美国访学一年的 V4 表示"刚出国的时候你要适应那边的生活、气候、语言，等等，所以我第一学期交流得比较少，收获也比较少，但是第二学期会好很多，到第三学期效率就非常非常高了。我一个本科老师曾说过，你们出国的时候可能前半年都是需要去适应的，但是一旦你适应了，你的进展

---

① 赵显通，彭安臣，刘绪.高校教师出国访学的现实困境与改革路径：基于 22 名教师访谈数据的质性分析[J].高校教育管理，2018，12(4)：111－117.

② Kyvik S, Karseth B, Blume S. International Mobility among Nordic Doctoral Students[J]. Higher Education, 1999, 38(4):379－400.

③ Blume S. Extended Review on the Internationalisation of Research Training in the E.U.[M]. Amsterdam: University of Amsterdam, 1995:135－137.

会非常快,我确实有这个感受,觉得出国一年不太够,我建议以后学生能出去的话尽量超过一年,一年半、两年都是可以的,如果能拿学位是最好的"(V4 男 人文社科 师资博士后)。

然而,从均值来看,虽然海外访学教师的学术素养收获水平低于其他三类海归教师,但其三个学术素养因子的收获水平均在3.7以上,依然高于量表中值。这一结果基本可以否定社会上关于"访学变游学"的质疑,由于海外访学教师的人数众多,现实中确实存在这样的个例,但就总体而言,大部分海外访学教师还是非常珍惜海外学习进修的机会,连续一年及以上的海外访学经历也可有效提升大学教师的学术素养水平。另外,海外流动时间越长,流动机构水平越高,三个学术素养因子的收获水平也越高。然而,拥有美国流动经历的海归教师在学术志趣和学术能力方面的收获水平低于流向其他地区的海归教师,仅在学科知识方面的收获水平与后者相同。

对26名海归教师的访谈调查进一步证实并丰富了问卷调查结果,通过三级编码归纳出的学术素养收获主题与问卷调查内容基本一致,并提炼出了几个问卷量表中没有涵盖的学术素养类别,如转变了科研思维方式、学会了研究方法和实验技能,还有几位受访教师表示海外流动经历提升了他们的学术自信,形成了自己的学术思想。除学术素养收获外,另有2位受访教师提及教学收获和文化收获,主要表现在提高了英文教学能力和教学组织能力,收集了一些宝贵的教学资料,学会了如何做一名更好的导师,以及激发了爱国热情,增进了对不同文化的理解等,但由于教学收获和文化收获不属于本书的研究重点,故不做详细介绍。下面将依据访谈调查资料对海归教师各类学术素养收获的具体表现及其对学术发展的意义进行重点分析。

(二)海归教师学术素养的收获表现及其对学术发展的意义

1. 学术志趣

8位受访教师报告了学术志趣方面的收获,占总受访教师的30.77%,主要包括树立学术志向、激发学术兴趣和遵守学术伦理三

表 4-6 海归教师学术素养收获统计表——基于对 26 名海归教师访谈资料的三级编码

学术素养收获主题与子类别	人次	人次百分比（%）	频次	频次百分比（%）
1. 学术志趣	8	30.77	10	8.77
1.1 树立学术志向	6	23.08	6	5.22
1.2 激发学术兴趣	2	7.69	2	1.74
1.3 遵守学术伦理	2	7.69	2	1.74
2. 学科知识	16	61.54	31	27.19
2.1 拓宽学术视野	11	42.31	16	13.91
2.2 了解学术前沿	6	23.08	6	5.22
2.3 打牢知识基础	6	23.08	9	7.83
3. 学术能力	22	84.62	70	61.40
3.1 提高了外语交流与写作能力	17	65.38	46	40.00
3.2 学会了研究方法和实验技能	7	26.92	7	6.09
3.3 转变了科研思维方式	6	23.08	6	6.09
3.4 提高了独立研究能力	3	11.54	5	4.35
3.5 提高了与海外同行的交流能力	2	7.69	2	1.74
3.6 提高了理性批判能力	2	7.69	2	1.74
3.7 提高了研究管理能力	2	3.85	2	1.74
4. 其他学术收获	3	11.54	3	2.63
4.1 提升了学术自信	2	7.69	2	1.74
4.2 形成了自己的学术思想	1	3.85	1	0.87
合　计	26	100	114	100

个方面，与问卷调查的结构维度基本一致。其中，6 位受访教师提到了学术志向方面的收获，主要表现在四个方面。一是求质不求量的研究追求。“我们不会做一些特别短平快的项目，在研究选题的时候，首先会选一个自己觉得可以持续做的、可以持续挖掘的题目……因为我在德国没有人给我灌输要尽快出成果的思想，所以我在一段时间里都没有成果导向的意识，包括到现在（已回国工作 8 年），我其

实都没有很强烈地说我要为了绩效发多少文章,其实我没有特别的这样一种欲望,我觉得还是要有自己的研究步调”(D1 女 人文社科 青年研究员);“在日本留学的这几年更多的是养成了自己的一种研究风格,比如说我们可能不会特别急功近利地去发表一些言论”(DJ4 男 理工科 副教授)。二是敢于尝试创新的研究精神。“其实可能学到更多的是一种态度,如果是做研究的话,我们肯定做别人没有做过的问题,可能在研究方法上需要有所尝试创新,这样的话研究结果就是很不确定的,这个时候导师也没有办法告诉我一定可以做到什么,就只能说是不断地去尝试,不断地去做,然后就是进行修改,越做越好,所以可能学到的就是花时间去想一个问题,去解决一个问题,而不是过多地去考虑研究结果,因为结果其实也把握不了,也没办法控制,就只能自己不断地去做”(D4 男 人文社科 特聘副研究员)。这一点也得到了其他实证研究的佐证,对海归教师与本土教师职业特征的比较发现,最高学位来自境外名校的海归教师在探索精神和风险偏好方面显著高于本土教师。①三是坚守自己的研究方向,不盲目追逐热点的研究态度。“我的老师一辈子只做一个很小很小的方向,他在这个方向上想得特别特别深,而国内的学者,至少我们学科他们比较喜欢追热点,就是什么东西热或者是国家需要什么样的理论,他们就去做什么样的理论,感觉做得没有那么深。我觉得我的老师是很能坐冷板凳的,这个对我的影响挺大的,所以我现在也只做自己的一小块,也不看什么热点”(D6 男 人文社科 特聘副研究员)。四是优良的研究品位。“国内的科研训练对我的独立性锻炼是很高的,但是对什么东西是好的,什么东西是坏的,我这个区分程度就不行,我知道怎么完成一件事,但是我不知道这个事情是不是一件好的事情,是不是值得我花时间去做的事情,国外的科研训练对我的(研究品位)提

① 闵韡.外来的和尚会念经?:“海归”与本土学者职业特征之比较[J].中国高教研究,2019(8):70-76.

升是蛮大的"(J1 男 理工科 研究员);"海外访学提高了我的学术品位,以前的话会觉得说,我们发什么期刊就可以了,现在就会想要说是不是也可以发得更好一点"(V1 女 人文社科 副教授)。

然而,由于这些学术志向与中国高校盛行的量化学术评价制度不相适应,此类收获不仅没有为海归教师的学术发展提供助益,反而导致海归教师归国适应困难,学术发展受阻。D6 表示国内的杂志不做热点问题就不好发,如果不是热点问题,项目经费申请也会受到影响,但是即使面临种种困难他却还要坚持这种选择,并表示他认识的其他几位海归教师也是如此,"我觉得很多国外受教育的人都是这个样子的,我回来以后有一两个挺聊得来的海归朋友,大家都差不多,做的都是自己真正专长的那一项,不是自己专长的方向是不会去碰的,因为我们知道如果不是我们自己的专长,写出来的东西是有本质错误的"(D6 男 人文社科 特聘副研究员)。与 D6 采取"坚守"的策略不同,另外两位受访教师采取"折中"的策略。"我还是以一种我比较适应的方式工作,当然要跟国内的学术氛围相吻合,但是也不是完全就失去个性了"(D1 女 人文社科 青年研究员);"回国之后这个是要去调整的,因为国内需要很快就能看到成果,所以在选题方面也要做一些折中,既要保证做的东西是自己很感兴趣的,但也不能需要太长时间,太长的话可能在国内这边不太合适"(DJ4 男 理工科 副教授)。"折中"策略丰富了已有的研究发现,即当海归教师不适应国内的学术体制时,他们不仅会采取顺应制度、利用制度、坚守和逃避的应对策略①,也有一部分教师会采取"折中"的策略,这种策略既在一定程度上顺应了中国的学术评价制度,也保持了研究者个人的研究兴趣与研究个性,是在坚守基础上的顺应,也是在顺应基础上的坚守。

有 2 位受访教师提到海外流动经历激发了他们的学术兴趣,

---

① 张东海,袁凤凤.高校青年"海归"教师对我国学术体制的适应[J].教师教育研究,2014,26(5):62-67.

V4 在读博期间曾到美国访学一年，在访学之前他对自己的学科并没有很大的热情，他的读博选择也并非出于个人的学术兴趣，而更多的是一种随波逐流或按部就班，但是海外访学经历让他体验到了学术内在的乐趣，这激发了他的学术兴趣并吸引他留在学术界工作。“我觉得影响最大的就是我发现那个地方的学生都对学科有很大的热情，不是那种功利的热情，而是我纯粹觉得这东西很有意思，然后我也受到他们的感染，出国以后我也对我们学科产生了更大的热情，这也侧面影响到我现在会留在学术界工作，或者是我倾向于找一个学术界内部的工作”（V4 男 人文社科 专职博士后）。与 V4 主要受朋辈的影响不同，D6 对学术的兴趣主要来自导师的影响，“我导师特别喜欢学术，他每天上班的时间要比我们这些博士生想问题、写文章的时间多得多，受我导师的影响，其实一步一步地就会喜欢上做学术，喜欢上这种想问题的感觉，这个是我导师的影响非常大，就知道读了博士其实还是蛮应该去做学术的，然后也就习惯经常去思考问题，我觉得这个收获是最大的”（D6 男 人文社科 特聘副研究员）。学术兴趣会影响博士生就业方向的选择，基于 2019 年《自然》杂志的全球博士调查数据也发现，学术兴趣是影响博士生就业方向的重要因素，拥有浓厚学术兴趣的博士生大部分选择到学术领域就业，而学术兴趣的降低则会导致博士生逃离学术界。①哈贝马斯认为兴趣驱动并指导认识，是认识和知识之所以可能的重要条件。②浓厚的学术兴趣为学人从事学术研究提供了内在驱动力，使其愿意投身其中。

还有 2 位受访教师提到学术伦理方面的收获，DJ4 表示在日本的学习工作经历使其体验到日本人对规则的敬畏精神。“以前我们对日本有很大的偏见，通过各种渠道去了解日本不好的东西，但是真

---

① 吴青，罗儒国.博士生缘何入职非学术岗位：基于《自然》杂志调查的发现[J].中国高教研究，2020(8)：50－55.

② 哈贝马斯.认识与兴趣[M].郭官义，等，译.上海：学林出版社，1999：47.

的到了日本，你会发现其实日本有很多文化值得我们去学习，比如说他们对科学的认识或者说对规则的敬畏，等等，都是我们应该去学习的”(DJ4 男 理工科 副教授)。D7 对学术伦理有着更宽泛的理解，他认为守时、回复邮件等细节都是学术伦理的具体体现，并认为学术伦理建设就是要从这些细节入手，“大家都知道德国人比较守时，我觉得我学到最好的一点就是守时，我导师每次开小组会第一个动作就是把手表拿出来放在桌上，紧接着就会说一句，我今天讲话可能会有15 分钟或者 10 分钟，然后讲到大概七八分钟的时候就会不断地看表，绝对不会超时。另外，我导师看到邮件必回复，我不知道这个是不是学术界的传统，但在国内很多情况不是这样，国外是不管多大的大咖，不管什么样的小人物给他发邮件，他都会回复，他把回你当成一种义务，我觉得这点是我要继承的，这是一种基本的学术伦理，这种学术伦理建设是很细节的东西，其实把这些细节做好了就不用谈什么学术伦理了”(D7 男 人文社科 讲师)。学术伦理是一种专业精神，是学术职业道德规范的逻辑起点和基本原则，引导并约束着学术人的学术行为。[①]受访教师对学术伦理的体认与内化对他们的学术行为起到一定的规范作用，使其有意识地按照伦理要求行事。

2. 学科知识

16 位受访教师报告了学科知识方面的收获，占总受访教师的61.54%，主要包括拓宽学术视野、了解学术前沿和打牢知识基础三个方面，与问卷调查的结构维度基本一致。其中，11 位受访教师报告海外流动经历拓宽了学术视野。开阔的学术视野对研究者有着丰富的学术助益。第一，有助于研究者形成多种研究思路。DJ2 在美国拿到博士学位并在美国做了两站博士后，其中，在第二站博士后的时候他的研究领域发生了变化，这让他对自己研究技术的应用空间

① 罗志敏.从信仰到公共理性：学术伦理的权力逻辑[J].现代大学教育，2014(4)：81－88.

有了更深入的认识,并了解了不同研究领域的研究内容与研究方法,这种开阔的学术视野有助于他从多个渠道找寻研究灵感,形成多种研究思路。“第二站博后其实又让我去开阔了眼界,在做这站博后的时候,我就发现原来用这个技术我可以做好多事情,可以跟好多课题组进行合作,他们想回答的问题,我这个技术都可以帮他们回答,而且在这个过程中为了解决某个课题组想做的事情,技术本身就需要在这个基础上面有些革新,这些工作做完了之后,就发现可以横向做很多事情,这个时候我眼界就又开阔了,这对我现在的帮助就是很多领域我都碰过,我都知道这些领域里面他们干了些什么,谁是这个领域的‘大牛’,或者他们在这个领域处理问题一般用什么方法,所以我在做课题的时候思路就会很多”(DJ2 男 理工科 研究员)。第二,有助于研究者形成独特的研究方向。DJ6 本科学习的是化学专业,后来到美国攻读博士学位时主要跟随导师从事物理技术方面的研究,一个偶然的机会他到美国另一所大学从事博士后研究,研究方向又改为了电子工程,多学科的研究经历开阔了他的学术视野,促使他对不同学科的知识进行有机整合,进而提炼出自己独特的研究方向。“那几年是一个非常好的经历,因为它拓宽了我的眼界,让我看到物理化学以外还有一些电子方面的东西,通过做一些电磁学、芯片等方面的研究,我的眼界更加宽广了,这对我来说也是非常好的一个经历,那几年看似很苦,没什么成果,但是对我现在科学问题的思考、眼光、思维方式都有很大影响,其实慢慢地就把这些知识都盘活了,所以可以形成我现在独特的研究方向,也是厚积薄发的一个过程”(DJ6 男 理工科 副教授)。第三,有助于研究者打破对权威的迷信。D3 是一位到德国留学的哲学教师,对德国近距离的接触使其发现外国人也不过如此,他们的东西也并非全是精品,通过对德国完整学术生态的了解打破了他对权威的迷信,也打破了对国外的盲目崇拜。“第二个收获是视野上的,因为国内博士读到的国外著作都是经过淘汰之后流传到国内的知名作品,而我们在国外可以接触到他们原生态的学术环境，就知道他们的学术机制是怎么运转的，知道一个有价值的作品是怎么经过淘汰流传下来的，这些国内的博士就不一定知道……当我们看到他们完整的学术生态之后，才意识到其实他们也是人，他们很多研究也就是那个样子，近距离的接触可以打破对权威的迷信，打破盲目崇拜”(D3 男 人文社科 讲师)。

6位受访教师报告海外流动经历让他们了解了学术前沿。在美国拿到博士学位并做过博士后的DJ2表示他在美国求学期间，学到了当今世界最前沿的物理化学研究领域的技术理论和优势实验知识。海外流动经历不仅有助于大学教师了解学术前沿，还让其有机会直接从事学术前沿研究甚至引领学术前沿。“我没出国之前，我的选题是要做一个多点民族志，关注的是一个关于西南的多民族之间资源开发的问题，但去美国之后就做了调整，老师说既然来到了美国，美国最值得我们关注的就是印第安问题，他建议我可以把印第安森林开发和彝族采矿放在一起作为两个案例综合研究，从而探讨一个比较宽泛的世界人类学问题，我知道他的判断是非常重要的，而且我们国家正在拓展海外民族志研究，你想我十年前的时候就已经做了这样的讨论，其实是比较前沿的。现在很多海外民族志都还没有做到把中国和西方不再视为一个对立面，而是放在一个整体性的案例中来做研究，其实在当下来看还是比较前沿的”(V5 男 人文社科 副教授)。

还有6位受访教师提到海外流动经历帮助他们打牢了知识基础，如“首先是学会了一些具体知识”(J4 男 理工科 教授)，“知识上有一个成长”(D4 男 人文社科 特聘副研究员)。扎实的知识基础提升了研究者从底层理性分析研究问题的能力，通过对研究问题进行一番全面深入的理性分析，进一步提高了研究成果的水平，使其区别于一般的平庸之作。“海外流动经历让我的研究基础打得比较扎实，比如说我去做一个软件的验证分析，一般情况下我们可能就直接说这个问题有没有一个算法算出来，但是如果你想要做出好的成果，你还要分析这个问题它到底难在什么地方、究竟有多难，像这些就需要有很好的理论基础帮你分析，如果你对这块不是特别了解，你可能顶多就是写一个算法，做一些实验，然后就发一般的文章，但是如果你从底层来说，这个问题它能不能解，能解的话它的复杂度有多高，然后你去做一些证明，再写一个算法支撑，就说我这个算法已经是最好的了，就是你能够对你的工作有一个理性的分析，这就需要你对这个理论掌握得非常扎实才可以”(DJ4 男 理工科 副教授)。了解掌握本学科的基础知识是学术社会化的一个重要方面。[①]深厚的学科知识也是学术人与学术共同体成员开展对话的基础，以高深知识为原料的学术研究是一项专业性极强的工作，在知识的发展过程中，每一个学科领域都形成了自己的一套专业术语和知识体系，不具备基础的学科知识就无法与学术共同体成员对话。“这些基本知识就相当于你在这个领域里面有一个基本的背景，当别人跟你聊起来时你可能都懂，这样你就可以跟别人聊起来，大概能起到这么个作用，它不一定说在你今后的学术道路上一定能发挥多大作用”(D2 女 理工科 副研究员)。

3. 学术能力

22 位受访教师报告了学术能力方面的收获，占总受访教师的 84.62%，主要包括外语交流与写作能力、研究方法和实验技能、科研思维方式、独立研究能力、与海外同行的交流能力、理性批判能力和研究管理能力七个方面，进一步证实并丰富了问卷调查结果。其中，17 位受访教师报告海外流动经历提高了外语交流与写作能力，是提及人数与频次最高的一类收获。到海外后，由于语言环境的变化，受访教师在学习工作生活中需要经常使用外语进行沟通交流与研究写

① Weidman J C, Twale D J, Stein E L. Socialization of Graduate and Professional Students in Higher Education: A Perilous Passage? [M]. San Francisco: Jossey-Bass, 2001:20.

作，频繁使用外语极大地提升了海归教师的外语水平。J4 刚到美国的时候根本听不懂别人在说什么，大概过了几个月之后才逐渐听得懂，又过了一段时间就可以自如地与外国人交流了；DJ2 前面几篇论文基本都是导师写的，他自己写的内容很少，虽然他也给导师提供了一个初稿，但是因为写得不好导师采用的并不多，后面经过自己不断地与导师写的文章进行对比，慢慢领悟了英文论文的写作规则与表达方式，到后面的几篇论文基本上都是自己主笔，导师改动得就很少了。当被问及相对于本土教师而言，海归教师有什么独特优势时，大部分受访海归教师都提到了外语交流与写作能力。“如果说是没有出国就不可能达到的，我觉得就是语言方面，听说读写能力要比本土教师更强一些”(D3 男 人文社科 讲师)；“如果是在国外读博的话，我觉得可能最主要的一个优势就体现在英语交流与写作方面”(D2 女 理工科 副研究员)。需要注意的是，受访教师外语水平的提升不只局限于英语语种，几位到非英语国家学习工作的受访教师表示他们也提高了其他语种的交流写作能力。例如，到德国留学的 D5 表示他的德语就是在德国学会的；D1 认为她的德语比英语还要好一点；还有一位受访教师因为研究需要掌握了多个语种，“语言上主要是德语提高得比较多，还有其他语言，比如蒙古语、满语等边疆语言，在德国读书的话很多文献是法语文献，所以法语也必须要会，我自学了法语，至少过了阅读这一关，英语也是阅读层面使用得比较多”(D7 男 人文社科 讲师)。语言是人与人之间交流的工具，熟练的外语交流能力消除了海归教师与外国人沟通交流的障碍，他们可以自如地与外国人进行跨文化交流，进一步拓展自己的海外学术关系网络，增进对交流内容的理解，提升中外交流的收益水平。①对国际论文写作的精通增加了海归教师在国际期刊发表论文的机会，使其更易满足高

① 蒋玉梅，刘勤.高等教育国际化视野下教师出国访学收益研究[J].开放教育研究，2015，21(1)：62-70.

校对国际发表的考核要求,“因为我熟悉国际期刊发表规则,所以在论文数量上比较容易达到要求,这减轻了我很大一部分压力”(J1 男 理工科 研究员)。较高的国际论文写作能力也节省了海归教师的国际论文写作时间与写作成本,提升了工作效率,“少数本土教师可能写完之后还需要请专门机构的人帮忙润色,而我在这方面会自信些”(D2 女 理工科 副研究员)。然而,相对于海外博士教师与海外工作教师而言,部分海外访学教师由于没有接受系统的国际论文写作训练,仅在外语交流能力方面提升较大,而在国际论文写作方面依然不太擅长,这一点在人文社科教师身上表现得更为明显。博士期间曾到美国访学一年的 V4 说:“我与外国人进行学术交流、读英文文章都没太大问题,但是一旦进行英文写作就问题很大,我觉得写作是最需要训练的。”(V4 男 人文社科 专职博士后)

7 位受访教师报告了研究方法和实验技能的提升。理工科教师表示海外流动经历提升了他们的实验技能,如“我觉得收获还是很大的,比如说实验技术、实验技能因为那几年的训练会有提高”(J2 男 理工科 研究员)。人文社科教师表示相关经历帮助他们习得了一套严谨的科研方法。D8 是一位社会科学的海归博士,他在中国香港地区接受的是一套规范的实证研究训练,当他回到内地工作后发现,虽然本土高校已经推广实证研究很多年了,但是依然不够规范与严谨,他觉得自己的优势就体现在科研方法的严谨性方面。然而,这种优势只在他发表国际论文时有所体现,而在申请课题或发表中文论文时反而成了一个障碍,由于海内外科研训练的差异,本土老一辈学者在实证方面训练不足,但他们却把持着科研项目的评审与学术期刊的审稿,不同的研究趣味、思维方式以及对实证研究的不理解加大了海归教师科研立项与中文论文发表的难度。“我觉得在发表英文论文方面可能比较有优势,但如果你要去申请课题或发表中文论文,那除了语言问题,其实还有思维方式或科研训练的问题,因为我们老一辈的学者缺乏西方的实证训练,但现在的项目评审人或期刊审稿人还都是他们……这个需要慢慢补充新鲜血液才能变得更加规范或科学化”(D8 男 人文社科 副教授)。科尔对美国学术场域的研究也发现,论文能否被接受不是取决于论文本身的特点,而是取决于论文评价者的认识兴趣和社会兴趣。①

6 位受访教师通过海外流动转变了科研思维方式,D1 是一位读博期间在德国留学的历史学教师,她表示德国的求学经历使她在做研究时不再停留在历史材料层面,而会更多地进行理论思考,“我觉得很重要的一个收获就是提升了我的理论敏感度,德国人特别强调你要有理论思考,这与国内是不一样的,我们中国人研究历史一直是不太讲理论的,就是通过读文献、讲历史材料来做研究,而国外的历史研究会较多地与社会学、人类学、政治学等进行跨学科交叉,他们很容易提出一些很新颖的观点”(D1 女 人文社科 青年研究员)。J3 在美国的博士后经历也促使他学会了不同的科研思维方式,“就是想怎么去解决科学问题的方式是不一样的,感觉那边更加开放,思维更加活跃,想得更多一点,我觉得这方面进步很大”(J3 男 理工科 研究员)。J3 认为科研思维方面的收获是其相对本土教师的一个优势,促使他加深了对科学问题的理解,做出更巧妙的实验设计。

3 位受访教师报告海外流动经历提升了他们的独立研究能力,独立研究能力是一种综合性能力,当被问及独立研究能力具体指什么时,DJ1 说“就是你独立思考课题、解决课题、运行课题的能力等”。由此来看,独立研究能力包含问卷收获量表中的分析问题和解决问题的能力。在瑞典读完博士并做了一年助理教授的 DJ1 认为他最大的收获就是提升了独立研究能力,而国内不太注重这方面的培养,很多国内毕业的博士不具备独立研究能力,他们非常依赖自己的导师。较强的独立研究能力使海归教师不满足于仅做导师的追随者,他们

① 史蒂芬・科尔.科学的制造:在自然界与社会之间[M].林建成,王毅,译.上海:上海人民出版社,2001:18.

有着更强的学术抱负,敢于挑战导师的权威,渴望寻求学界对自己的认可。“在国内的话,你可能跟一个很厉害的导师,他可能是院士,你沿着他的方向一直做也能发很好的论文,但是当说起国内这个东西谁做得最好的时候,肯定不是你的名字,而是你导师的名字,你自己要独立地去做科研,你要让科研百家争鸣、百花齐放,你要对这个领域有独特的见解,哪怕你做和导师一模一样的领域,你也应该做出和他不一样的东西来,你年轻,不怕失败,你去闯的时候可能会发现你导师之前做的是不对的,然后你大胆发声,下一次国际会议的时候人家才会知道你的名字,才会认可你”(DJ2 男 理工科 研究员)。

2 位受访教师表示海外流动经历提升了他们与海外同行的交流能力,还有 9 位受访教师表示他们拓展了海外学术关系网络,这对他们融入国际学术圈、发表国际论文以及寻求下一次的海外流动机会提供了极大助益。还有 2 位受访教师报告提升了理性批判能力,这让他们善于发现已有研究的不足之处,进一步推进研究创新。虽然研究管理能力的形成主要源于研究管理实践,但也可通过效仿具有高超管理能力的人加以习得。①虽然受访教师大多缺乏独立管理研究项目的实践经验,但依然有 2 位受访教师通过观察效仿习得了一些管理技能,提升了研究管理能力,“另一个收获就是知道怎么对待学生,怎么管理实验室,可能和我们原来导师相同的地方、不同的地方,就是学习了一些管理、申请经费还有和别人交流等知识之外的一些能力”(J4 男 理工科 教授)。这种研究管理能力使他们更善于营造优良的学术氛围,更容易吸引学生和团队成员的加盟,“在组建研究团队的时候,我想营造的学术氛围跟他们不太一样,我觉得更能够吸引学生或者老师加盟我的团队”(J5 男 理工科 特聘研究员)。

---

①　李永刚.成为研究者:理科博士生素养与能力的形成[D].上海:华东师范大学,2018:117-118.

4. 其他的学术素养收获

2位受访教师报告海外流动经历提升了学术自信，学术自信建立在上述学术素养提升的基础之上，“因为你掌握的知识越多，你对自己的信心就会更足，我觉得在个人的学术水平上我比较自信，我不认为我的研究会做不下去，我觉得只要我花时间了，这些都不是问题”（D2 女 理工科 副研究员）。优秀的研究成果也是教师学术自信的资本，“因为学术上取得了一定的成果，而且出去后见的事情多了，觉得更加自信了，遇到一些问题的时候就敢于去做，敢于去挑战”（J5 男 理工科 特聘研究员）。还有1位受访教师表示海外学习经历帮助他形成了自己的学术思想。D5是一位哲学教师，他在德国留学期间翻译了导师的一本书，导师的哲学思想影响了他对哲学最根本的理解，这在很大程度上影响了他个人学术思想的形成，“我觉得最重要的是他的哲学思想，他对我个人哲学思想的形成有很大影响”（D5 男 人文社科 特聘副研究员）。

二、海归教师学术素养的收获来源

（一）课程学习

课程学习是海归教师学术素养收获的重要来源，共有12位受访教师提到了课程学习对学术素养的提升作用，占总受访海归教师的46.15%，是提及人次最多的一个收获来源。虽然留德博士以及海外访学教师和海外工作教师没有修读课程学分的要求，但仍有几位受访教师表示他们在海外访学、工作期间有选择地旁听了一些课程。留学德国的D7认为“虽然学制上没有这个规定，但是如果你想尽可能提升你的留学收益就一定要上课”（D7 男 人文社科 讲师）。课程学习对学术素养的提升作用主要体现在学科知识层面，DJ2在美国读博期间，在学校里学习了他所在研究领域的全部课程，这不仅帮他打牢了知识基础，也使其拓宽了学术视野，了解了学术前沿。“上课让我学到了当今世界最前沿的技术理论和优势实验知识，就是在课程当中……课程是非常重要的,课程不仅可以帮助你打牢知识基础,而且可以拓宽你对整个研究领域的了解,帮你把横向的视角拉开,是非常重要的一件事情”(DJ2 男 理工科 研究员)。一些应用技能类课程也有助于提升海归教师的科研技能。D3 就通过旁听本科生和硕士生的研究方法课程,了解了德国基本的研究方法;D4 通过英文写作课程提升了英文写作能力。进一步分析访谈资料发现,来自课程学习的收获主要与如下五个课程特点密切相关。

一是系统前沿的课程设置。美国的课程设置非常全面系统,注重养成学生广博的知识结构,如在美国留学的 D2 表示“我觉得它的整个课程安排是比较系统的,它是围绕你的专业设置课程,就是你这个领域里面可能涉及的基本知识,它都会开设相应的课程”(D2 女 理工科 副研究员)。美国也会对课程进行分级,注重课程梯度建设,以满足学生的学习需要和接受程度。“它的课程也会分级,有初级的也有高级的”(D2 女 理工科 副研究员)。学术中心国家的课程设置也非常前沿,如 V5 表示“我在德国修了很多非常具有挑战性的课程,这些课程都是非常前沿的,我在国内都没有听到过这样的讨论,通过这样的学习打开了自己新的研究领域”(V5 男 人文社科 副教授)。课程学习是博士生掌握学科知识的基本途径,横向宽广、纵向深化、内容前沿的课程设置有助于博士生形成广博、深入、前沿的“三维立体型”知识结构。

二是艰深的课程内容。受访教师反映相比国内,国外的课程内容更加翔实,更有深度。“感觉他们上的内容比较多,也比国内深一点”(J3 男 理工科 研究员);“在学习内容上,感觉他们讲得很有深度”(DJ6 男 理工科 副教授)。大量实证研究发现,课程内容富有挑战性、有深度、有难度可以促使学生开展高阶认知活动,进行深层次学习,进而显著提升研究生的学习收获。①

---

① 肖敏,张艳宁,谢妮.有效教学行为对研究生课程学习收获的影响分析[J].学位与研究生教育,2021(4):80-86.

三是严格的课程要求。首先，课程学分要求高。留美博士 D2 提及他们博士期间要修满 80 个学分，虽然可以通过暑期帮导师做助研拿到 4—6 个学分，但绝大部分学分都需要通过上课得到。其次，课程考核要求高。留德博士 D1 在国内读书期间没有学过德国史方面的课程，她的导师要求她去补修，一门五分制的课程要达到 4.0 以上才能拿到学分。DJ6 也提及虽然他当时所在的学院对考试要求不太严格，但是他听说在美国北部的一些高校，如果课程考试不及格就不能继续攻读博士，只能申请硕士毕业。再次，课前准备要求高。尤其是人文社科专业的课程，在上课前学生要进行大量的文献阅读，“其实我觉得一学期一门课就够了，因为这门课要求你下来看的东西很多，一周下来你可能要读上百页文献，这一门课就可以耗尽你的心血，这种重课学一个学期之后对你的帮助是很大的，上完之后你基本就是这个领域的专家了”(D7 男 人文社科 讲师)。要求严格是“金课”的主要特征①，严格的课程要求可以充分调动学生的学习主动性和积极性，提升学生的学习投入度。阿斯汀(Astin)的学习参与理论②以及胡(Hu)和库(Kuh)的学习效率模型③都证明学生的学习投入度可以显著提升学习成效。对中国学术型研究生的调查也发现，研究生个人的努力程度是影响学习获得水平的最重要因素，在学习过程中，研究生个人付出的努力越多，学习收获越大。④

四是科学的教学组织形式。3 位受访教师提到国外主要采用小班化的教学方式，这有助于师生之间、生生之间进行深入的互动交

---

① 陆国栋.治理“水课”打造“金课”[J].中国大学教学，2018(9)：23－25.

② Astin A W. Student Involvement：A Developmental Theory for Higher Education [J]. Journal of College Student Personnel，1984(25)：297－308.

③ Hu S，Kuh G D. Maximizing What Students Get Out of College：Testing a Learning Productivity Model [J]. Journal of College Student Development，2003 (2)：185－203.

④ 阮沁汐，李臣之，纪海吉.研究生学习获得及其影响因素的实证研究[J].教育探索，2020(3)：41－46.

流，提升学习成效，如 D5 表示“除了老师自己的宣讲课规模比较大之外，其他都是小型的研讨班形式，这样基本上每一个人都有发言的机会，那种学得好的基本都是课堂上发言最多的，就是他自己讲得最多而不是灌输式教育”（D5 男 人文社科 特聘副研究）。研究发现，师生协同探究是一种有效的研究生教学方式[①]，小班化的授课方式便于组织课堂讨论，为师生协同探讨研究问题提供优良的课堂条件。除小班化教学外，相对分散化的课程教学安排也有助于提高学习成效。在国内，3 个课时的内容往往集中到一个半天内讲完，而在 DJ3 留学的美国高校则是分散到 3 天，每天讲一个小时，他认为这种授课方式有利于学生获得及时反馈，提高授课质量，“他们上课是一小时、一小时地上，就比如 3 个课时的课，它是礼拜一、礼拜三、礼拜五早上各上一个小时，因为东西很多，你就没有时间开小差，而我们国内是三个小时的课连到一起上，这样效率就会很低。一方面老师压力会很大；另一方面学生也无法及时获得反馈，而且学生要上那么多课也根本没时间复习”（DJ3 男 理工科 青年研究员）。相对分散的课时安排缩短了师生之间的见面时间，学生可以就上堂课的疑问及时向教师请教，加深对授课内容的理解，及时反馈作为一种有效教学行为可以显著提升课程学习收获。[②]

五是对教学的高度重视。留德博士 D7 提到在德国无论学校还是导师都非常重视教学。在国内，一门课程能否开设取决于学生的选课数量，而在德国，即使只有一个人选课学校也会为学生开课，而且是一位主讲教师和一位助教共同授课，足见德国高校对教学的重视，没有最低学生数量限制极大地满足了学生的学习需求，“第三学期，我学蒙古语的时候只有我一个学生，一个学生也开课，只要有学

① 周海涛，胡万山.研究生有效教学的特征：基于教育学研究生课程收获影响因素的调查分析[J].学位与研究生教育，2019(2)：24－29.

② 肖敏，张艳宁，谢妮.有效教学行为对研究生课程学习收获的影响分析[J].学位与研究生教育，2021(4)：80－86.

生想学就可以开课，这就不受学校课程表的限制了，学生可以和老师单独约时间，比如说这个学期老师星期三下午有时间，我就配合他星期三下午上课，如果某个星期三他有事儿，那就临时通知换时间上课，非常灵活”。除高校外，D7的导师也非常重视教学，“我的导师很忙，但是不管他多忙，他对学生和教学都非常重视，如果他因为开会没法上这节课，他必然要补回来，不会说这个课就没有了，而且他很重视和学生单独开的小型研讨会，就两三个人的（课）他也在，而且很多都是本科生，他还一个字一个字地教人家这个古汉语怎么读、怎么翻译、怎么理解，这一点是我非常佩服的”（D7 男 人文社科 讲师）。教师对教学的重视程度极大地影响着教学投入程度，重视教学的教师会投入更多的时间备课、授课、为学生答疑解惑，从而提升授课质量，反之则会降低课程学习成效。对中国高校新教师的调查发现，教师对教学重视不足是导致研究生课程学习收获较低的重要原因之一。①

（二）参与多元的研究项目

参与研究项目是博士生培养的重要方式，最早开展博士生教育的德国并不注重课程学习，而是采取“师徒制”的方式让博士生以科研助手的身份参与导师的研究工作，将教学与研究相结合。已有实证研究发现，博士生通过参与研究项目实现学术濡化，在从事研究项目的实践过程中习得研究领域的学术规范和学术价值。②参与研究项目的数量越多，博士生的科研能力增值程度越高。③相比参与数量，研究项目的参与质量对博士生科研能力增值的影响更为关键，参

① 罗尧成.论研究生课程学习与科研训练整合的三个维度：基于30位新进校博士青年教师的调查启迪[J].学位与研究生教育，2010(11)：57－61.

② Delamont S，Atkinson P. Doctoring Uncertainty：Mastering Craft Knowledge[J]. Social Studies of Science，2001，31(1)：87－107.

③ 李永刚，王海英.理工科博士生科研能力的养成状况及其影响因素研究：基于对我国研究生院高校的调查[J].研究生教育研究，2019(4)：35－44.

与研究项目是训练博士生认知能力的有效方式,是提升实践操作技能的最佳途径,是获取缄默知识的主要来源。[①]除参与研究项目的数量与质量外,本研究进一步发现参与研究项目的类型对提升研究者学术素养的重要意义,4 位受访教师表示通过参与多元的研究项目开阔了学术视野,使他们可以自如地转换研究领域或从事交叉领域的研究。J3 在美国做博士后的时候特意选了一个与博士期间完全不同的研究方向,他回国后将博士和博士后的研究方向结合起来,开始从事一个新的研究方向的研究。随着跨学科研究的兴起,国外高校将参与多元的研究项目作为一种研究生培养方式并将其制度化,如 DJ4 所在的日本高校就通过"主课题+副课题"的形式培养博士生的交叉研究能力,"有一个跟国内不太一样的地方是我们需要做一个副课题,就是除了做博士论文之外,还要去给另外一个领域的老师做另一个课题,这两个课题不能重复,就是鼓励你去做一些交叉"(DJ4 男 理工科 副教授)。研究者个人也意识到参与多元研究项目的重要意义,"很多本土博士从博士的时候就做这个课题,等他自己当老师了还继续做这个课题,其他课题就不知道,那么他科研的独立性以及眼界就不太好……所以我建议本土博士毕业之后,在真正成为研究人员之前应该先到国外做个博士后,去看一下人家是怎么做科研的,看一下人家在做的研究领域是怎么做事情的,跳出你熟悉的领域,这个广度对后续发展是非常重要的"(DJ2 男 理工科 研究员)。

（三）参加学术交流

学术会议是学术共同体成员进行学术交流的重要平台,参加学术会议是开阔研究者学术视野的另一重要来源。"你需要在国际学术会议中去跟人交流,跟他们聊你对这个东西的认识,比如我现在做的这个、我对它的认识,这样可以进一步开阔你的视野"(DJ2 男 理工

① 李澄锋,陈洪捷,沈文钦.课题参与对博士生科研能力增值的影响:基于"全国博士毕业生离校调查"数据的分析[J].中国高教研究,2019(7):92-98.

科 研究员)。除了大型的国际学术会议,海外高校内部的小型研讨会(seminar)也可以起到相似的作用,如 V1(女 人文社科 副教授)通过参加访学高校里举办的研讨会了解到一些新的论文,以及一些新颖的研究方法。在学术会议中进行学术报告也是锻炼演讲能力、提升英语水平的重要方式。“学术会议对我来说是非常有帮助的,它可以操练我们的演讲表达能力,做一场学术报告需要你 PPT 做得很好,然后讲解的时候你的表情、你跟观众的互动、你的英语流利程度,等等,这是一个非常全面的训练,是非常好的”(DJ6 男 理工科 副教授)。利用学术会议这个平台向业内人士讲述自己的研究成果,也有助于完善论文,提升论文发表水平。“我们这一行的论文基本上都需要去外面做报告,拿一些同行的修改意见,然后再做一些修改投稿”(D4 男 人文社科 特聘副研究员);“如果你的文章写得比较好,你想发好一点,那在投稿之前,你要去给这个领域的很多大佬讲,让他们听懂你在做什么,你讲的时候要比他们读你的文章更能吸引他们。如果想要发得好,你就要去这些会议里在业内大佬面前讲很多次”(D6 男 人文社科 特聘副研究员)。相比学术会议,同学之间的交流是一种更为日常且更为频繁的学术交流方式,V5 表示与国外同学的交流对他的启发很大,“与来自不同国家的学生在一起分享文本对我的启发特别大,我们在国内使用的都是美国等英语世界的文本,而他们的文本是多重的,不仅关注美国的,还关注乌克兰、中国的,就各个国家的语言人类学都在关心什么问题,视野比较宽广,那就比较准、全”(V5 男 人文社科 副教授)。科学研究过程本身就具有社会交往的特点,学术界的“无形学院”不仅对于科学知识的传播与生产具有重要影响,而且对学术人才的成长发挥着重要作用。[①]国内外的实证

---

① Walker G E, Golde C M, Jones L, et al. The Formation of Scholars: Rethinking Doctoral Education for the Twenty-first Century[M]. New Jersey: John Wiley & Sons, 2009:120 - 140.

研究发现,与学术共同体成员的沟通交流可以提升博士生的专业知识和能力水平,提升学术职业激情和职业认同感①,参加境外学术会议可以显著提升博士生的学术产出水平②,相比与导师交往、与其他教师交往、与校内同辈群体交往,博士生与校外同行的学术交往对科研素养的影响最为明显,在批判性思维、问题解决能力方面,同辈学术交往的价值要大于师生学术交往。③

(四) 重要他人:导师的指导与影响

导师是研究者成长路上的重要他人,共计 12 位受访教师提到导师对自己的影响,与课程学习的提及人次相当,也是海归教师学术素养收获的最重要来源。导师对海归教师学术素养的影响是全方位的,导师的治学态度和行为习惯对海归教师的学术志趣起着潜移默化的影响作用。D6 对学术研究的兴趣及其坚守自己的研究方向,不盲目追逐热点的研究态度都源自导师的影响;D7 对学术伦理的理解与继承也是对导师日常行为观察效仿的结果。朱克曼的研究发现,诺贝尔奖获得者在学徒期间会将导师作为自己的榜样,通过观察导师是怎样活动、怎样思考、怎样对待事物的,进而形成自己从事科学工作的方式以及对科学家角色的认知,这种社会化改变了他们的成就标准,提高了科学的修养。④导师一流的学术水平可以将海归教师引向前沿的研究领域,“我导师在日本工业界工作过很多年,还去过芬兰的诺基亚,后面他还去了德国、美国等,所以他对学术前沿把握

① Seabury P, Pye A K, Blitz M, et al. A Symposium: What Future Directions for Academic Exchange? [J]. The ANNALS of the American Academy of Political and Social Science, 1987, 491(1): 154 - 163.

② 张存群,马莉萍.学术活跃度与博士生学术产出的实证分析:以中国某研究型大学为案例[J].研究生教育研究,2013(6):1 - 7.

③ 李永刚.理工科博士生的学术交往活跃度与其影响研究:以我国部分研究型大学为例[J].学位与研究生教育,2020(3):53 - 60.

④ 哈里特·朱克曼.科学界的精英:美国的诺贝尔奖金获得者[M].周叶谦,冯世刚,译.北京:商务印书馆,1982:170 - 173.

得很准，这样他就可以把最前沿的动态介绍给我们，所以你可以做出比较重要的有意义的研究成果”(DJ5 男 理工科 副教授)。导师的学术水平是影响博士生培养质量最显著的因素①，学术水平一流的导师具有良好的学术鉴赏力和学术前瞻力，能够区分哪些是有科学价值的重要问题和前沿问题，将学生引入重要的研究领域。导师的指导方式和指导深度也影响着海归教师的学术能力。3 位受访教师认为相比国内导师，海外导师更加注重独立研究能力的培养，导师会为他们指出一个大概的研究方向，但对研究过程并不过多干预，而是鼓励自主探索，仅在他们有需要的时候进行适当指点，这种指导方式养成了他们的独立研究能力。“我导师非常注重培养学生的独立研究能力，他并不过多干涉我们的研究，我们博士生就像博士后一样独立开展研究工作”(DJ1 男 理工科 研究员)；“我导师鼓励我们自己探索，他的理念就是科研是你自己的，当然他会给你一个选题的方向，但是你要问他怎么做，他说我不知道，我知道就不让你做了”(DJ4 男 理工科 副教授)。还有的导师注重训练学生的批判性思维，“老师会让我们去读新一点的文章，让我们尝试着去写一些审稿意见，假如你是一个杂志的审稿人，你应该怎么去评论这个文章，就是去训练你的批判性思维”(D4 男 人文社科 特聘副研究员)。海归教师国际论文写作能力的提升也离不开海外导师的细致指导，5 位受访教师都提到海外导师会逐字逐句地修改他们的学术论文，指导他们如何进行论文写作。例如，“我们写第一篇论文的时候因为英文不太好，也不知道怎么写论文，写好以后导师会让我们坐在旁边，他一个字一个字地帮我们改，他带的学生第一篇文章都会这样做，后面他就会慢慢地改少一点，就只会给我们提修改意见了，但是第一篇文章他会改很久很久，需要改差不多 2 个月，一个字一个字地改，包括一个词该怎么

① 李艳，马陆亭.博士生培养质量与导师相关性的实证研究[J].国家教育行政学院学报，2015(4)：78－84.

用也会和我们讨论很久,这对我影响挺大的”(D6 男 人文社科 特聘副研究员);“我的导师会教我怎么去写学术文章,这并不是说有个八股文模板,而是他会告诉你说我们大概从什么时候开始进入到辩论,怎么提出问题,然后再把这个问题回到一个文献回顾中去思辨,从思辨中找出张力,再用你的材料去对话,从你的材料中去提出一些概念和理论的东西,我觉得这套国外导师会不停地给我加入,这对我的训练是比较大的”(V5 男 人文社科 副教授)。

(五) 科学的考核制度与优良的学术氛围

科学的考核制度和优良的学术氛围对海归教师学术素养的影响主要体现在学术志趣方面,由于学术中心国家往往采取基于代表作的学术评价制度,无论对博士生还是大学教师都没有研究发表数量的要求,而是更注重对研究成果质量的评价,这种考核制度营造了一种热爱学术、追求质量的学术氛围,形塑着海归教师的学术志趣。D1 和 DJ4 求质不求量的研究追求就源自留学国的这种考核制度和学术氛围。“德国学术界彼此间的竞争不是以量取胜的,而是有点类似于我们说的代表作制度,他主要是看你写的东西到底怎么样,而不是说你发了十篇文章,你可以评教授,你评教授一定要发十篇文章,要有多少项目,他们不是这样的,他还是根据你的整个工作来考量你、评价你。德国大学招人也是这样的,比如说有个老师退休了,空出一个职位,需要招一个人进来,那他就会去看哪一些人是符合要求的,看的时候并没有一个硬性指标,而是看你总体在做的那些成果的质量。德国的大学也并不要求博士生在毕业前必须发表多少篇论文,因为他不觉得这个成果很重要,他觉得博士期间我就是在培养你,你是在成长的,如果你在博二、博三就能发顶尖论文的话,那我就不需要培养你了”(D1 女 人文社科 青年研究员);“我在日本的实验室是比较自由的学术,它对博士生和老师都没有论文指标的考核要求,所以日本的科研氛围就是没有一些指标让你去做,你做这个东西纯粹是出于自己想去做,不是说我为了完成指标而去做,就没有这方面的压力,在这种考核制度下,我在研究时就会更关注于问题本身,比如说他的一些科学意义啊,它究竟难在什么地方啊,等等,至于说它能够解决什么现实问题或能够带来多大的效益,这些东西都没考虑过,也不会去考虑做这个东西文章好不好发”(DJ4 男 理工科 副教授)。V4 对学术研究的兴趣也来自访学高校的学术氛围,“我觉得北大和伯克利(Berkeley,加利福尼亚大学伯克利分校)最大的区别就是整体的学术氛围,不只我一个人这么觉得,我去美国的同事和我有同样的感受,就是美国好学校的学术氛围会让你更愿意去从事学术活动,我觉得对于学术行业来说,对事情本身的热情比功利的动机更加重要,更能激发你做出好工作”(V4 男 人文社科 专职博士后)。学术氛围是影响大学教师学术职业社会化的重要因素。蒂尔尼(Tierney)等人强调学术职业社会化的过程就是大学教师内化组织文化的过程,大学教师对学术职业的态度与兴趣会在不知不觉中受到学术氛围和职业环境的影响。①基于全球博士生调查数据的实证分析发现,浓厚的学术氛围显著提升了博士生的学术职业能力和职业认同感,激发了博士生的学术激情。②

另有受访教师提到国外高校非常注重博士生独立研究能力的培养,与中国高校注重考核博士生能否做出原创性的研究成果不同,国外高校更加注重博士生独立研究能力的考核。例如,“我们学校非常注重对独立研究能力的考核,比如他要看你在没有导师挂名帮助的情况下发表的论文质量,我发的论文既是第一作者也是通讯作者”(DJ1 男 理工科 研究员);“德国的大学没有博士生发表论文的要求,最后就是审核博士论文,还有一个口试,这个口试不是博士论文答

---

① Tierney W G, Robert A R. Faculty Socialization as Cultural Process : A Mirror of Institutional Commitment[M].Washington D C: School of Education and Human Development, George Washington University, 1994:37 - 46.

② 黄亚婷,王思遥.博士生学术职业社会化及其影响因素研究:基于《自然》全球博士生调查数据的实证分析[J].中国高教研究,2020(9):21 - 26.

辩,而是要你从你的研究领域里另外准备两个选题,这两个选题不能与博士论文相关,他就是要你证明你有全方位的独立研究能力。国内有很多学生读博的时候可能并不知道博士论文到底要写什么,他希望导师给我三五个题目让我来选,或者你直接给我个题目我就照着这样做。但是那边都不是这样的,他需要你自己去找题目,包括后面口试的题目。他很强调从你发现问题、解决问题到最后完成这样子的一套成品,整个的你独立工作的样子,你要独立地去发现问题,找到解决方法,你要有自己的思路……我觉得这是跟国内培养不太一样的地方,我们国家觉得你要提出特别有创设性的一个观点,你要把这方面的研究向前推进一步,这个东西很重要。但他们在评价你的时候主要是看你是不是具备独立进行科研工作的能力了,这是他们考核你很重要的一个点"(D1 女 人文社科 青年研究员)。

（六）一流的师资与先进的科研水平

一流的师资和先进的科研水平是学术中心机构的主要特征。样本中的受访教师几乎全部流向学术中心机构,这些机构拥有先进的研究设施、充足的科研经费、较高的薪酬待遇和优良的学术氛围,吸引着学术精英的集聚,引领着学术发展的方向。在学术中心机构的学习工作经历为海归教师了解学术前沿,从事学术前沿研究提供了非常便利的条件,"因为我去那边的话,直接接触的就是比较前沿的课题,它的仪器设备也是最好的,这样就使我在一个很好的起点上面发展自己的学术"(DJ6 男 理工科 副教授)。海外流动经历也为海归教师提供了近距离接触国际一流学者的机会,通过对大师级人物日常学术实践的观察模仿与面对面的互动交流,体验由他们所创造的学术氛围,进一步开阔了海归教师的学术视野,提升了科学素养。"我在的那个研究所虽然不是很大,但里面有一半的老师都是美国科学院院士,整体的科研氛围与科研实力都很强,平时你就很容易接触到各个领域非常顶尖的科学家,在这样一个氛围里面就有很多机会提高自己的科学眼界和科学素养,这可能是帮助最大的"(J2 男 理工

科 研究员);“因为你看到很多‘大牛’能做的东西其实回过头来看我们自己也能做,但是当时没有想到可以这样做,或者是说这样做居然也可以发表,就常常会想,这样我就开拓了思路”(V1 女 人文社科 副教授)。随着中国“双一流”建设高校国际化程度的逐渐提高,在国内也经常有机会听到国际知名学者的学术报告,但这种短暂接触的学术收益远远不及在其门下的长期沉浸,“就是能够见到一些大师级的人物,跟他们面对面地讨论问题肯定比在国内要受益得多,虽然原来我们导师也不停地邀请国外著名科学家来做报告,但还是没有到他的课题组去真正工作一段时间,切身体会一下他们的研究风格,受益更大”(J4 男 理工科 教授)。科学研究具有很强的实践特性,学术素养中包含着大量缄默知识的成分,缄默知识是高度个人化的知识,它深深植根于个体本身并受个体所处环境的约束,难以编码与规范化,具有很强的隐蔽性,无法通过显性知识传递①,只能通过实地观察模仿与面对面互动交流加以习得。

(七) 国际化的环境与异文化的冲击

布拉马(Biraimah)等人认为实地学习和文化沉浸是提升国际化素养最为有效的途径。②海归教师外语交流能力的提升和文化视野的开阔就主要源于国际化的环境和异文化的冲击。在海外,海归教师离开了熟悉的母语环境,不得不使用英语与来自世界各国的师生进行沟通交流,频繁使用英语极大地提升了他们的英语交流能力。“因为我们实验室大部分都是美国白人,也有个别其他国家的人,只有一个中国人,但也是持有绿卡多年的中国人,所以大家平时都是用

① Haldin-Herrgard T. Difficulties in Diffusion of Tacit Knowledge in Organizations [J]. Journal of Intellectual Capital, 2000, 4(1) :357 - 365.

② Biraimah K L, Jotia A J. The Longitudinal Effects of Study Abroad Programs on Teachers' Content Knowledge and Perspectives: Fulbright-hays Group Projects Abroad in Botswana and Southeast Asia[J]. Journal of Studies in International Education, 2013, 17 (4):433 - 454.

英语交流,这样英语就提升得非常快"(V2 男 理工科 教授);"我后面待的那个学校94%都是白人,连黑人、拉丁裔都见不到,我在那儿待了将近五年,在那样一个环境里,我除了给我父母打电话用中文,其他时候都用英文,就天天用,后来我就发现我运用英语的能力基本和中文差不多了"(DJ2 男 理工科 研究员)。异文化的冲击也极大地开阔了海归教师的文化视野,提升了海归教师的跨文化工作能力。"因为在美国的时候,我们接触的都是外国人,那边的同学都是来自世界各地的,这就要求你站在一个全球化的角度与人共事、讨论问题,这样就形成了一个国际化的视野"(DJ6 男 理工科 副教授);"当然收获还是非常大的,首先我觉得就是整体视野的扩展,因为那个时候还相当年轻,你看到的世界还不够大,德国的大学不仅仅只有德国的学生,实际上也有很多国际的学生,美国的、英国的、爱尔兰的、意大利的,好多不同国家的都有,所以会有一个新的视野的发展"(D5 男 人文社科 特聘副研究员)。

三、海归教师学术素养收获的影响因素

表4-7是对海归教师学术素养收获水平影响因素的分析,结果显示,海外流动特征对学术素养收获水平具有显著影响。其中,就海外流动类型而言,海外博士教师的三个学术素养因子收获水平均显著高于海外工作教师和海外访学教师,但与海外博士/工作教师无显著差异。这表明学位型的海外博士流动对学术素养的增值作用大于进修型的海外访学流动和职业型的海外工作流动,而在海外获得博士学位后,继续在海外从事博士后研究或其他全职工作对学术素养的额外提升作用较为有限。就流动机构水平而言,流向Top200高校的海归教师在学科知识和学术能力方面的收获水平显著较高,仅在学术志趣方面未达显著水平。就流动地区而言,是否有美国的流动经历对三个学术素养因子的收获水平均无显著影响。作为全球学术中心,美国一直是中国学子最为向往的留学目的地。在本研究的问

表 4-7　海归教师学术素养收获水平的影响因素分析

变　量	学术志趣	学科知识	学术能力
流动类型(参照:海外博士)			
海外访学	−0.47***	−0.38***	−0.47***
海外工作	−0.29*	−0.26*	−0.29*
海外博士/工作	−0.06	−0.09	−0.04
Top200 高校(参照:Top201 及以下高校)	−0.00	0.13*	0.16*
有美国的流动经历(参照:其他国家或地区)	0.10	0.09	0.07
流动时长	0.16	0.13	0.11
男(参照:女)	−0.01	−0.00	−0.07
年龄(参照:≤35 岁)			
36—45 岁	−0.09	−0.10	−0.09
≥46 岁	0.06	−0.08	−0.02
年资	−0.01	−0.00	−0.01
职称级别(参照:中级及以下)			
副高级	−0.12	−0.07	−0.09
正高级	−0.10	0.03	−0.02
有行政职务	0.04	−0.03	0.11
C9 高校(参照:非 C9 高校)	−0.01	0.03	0.01
高校地区(参照:东部)			
中部	0.03	0.03	0.06
西部	−0.13	−0.12	−0.04
东北	−0.13	−0.21*	−0.17
理工科(参照:人文社科)	−0.06	−0.03	0.04
国家重点学科(参照:一般学科)	0.05	0.02	0.00
学院优势方向(参照:非优势方向)	0.14*	0.04	0.10
博导为知名学者(参照:博导为普通学者)	0.05	0.02	0.07
本科毕业高校(参照:国内一般高校)			
原“211 工程”高校	−0.11	−0.15	−0.24**
原“985 工程”高校	−0.20*	−0.18**	−0.24**
海外高校	−0.05	−0.10	−0.23
常数项	4.43***	4.47***	4.26***
样本量	717	717	717
修正 R^2	0.12	0.13	0.14

注:* 表示 $p<0.05$,** 表示 $p<0.01$,*** 表示 $p<0.001$;表中数据 0.00 和−0.00 是保留两位小数后的写法,并非值为 0,其中,0.00 的实际数据介于 0 至 0.01 之间,−0.00 的实际数据介于 0 至 0.01 之间,以下各表同。

卷调查样本中,有美国流动经历的教师占所有海归教师的 51.16%,占比超出所有其他国家和地区的总和,足见美国在中国高层次学术人才培育中的中心地位。然而,有美国流动经历的海归教师并未获得更高的学术素养增值,至少从学术人才培养的角度而言,一味追求美国的学习工作经历或许意义不大。海外流动时长对三个学术素养因子的收获水平也无显著影响。总体而言,相比海外流动时长与流动地区,海外流动类型与流动机构水平对学术素养收获水平的影响作用更大。

在控制变量中,仅任职高校区域、专业平台和本科毕业高校声望显著影响海归教师的学术素养收获水平,而性别、年龄、年资、职称、行政职务、高校级别、学科类别与级别、博导声望均对其无显著影响。就任职高校区域而言,东北高校海归教师的学科知识收获水平显著低于东部高校。就专业平台而言,任职于学院优势研究方向的海归教师在学术志趣方面的收获水平显著较高。就本科毕业高校声望而言,与本科毕业于国内一般高校的海归教师相比,本科毕业于原“985 工程”高校的海归教师在三个学术素养因子上的收获水平显著较低,本科毕业于原“211 工程”高校的海归教师在学术能力方面的收获水平也显著较低。本科毕业于国内一般高校的教师可以借助海外流动获得更大的学术收益,这可能是由于不同层次的国内高校与海外学术机构的学术差距水平造成的。国内一般高校大部分为教学型高校,科研实力和科研氛围与海外学术机构的差距远大于原“211 工程”“985 工程”高校与海外学术机构的差距,相比本科毕业于原“211 工程”“985 工程”高校的教师,本科毕业于国内一般高校的教师通过海外流动实现了更大的学术跨越,因而学术素养的收获水平更高。此外,中国许多高校在教师招聘中存在“第一学历歧视”现象①,这阻碍

① 易连云,赵国栋,毋改霞.高校教师聘任的“出身论”现象研究:对百所“985”、“211”院校的调查[J].重庆大学学报(社会科学版),2013,19(5):173 - 177.

了本科毕业于国内一般高校教师的学术发展。鉴于此，本科毕业于国内一般高校的教师将海外流动，尤其是流向世界名校作为打破这一障碍的应对策略，样本中共计86.19%的本科毕业于国内一般高校的教师流动到Top200的海外名校。DJ6是一名本科毕业于国内一般高校的理工科教师，他出国的原因之一就是弥补自己本科出身的劣势，“我本科学校比较一般，老师的水平和设备等都没有那么前沿，即使我从那样一所学校考上一所国内知名大学的研究生也总觉得比别人慢半拍，我想反正名校的学生可以出国，我也一样可以，出国以后我们就在同一个起点了，这样对个人的发展可能会好一点”(DJ6 男 理工科 副教授)。为打破对本科出身的身份歧视，本科毕业于国内一般高校的教师可能在海外学习工作期间更加努力，以最大限度地提升学术素养，这可能是造成这一差异的另一原因。

第三节　横向视角：海归教师与本土教师的学术素养差异

一、海归教师与本土教师学术素养的总体差异

如图4-4的均值比较所示，与本土教师相比，海归教师的学术志趣、学科知识和学术能力分别显著高出0.23、0.29和0.31。表4-8的

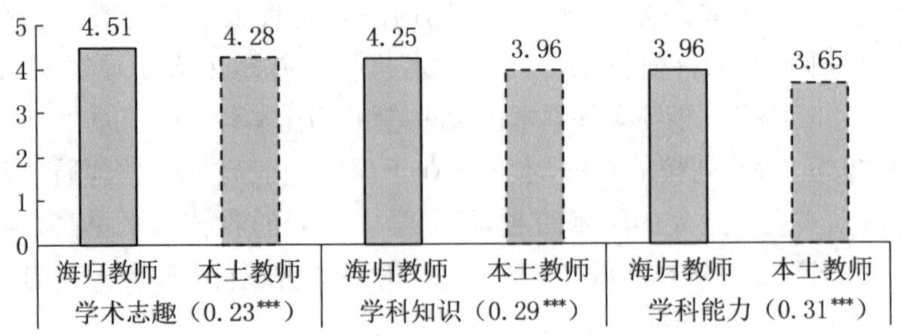

图4-4　海归教师与本土教师学术素养的均值比较

注：*** 表示 $p<0.001$。

表 4-8　海归教师与本土教师学术素养的总体差异

变　量	学术志趣	学科知识	学术能力
海归教师(参照:本土教师)	0.17**	0.25***	0.25***
男(参照:女)	0.03	0.09*	0.01
年龄(参照:≤35 岁)			
36—45 岁	−0.04	−0.05	−0.08
≥46 岁	−0.09	−0.11	−0.14
年资	−0.01	0.00	−0.00
职称级别(参照:中级及以下)			
副高级	0.08	0.14*	0.07
正高级	0.20**	0.22**	0.23***
有行政职务(参照:无)	0.04	0.07	0.14**
C9 高校(参照:非 C9 高校)	0.06	0.05	0.04
高校地区(参照:东部)			
中部	−0.07	−0.10	−0.03
西部	−0.15**	−0.11*	−0.10*
东北	−0.03	−0.13*	−0.10
理工科(参照:人文社科)	−0.04	−0.08	0.07
国家重点学科(参照:一般学科)	0.01	0.01	0.03
学院优势研究方向(参照:非优势方向)	0.04	0.11**	0.10**
博导为知名学者(参照:博导为普通学者)	0.01	0.02	0.06
本科毕业高校(参照:国内一般高校)			
原“211 工程”高校	−0.04	−0.06	−0.11*
原“985 工程”高校	0.01	0.00	−0.02
海外高校	0.05	0.18*	0.19*
科研时间投入	0.10***	0.09***	0.12***
常数项	3.92***	3.45***	3.06***
样本量	1 520	1 520	1 520
修正 R^2	0.06	0.08	0.14

注:* 表示 $p<0.05$,** 表示 $p<0.01$,*** 表示 $p<0.001$;自变量间不存在多元共线性,Mean VIF=1.84(1.03～5.60),表 5-4、表 5-9、表 5-12、表 6-1 的多元共线性检验结果与之相同。

OLS 回归分析发现，在加入控制变量后，海归教师的学术志趣、学科知识和学术能力依然显著高于本土教师，只是回归系数略有下降，分别为 0.17、0.25 和 0.25。

海归教师的学术素养水平显著较高主要有两种解释。一是海外流动的正向选择效应。大学教师是否具有海外流动经历并不是随机分布的，由于中国对公派留学人员的选拔遵循“择优录取”原则，一般而言，具有海外流动经历的教师往往在海外流动前就是学术水平相对较高者，海归教师与本土教师学术素养的差异可能一部分是由于两类教师流动前的学术实力不同造成的。二是海外学术机构的培养效应。相比本土学术机构，海外学术机构的学术人才培养质量更高，海归教师更优的学术素养水平可能源于海外学术机构更高的人才培养质量。其他研究也佐证了这一点，基于 2019 年 *Nature* 全球博士生的调查数据发现，中国博士生感知的培养质量和学术能力提升水平低于全球平均值，而澳大利亚、美国、加拿大和英国博士生感知的培养质量和学术能力提升水平高于全球均值。①现实中，一种更合理的解释可能是两种效应同时发挥作用，即学术水平相对较高者更有可能参与海外流动，并通过在海外接受更好的学术训练，获得更高的学术素养增值，从而进一步拉大海归教师与本土教师学术素养之间的差距。即使正向选择效应存在，也不能完全排除培养效应的影响。上一节中提到的海归教师自评认为海外流动经历大幅提升了自身的学术素养水平，也可在一定程度上佐证培养效应的存在。在本研究的调查样本中，73.8%的教师流向 Top200 的世界名校，这些知名的海外学术机构凭借一流的科研水平居于全球学术金字塔的顶端，在学术人才培养条件、培养制度和培养环境方面均优于中国本土学术机构，学术人才培养质量更高。

---

① 王传毅，杨佳乐，辜刘建.博士生培养质量及其影响因素研究：基于 Nature 全球博士生调查的实证分析[J].宏观质量研究，2020，8(1)：69－80.

首先,在培养条件方面,大量实证研究发现海外学术机构的物质条件、师资条件和学术交流条件均优于中国。例如,北京大学对5 019名中外联合培养博士生的调查发现,70%以上的联培生认为海外学术机构的实验仪器和设备条件优于国内高校,60%以上的联培生认为海外导师的研究能力、研究产出和指导水平高于国内导师,还有部分受访教师表示,相比国内导师,海外导师对他们的学术指导更加频繁深入,师生之间更易建立起平等交流的学术关系。①另一项基于 *Nature* 全球博士生的调查数据发现,与美、德、英、法、澳、日、韩七国相比,中国博士生对国内导师学术指导的满意度,对导师提供的参加学术会议和做会议报告机会的满意度在八国中最低,对国内来自其他教师指导的满意度位居倒数第二位。②

其次,海外学术机构的科研历史悠久,经过百余年的历史演变形成了较为完善的学术人才培养制度。在课程教学制度方面,与美国高校相比,中国高校的博士课程存在实践性课程和跨学科课程设置不足,课程教学要求较低和授课方式单一等问题。在博士指导制度方面,相比中国高校长期实行的单一导师负责制,多数美国高校采取的导师和博士生指导委员会相结合的博士指导制度更有利于提供高质量全方位的指导。③在学术评价制度方面,访谈发现海外学术机构多采取基于代表作的同行评议制度,在评价时更注重研究质量而非研究数量,重质轻量的学术评价制度营造了一种热爱学术、追求质量的科研氛围,是海归教师学术志趣的主要收获来源。

再次,海外学术机构有着独特的国际化学术环境,这为提升大学

---

① Shen W. Transnational Research Training: Chinese Visiting Doctoral Students Overseas and Their Host Supervisors[J]. Higher Education Quarterly, 2018, 72(3):224-236.

② 徐冶琼.博士生对导师指导满意吗?:基于 Nature 全球博士生调查[J].中国高教研究,2021(1):96-102.

③ 陈斌.中美学术型博士研究生培养模式比较研究[J].研究生教育研究,2014(6):85-90.

教师的国际化素养提供了优良的土壤。虽然中国已于2015年成为继美英后全球第三大留学目的国①,但来华留学生总量偏低。根据《2015教育概览》,“中国在八大留学目的国中,不同层次国际学生,尤其是高层次研究生占本国同层次在校生的比例处于最低值”②,来华留学生,尤其是博士留学生主要来自巴基斯坦、韩国、越南等亚洲周边国家③,来自欧美国家的研究生数量较少。中国高校往往对来华留学生与本土学生实施双轨制的管理方式:在生活方面,留学生有专门的留学生公寓、留学生餐厅、留学生专用厨房;在教学方面,留学生也有自己专门的教学区域和专用教室。双轨制的管理方式导致本土学生与留学生基本处于隔离状态,相互之间缺乏互动交流,存在融合困难的问题。④与海外学术机构相比,中国高校的国际化环境仍有极大的改善空间。

另一个有意思的发现是,海归教师与本土教师在学科知识与学术能力方面的差异均大于学术志趣,这表明海外流动经历对大学教师学术志趣的影响效应相对较低。这可能与学术志趣形成的关键期有关,对诺贝尔奖获得者的研究发现,科学家的学术志趣主要养成于童年时期和中小学教育阶段,到研究生阶段,尤其是到博士生阶段,其学术志趣更多的是通过选拔机制实现的。⑤由此推断,大学教师的学术志趣其实早在读博之时就已经初步定型,因此,读博以来的海外

---

① 魏浩,袁然,赖德胜.中国吸引留学生来华的影响因素研究:基于中国与全球172个国家双边数据的实证分析[J].教育研究,2018, 39(11):76-90.

② 程伟华,张海滨,董维春.“双一流”战略引领下的来华留学研究生教育发展探析[J].研究生教育研究,2018(3):70-76.

③ 金帷,周曼丽.来华留学教育事业发展趋势与策略选择[J].高教发展与评估,2020, 36(4):21-33.

④ 叶荔辉.隐性教育中的群际融合路径研究:基于545名来华留学生的质性访谈和实证研究[J].思想教育研究,2020(7):14-19.

⑤ 李永刚.成为研究者:理科博士生素养与能力的形成[D].上海:华东师范大学,2018:100.

流动经历对学术志趣的可塑空间较为有限。

控制变量也对大学教师的学术素养有显著影响。在人口学特征方面,男教师仅在学科知识方面显著高于女教师,但在学术志趣和学术能力方面并无显著性别差异。年龄对大学教师的三个学术素养因子均无显著影响。在岗位职业特征方面,与中级及以下职称的教师相比,副高职称教师的学科知识水平显著较高,正高职称教师的学术志趣、学科知识和学术能力均显著较高,这与经验认知相符,表明中国目前的职称评审制度整体上是比较有效的。有行政职务的教师在学术能力方面显著高于无行政职务的教师,这是由于学术水平是中国高校选拔行政人员的主要标准之一,唯有学术水平较高的教师才有资格担任行政领导职务,存在行政精英与学术精英合二为一的现象。[①]年资对三个学术素养因子均无显著影响。在任职高校和学科专业的组织特征方面,C9 高校教师与非 C9 的"双一流"建设高校教师的学术素养水平并无显著差异,可能是由于这两类高校均为国内高水平大学,学术水平较为接近,在师资水平方面不存在显著差异。然而,任职高校区域会显著影响大学教师的学术素养水平,东部高校教师的学术素养显著高于其他地区的高校教师。根据大学教师流动规律,高水平教师倾向于向政治、经济和学术中心集聚[②],东部地区的政治、经济地位和整体学术水平相对较高,更易吸引高水平的学术人才。学科类别和学科级别对三个学术素养因子均无显著影响,但是隶属于学院优势研究方向的教师在学术素养方面具有显著优势。在个体教育经历方面,博导声望对三个学术素养因子均无显著影响,但本科毕业于海外高校的教师在学科知识和学术能力方面显著高于本科毕业于国内一般高校的教师,这与前者大部分具有海外博士或

---

① 阎光才.学术系统的分化结构与学术精英的生成机制[J].高等教育研究,2010, 31(3):1－11.

② 刘进.大学教师流动与学术劳动力市场[M].北京:商务印书馆,2015:126－131.

具有海外博士和工作双重流动经历有关，在海外长时间规范的学术训练大大提升了其学术素养水平。个体的科研时间投入与三个学术素养因子均呈显著正相关关系，表明大学教师越努力，学术素养水平越高。

二、海归教师与本土教师学术素养差异的学科、性别和年龄异质性

本部分首先对分样本建立回归模型，然后基于似无相关模型对组间系数差异进行 SUR 检验，以此考察海归教师与本土教师学术素养的差异是否同样存在于不同学科、不同性别和不同年龄阶段的教师群体中。

如表 4-9 所示，在学科方面，海外流动经历对理工科教师的三个学术素养因子均有显著正向影响，但仅对人文社科教师的学科知识和学术能力具有显著正向影响，而对其学术志趣无显著影响。兴趣发展阶段理论认为兴趣的形成不仅需要短期的“触发情境”，更需要长期的“保持情境”，离开激发兴趣的特定情境，兴趣发展可能停滞、倒退，甚至完全消失，要形成稳定的兴趣，个体需要获得持续的兴趣情绪体验，通过反复参与激发兴趣的活动使兴趣状态反复发生。①由于志向与兴趣往往是紧密相连的②，因此要形成稳定的学术志趣就需要长期沉浸在可以触发志趣的学术情境之中。然而，样本中人文社科教师的海外流动时长显著低于理工科教师，相对较短的海外流动时间可能是人文社科教师学术志趣增值较低的一个原因。虽然存在上述差异，但 SUR 检验结果显示，海外流动经历对大学教师三个学术素养因子的影响效应并无显著的学科差异。

---

① Hidi S, Renninger K A. The Four-phase Model of Interest Development[J]. Educational Psychologist, 2006, 41 (2):111－127.

② 沈裕挺，沈文钦，刘斌.人文学科学生的学术志趣是怎么形成的[J].教育学术月刊，2019(3):37－46.

表 4-9　海外流动经历对不同学科、性别、年龄大学教师学术素养的异质性影响

学术素养	学科		性别		年龄		
	理工科	人文社科	男	女	≤35 岁	36—45 岁	≥46 岁
学术志趣	0.21*** (0.05)	0.10 (0.07)	0.15** (0.05)	0.26** (0.08)	[0.12] [(0.07)]	[0.02] [(0.06)]	0.39*** (0.08)
学科知识	0.22*** (0.05)	0.28*** (0.07)	0.20*** (0.05)	0.39*** (0.09)	0.24** (0.08)	[0.14*] (0.06)	0.37*** (0.07)
学术能力	0.22*** (0.05)	0.26*** (0.06)	0.21*** (0.04)	0.37*** (0.07)	[0.18*] [(0.07)]	[0.15**] [(0.06)]	0.41*** (0.07)

注：* 表示 $p<0.05$，** 表示 $p<0.01$，*** 表示 $p<0.001$；表中呈现的是非标准化回归系数，括号内为标准误；所有模型均已加入表 4-8 中的控制变量，为节省篇幅，省略控制变量结果；表中加方框显示的数据表示组间系数差异达到显著水平，未加方框显示的数据表示组间系数差异未达显著水平，其中，年龄组的系数差异是两个年龄段分别与“46 岁及以上”教师子样本的对比结果。

在性别方面，海归教师的学术素养优势在男女教师群体中都得到验证，这表明无论男教师还是女教师，参与海外流动均可以显著提升个人的学术素养水平，而且相比男教师，海外流动经历对女教师三个学术素养因子的影响效应更高，但组间系数差异未达显著水平。

在年龄方面，海外流动经历对 46 岁及以上教师的三个学术素养因子均有显著提升作用，但对 36—45 岁教师和 35 岁及以下教师的学术志趣均无显著影响。SUR 检验结果显示，海外流动经历对 46 岁及以上教师三个学术素养因子的影响效应显著高于 36—45 岁的教师，对前者学术志趣和学术能力的影响效应也显著高于 35 岁及以下教师。上述结果表明，近年来中国本土学术机构的人才培养质量确实有所提升。虽然呈现出这一可喜的发展态势，但与同年龄段的本土教师相比，35 岁及以下的海归教师在学科知识和学术能力方面依然具有显著优势，这表明，总体而言，中国本土学术机构的人才培养质量依然低于海外学术机构,"赶超论"并不成立,中国高校在提升学术人才培养质量方面依然任重而道远。

三、海归教师与本土教师学术素养差异的流动类型异质性

如表 4-10 所示,无论是具有单一流动经历的海外访学教师、海外博士教师和海外工作教师,还是具有双重流动经历的海外博士/工作教师,在学术志趣、学科知识和学术能力方面均显著优于无海外流动经历的本土教师,进一步否定了"镀金论"和"凤尾论"。从影响效应大小来看,海外博士流动和海外博士/工作流动对三个学术素养因子的影响效应大大高于海外访学流动和海外工作流动,但海外访学流动和海外工作流动对三个学术素养因子的影响效应大致等同,海外博士/工作流动与海外博士流动对三个学术素养因子的影响效应也大致等同,这一结果与上一节基于收获量表的统计结果相同,表明这一结论具有较强的稳健性。

表 4-10 各类海外流动经历对大学教师学术素养的异质性影响

学术素养	海外访学	海外博士	海外工作	海外博士/工作
学术志趣	0.13* (0.05)	0.27** (0.08)	0.16* (0.09)	0.27** (0.08)
学科知识	0.17** (0.05)	0.41*** (0.09)	0.18* (0.08)	0.39*** (0.08)
学术能力	0.18*** (0.04)	0.34*** (0.08)	0.13* (0.07)	0.33*** (0.08)

注:* 表示 $p<0.05$,** 表示 $p<0.01$,*** 表示 $p<0.001$;海外访学模型和海外工作模型的控制变量在表 4-8 的基础上额外加入了"博士毕业于原'985工程'高校/中(社)科院"这一虚拟变量;海外博士模型和海外博士/工作模型的控制变量与表 4-8 相同。

第四节 本章小结

本章综合运用问卷调查和访谈调查的数据资料,采用横纵结合

的研究设计系统探究了海外流动经历对大学教师学术素养的影响。从纵向视角来看,海外访学经历、海外工作经历、海外博士经历、海外博士/工作经历均大幅提升了大学教师的学术素养水平。海归教师收获最大的是拓宽学术视野和了解学术前沿;其次是遵守学术伦理、解决研究问题的能力、提出研究问题的能力、理性批判已有研究的能力、国际论文写作能力和激发学术兴趣;再次是树立学术志向,发展、维持和运用海外学术网络的能力,打牢知识基础;收获程度最低的是管理研究项目的能力。访谈资料进一步发现,海外流动经历也有助于提升海归教师的科研思维水平、习得研究方法和实验技能、提高学术自信和形成学术思想等。

虽然,学术素养的提升对海归教师的学术发展有诸多助益,但是并非所有的学术素养收获都有积极意义,这集中体现在学术志趣层面。受海外学术评价制度、导师风格与科研氛围的影响,海归教师形成了"求质不求量的研究追求""敢于尝试创新的研究精神"和"不盲目追逐热点的研究态度"等学术志趣,这与目前中国高校盛行的量化主导的学术评价制度和科研氛围不相适应,导致海归教师归国适应困难,一定程度上阻碍了海归教师的学术发展。坚守研究质量、大胆从事原创性研究的海归教师难以保持高速产出的研究节奏,不追热点的海归教师也面临着国内科研立项和论文发表困难的双重困境。在挣扎于要不要迎合国内高校看重快速发表的考核要求时,海归教师基于自己的学术价值观选取了不同的应对策略,除已有研究发现的"顺应制度、利用制度、坚守和逃避"四种策略之外,本研究进一步发现了"折中"的应对策略,这种策略既在一定程度上顺应了中国的学术评价制度,也保持了研究者个人的研究兴趣与研究个性。与理工科脱域性的特点不同,人文社科的研究主题与研究范式具有文化嵌入性,由于海内外学者感兴趣的研究议题与采用的研究范式不同,人文社科的海归教师还面临着选取的研究选题与采用的研究方法难以被国内同行理解与接受的另一重发展困境。

海归教师的学术素养收获主要来源于课程学习、参与多元的研究项目、参加学术交流、导师的指导与影响、科学的考核制度与优良的学术氛围、一流的师资与先进的科研水平、国际化的环境与异文化的冲击七个方面。海归教师的学术素养收获水平主要受海外流动特征的影响，尤其是以海外流动类型与流动机构水平的影响最为显著，而海外流动时长以及是否有美国的流动经历对三个学术素养因子的收获水平均无显著影响。其中，海外博士教师的三个学术素养因子收获水平均显著高于海外工作教师和海外访学教师，但与海外博士/工作教师无显著差异，这表明海外博士流动对学术素养的增值作用大于海外访学流动和海外工作流动，而在海外获得博士学位后，继续在海外从事博士后研究或其他全职工作对学术素养的额外提升作用较为有限。

基于横向视角的研究结果进一步验证了纵向视角的研究结论，否定了“镀金论”和“凤尾论”。与本土教师相比，各类海归教师的学术志趣、学科知识和学术能力均显著较高，并且海外流动经历对大学教师学术素养的影响效应并无显著的学科差异和性别差异，不同学科、不同性别的教师都可以通过海外流动提高自身的学术素养水平。然而，由于学术志趣主要形成于童年时期和中小学教育阶段，读博以来的海外流动经历对大学教师学术志趣的可塑空间较为有限，海外流动经历对学术志趣的影响效应低于对学科知识和学术能力的影响效应。基于年龄子样本的分析发现，虽然近年来，中国本土学术机构的人才培养质量有所提升，但依然与海外学术机构存在一定的距离，35 岁及以下的海归教师在学科知识和学术能力方面依然显著高于同年龄段的本土教师，仅在学术志趣方面无显著差异，这表明“赶超论”并不成立。海归教师更高的学术素养水平既可能源于海外流动的正向选择效应，也可能源于海外学术机构的培养效应。现实中，一种更合理的解释可能是两种效应同时发挥作用，即学术水平相对较高者更有可能参与海外流动，并通过在海外接受更好的学术训练，获得更高的学术素养增值，从而进一步拉大海归教师与本土教师学术素养之间的差距。基于纵向量表的结果表明,即使选择效应存在,也不能完全排除培养效应的影响。从学术人才培养角度而言,中国的留学政策和海外引智政策是十分有价值的。

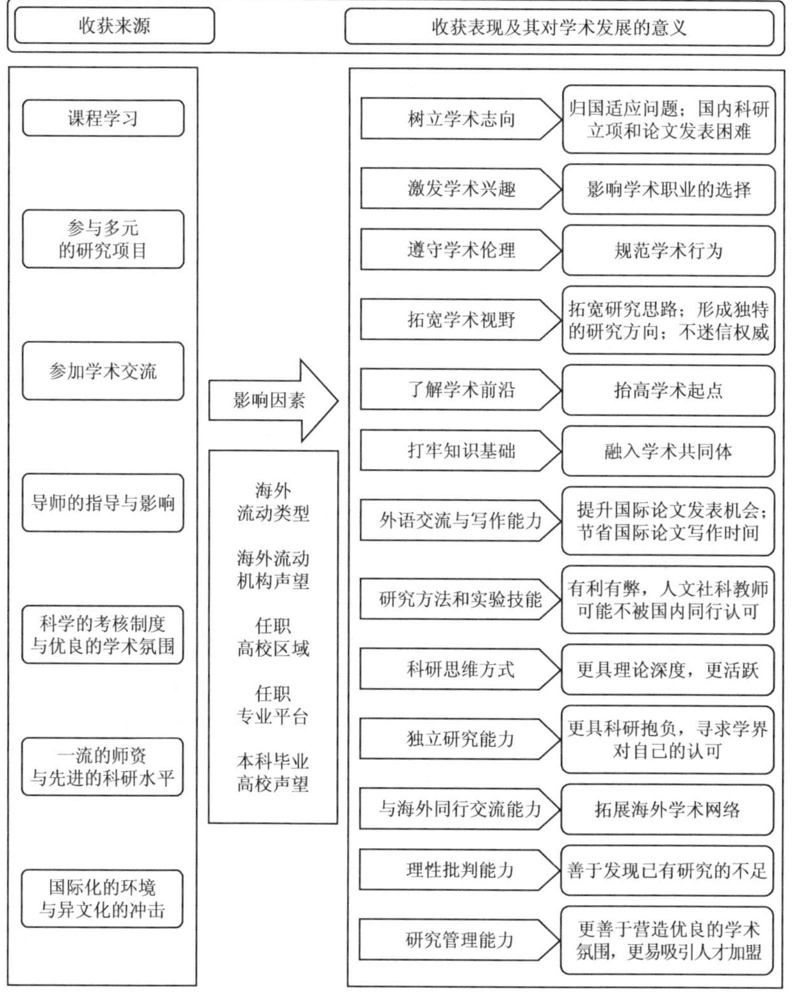

图 4-5　海外流动经历对大学教师学术素养的影响模型

第五章　社会资本:海外流动经历与大学教师的学术网络

“不仅是你知道什么,而且是你认识谁”这句谚语表明个体的社会网络有助于工具性目的的达成。[①]林南认为嵌入在社会网络中的社会资源即为社会资本,根据资源是否被动员,社会资本又可划分为潜在的社会资本和动员的社会资本。潜在的社会资本是指个体通过自我中心社会网络所能接触的资源范围,主要受个体的社会网络规模、关系强度和网络顶端等网络特征的影响。动员的社会资本是指个体为实现特定目标所实际动员得到的社会资源。两类社会资本都会影响地位的获得过程与获得结果,在一项研究中应该同时测量潜在的社会资本和动员的社会资本。从中还需要引出的一个理论问题是,拥有丰富的潜在社会资本是否会提高动员“好的社会资本”的可能性,林南推测受个体行动和选择等因素的影响,两者之间的一致性并不总是绝对的,也即并不是所有拥有丰富潜在社会资本的人都能利用或动员更多更好的社会资本。[②]科技人力资本理论认为,海外流动不仅是大学教师提升知识、能力等人力资本的有效途径,也是扩展

① 林南.社会资本:关于社会行动与结构的理论[M].张磊,译.上海:上海人民出版社,2004:40.

② 林南.社会资本:关于社会行动与结构的理论[M].张磊,译.上海:上海人民出版社,2004:76-91.

学术网络,尤其是海外学术网络的有效渠道。①然而,在回归本土后,海归教师却会面临本土学术网络缺失的现实困境。②那么,海外流动经历究竟对大学教师潜在的社会资本有何影响?海归教师的本土学术网络欠缺究竟是体现在规模方面还是关系强度和网络顶端等结构方面?随着回国时间的推移,海归教师的本土学术网络是否可以建立,海外学术网络优势能否得以维持,又是否会消亡或新增?学术网络中究竟嵌入着哪些有利于大学教师学术发展的学术资源?大学教师从本土学术网络和海外学术网络动员的学术资源有何不同,哪类学术网络对本土学术发展更为重要?海外流动经历是否会影响大学教师的学术资源动员?如何影响?是直接作用还是通过潜在的社会资本间接作用于这一过程?本章将综合采用问卷调查和访谈调查数据对上述议题进行深入研究,从而为地理流动与网络建构之间的关系探讨提供来自中国的经验数据,并丰富学术场域的社会网络理论。

第一节 潜在的社会资本:海外流动经历与大学教师的学术网络特征

一、大学教师的学术网络特征

(一)大学教师整体学术网络特征

从规模来看,中国"双一流"建设高校教师的整体学术网络规模较小,77.5%的大学教师整体学术网络规模介于1—10人之间,还有2.7%的大学教师整体学术网络规模为0,即其在一个月内未与任何

① Bozeman B, Dietz J S, Gaughan M. Scientific and Technical Human Capital: An Alternative Model for Research Evaluation[J]. International Journal of Technology Management, 2001, 22(7/8):716-740.

② Leung M W H. 'Read Ten Thousand Books, Walk Ten Thousand Miles': Geographical Mobility and Capital Accumulation among Chinese Scholar[J]. Transactions of the Institute of British Geographers, 2013, 38(2):311-324.

学术同行有过学术交流。平均而言，大学教师一个月内会与9.83名学术同行交流学术工作，但离散程度较高，标准差高于平均值，为11.25。从海内外构成情况来看，大学教师的本土学术网络规模(8.36人)是海外学术网络规模(1.54人)的5.43倍，说明中国“双一流”建设高校教师更倾向于和本土学术同行交流学术问题，地理同质性特征明显。尤其值得注意的是，47.9%的大学教师海外学术网络规模为0，这一比例大大高于本土学术网络规模为0的比例(4.5%)。大学教师的本土学术网络规模远高于海外学术网络可以从三个维度进行解释。其一，个体交往偏好。麦克芬森(McPherson)等人指出人并非随机地挑选交往对象，而是根据同质性原则有选择地建构个人的社会网络。[①]对交友过程的研究也发现，个人更倾向于与价值观近似和地位近似的人交往。[②]一项关于留英中国学生社会网络的研究也发现，在英中国留学生更愿意与来自中国的学生建立“小圈子”，这种交友选择有助于他们在异国他乡获得情感支持和生活帮助。[③]相比海外学术同行，中国大学教师与本土学者之间不仅语言相同，而且具有相似的文化价值观念，语言和文化的近似性使中国大学教师更愿与本土学者建立学术交流关系。其二，嵌入资源含量。郝明松和边燕杰对社会网络形成过程的研究发现，作为理性行动者，个人不仅偏好与价值观近似的人建立交往关系，而且更偏好与资源较多的同事打交道，以实现工具性目的。[④]大学教师的本土学术发展更取决于本土学术

---

① McPherson J M, Smith-Lovin L. Homophily in Voluntary Organizations: Status Distance and the Composition of Face-to-Face Groups[J]. American Sociological Review, 1987, 52(3):370－379.

② Berger M, Abel T, Page C. Freedom and Control in Modern Society[M]. New York: Van Nostrand, 1954:18－66.

③ 张思齐.社会网络中的“强连接”对留学生活的影响:基于英国伦敦政治经济学院中国留学生的实证研究[J].江汉论坛,2018(1):138－144.

④ 郝明松,边燕杰.社会网络资源的形塑:职业交往的视角[J].中国研究,2013(2):110－128.

网络中蕴含的学术资源，因此不得不花费更多时间与本土学者建立交往关系，这一点将留待下文重点介绍。其三，交往互动空间。郝明松和边燕杰的研究还发现，稳定有序的互动空间也是建立关系网络的重要因素。①虽然海外学术网络中也蕴含着大学教师学术发展所需要的异质性学术信息，但囿于地理空间的限制，海外学术同行的流动性很大、互动时间很短、互动空间极不稳定，这对海外学术网络规模的扩展造成了极为不利的影响。

表 5-1　大学教师整体学术网络规模特征

类别	*N*	网络规模(%)					*M*	SD
		0人	1—10人	11—20人	21—30人	31人及以上		
整体	1 695	2.7	77.5	13.2	4.1	2.5	9.83	11.25
本土	1 695	4.5	77.6	12.2	3.5	2.2	8.36	9.89
海外	1 695	47.9	51.2	0.7	0.1	0.1	1.54	3.39

注：表中“*N*”表示样本量，“*M*”表示平均值，“SD”表示标准差；统计时将网络规模大于 100 人的极端个案作为缺失值处理，后续涉及整体网络规模、本土网络规模和海外网络规模的统计分析也采用相同的缺失值处理策略。

从关系强度来看，在中国“双一流”建设高校教师日常的学术交流对象中，相熟的本土学术同行占大部分和几乎全部的比例高达72.66%，其平均值为 3.82，接近表 5-2 中第 4 级即“大部分”的水平。然而，选择相熟的海外学术同行占大部分和几乎全部的比例仅为15.99%，其平均值为 2.13，接近表 5-2 中第 2 级即“小部分”的水平，而且这两个变量的离散度均较低，其标准差分别为 1.05 和 1.20，低于平均值，说明中国“双一流”建设高校教师的本土学术网络关系强

① 郝明松，边燕杰.社会网络资源的形塑：职业交往的视角[J].中国研究，2013(2)：110－128.

表 5-2 大学教师整体学术网络结构特征

类别	N	几乎没有（%）	小部分（%）	一半左右（%）	大部分（%）	几乎全部（%）	M	SD
相熟本土同行	1 701	4.11	8.94	14.29	46.21	26.45	3.82	1.05
相熟海外同行	1 701	36.45	36.68	10.88	9.35	6.64	2.13	1.20
顶尖本土学者	1 701	25.63	37.51	16.52	15.34	5.00	2.37	1.16
顶尖海外学者	1 701	53.20	28.69	7.41	6.53	4.17	1.80	1.10

注：表中“N”表示样本量，“M”表示平均值，“SD”表示标准差。

度较高，海外学术网络关系强度较低。“强关系”的建立需要双方之间开展持续频繁的交流互动，投入深层的情感关爱。陈向明对留美中国学生跨文化人际交往的研究发现，受中国传统文化的影响，“中国留学生认为真正意义上的‘交往’不仅需要双方之间具有强烈的‘兴趣’和‘愿望’，而且交流本身必须具备‘有来有往’和‘有准备’的基本形式，而‘经常’和‘深入’的接触是双方建立和发展关系的先决条件。虽然中国学生希望与美国人有深入的交往，但美国人在与中国学生接触时似乎更喜欢保持一种表面的关系，中国学生最不喜欢美国社会的一点就是‘人与人之间的疏远’‘人际关系肤浅’和‘缺乏深入交流’”①。文化价值观念的差异以及交往互动空间的局限增加了与海外同行建立强关系的难度。

从网络顶端来看，无论是本土学术网络还是海外学术网络，中国“双一流”建设高校教师的网络顶端均较低。在日常的学术交流网络中，25.63%的大学教师几乎没有与顶尖本土学者交流互动的机会，53.20%的大学教师几乎没有与顶尖海外学者交流互动的机会，只能与小部分顶尖本土学者和顶尖海外学者交流互动的比例分别占

① 陈向明.旅居者和外国人：留美中国学生跨文化人际交往研究[M].北京：教育科学出版社，2004：142－148.

37.51%和28.69%。平均而言,在5级量表中,顶尖本土学者和顶尖海外学者分别居于2.37和1.80的水平,即主要集中在“几乎没有”到“小部分”的范围内。由于顶尖学者的稀缺性,即使是高水平大学的教师也很难与顶尖学者建立常态的交流互动机制。受地理空间、语言文化等因素的限制,中国大学教师与顶尖海外学者交流互动的机会就更为欠缺。

(二)大学教师核心学术网络特征

问卷用“与您学术交流最密切的5个人是谁?您与他们的关系是?(请按交流密切程度,由高到低进行填写)”这一题项衡量大学教师的核心学术网络。统计结果发现,与整体学术网络类似,大学教师的核心学术网络也呈现鲜明的地理同质性特征。其中,44.38%的大学教师的核心学术网络中没有海外学术同行,有1位海外学术同行的仅占28.98%,有2位的仅占17.17%,有3位及以上的仅占9.47%。平均而言,大学教师的核心学术网络中仅有0.95名海外学术同行,不及本土学术同行的1/4。从具体的交流对象来看,与大学教师学术交流最密切的是本院所同事,其占比在第1人和第2人的比例最高,分别为28.10%和26.57%,而其他本土同行是自第3人之后占比最高的学术交流对象。如果不严格区分交流密切程度,只按各类学术交流对象在核心学术网络中的占比统计,也可发现大学教师与其他本土同行、本院所同事的学术交流最为密切,比例依次为117.47%、108.17%,然后分别是海外同行(94.77%)和本校同事(78.14%)。其中,其他本土同行的比例高于本院所同事,海外同行的比例高于本校同事,这意味着相比空间距离,专业领域是否一致是大学教师选择学术交流对象时最为看重的因素。

在大学教师的核心学术网络中,专业同质性要强于地理同质性,这一结果凸显了学术职业的独特属性,科学无国界,学术人员总是以世界主义者自居,学者对学术共同体的忠诚度要高于对学校和国家的忠诚度。①然而，大学教师的核心学术网络并非完全是专业封闭的，学术人员也会与部分其他院系的学者保持交流互动关系，78.14%的任职于同一高校但不在同一院所的同事进入大学教师的核心学术网络印证了这一特征。总体而言，在核心学术交流网络中，学术人员主要与学术共同体内部的成员交流，并在一定程度上与其他学科专业的学者保持联系，这种交往模式与克兰对学术界无形学院的研究结论类似，她认为这种非正式的学术交流模式是推动科学知识增长与创新的重要社会机制，为了科学知识的积累和增长，一定程度的封闭是必要的，为了从其他研究领域吸收知识，防止学术共同体过于主观和武断，适度开放也是不可或缺的。②

表 5-3　大学教师核心学术网络特征的基本情况

按重要程度排序	各类核心学术交流对象占比(%)						核心学术网络中的海外规模			
	本土导师	本土同学	本院所同事	本校同事	其他本土同行	海外同行	人数(人)	比例(%)	*M*	SD
第 1 人	17.64	10.82	28.10	10.76	16.58	16.11	0	44.38	0.95	1.08
第 2 人	5.53	13.93	26.57	16.64	19.17	18.17	1	28.98		
第 3 人	6.53	11.29	20.93	18.17	24.63	18.46	2	17.17		
第 4 人	3.76	14.05	18.05	17.64	28.28	18.22	3	7.35		
第 5 人	5.47	12.46	14.52	14.93	28.81	23.81	4	1.18		
合计	38.93	62.55	108.17	78.14	117.47	94.77	5	0.94		

二、海外流动经历对大学教师学术网络特征的影响

(一) 海外流动经历对大学教师学术网络特征的总体影响

图 5-1 是对海归教师与本土教师学术网络特征均值差异的比

① 阿特巴赫.变革中的学术职业：比较的视角[M].别敦荣，译.青岛：中国海洋大学出版社，2006：32.

② 黛安娜·克兰.无形学院：知识在科学共同体的扩散[M].刘军，等，译.北京：华夏出版社，1988：105.

较,结果显示,海归教师的本土学术网络规模与质量低于本土教师,海外学术网络规模与质量高于本土教师。其中,海归教师本土学术网络的关系强度比本土教师显著低 0.21,而其本土学术网络规模和网络顶端虽然均低于本土教师,但未达显著水平。相比本土学术网络的劣势,海归教师的海外学术网络优势表现得更加明显,海归教师的海外学术网络规模、核心学术网络中的海外规模(以下简称"核网海外规模")以及海外学术网络的关系强度和网络顶端分别比本土教师高出 0.77、0.75、0.48 和 0.37,并均达 1‰的显著水平。

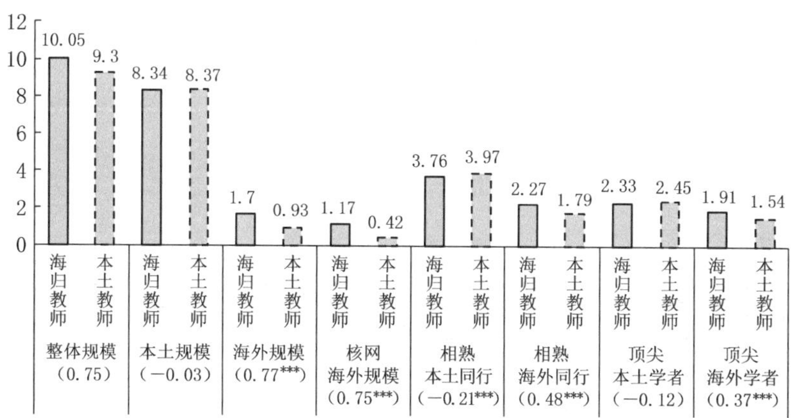

图 5-1　海归教师与本土教师学术网络特征的均值差异

注：*** 表示 $p<0.001$。

如表 5-4 所示,在加入控制变量后,海归教师与本土教师在各类学术网络特征方面依然呈现出与均值比较结果相同的差异,只是各类海外学术网络特征的回归系数略有下降,其中海外学术网络规模、核网海外规模以及海外学术网络的关系强度和网络顶端分别降至 0.65、0.66、0.39 和 0.29。然而,相熟本土同行的回归系数由−0.21 变为−0.20。这表明在加入控制变量后,海归教师的海外学术网络

表 5-4　海外流动经历对大学教师学术网络特征的总体影响

变　　量	整体规模	本土规模	海外规模	核网海外规模	相熟本土同行	相熟海外同行	顶尖本土学者	顶尖海外学者
海归教师(参照:本土教师)	0.56	−0.08	0.65***	0.66***	−0.20**	0.39***	−0.10	0.29***
男(参照:女)	0.67	0.45	0.21	0.03	0.01	0.04	0.11	0.07
年龄(≤35 岁)								
36—45 岁	−1.41	−0.77	−0.64*	−0.36***	0.09	−0.20*	−0.04	−0.13
≥46 岁	−1.45	−0.90	−0.56	−0.28*	−0.13	−0.33*	−0.11	−0.11
年资	0.04	0.05	−0.01	−0.01	0.01	0.00	0.01	−0.00
职称级别(参照:中级及以下)								
副高级	1.20	1.06	0.13	0.12	−0.13	0.02	−0.14	0.06
正高级	3.52***	3.00***	0.51	0.22*	−0.01	0.28*	0.22*	0.26*
有行政职务(参照:无)	3.30***	2.68***	0.61*	−0.11	0.21**	0.07	0.22**	0.08
C9 高校(参照:非 C9 高校)	0.01	−0.51	0.52*	0.06	0.03	0.22*	0.20*	0.23**
高校地区(参照:东部)								
中部	−0.46	−0.15	−0.31	−0.16*	0.13	0.02	−0.08	−0.09
西部	−0.25	0.06	−0.31	−0.26***	−0.02	−0.08	−0.26***	−0.20**
东北	−0.81	−0.13	−0.66***	−0.27***	0.18*	−0.29**	−0.24*	−0.26**
理工科(参照:人文社科)	−0.87	−0.53	−0.34*	−0.15**	−0.05	−0.10	−0.24***	0.01
国家重点学科(参照:一般学科)	0.99	0.83	0.17	0.12*	−0.04	0.12	0.05	0.12*
学院优势方向(参照:非优势方向)	1.90**	1.85***	0.05	−0.05	0.04	−0.03	0.19**	0.11*
博导为知名学者(参照:博导为普通学者)	−0.32	−0.26	−0.07	0.05	0.02	0.05	0.12*	0.06
本科毕业高校(国内一般高校)								
原“211 工程”高校	1.31	1.27	0.04	−0.17*	0.18*	−0.18	−0.08	−0.23*
原“985 工程”高校	0.50	0.36	0.15	−0.04	0.12	−0.11	−0.06	−0.17*
海外高校	0.58	−0.57	1.15**	0.34*	−0.08	0.37*	−0.00	0.24
科研时间投入	1.33***	1.10***	0.23**	0.03	0.06*	0.07*	0.12***	0.07**
常数项	0.30**	0.07	0.22	0.69***	3.57***	1.65***	1.79***	1.18***
样本量	1 514	1 514	1 514	1 520	1 520	1 520	1 520	1 520
修正 R^2	0.06	0.06	0.05	0.15	0.02	0.06	0.09	0.07

注: * 表示 $p<0.05$, ** 表示 $p<0.01$, *** 表示 $p<0.001$;多元共线性检验结果同表 4-8。

优势有所下降，本土学术网络关系强度的劣势有所缓和。上述结果表明，海外流动经历对大学教师学术网络特征的影响具有“两面性”，它扩大并优化了大学教师的海外学术网络规模和结构，但却降低了其本土学术网络质量。

然而，值得注意的是，连续一年及以上的海外流动经历并不是中国大学教师与海外学术同行建立关系网络的唯一途径。本研究的调查结果显示，虽然本土教师的海外学术网络规模和质量低于海归教师，但并非完全缺失。平均而言，本土教师的总体海外学术网络规模为 0.93 人；核网海外规模为 0.42 人；相熟的海外学术同行占一半以上的达 15.64%，占小部分的达 36.47%；顶尖的海外学者占一半以上的达 11.22%，占小部分的达 28.35%。可见，本土教师的学术网络中不仅有海外学术同行，而且相熟的海外同行和顶尖的海外学者也占一定的比例，甚至有的本土教师将海外同行纳入自己的核心学术网络。

本土教师海外学术网络的建构途径可能主要有三条。一是短期海外流动。任职于“双一流”建设高校的本土教师虽然没有连续一年及以上的长期海外流动经历，但往往会有三个月或六个月等短时间的海外流动经历，短期的海外流动经历对海外学术网络的建立可能也具有一定的作用。二是中外合作科研项目。为实现世界一流大学的建设目标，中国“双一流”建设高校积极推动科学研究国际化与人才培养国际化，与海外学术机构签署了多项中外合作协议，任职高校的中外合作平台就成了本土教师建立海外学术网络的又一途径。三是海归教师的纽带作用。海归教师不仅是“知识桥”，也是“关系桥”。陈学飞的研究发现，留学归国人员是扩大本单位和母国与国际学术界联系的桥梁和纽带。[①]贝内拉(Bernela)以任职于法国图卢兹同一

① 陈学飞.改革开放以来大陆公派留学教育政策的演变及成效[J].复旦教育论坛，2004(3):12-16.

实验室但具有不同地理流动经历的两位高产化学家(一位有多次国际流动经历,一位没有任何国际流动经历)为研究对象,综合采取履历分析、文献计量分析和访谈分析等方法探究了地理流动对科学家论文合作网络的影响,结果发现,除长期的地理流动外,短期流动和通过他人引介激活关系链等方式也是建立合作网络的有效渠道。一方面,学术界凭借网络特性组建专业体系,科学家通过参加学术会议、做访问学者和陪审团成员等需要短期地理流动的专业活动与其他学术同行建立组织近似性和临时的地理近似性,促成远距离的学术合作;另一方面,每个人都嵌入在人际关系网络之中,通过关系人的引介可以在没有地理流动的情况下建立新的学术合作关系。虽然,地理流动有助于建立学术合作关系网络,但它并非唯一途径,甚至不是最重要的途径。①

控制变量也得出了非常有意义的发现。从人口学特征来看,大学教师的各类学术网络规模与结构均不存在显著的性别差异。这不同于已有的大部分研究结果,以往无论是关于普通城市居民的研究②还是关于学术界科研合作网络的研究③和学术交流网络的研究④,普遍发现女性存在明显的"网络欠缺"问题,学界认为家庭责任分工⑤和对女性学术能力与学术抱负的性别偏见⑥是限制女性建构

① Bernela B, Milard B. Co-authorship Network Dynamics and Geographical Trajectories—What Part Does Mobility Play? [J]. Bulletin de Méthodologie Sociologique, 2016, 131(1):5-24.

② 程诚,王奕轩,边燕杰.中国劳动力市场中的性别收入差异:一个社会资本的解释[J].人口研究,2015, 39(2):3-16.

③ 赵延东,周婵.我国科研人员的科研合作网络分析:基于个体中心网视角的研究[J].科学学研究,2011, 29(7):999-1006.

④ 朱依娜,何光喜.学术产出的性别差异:一个社会网络分析的视角[J].社会,2016, 36(4):76-102.

⑤ 乔纳森·R.科尔,哈丽特·朱可曼,张纪昌.婚姻生育对女性科学家科研成果的影响[J].山东科技大学学报(社会科学版),2006(1):15-20.

⑥ Gaston J. The Sociology of Science[M]. San Francisco: Jossey-Bass, 1978:6-37.

学术网络的主要原因。与对学术素养的研究结果类似,本部分的调查结果再次表明,任职于中国高水平大学的女教师并不受传统性别角色的束缚,她们不仅具备远大的学术抱负和卓越的学术能力,而且积极建构自身的学术网络,以达到自我实现的目的。年龄差异主要表现在海外学术网络方面,与 35 岁及以下教师相比,36—45 岁教师的海外学术网络规模、核网海外规模和海外学术网络的关系强度显著较低,46 岁及以上教师的核网海外规模和海外学术网络的关系强度也显著较低,这主要是由于 35 岁及以下的年轻教师多采取海外博士或海外工作的流动方式,在海外流动的时间相对较长,拥有更充分的时间与海外学术同行建立较为稳固的学术关系。然而,年资对大学教师的各类学术网络特征并无显著影响。

从地位结构来看,教师个人的学术地位和行政地位、任职高校和学科专业的组织地位以及博导的声望对学术网络规模与网络结构具有显著正向影响。这一结果说明学术场域的"差序格局"不仅存在于正式的院系博士互聘网络和个人学术互引网络之中①,而且也体现在非正式的个人学术交流网络之中。这既源于结构约束,也是教师个体的主动选择。结构约束视角认为个体的结构位置会影响人们的社会交往方式和交往范围,从而影响其网络大小和网顶高低。②个体选择视角认为不同阶层的行动者在建立社会网络时并非同样遵循同质性原则。对于社会顶层的行动者而言,同质性关系意味着交往对象与他们的地位近似,同质性网络更有工具价值,所以更偏好与地位近似的人建立同质性网络。对于社会底层的行动者而言,遵循同质性原则建立的社会网络无助于摆脱底层的位置,为了实现工具性目的,他们更倾向于建立"向上攀附的异质性"网络关系,但是由于向上

---

① 张斌.学术场域的政治逻辑[D].上海:华东师范大学,2013:73-120.

② 边燕杰.城市居民社会资本的来源及作用:网络观点与调查发现[J].中国社会科学,2004(3):136-146.

攀附的异质性关系维持成本较高且难以得到身居高位者的响应，导致向上攀附的异质性关系难以建立，即使建立起来也可能在短时间内消亡。[①]在学术场域结构位置较高的教师与海内外顶尖学者和其他学术同行交流互动的机会较多，具备扩大学术网络规模，提升学术网络关系强度和网络顶端的结构优势。在学术网络建构过程中，学术地位较高者会遵从同质性原则努力建立与自己地位接近的学术网络，以维持并强化这一结构优势。暂时游离于学术场域边缘的教师既缺乏与学术同行，尤其是顶尖学者交流互动的机会，也难以与顶尖学者建立持久稳定的学术关系，导致其网络规模、关系强度和网络顶端相对较弱。

任职高校区域也会显著影响大学教师的学术网络特征。与东部高校教师相比，中部高校教师的核网海外规模、西部高校教师的核网海外规模和两类学术网络顶端数值显著较低，东北高校教师的海外学术网络规模、核网海外规模、海外学术网络的关系强度和两类学术网络顶端数值显著较低，但本土学术网络的关系强度显著较高，可见东北高校教师的海外学术网络融入最不理想。比较反常的是，与国际更为接轨的理工科教师不仅本土学术网络顶端数值显著低于人文社科教师，而且海外学术网络规模和核网海外规模也显著较低。一个可能的原因是样本中的人文社科包括经济学和管理学，经管学科的国际交流程度并不弱于理工科，由于数据限制，本研究无法将经管学科分离出来加以检验，未来的研究需要进行更细致的学科分类，以进一步检验这一差异。与本科毕业于国内一般高校的教师相比，本科毕业于原“211 工程”高校的教师在核网海外规模和海外学术网络顶端方面显著较低，但其本土学术网络的关系强度显著较高；本科毕业于原“985 工程”高校的教师在海外学术网络顶端方面显著较低；本科就留学海外的大学教师因在海外学习的时间较长，往往拥有更大的海外学术网络规模和核网海外规模，海外学术网络的关系强度

① 梁玉成.社会资本和社会网无用吗？[J].社会学研究，2010，25(5)：50－82.

也显著较高。个体努力程度也显著影响大学教师的学术网络特征,大学教师的科研时间投入越多,各类学术网络的规模越大(除核网海外规模)、关系强度和网络顶端方面也越高,这表明学术抱负越强的大学教师越注重学术网络建设。

(二)海外流动经历对大学教师学术网络特征影响的学科、性别和年龄异质性

基于总样本的分析结果在不同学科子样本中都得到了验证,无论是理工科教师还是人文社科教师,海外流动经历都可以显著提升其海外学术网络规模、核网海外规模以及海外学术网络的关系强度和网络顶端,并显著降低本土学术网络的关系强度,而对整体学术网络规模、本土学术网络规模和本土学术网络顶端均无显著影响,组间系数差异也均未通过显著性检验,表明海外流动经历对大学教师各类学术网络特征的影响效应并无显著的学科差异。

在性别方面,不同性别的大学教师均可通过海外流动显著扩大核网海外规模,提升海外学术网络的关系强度,海外流动经历对不同性别教师的整体学术网络规模、本土学术网络规模和本土学术网络顶端均无显著影响,与总样本的研究结论一致。但在其他学术网络特征方面,却呈现出与总样本不一致的分析结果。其中,海外流动经历仅对男教师的海外学术网络规模和海外学术网络顶端具有显著正向影响,而对女教师却呈正向不显著;海外流动经历也仅对男教师的本土学术网络关系强度具有显著负面影响,而对女教师却呈负向不显著。这表明海外流动经历虽然对男教师海外学术网络的优化作用大于女教师,但对男教师本土学术网络的削弱作用也大于女教师。这一结果可能源于学术场域的性别构成差异。社会网络的建立具有明显的性别同质性①,在以男性主导的学术场域,女教师在优化海外

① Mcdowell J M, Smith J K. The Effect of Gender-Sorting on Propensity to Co-author: Implications for Academic Promotion[J]. Economic Inquiry, 1992, 30(1):68-82.

学术网络方面可能会受到限制。同时,这一结果可能也反映了大学教师建构学术网络取向的性别差异,男教师可能更倾向于建立海外学术网络,女教师可能更乐于维持本土强关系。换言之,男教师更追求“大而高”的异质学术关系网络,女教师更追求“熟悉亲密”的同质学术关系网络。虽然存在上述差异,但是 SUR 检验结果显示,各类学术网络特征的组间系数差异均未达显著水平,表明海外流动经历对大学教师各类学术网络特征的影响效应也无显著的性别差异。

在年龄方面,海外流动经历对不同年龄阶段大学教师的海外学术网络规模、核网海外规模、海外学术网络的关系强度和网络顶端均有显著正向影响,表明海外流动经历的海外学术网络优化作用在不同年龄阶段具有稳健性。但是,从回归系数来看,海外流动经历对不同年龄阶段大学教师的海外学术网络优化作用呈现出年龄越大,提升幅度越小的趋势。在本土学术网络方面,海外流动经历仅对 46 岁以下教师的本土学术网络关系强度有显著负面影响,并仅对 35 岁及以下教师的本土学术网络顶端有显著负面影响,并呈现出年龄越大,负面作用越小的趋势。与总样本的分析结果一致,海外流动经历对不同年龄阶段大学教师的整体学术网络规模和本土学术网络规模均无显著影响。SUR 检验结果显示,海外流动经历对大学教师部分学术网络特征的影响效应呈现出显著的年龄差异。其中,海外流动经历对 46 岁及以上教师核网海外规模和海外学术网络关系强度的正向影响显著低于 35 岁及以下教师;而对 46 岁及以上教师本土学术网络顶端的负面影响显著小于 46 岁以下的教师。年龄差异可能与不同年龄阶段的大学教师采取的海外流动方式不同有关。年轻教师多采取海外博士、海外工作或海外博士/工作[①]的流动方式,在海外流动的时间更长,学术参与程度更深,因而可以更好地优化自身的海

① 指具有海外博士和海外工作双重经历,但不包含同时具有海外访学、海外博士和海外工作三重经历,下同。

表 5-5　海外流动经历对不同学科、性别、年龄大学教师学术网络特征的异质性影响

网络特征	学科		性别		年龄		
	理工科	人文社科	男	女	≤35 岁	36—45 岁	≥46 岁
整体规模	−0.19 (0.85)	1.66 (1.05)	0.32 (0.76)	1.44 (1.26)	−0.74 (1.29)	0.37 (0.90)	1.40 (1.29)
本土规模	−0.74 (0.73)	0.94 (0.94)	−0.36 (0.66)	1.07 (1.12)	−1.57 (1.07)	−0.22 (0.79)	0.93 (1.16)
海外规模	0.55* (0.21)	0.72* (0.30)	0.68** (0.20)	0.39 (0.29)	0.83* (0.46)	0.59** (0.22)	0.47* (0.26)
核网海外规模	0.60*** (0.07)	0.71*** (0.09)	0.65*** (0.06)	0.66*** (0.13)	[1.13***] [(0.12)]	0.58*** (0.09)	0.41*** (0.09)
相熟本土同行	−0.17* (0.07)	−0.22* (0.10)	−0.23** (0.07)	−0.08 (0.14)	−0.28* (0.12)	−0.25* (0.09)	−0.08 (0.10)
相熟海外同行	0.37*** (0.09)	0.39** (0.11)	0.38*** (0.07)	0.36* (0.15)	[0.58***] [(0.13)]	0.44*** (0.11)	0.20* (0.11)
顶尖本土学者	−0.14 (0.08)	−0.04 (0.11)	−0.12 (0.07)	−0.06 (0.14)	[−0.28*] [(0.12)]	[−0.15] [(0.10)]	0.14 (0.11)
顶尖海外学者	0.28** (0.08)	0.28** (0.10)	0.31*** (0.07)	0.15 (0.13)	0.30* (0.12)	0.25* (0.10)	0.36** (0.11)

注：* 表示 $p<0.05$，** 表示 $p<0.01$，*** 表示 $p<0.001$；表中呈现的是非标准化回归系数，括号内为标准误；所有模型均已加入表 5-4 中的控制变量，为节省篇幅，省略控制变量结果；表中加方框显示的数据表示组间系数差异达到显著水平，未加方框显示的数据表示组间系数差异未达显著水平，其中，年龄组的系数差异是两个年龄段分别与“46 岁及以上”教师子样本的对比结果。

外学术网络，但在本土学术网络方面的损失也相对较大；年长教师多采取海外访学的流动方式，相对较短的海外流动时间和较低的海外学术参与程度导致其海外学术网络的提升幅度较低，但在本土学术网络方面的损失也相对较小。关于这一点将在下文通过流动类型的分析进一步加以证明。

（三）各类海外流动经历对大学教师学术网络特征的异质性影响

分流动类型来看，各类海外流动经历均对大学教师的整体学术网络规模和本土学术网络规模无显著影响，再次验证了这一结论的稳健性。各类海外流动经历均可显著改善大学教师的海外学术网络规模、核网海外规模、海外学术网络的关系强度和网络顶端，但不同类型的海外流动经历对海外学术网络的优化作用存在程度差异。其中，海外博士/工作流动和海外博士流动的影响效应较大，其后是海外工作流动，影响效应最低的是海外访学流动。虽然海外工作教师和海外访学教师在海外学术网络方面的收益较低，但在本土学术网络方面的损失也较小，无论是本土学术网络的关系强度还是网络顶端，海外工作教师和海外访学教师均与本土教师不存在显著差异。相反，虽然海外博士/工作教师和海外博士教师在海外学术网络方面的收益较高，但这却是以降低本土学术网络的质量为代价的。海外博士/工作教师和海外博士教师的本土学术网络关系强度显著低于本土教师，海外博士教师的本土学术网络顶端也显著低于本土教师。正如鱼和熊掌不可兼得，海外学术网络和本土学术网络的建构也难以兼顾。关系的建立与维持需要时间、精力、物质和情感资源的投入，在一定的时间范围内，个体的关系网络容量是有限的。①换言之，个体的关系网络并不能无限扩大，当达到个体可以维护的极值，一方的加入就需要另一方的退出，一方关系强度的提升就必然伴随着另

① Roberts S B G, Dunbar R I M. Managing Relationship Decay: Network, Gender, and Contextual Effects[J]. Human nature (Hawthorne, N Y), 2015, 26(4):426 - 450.

一方关系强度的下降。总体而言,大学教师的本土学术网络和海外学术网络大致处于此消彼长的一个状态。

表 5-6 各类海外流动经历对大学教师学术网络特征的异质性影响

网络特征	海外访学	海外博士	海外工作	海外博士/工作
整体规模	0.79(0.80)	1.15(1.46)	−0.80(0.89)	0.20(1.10)
本土规模	0.53(0.73)	−0.43(1.18)	−1.24(0.81)	−1.40(0.90)
海外规模	0.26*(0.14)	1.58*(0.61)	0.47*(0.23)	1.60***(0.43)
核网海外规模	0.35***(0.05)	1.34***(0.14)	0.52***(0.09)	1.31***(0.15)
相熟本土同行	−0.12(0.07)	−0.38**(0.14)	−0.09(0.11)	−0.37**(0.14)
相熟海外同行	0.15*(0.07)	0.75***(0.16)	0.46***(0.13)	0.81***(0.14)
顶尖本土学者	−0.12(0.07)	−0.36**(0.13)	−0.05(0.12)	−0.12(0.14)
顶尖海外学者	0.15*(0.06)	0.33**(0.12)	0.28*(0.11)	0.68***(0.14)

注:* 表示 $p<0.05$,** 表示 $p<0.01$,*** 表示 $p<0.001$;海外访学模型和海外工作模型的控制变量在表 5-4 的基础上额外加入了"博士毕业于原'985 工程'高校/中(社)科院"这一虚拟变量;海外博士模型和海外博士/工作模型的控制变量与表 5-4 相同。

三、海归教师学术网络特征的动态演变

达沃(Davern)指出社会网络这一概念包括结构、资源、规范和动态过程四个维度,社会网络从来就不是固定的、一成不变的,而是流动的、易变的。①边燕杰也认为"关系是动态的,关系会死亡、淡出、休眠,关系也会从无到有,从弱到强"②。为考察海归教师学术网络特征的动态演变,本部分采用梁玉成③利用横截面数据探讨社会网络

① Davern M. Social Networks and Economic Sociology: A Proposed Research Agenda for a More Complete Social Science[J]. American Journal of Economics and Sociology, 1997, 56(3):287 - 302.

② 边燕杰.社会网络与地位获得[M].北京:社会科学文献出版社,2012:90.

③ 梁玉成.社会资本和社会网无用吗? [J].社会学研究,2010, 25(5):50 - 82.

动态变化的变通方法，选取需要回国重新择业的海外博士教师、海外工作教师和海外博士/工作教师群体作为分析样本，并按照回国时长将样本分为回国初期（≤3 年）、回国中期（4—10 年）和回国后期（≥11 年）3 个子样本，假定不同回国时长的海归教师在学术网络之间的异质性就是个体在不同回国阶段的差异。在 SPSS 25.0 中采用单因素方差分析，探讨三个回国阶段的海归教师在学术网络特征方面的差异，并采用 LSD 进行事后比较。

如表 5-7 所示，海归教师在不同回国阶段的整体学术网络规模和海外学术网络顶端没有显著变化，但在其他学术网络特征方面的变化均达显著水平。随着回国时间的延长，海归教师的本土学术网络有所改善，在三个回国阶段，海归教师的本土学术网络规模（7.21—7.33—9.07）、关系强度（3.49—3.69—3.84）和网络顶端（2.16—2.31—2.59）逐渐提升，回国后期的本土学术网络规模和网络顶端显著高于回国初期和回国中期，回国中期和回国后期的本土学术网络关系强度显著高于回国初期。与本土学术网络不同，海归教师的海外学术网络规模（2.88—1.71—1.80）、关系强度（2.68—2.40—2.48）和网络顶端（2.12—2.04—2.10）呈现出先降后升的趋势，但一直没有达到回国初期的水平，回国初期的海外学术网络规模显著高于回国中期和回国后期，回国初期的海外学术网络关系强度也显著高于回国中期。海归教师核网海外规模（1.80—1.46—1.19）呈现出逐渐降低的趋势，回国初期显著高于回国中期和回国后期，回国中期也显著高于回国后期。对留美的日本学者回国后学术合作网络的研究也发现，海外科学家回到日本后，仅有约 10%的学术关系纽带得以维持且其中一半以上在回国后的三年内便断绝了。[①]来自新加坡的

① Murakami Y. Influences of Return Migration on International Collaborative Research Networks: Cases of Japanese Scientists Returning from the US[J]. The Journal of Technology Transfer, 2014, 39(4):616 - 634.

表 5-7　海归教师学术网络特征的动态演变

学术网络特征	回国阶段	N	M	SD	F 值	水平比较
整体规模	回国初期(A)	224	10.10	12.09	1.72	
	回国中期(B)	256	9.05	8.26		
	回国后期(C)	164	10.88	9.85		
本土规模	回国初期(A)	224	7.21	8.70	3.03*	C>A；C>B
	回国中期(B)	256	7.33	7.20		
	回国后期(C)	164	9.07	8.53		
海外规模	回国初期(A)	224	2.88	5.32	6.46**	A>B；A>C
	回国中期(B)	256	1.71	2.23		
	回国后期(C)	164	1.80	3.17		
核网海外规模	回国初期(A)	225	1.80	1.19	12.69***	A>B；A>C；B>C
	回国中期(B)	256	1.46	1.21		
	回国后期(C)	164	1.19	1.23		
相熟本土同行	回国初期(A)	225	3.49	1.08	5.10**	B>A；C>A
	回国中期(B)	256	3.69	1.08		
	回国后期(C)	164	3.84	1.08		
相熟海外同行	回国初期(A)	225	2.68	1.25	3.12*	A>B
	回国中期(B)	256	2.40	1.24		
	回国后期(C)	164	2.48	1.35		
顶尖本土学者	回国初期(A)	225	2.16	1.04	6.72**	C>A；C>B
	回国中期(B)	256	2.31	1.16		
	回国后期(C)	164	2.59	1.32		
顶尖海外学者	回国初期(A)	225	2.12	1.17	0.30	
	回国中期(B)	256	2.04	1.19		
	回国后期(C)	164	2.10	1.35		

注：* 表示 $p<0.05$，** 表示 $p<0.01$，*** 表示 $p<0.001$。

研究也证明学者的跨国流动往往伴随着合作网络的变化，当学者流动到一个新的国家后，与本地合作的数量在前几年大幅增长并持续增长到第八年，而与先前东道国的合作虽然存在但显著下降并持续下降到第十年，并指出地理距离的扩大、与本土学者建立关系的需求和个体时间精力的限制是导致这一变化的主要原因。①

除了学术网络规模与结构的变化外，本研究的访谈还发现，海归教师回国后的海外学术网络成员也会发生变化，他们不仅与在海外流动期间认识的海外学术同行保持联系，而且根据研究需要继续拓展新的海外学术网络。例如，在德国拿到博士学位的人文社科教师D1 表示，她回国后通过参加学术会议和同行介绍等方式结识了新的海外同行，在其当前的海外学术网络中，于海外读书期间建立起来的海外学术网络只占一半左右；在日本拿到博士学位并做过博士后的理工科教师 DJ4 也表示，他回国后既与原来日本实验室的同行保持学术交流关系，也通过目前任职高校的中法合作平台拓展了新的海外学术网络，并且目前与法国的学术合作交流要多于日本。

在保持一部分海外学术网络的同时，海归教师回国后将主要精力转向本土学术网络的建构，以融入本土学术圈。一方面，海归教师会重建出国前旧有的本土学术网络，加强与之前认识的本土同学、同事和导师的学术联系；另一方面，他们也通过参加学术会议、加入专业学会、参与项目合作、他人介绍、主动邀请、主动联系文献作者等方式积极拓展新的本土学术网络。其中，参加学术会议是拓展海内外学术网络最主要的渠道，73.3%的受访教师表示通过参加学术会议建立了新的学术网络。梅克斯(Melkers)等人也发现参加学术会议是美国学者寻找国外学术合作者最为重要的渠道。②在学术界，学术

① Wang J, Hooi R, Li A X, et al. Collaboration Patterns of Mobile Academics: The Impact of International Mobility[J]. Science & Public Policy, 2019, 46(3):450-462.

② Melkers J, Kiopa A. The Social Capital of Global Ties in Science: The Added Value of International Collaboration[J]. The Review of Policy Research, 2010, 27(4):389-414.

会议是学术共同体成员常规的、制度化的学术交流平台,学术会议尤其是国际性的大型会议,往往汇聚了世界各地的学术同行,这为学者间的交流互动创造了绝佳的物理空间。在会议间歇期,参会者可以主动与自己感兴趣的学者进行面对面的互动交流,凭借共同的学术兴趣拓展学术网络。

第二节　动员的社会资本:海外流动经历与大学教师的学术网络资源

社会网络之所以重要是因为其中嵌入了满足个体行动目的所需的有价值资源。潜在的社会资本只反映了一种静态的网络连接状态,真正发挥社会支持作用的是实际动员得到的社会资源。"社会资本动员是架通社会资本从投资到回报的桥梁,它决定着嵌入在关系网络中的社会资本能否最终为行动者带来回报以及回报的多少。"① 因此,对社会资本的研究更应该关注动员的社会资本。研究动员的社会资本首先需要研究动员的资源类型,也即社会网络中究竟嵌入了哪些社会资源?目前,学界对这一问题的研究主要集中于求职过程,研究者主要关注个体在求职过程中动员了哪些资源,这些资源如何影响求职结果。这一研究脉络以边燕杰为代表,他根据关系人提供的求职帮助行为,将求职网嵌入的资源分为信息资源和人情资源。其中,信息资源包括"提供就业信息、介绍招工情况、提出申请建议和协助整理申请材料"四类帮助行为;人情资源包括"帮助报名、递交申请、实名推荐、打招呼、安排面谈、陪同造访、承诺雇主要求和直接提供工作"等八类帮助行为。相比信息资源,人情资源需要关系人对雇主施加影响以获取人情偏好,是一种

① 李黎明,龙晓,李晓光.谁更愿意动员社会资本?:基于心理人格特质的实证分析[J].社会学评论,2018,6(6):44-56.

更具实质意义的关系资源。[①]求职网的学者们沿用这一资源分类策略对社会网络如何影响普通劳动力市场中的求职收入问题展开大量实证研究,取得了丰硕的理论成果。然而,作为职业网络的学术网络在学术劳动力市场中究竟嵌入了哪些资源,尚未有学者开展相关研究。信息资源和人情资源是针对普通劳动力市场的求职活动做出的资源划分,并不能凸显学术劳动力市场中学术活动的特质。作为一项探索性研究,本研究根据深度访谈结果,从学术研究"过程—结果"的维度将学术网络中嵌入的学术资源划分为指向研究过程的知识生产资源和指向研究结果的学术认可资源。知识生产资源包括"提供科研信息、激发学术灵感和提供研究建议、共享研究设备和研究材料、引介研究所需同行、排解研究中的负面情绪"五类帮助行为,学术认可资源包括"增加论文发表机会、项目立项机会和晋升奖励机会"三类帮助行为。

在厘清动员的资源类型后,需要进一步研究各类资源的动员含量。关于社会资本动员含量的研究发现,潜在的社会资本可以为动员的社会资本提供网络基础,但潜在的社会资本并不能自动转化为动员的社会资本,社会资本的动员含量还会受到行动者动员意愿[②]和动员能力[③]的影响,如果个体缺乏社会资本的动员意愿和动员能力,那么即使拥有丰富的潜在社会资本,实际动员的资源含量可能也很少。前文的研究发现,不仅海归教师,中国高水平大学的本土教师也同时拥有本土学术网络和海外学术网络,只是海归教师的本土学术网络关系强度显著低于本土教师,海外学术网络规模、关系强度和

① 边燕杰,张文宏,程诚.求职过程的社会网络模型:检验关系效应假设[J].社会,2012,32(3):24-37.

② 李黎明,龙晓,李晓光.谁更愿意动员社会资本?:基于心理人格特质的实证分析[J].社会学评论,2018,6(6):44-56.

③ 李黎明,李晓光.社会结构、交往行动与社会资本动员:以社交餐饮网的建构过程为例[J].社会科学战线,2016(12):186-196.

网络顶端显著高于本土教师。那么,潜在的社会资本差异是否会影响动员的社会资本含量?本节将重点探讨大学教师从本土学术网络和海外学术网络动员的资源差异,以及海外流动经历对大学教师学术网络资源动员的影响效应和作用路径。

一、本土学术网络和海外学术网络的资源动员差异

“对本土学术发展而言,本土学术网络和海外学术网络究竟哪个更为重要?”访谈中就这一问题询问了24位受访教师,作为一道开放性问题,24位受访教师共提供了5种答案,其中15人认为本土学术网络更重要,4人认为两类网络都重要,3人认为个人的研究实力更重要,仅有1人认为海外学术网络更重要,还有1人感觉不好说。考虑到社会网络作用的实质是对有价值社会资源的动员,从本土学术网络和海外学术网络资源动员差异的角度可以对比两类学术网络的相对重要性,同时帮助我们了解本土学术网络的重要性究竟体现在哪里?本土学术网络和海外学术网络的功能作用有何不同?基于此,根据前期访谈调查提取的学术网络资源类别,本研究在调查问卷中设置“您的本土学术人脉是否可以在以下方面为您提供帮助?”和

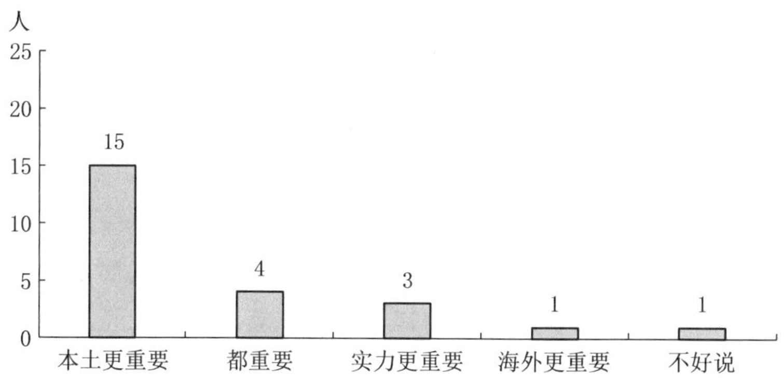

图5-2　本土学术网络和海外学术网络的重要性对比

数据来源:本研究的访谈调查。

“您的海外学术人脉是否可以在以下方面为您提供帮助?”两道矩阵单选题,采用李克特五级计分,1 表示完全没有帮助,5 表示帮助非常大,通过配对样本 T 检验对比大学教师从两类学术网络中动员的资源差异。

（一）指向研究过程的知识生产资源

1. 科研信息资源

为促进科学信息的传播,几百年来,科学界逐渐形成了一套由书籍、杂志、评论文章、文摘和索引构成的正式的、公开的科学交流系统。然而,由于科学信息量的迅猛增长以及研究前沿的复杂性和易变性,任何人都难以仅仅通过正式的科学交流系统紧跟研究领域的新发现。克兰对无形学院的研究发现,除了正式的科学交流系统,科学领域还有着自己有效的非正式交流网络,通过个人传播的思想扩散要比仅通过出版物扩散更加有效,那些与本领域的学术同行缺乏非正式联系的科学家在获取信息上面临的困难最大。①克兰的研究虽然证明了个人的非正式学术交流网络中嵌入着丰富的科研信息资源,但她并未指出究竟包含哪些科研信息资源。从本研究的访谈资料来看,学术网络中主要包含三类科研信息资源。一是学术同行的研究工作信息。通过与学术网络成员的交流互动,学者可以了解学术同行的研究情况,避免重复研究,提高知识生产资源的利用效率,“一方面就是能够了解大家都在做什么,至少能够知道世界主流的几个同行都在做些什么事情,了解自己的同辈在做些什么事情,这样可以避免和自己的同行发生冲突,比如说一个课题可能你做他也做,如果相互之间不了解就做到一块去了”(J6 男 理工科 副教授)。科学史的研究发现,在科学的发展历程中有大量的重复发现,即不同的人在不同的地方独立地获得同一科学发现,独立多重发现经常引发科

① 黛安娜·克兰.无形学院:知识在科学共同体的扩散[M].刘璐璐,等,译.北京:华夏出版社,1988:107-119.

学家之间的优先权之争,历史上的许多伟大科学家都曾卷入过这种争论。[①]了解学术同行正在开展的研究工作可以避免发生这种冲突,促使科研人员及时调整研究方向,减少重复研究的发生比例。二是学术前沿信息,与学术网络成员的交流互动可以及时跟踪学术前沿动态,降低前沿信息的搜寻成本,“他们(海外同行)可以给我提供一些比较前沿的研究成果或是学界的一些信息”(D1 女 人文社科 青年研究员)。三是科研立项信息,包括立项方向和立项标准信息。由于不同国家具有不同的理论和技术需求,科研立项信息主要嵌入在本土学术网络之中,“你要知道做什么方向才是我们国家需要的,是发钱的部门支持的,不是说你随便做个方向他们就认可,这个是经过多次讨论的,有的人很聪明,他自己就能猜出来,但很多时候你得别人告诉你。另外,谁来评审你,以什么标准评审你,一个西方人肯定告诉不了你,只有中国的‘大牛’才知道这个事情是怎么回事,他们才会告诉你,你应该做到什么样的标准,你方向对了还不太够,你还要做到什么标准才有机会”(J1 男 理工科 研究员)。准确把握科研立项信息可以增加学者的立项机会,获取科学研究所必需的资金支持,对重要问题的解决也是学者迅速获得学术认可的有效途径。哈格斯特龙(Hagstrom)认为,科学家之所以选择研究“时尚”的科学问题,不是出于理论的考虑,而是因为他们相信解决这些问题可以使他们迅速获得学术界的认可。[②]由于科研立项信息的重要性和本土嵌入性,大学教师更多地从本土学术网络动员科研发展和科研立项走向等科研信息资源。配对样本 T 检验结果显示,大学教师从本土学术网络动员的科研信息资源比海外学术网络高出 0.15,本土教师从本土学术网络动员的科研信息资源比从海外学术网络动员的高出 0.41,并

① 杰里·加斯顿.科学的社会运行:英美科学界的奖励系统[M].顾昕,译.北京:光明日报出版社,1988:4.

② 黛安娜·克兰.无形学院:知识在科学共同体的扩散[M].刘珺珺,等,译.北京:华夏出版社,1988:84.

且均达1‰的显著水平，海归教师从本土学术网络动员的科研信息资源虽未达显著水平，但也比从海外学术网络动员的高出0.07。

2. 灵感建议资源

对学术创新至关重要的学术灵感经常诞生于学术同行之间的交流互动中。在本研究的访谈中，有3位受访教师提到与学术网络成员的交流互动激发了自己的学术灵感，拓宽了研究思路，如“他们(海外同行)对我的帮助比较多的其实就是提供一些新的视角，还有就是大家一起探讨某些问题的时候会有所触动”(D1 女 人文社科 青年研究员)。除了交流互动中碰撞出的学术火花之外，学术网络成员也会为教师提供具体的研究建议，如“我们相互之间会交换未发表的论文和项目申请书，请对方帮忙提修改意见，有时已经拿到项目的朋友会把他的本子拿给我看他当时是怎么写的”(DJ2 男 理工科 研究员)。配对样本T检验结果显示，大学教师尤其是海归教师，从本土学术网络动员的灵感建议资源显著低于海外学术网络，而本土教师从本土学术网络动员的灵感建议资源更高但未达显著水平，这可能是由于本土教师潜在的海外社会资本欠缺限制了其从海外学术网络动员资源的能力。对学术网络中嵌入的八类学术资源进行对比发现，灵感建议资源是唯一一类海归教师从海外学术网络动员更多且达到显著水平的学术资源，这既源于海归教师更为丰富的潜在海外社会资本，也可能与海归教师个体的动员选择有关。知识复合理论认为，来自远距离的知识与个人知识的融合更易产生创新思想。[①]与海外学术同行的交流互动可能更易激发海归教师的学术灵感，海归教师可能更倾向于与海外同行进行学术交流。

3. 设备材料资源

研究设备是实验学科开展研究工作不可或缺的基本工具，“工欲

---

① Franzoni C, Scellato G, Stephan P. The Mover's Advantage: The Superior Performance of Migrant Scientists[J]. Economics Letters, 2014, 122(1):89－93.

善其事，必先利其器”，精密的研究设备对科研成败具有重要影响。非实验学科的研究工作也需要借助书籍、文献、档案材料等其他一手的研究资料。然而，在很多情况下，学者所在的研究单位并不能够提供充分的研究设备或研究材料支持，学者在研究过程中经常遇到研究设备材料缺乏、质量不高、自己购买价格昂贵且周期较长等问题，通过与学术网络成员共享研究设备材料可以迅速便捷地解决这些现实困难，节省研究成本，提高研究效率。“因为每个人在不同的学校拿到的经费支持不一样，每个人最想做的事情也不一样，所以购买的仪器设备也不一样。所以就是我跟你说的，我这做不了是吧，不担心，我有地方可以做（笑），没有疫情的时候我们就是到处跑，他们的人也跑到我这里来做，我的人也跑到他们那里去做，这样一下就解决了，讨个路费在国内也很快”（DJ2 男 理工科 研究员）；“有一次我要找一个学会的档案，但怎么也找不到，我就问另外一个教授，他说这个学会的档案在搬迁的时候销毁掉了，他那有一些副本可以借给我用，像这样的信息你在网上怎么样都是查不到的，只能通过这种私人的交往关系”（D1 女 人文社科 青年研究员）；“我在国外有很多认识的老师，他们那边有很多非常好的设备，疫情之前我每年都会去一次，每次待上三个星期，做很多实验，因为我们国内的设备还没有跟上，有些设备的精度也没他们好，那我跟他们很熟嘛，所以去了就可以随便用，当自己家的用就行”（DJ6 男 理工科 副教授）；“有些东西国内非常贵，周期又长，我就会托国外的朋友帮我买好寄过来，或是托人帮我带过来，这种现象是非常常见、非常普遍的”（J5 男 理工科 特聘研究员）。虽然海外学术机构可能拥有更加先进的研究设备和更加完备的研究资料，但囿于路途遥远，出国审批程序相对繁杂，大学教师从本土学术网络动员的设备材料资源更多。配对样本 T 检验结果显示，无论是本土教师还是海归教师从本土学术网络动员得到的设备材料资源均比海外学术网络高出 0.6 以上，并且均达 1‰的显著水平。

4. 引介同行资源

在大科学时代，科学研究日益依赖团队合作，学者经常需要寻找合作伙伴共同开展研究工作。有的年轻学者也需要加入一个有实力的科研团队，在大平台的支持下积累研究成果，展现研究实力。由学者个人去寻找素昧平生的人建立合作关系或主动要求加入科研“大牛”的研究团队，与中国建构关系网络的文化规范不太相符。正如金耀基所言：“关系是通过两个或更多的个体之间的社会互动而建立起来的，拉关系是一项社会工程。一个人的关系或个人网络是建立在人们共有的特征之上的，但是，如果个体甲与个体乙之间没有互动关系，如果甲想同乙建立关系，那么，不论乙是否与甲有着共同特征，乙对甲来说就是一个陌生人。在这种情况下，通常就需要一个介绍人来充当帮助人们建立关系的文化机制，通过他，个体便能够同一位陌生人攀上关系。”①有受访教师也表示，要与陌生的学术同行建立关系最好有人帮忙介绍，“目前我本土学术圈融入得不是特别好，因为我（国内的）导师去世了。我们也在渐渐融入了，但这个就一定要有人带，这个事不能说就自己跑过去，那些非常擅长社交的人或是非常有能力的人可能可以采取这种方式，但作为一个正常的普通人最好还是有人介绍你，然后你去帮着大家一起完成大的项目，别人才慢慢认识你，知道你到底有什么样的能力，适不适合再给你一些机会”（J1 男 理工科 研究员）。对比从海外学术网络动员的引介同行资源发现，大学教师从本土学术网络动员的引介同行资源更多，本土教师和海归教师从本土学术网络动员的引介同行资源比海外学术网络分别高出 0.39 和 0.23，并且均达 1‰的显著水平。海归教师从本土学术网络动员的引介同行资源的均值也高于本土教师，这一结果意味着由于本土学术网络的欠缺，海归教师在回归本土后，需要花费更多的时间精力用于拓展、融入本土学术圈。

---

① 金耀基.关系和网络的建构：一个社会学的诠释[J].二十一世纪，1992(8)：1－9.

5. 情感支持资源

柯林斯(Collins)认为情感能量也是影响创造力的因素之一,高情感能量使知识分子或艺术家产生创造冲动,使他们进入全神贯注的状态,赋予他们充沛的精力长时间工作,低情感能量则会导致消沉、注意力转移,甚至彻底放弃学术工作。①20世纪90年代以来,受新管理主义和新自由主义运动的影响,全球范围内的学术职业环境发生了重大变化,注重竞争、质量和效率的问责机制重塑了高校内部的学术生态环境,教师传统的价值信念和工作生活方式遭受巨大冲击,这一变化使大学教师承受越来越大的职业压力,教师的工作满意度下降,学术激情消退,精神紧张甚至出现职业倦怠等问题,这些负面情绪侵蚀着教师的心理、精神和身体健康,消磨了教师的情感能量,抑制了教师的学术创造力。②社会资本理论认为,社会网络中不仅嵌入了工具性行动资源,也嵌入了有助于保持身心健康、提高生活满意度的表达性行动资源。③作为职业网络的学术网络中也嵌入着情感支持资源,向理解你、支持你的学术同行倾诉研究中的负面情绪,与之分担痛苦,可以保持心理健康,提高工作满意度。来自学术网络的情感支持有助于激发学术人的情感能量,进而提升学术激情与学术创造力。受中西文化差异的影响,大学教师与海外同行的交流更多是工作上的就事论事,而较少生活中的情感交流,如有受访教师提及“国外同行的话,通常来讲就是有事说事,有问题就互相交流、解决问题,没有很多生活上的交叉点,国内同行可能不仅仅是研究工作上的交流,也会就工资待遇、职称晋升等事情相互交流,国内的人

① 兰德尔·柯林斯.哲学的社会学:一种全球的学术变迁理论(上)[M].吴琼,等,译.北京:新华出版社,2004:24-26.

② 阎光才.象牙塔背后的阴影:高校教师职业压力及其对学术活力影响述评[J].高等教育研究,2018,39(4):48-58.

③ 林南.社会资本:关于社会行动与结构的理论[M].张磊,译.上海:上海人民出版社,2004:234.

情往来可能也相对更多一点”(J6 男 理工科 副教授)。配对样本 T 检验结果也显示,与海外学术网络相比,大学教师从本土学术网络动员的情感支持资源显著更高,本土教师和海归教师从本土学术网络动员的情感支持资源分别高出 0.44 和 0.24,并且均达 1‰的显著水平。这表明大学教师更愿与文化近似的本土学术同行倾诉困难,分享情感。对在英国的中国留学生进行调查也发现,“他们虽然也会与外国人有一些互动,但那都是非常浅的交情,真正涉及比较私密的事情,比如生病需要照顾、自己遇到困难,等等,他们还是倾向于找自己最好的中国朋友”①。陈向明关于跨文化人际交往的研究发现,中国人在与美国人的交往过程很难感受到情感共鸣,她从文化的角度对这一问题进行了解释,中国留学生认为“情感交流”是人际交往中不可缺少的成分,相比交流信息和处理事务,人际交往更重要的作用其实是“情感交流”。中国人的“情感交流”与英文的“emotional exchange”无论是在内容还是形式上都是不一样的。前者具有关系性和他向性,是对他人情感的共鸣和分享,而后者是以自我为中心的,以宣泄自己的情绪为目的。两者内容的差异也导致了表现形式的不同,“中国人毫无表情的面容后面,隐藏着一个深沉的情感主义,而美国人丰富的面容后面蕴含着汹涌的个人激情”②,所以美国人虽然表面很热情,但很难让人感受到真正的温暖。

(二) 指向研究结果的学术认可资源

1. 论文发表机会资源

默顿认为,学术场域的硬通货是可以获得学术共同体承认的科研成果③,而论文作为科研成果的形式载体是学术人获得学术共同

① 张思齐.社会网络中的“强连接”对留学生活的影响:基于英国伦敦政治经济学院中国留学生的实证研究[J].江汉论坛,2018(1):138-144.

② 陈向明.旅居者和外国人:留美中国学生跨文化人际交往研究[M].北京:教育科学出版社,2004:194-195.

③ 巴里·巴恩斯.局外人看科学[M].鲁旭东,译.北京:东方出版社,2001:55-56.

体承认的主要依凭。学术网络中嵌入了论文发表机会资源,7 位受访教师表示学术网络成员增加了他们的论文发表机会,问卷调查结果也证明了这一点。总体而言,大学教师从本土学术网络和海外学术网络动员的论文发表机会资源大致等同,但本土教师和海归教师却呈现出不同的动员结果。其中,本土教师从本土学术网络动员得到的论文发表机会资源显著高于海外学术网络,海归教师从海外学术网络动员得到的论文发表机会资源高于本土学术网络,但未达显著水平。这一差异既源于两类教师海内外潜在社会资本的差异,也与其海外发表倾向有关。本研究用"海内外科研成果差异量"(海外科研成果数量一本土科研成果数量)作为海外发表倾向的测量指标,该值越大,表明教师越倾向于海外发表。分学科统计发现,无论是理工科还是人文社科,海归教师的海外发表倾向均显著高于本土教师。在理工科中,海归教师的海外科研成果数量比本土科研成果高 8.09,而本土教师的这一数值仅为 6.75,并且达到 5%的显著水平。在人文社科中,虽然海归教师和本土教师都发表更多的本土科研成果,但本土教师的海外科研成果数量比本土科研成果少 4.16,而海归教师仅少 2.27,并且达到 1‰的显著水平。海归教师因熟悉海外的研究范式和发表规则,更倾向于海外发表,因而从海外学术网络动员的论文发表机会资源更多。反之,本土教师因更熟悉本土的研究范式和发表规则,更倾向于本土发表,因而从本土学术网络动员的论文发表机会资源更多。

2. 项目立项机会资源

从应然状态来看,项目立项本应属于学术资助范畴而非学术认可范畴。然而,自 20 世纪 80 年代以来,为增强高校办学活力,更好服务于国家经济社会发展需要,中国的高等教育资源分配制度逐渐从单位制转向项目制。如今,项目制作为一种新型的制度设计被逐渐强化,并重塑了学术场域的运作规则,从根本上改变了大学学术评价的价值观与方法论。在科研项目领域,逐渐形成了国家、地方和学校三级科研项目竞争序列，由于资助部门地位等级的差异，国家级科研项目在不经意间便成了学术场域的一种新型“学术卡里斯玛”，资助本身而非研究贡献开始受到高度重视。①当前，在中国学术场域运作的实然状态下，科研项目等级和项目经费数量逐渐与教师个人的职称评定、科研奖项、绩效分配和人才项目申报等学术发展事项密切相关，科研项目的资助属性异化为对学术人的新型评价指标，科研项目的级别与金额在学术认可中的分量甚至超出传统的论文数量与质量。有受访教师表示“现在高校里其实最缺的就是项目，包括省部级的和国家级的，主要是国家级的，现在高校教师升职称，最重要的就是你的项目，跟论文关系不大，我感觉在中国现在的学术环境下，你的项目决定你能走多高”(DJ7 男 理工科 助理研究员)。之所以大部分受访教师认为本土学术网络对本土学术发展更为重要，就是因为本土学术网络中嵌入了更多的项目立项机会资源。例如，“本土的更重要，你毕竟是拿国家的钱，其实就是本土这些人说你行你就行，说你不行你就不行，肯定是本土更重要啊”(D6 男 人文社科 特聘副研究员)；“申请项目完全是基于国内的，论文的话有国外的学术圈会很有帮助，但申请项目的话就完全没有帮助了”(J1 男 理工科 研究员)。问卷调查结果也显示，大学教师主要从本土学术网络动员项目立项机会资源，本土教师和海归教师从本土学术网络动员得到的项目立项机会资源比海外学术网络分别高出 0.75 和 0.84，并且均达 1‰的显著水平。与其他学术资源相比，项目立项机会资源是大学教师从两类学术网络动员差异最大的一类资源，这进一步表明了本土学术网络对大学教师项目立项的重要意义，印证了访谈调查资料。

---

① 熊进.高等教育项目制的组织阐释与大学学术场域变迁[J].高教探索，2019(4)：23-29.

3. 晋升奖励机会资源

职称、科研奖项和人才项目级别代表着学术人在多大程度上获得了何种水平的学术认可。如果说论文发表和项目立项作为学术认可的指标依据属于间接学术认可资源,那么职称级别、科研奖项级别和人才项目级别等学术声望符号标识则属于直接学术认可资源。虽然,默顿认为学者的奖励与认可遵循学者对知识贡献大小的普遍主义原则,但学术场域一直有着特殊主义的运作空间。即使是默顿的支持者在研究中也发现,在科学家的评价和奖励制度中,还存在着一些特殊的因素。①科尔认为由于学术知识贡献难以采用一套统一的、客观的标准去衡量,对学者学术表现的评价不可避免会受到特殊主义的影响。②张斌的博士论文《学术场域的政治逻辑》通过考察物理学博士互聘网、社会学学术期刊互引网和学术会议中的权力分化机制揭示了中国学术场域中的政治逻辑,并指出任何一个国家的学术场域都处于知识逻辑和政治逻辑的连续统上,学术业绩的知识逻辑、院系声誉、学术地位、学术关系网络的政治逻辑交织在一起共同形塑着学术场域的分层与权力结构。③学术网络中嵌入了晋升奖励机会资源,但本土学术网络和海外学术网络嵌入的资源含量存在差异。与科研项目一样,高校教师在职称晋升、科研奖项和人才项目申报上也主要依赖本土学术网络。配对样本 T 检验显示,大学教师从本土学术网络动员得到的晋升奖励机会资源显著高于海外学术网络,其中,本土教师和海归教师从本土学术网络动员得到的晋升奖励机会资源分别比海外学术网络高出 0.52 和 0.63,并且均达 1‰的显著水平。

---

① 哈里特·朱克曼.科学界的精英:美国的诺贝尔奖金获得者[M].周叶谦,冯世刚,译.北京:商务印书馆,1982:347.

② 史蒂芬·科尔.科学的制造:在自然界与社会之间[M].林建成,王毅,译.上海:上海人民出版社,2001:12-13.

③ 张斌.学术场域的政治逻辑[D].上海:华东师范大学,2013:41-43,172-173.

表 5-8 大学教师本土学术网络和海外学术网络的资源动员差异

网络资源	网络类别	总样本		本土教师		海归教师	
		M	Diff	*M*	Diff	*M*	Diff
获取科研发展、科研立项走向等有价值的科研信息	本土 海外	3.74 3.59	0.15***	3.67 3.26	0.41***	3.76 3.69	0.07
激发学术灵感、拓宽研究思路、提供建设性研究意见	本土 海外	3.65 3.87	−0.22***	3.67 3.60	0.07	3.63 3.95	−0.32***
提供研究所需的研究设备、研究材料等	本土 海外	3.37 2.74	0.63***	3.20 2.54	0.66***	3.42 2.80	0.62***
引介研究所需的学术同行	本土 海外	3.56 3.29	0.27***	3.37 2.98	0.39***	3.62 3.39	0.23***
排解研究中的消极情绪	本土 海外	3.04 2.76	0.28***	2.92 2.48	0.44***	3.08 2.84	0.24***
增加论文被录/引用的机会	本土 海外	2.98 2.99	−0.01	2.84 2.69	0.15*	3.02 3.08	−0.06
增加项目通过立项的机会	本土 海外	3.12 2.30	0.82***	2.93 2.18	0.75***	3.18 2.34	0.84***
增加通过职称晋升、获评科研奖项或人才项目的机会	本土 海外	2.92 2.32	0.60***	2.66 2.14	0.52***	3.01 2.38	0.63***

注：* 表示 $p<0.05$，*** 表示 $p<0.001$；*M* 表示平均值；Diff＝本土学术网络资源均值－海外学术网络资源均值。

二、海外流动经历对大学教师学术网络资源动员的影响

（一）海外流动经历对大学教师本土学术网络资源动员的影响

1. 海外流动经历对大学教师本土学术网络资源动员的总体影响

图 5-3 的均值比较结果显示，虽然海归教师的潜在本土社会资本低于本土教师，但其动员的本土社会资本却高于本土教师，潜在的本土社会资本和动员的本土社会资本之间并不一致。具体而言，海归教师从本土学术网络动员的各类学术资源含量均高于本土教师，并在科研信息资源、设备材料资源、引介同行资源和三类学术认可资

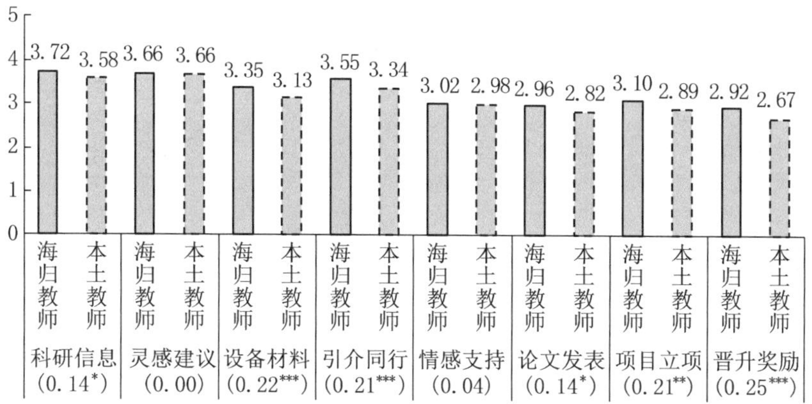

图 5-3　海归教师与本土教师本土学术网络资源动员的均值差异

注：* 表示 $p<0.05$，** 表示 $p<0.01$，*** 表示 $p<0.001$。

源方面达到显著水平。

表 5-9 的 OLS 回归分析结果显示，在加入控制变量后，海归教师从本土学术网络动员的各类学术资源含量均有所下降且不再显著。从影响方向来看，海归教师仅从本土学术网络动员的灵感建议资源和情感支持资源低于本土教师，而科研信息资源、设备材料资源、引介同行资源和三类学术认可资源的动员含量均高于本土教师，这表明海归教师潜在本土社会资本的劣势可能只限制了其对灵感建议资源和情感支持资源的动员含量，而并未降低其他六类学术资源的动员含量。这可能是由于海归教师具有更强的社会资本动员意愿和动员能力，更强的动员意愿和动员能力弥合了潜在本土社会资本的不足。在动员意愿方面，对是否使用关系的研究发现，那些自身资源不足的行动者更倾向于动员关系资源以实现行动目的。①与本土教师相比，海归教师对本土科研信息的了解相对不足，本土学术网络规模相对较小，有些刚回国的海归教师需要重新组建实验室，在组建阶段

① 边燕杰.社会网络与地位获得[M].北京：社会科学文献出版社，2012：98.

表 5-9 海外流动经历对大学教师本土学术网络资源动员的总体影响

变量	科研信息	灵感建议	设备材料	引介同行	情感支持	论文发表	项目立项	晋升奖励
海归教师(参照:本土教师)	0.01	−0.06	0.10	0.09	−0.06	0.04	0.08	0.10
男(参照:女)	−0.09	−0.11	−0.22**	−0.13*	−0.23**	0.03	0.08	0.01
年龄(参照:≤35 岁)								
36—45 岁	−0.08	−0.06	−0.06	−0.02	0.04	0.01	−0.02	−0.02
≥46 岁	−0.20	−0.26*	−0.25	−0.29*	−0.22	−0.19	−0.17	−0.27
年资	−0.01*	−0.00	−0.01**	−0.02**	−0.02***	−0.01*	−0.02***	−0.03***
职称级别(参照:中级及以下)								
副高级	−0.08	−0.00	−0.02	−0.14	−0.11	−0.07	−0.03	0.07
正高级	0.04	−0.04	−0.03	−0.11	−0.23	−0.17	0.03	0.10
有行政职务(参照:无)	0.11	0.11	0.16*	0.06	0.03	0.11	0.19*	0.22**
C9 高校(参照:非 C9 高校)	0.02	−0.05	−0.07	0.02	0.00	−0.08	−0.02	0.01
高校地区(参照:东部)								
中部	0.09	0.11	0.12	0.12	0.07	0.09	0.03	−0.01
西部	−0.17*	−0.09	−0.12	−0.13*	−0.01	−0.17*	−0.26**	−0.23**
东北	−0.13	−0.04	−0.32**	−0.22*	0.06	−0.09	−0.16	−0.16
理工科(参照:人文社科)	0.17**	0.06	0.26***	0.16**	0.01	0.12	0.26***	0.19**
国家重点学科(参照:一般学科)	0.00	−0.07	0.12	0.00	−0.07	−0.03	0.01	−0.05
学院优势方向(参照:非优势方向)	0.27***	0.17**	0.21***	0.14*	0.09	0.14*	0.15*	0.23***
博导知名学者(参照:博导为普通学者)	0.19***	0.12*	0.16**	0.10	0.10	0.18**	0.22***	0.16**
本科毕业高校(参照:国内一般高校)								
原“211 工程”高校	−0.01	0.00	0.07	0.09	0.01	−0.05	−0.01	−0.06
原“985 工程”高校	0.04	0.01	0.01	0.09	0.01	0.06	0.05	0.05
海外高校	−0.00	−0.06	0.00	0.25	0.04	0.07	−0.01	−0.08
科研时间投入	0.05	0.05	0.10***	0.05*	0.00	0.00	−0.01	−0.02
常数项	3.51***	3.59***	2.88***	3.43***	3.61***	2.96***	2.96***	2.99***
样本量	1 520	1 520	1 520	1 520	1 520	1 520	1 520	1 520
修正 R^2	0.07	0.03	0.10	0.09	0.08	0.05	0.07	0.11

注:* 表示 $p<0.05$,** 表示 $p<0.01$,*** 表示 $p<0.001$;多元共线性检验结果同表 4-8。

可能面临研究设备材料缺乏的问题，自身资源的缺乏提高了海归教师动员科研信息资源、设备材料资源和引介同行资源的动员意愿。在动员能力方面，研究发现，个体的资源拥有情况影响社会资本的动员能力。一般而言，人力资本、经济资本和政治资本较高的行动者，动员社会资本的能力更强。[①]前文的研究发现，海归教师的学术素养和海外学术网络质量显著优于本土教师，更丰富的个人资源提高了海归教师的资源回报能力。社会资本动员本质上是一种人际互动、人情交换的过程，能否在未来获得回报、获得多少回报在很大程度上决定着关系人是否向求助者提供社会资本[②]，良好的回报预期提高了关系人向海归教师提供帮助的意愿，进而提高了海归教师的社会资本动员能力。社会资本动员也是一个自主选择的过程[③]，现实情境中行动者不仅决定是否动员，也决定向谁动员社会资本。鉴于本土学者占有着中文论文发表、项目立项和晋升奖励等学术认可资源，为获得本土学术认可，海归教师会更多地从本土学术网络动员学术认可资源。

从控制变量来看，大学教师个人的结构特征对本土学术网络资源动员确实有显著影响。其中，男教师从本土学术网络动员的知识生产资源低于女教师，并且在设备材料资源、引介同行资源和情感支持资源的动员含量方面达到显著水平，而男教师动员的学术认可资源虽未达显著水平但高于女教师，这一结果可能在一定程度上反映了男女教师不同的资源动员策略，即女教师可能更倾向于动员知识生产资源，男教师更倾向于动员学术认可资源。年龄较长、年资较高

① 李黎明，李晓光.社会结构、交往行动与社会资本动员：以社交餐饮网的建构过程为例[J].社会科学战线，2016(12)：186－196.

② 边燕杰，孙宇.职业流动过程中的社会资本动员[J].社会科学战线，2019(1)：231－239.

③ 李黎明，龙晓，李晓光.谁更愿意动员社会资本?：基于心理人格特质的实证分析[J].社会学评论，2018，6(6)：44－56.

的教师动员的社会资本含量较低。有行政职务的教师动员的学术资源含量较高，并且在设备材料资源、项目立项机会资源和晋升奖励机会资源方面达到显著水平，表明行政职务赋予了大学教师更高的学术认可资源（本土）动员能力。职称级别、任职高校级别、学科级别以及本科毕业高校声望对本土学术网络资源的动员含量均无显著影响。除情感支持资源外，任职于学院优势研究方向的教师从本土学术网络动员的其他七类学术资源含量显著较高。除引介同行资源和情感支持资源外，博导为知名学者的教师从本土学术网络动员的其他六类学术资源含量显著较高。上述结果表明，相比任职高校级别和学科级别的宏观结构，学院优势研究方向和博导声望的微观结构对教师学术网络资源的动员含量影响更大。西部高校和东北高校教师从本土学术网络动员的部分资源含量显著低于东部高校教师。理工科教师动员的科研信息资源、设备材料资源、引介同行资源、项目立项机会资源和晋升奖励机会资源显著高于人文社科教师。教师科研投入时间越长，动员的设备材料资源和引介同行资源显著越多，这可能是由于学术抱负越强的教师，动员学术资源的需求和能力越强。

2. 海外流动经历对大学教师本土学术网络资源动员的学科、性别和年龄异质性

与总样本的研究结论一致，与本土教师相比，海归教师从本土学术网络动员的五类知识生产资源并无显著优势，这一点在不同学科、不同性别和不同年龄阶段的子样本中都得到验证，表明这一结论具有较强的稳健性。在不同学科、不同性别的子样本中，海归教师从本土学术网络动员的三类学术认可资源也并不显著高于本土教师。然而，46 岁及以上的海归教师从本土学术网络动员的三类学术认可资源显著高于同年龄段的本土教师。前文的研究已发现，随着回国时间的推移，海归教师的本土学术网络欠缺逐渐得到修复，46 岁及以上海归教师的本土学术网络规模、关系强度和网络顶端与本土教师不再有显著差异。这意味着当海归教师与本土教师的潜在本土社会

表 5-10　海外流动经历对不同学科、性别、年龄教师本土学术网络资源动员的异质性影响

网络资源	学科		性别		年龄		
	理工科	人文社科	男	女	⩽35 岁	36—45 岁	⩾46 岁
科研信息	−0.02 (0.07)	−0.03 (0.10)	0.03 (0.07)	−0.10 (0.13)	−0.06 (0.12)	−0.05 (0.10)	0.11 (0.10)
灵感建议	−0.06 (0.07)	−0.05 (0.09)	−0.04 (0.06)	−0.14 (0.12)	−0.18 (0.11)	−0.07 (0.09)	0.04 (0.09)
设备材料	0.09 (0.08)	0.09 (0.11)	0.11 (0.07)	0.04 (0.15)	0.12 (0.12)	0.10 (0.10)	0.14 (0.11)
引介同行	0.08 (0.07)	0.10 (0.10)	0.07 (0.07)	0.16 (0.13)	0.06 (0.11)	0.07 (0.09)	0.16 (0.10)
情感支持	−0.12 (0.09)	−0.02 (0.11)	−0.07 (0.07)	−0.07 (0.15)	[−0.21] [(0.13)]	[−0.18] [(0.11)]	0.19 (0.11)
论文发表	0.02 (0.09)	0.04 (0.11)	0.01 (0.07)	0.08 (0.15)	−0.05 (0.13)	−0.05 (0.11)	0.22* (0.11)
项目立项	0.05 (0.08)	0.09 (0.11)	0.07 (0.07)	0.06 (0.16)	0.08 (0.13)	−0.04 (0.11)	0.21* (0.11)
晋升奖励	0.05 (0.08)	0.17 (0.11)	0.11 (0.07)	−0.00 (0.15)	0.07 (0.13)	0.01 (0.11)	0.25* (0.11)

注：* 表示 $p<0.05$；表中呈现的是非标准化回归系数，括号内为标准误；所有模型均已加入表 5-9 中的控制变量，为节省篇幅，省略控制变量结果；表中加方框显示的数据表示组间系数差异达到显著水平，未加方框显示的数据表示组间系数差异未达显著水平，其中，年龄组的系数差异是两个年龄段分别与“46 岁及以上”教师子样本的对比结果。

资本不再有显著差异时，海归教师可以动员更多的学术认可资源，再次印证了海外流动经历赋予了大学教师更强的本土学术网络资源动员能力。虽然不同年龄阶段的海归教师从本土学术网络动员的情感支持资源并不显著高于同年龄段的本土教师，但 SUR 检验结果显示，海外流动经历对 46 岁及以上教师从本土学术网络动员的情感支持资源的影响效应显著高于 46 岁以下教师，这也得益于 46 岁及以上的海归教师本土学术网络关系强度的修复。对行动者资源动员策略的研究发现，由于强关系具有熟悉、亲密、信任等特点，行动者主要从强关系动员情感支持资源。①46 岁以下海归教师的本土学术网络关系强度低于 46 岁及以上的海归教师，导致其从本土学术网络动员的情感支持资源显著较低。

3. 各类海外流动经历对大学教师本土学术网络资源动员的异质性影响

分流动类型来看，四类海归教师从本土学术网络动员的科研信息资源、设备材料资源以及三类学术认可资源均与本土教师无显著差异，与总样本的研究结论一致。然而，海外博士教师和海外博士/工作教师从本土学术网络动员的灵感建议资源显著低于本土教师，这既受制于两类海归教师潜在本土社会资本的欠缺，也可能源自个人的自我选择。由于来自遥远国度的知识更具创新启发意义，海外博士教师和海外博士/工作教师更愿从海外学术网络动员灵感建议资源。由于这两类海归教师的本土学术网络关系强度显著低于本土教师，导致他们从本土学术网络动员的情感支持资源也显著低于本土教师。海外访学教师从本土学术网络动员的引介同行资源显著高于本土教师，这可能是由于海外访学教师对引介同行资源具有更强的动员意愿和动员能力。各类海外流动经历对大学教师本土学术网

① 李黎明，李晓光.社会资本动员如何影响社会支持获取?:理论拓展与因果检验[J].山东社会科学，2019(5):46－56.

络资源动员含量的异质性影响,再次反映了动员的社会资本同时受到潜在社会资本,以及个人动员意愿、动员能力和动员策略的综合影响。

表 5-11　各类海外流动经历对大学教师本土学术网络资源动员的异质性影响

网络资源	海外访学	海外博士	海外工作	海外博士/工作
科研信息	0.06(0.07)	−0.15(0.14)	−0.17(0.11)	−0.17(0.15)
灵感建议	0.04(0.06)	−0.37** (0.14)	−0.14(0.10)	−0.37** (0.12)
设备材料	0.14(0.07)	0.13(0.15)	0.07(0.12)	−0.09(0.14)
引介同行	0.15* (0.07)	0.06(0.13)	−0.01(0.11)	−0.13(0.13)
情感支持	−0.02(0.08)	−0.31* (0.16)	−0.13(0.13)	−0.37** (0.14)
论文发表	0.08(0.07)	−0.04(0.15)	−0.10(0.12)	0.24(0.15)
项目立项	0.08(0.08)	0.04(0.17)	−0.11(0.13)	−0.01(0.14)
晋升奖励	0.10(0.07)	0.04(0.16)	0.01(0.13)	−0.03(0.14)

注:* 表示 $p<0.05$,** 表示 $p<0.01$;海外访学模型和海外工作模型的控制变量在表 5-9 的基础上额外加入了“博士毕业于原‘985 工程’高校/中(社)科院”这一虚拟变量;海外博士模型和海外博士/工作模型的控制变量与表 5-9 相同。

(二)海外流动经历对大学教师海外学术网络资源动员的影响

1. 海外流动经历对大学教师海外学术网络资源动员的总体影响

图 5-4 的均值比较结果显示,除项目立项机会资源外,海归教师从海外学术网络动员的其他各类学术资源含量均显著高于本土教师,更丰富的潜在海外社会资本确实转化为了更多的动员海外社会资本。

表 5-12 的 OLS 回归分析结果显示,在加入控制变量后,海归教师从海外学术网络动员的科研信息资源、灵感建议资源、设备材料资源和引介同行资源依然显著高于本土教师,仅在情感支持资源和三类学术认可资源的动员含量方面不再显著。这表明海归教师更丰富的潜在海外社会资本确实为其从海外学术网络动员更多的知识生产

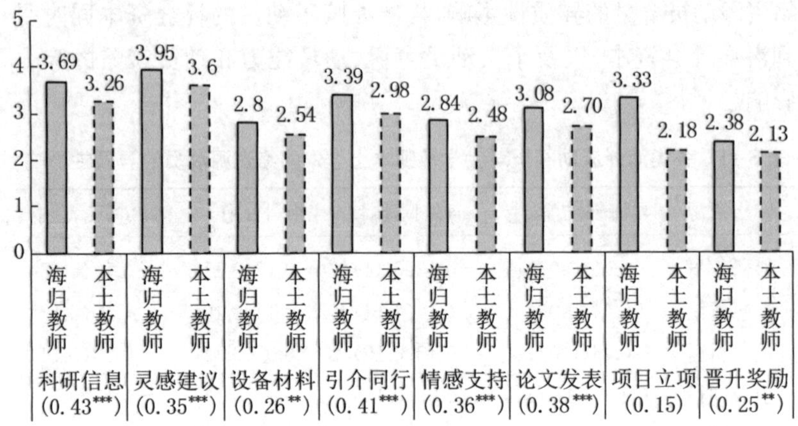

图 5-4　海归教师与本土教师海外学术网络资源动员的均值差异

注：** 表示 $p<0.01$，*** 表示 $p<0.001$。

资源提供了网络优势，但由于情感支持资源和学术认可资源主要嵌入在本土学术网络之中，海归教师更倾向于从本土学术网络动员这些资源，因而两类教师从海外学术网络动员的这几类资源含量并无显著差异。

从控制变量来看，在同等条件下，男教师从海外学术网络动员的三类学术认可资源均高于女教师，并在论文发表机会资源方面达到显著水平。前文的研究发现，男教师从本土学术网络动员的三类学术认可资源虽未达显著水平但均高于女教师。然而，大学教师的学术网络规模与质量并无显著的性别差异。这些结果可能意味着，虽然中国“双一流”建设高校的女教师并不存在明显的“网络欠缺”问题，但可能存在“网络回报欠缺”问题。“回报欠缺”是指一定质量或数量的社会资本对于不同社会群体成员产生的回报不同。林南认为劳动力市场中的社会资本回报存在显著的性别差异，在同等潜在社会资本的条件下，男性可以比女性获得更大的社会资本回报，造成这一结果的原因主要有三种：一是动员合适社会资本的能力和动机差

表 5-12 海外流动经历对大学教师海外学术网络资源动员的总体影响

变 量	科研信息	灵感建议	设备材料	引介同行	情感支持	论文发表	项目立项	晋升奖励
海归教师(参照:本土教师)	0.28**	0.23**	0.22*	0.26**	0.10	0.17	0.05	0.07
男(参照:女)	0.02	−0.05	0.14	0.04	−0.15	0.21*	0.03	0.08
年龄(参照:≤35 岁)								
36—45 岁	−0.19	−0.20*	0.02	−0.05	−0.02	−0.16	−0.04	−0.12
≥46 岁	−0.31	−0.25	−0.01	−0.16	−0.27	−0.39*	−0.06	−0.36*
年资	−0.01	−0.01*	−0.01	−0.02**	−0.02**	−0.02*	−0.01	−0.01
职称级别(参照:中级及以下)								
副高级	−0.31*	−0.01	−0.17	−0.16	−0.17	−0.11	−0.16	−0.03
正高级	−0.26	0.01	−0.37*	−0.17	−0.34*	−0.19	−0.27!	−0.05
有行政职务(参照:无)	0.17	0.13	0.08	0.11	0.05	0.07	0.12	0.14
C9 高校(参照:非 C9 高校)	0.22*	0.17*	0.11	0.09	0.05	0.15	0.04	0.05
高校地区(参照:东部)								
中部	0.08	−0.01	0.06	−0.10	−0.14	−0.08	−0.06	−0.03
西部	−0.20*	−0.14	0.04	−0.14	0.01	−0.05	−0.09	−0.02
东北	0.06	−0.12	−0.03	−0.14	−0.02	0.17	0.26	0.24
理工科(参照:人文社科)	0.22*	−0.01	0.02	0.01	0.11	0.23**	0.21**	0.14
国家重点学科(参照:一般学科)	0.07	0.13*	−0.10	0.14	−0.05	−0.01	−0.14	−0.09
学院优势方向(参照:非优势方向)	0.14	0.14*	0.23**	0.14*	0.19*	0.16*	0.29***	0.26**
博导知名学者(参照:博导为普通学者)	0.14	0.11*	0.12	0.14*	0.11	0.19*	0.09	0.19**
本科毕业高校(参照:国内一般高校)								
原“211 工程”高校	−0.01	−0.06	−0.14	−0.09	−0.16	−0.09	0.04	0.02
原“985 工程”高校	0.02	−0.03	−0.08	0.00	−0.06	0.02	−0.01	0.04
海外高校	0.20	0.13	0.00	0.18	0.48*	0.29	−0.00	0.15
科研时间投入	0.04	−0.02	0.01	−0.00	−0.03	0.03	−0.00	−0.01
常数项	3.27***	3.89***	2.60***	3.30***	3.32***	2.69***	2.27***	2.22***
样本量	995	995	995	995	995	995	995	995
修正 R^2	0.07	0.08	0.02	0.08	0.10	0.10	0.03	0.06

注:* 表示 $p<0.05$,** 表示 $p<0.01$,*** 表示 $p<0.001$,! 表示 $p<0.1$;多元共线性检验结果同表 4-8。

异(女性可能无法确定哪些是合适的社会资本或因担心无法回报这些恩惠而不愿动员);二是中间代理人的努力程度不同(被动员的关系人可能不愿回应女性的动员需求);三是组织和制度对已动员资本的回应不同(劳动力市场本身存在有差别的性别回应,在同等条件下,雇主对男女的职位与晋升回应是有差别的)。[①]女教师从海内外学术网络动员的学术认可资源较低,究竟主要源自哪一类原因,尚需进一步探究。

相比年龄较小、年资较低、职称较低的大学教师,年龄较长、年资较高和职称较高的大学教师因自身学术经验较为丰富,拥有的职业地位相对较高,往往处于学术资源提供者的位置,其对学术资源的动员需求相对较低,因而从海外学术网络动员的各类学术资源含量也较低,并在部分学术资源的动员含量方面达到显著水平。虽然,有行政职务可以显著提升大学教师从本土学术网络动员的学术资源含量,尤其是学术认可资源含量,但是行政职务的作用仅局限于本土学术网络,是否有行政职务对大学教师从海外学术网络动员各类学术资源均无显著影响。得益于C9高校较高的国际化水平,任职于C9高校的大学教师从海外学术网络动员的各类学术资源含量相对较高,并在科研信息资源和灵感建议资源方面达到显著水平。囿于地理位置的限制,西部高校教师从海外学术网络动员的科研信息资源显著低于东部高校教师。理工科的研究范式与国际较为接轨,并以国外发表为主要的成果表现方式,故理工科教师从海外学术网络动员的科研信息资源、论文发表机会资源和项目立项机会资源显著高于人文社科教师。国家重点学科也为大学教师从海外学术网络动员更多的灵感建议资源提供了显著优势。除科研信息资源外,任职于学院优势研究方向的大学教师从海外学术网络动员的其他七类学术

① 林南.社会资本:关于社会行动与结构的理论[M].张磊,译.上海:上海人民出版社,2004:99-101.

资源含量显著较高。博导为知名学者的大学教师从海外学术网络动员的灵感建议资源、引介同行资源、论文发表机会资源和晋升奖励机会资源显著较高。本科毕业于海外高校的大学教师从海外学术网络动员的情感支持资源显著高于本科毕业于国内一般院校的教师,这与前者海外流动时间较长,建立的海外强关系网络较多,更熟悉海外文化有关。遗憾的是,大学教师的科研时间投入对从海外学术网络动员的各类学术资源含量均无显著影响。这表明相比个人努力程度,个人的潜在海外社会资本和社会结构优势更有助于提高海外学术网络资源的动员含量。

2. 海外流动经历对大学教师海外学术网络资源动员的学科、性别和年龄异质性

在学科子样本中,无论理工科还是人文社科,海外流动经历均可显著提升大学教师从海外学术网络动员的科研信息资源含量,但对设备材料资源、情感支持资源和三类学术认可资源的动员含量均无显著影响。然而,海外流动经历仅可显著提升人文社科教师的灵感建议资源动员含量,而对理工科教师该类资源的动员含量无显著影响,这可能是由于人文社科教师将更多的海外同行纳入自己的核心学术网络,在与更多海外同行的密切交流中获得了更多的灵感建议资源。海外流动经历仅可显著提升理工科教师的引介同行资源动员含量,而对人文社科教师动员该类资源无显著影响,这可能与理工科国际化的研究范式有关,在日常的研究工作中,理工科教师需要更经常地与海外学术同行开展合作研究。虽然存在上述差异,但 SUR 检验结果显示,海外流动经历对大学教师各类海外学术网络资源动员的影响效应并无显著学科差异。

在性别子样本中,海外流动经历对男女教师从海外学术网络动员的情感支持资源、项目立项机会资源和晋升奖励机会资源均无显著影响。然而,海外流动经历可以显著提升男教师从海外学术网络动员的知识生产资源含量(除情感支持资源),而对女教师知识生产

表 5-13　海外流动经历对不同学科、性别、年龄教师海外学术网络资源动员的异质性影响

网络资源	学科		性别		年龄		
	理工科	人文社科	男	女	≤35 岁	36—45 岁	≥46 岁
科研信息	0.25* (0.12)	0.33* (0.15)	0.29** (0.10)	0.18 (0.24)	0.12 (0.17)	0.21 (0.16)	0.46** (0.15)
灵感建议	0.10 (0.09)	0.39** (0.11)	0.21** (0.08)	0.25 (0.17)	0.08 (0.13)	0.15 (0.12)	0.35** (0.12)
设备材料	0.21 (0.13)	0.20 (0.15)	0.22* (0.11)	0.15 (0.23)	0.24 (0.20)	[−0.00] [(0.16)]	0.47** (0.15)
引介同行	0.26* (0.11)	0.19 (0.13)	0.23* (0.09)	0.30 (0.22)	0.22 (0.16)	0.09 (0.14)	0.43** (0.14)
情感支持	0.03 (0.12)	0.18 (0.15)	0.09 (0.10)	0.22 (0.23)	0.22 (0.19)	−0.05 (0.16)	0.15 (0.15)
论文发表	0.07 (0.12)	0.24 (0.15)	[0.06] [(0.10)]	[0.59*] [(0.23)]	0.26 (0.19)	−0.08 (0.16)	0.30* (0.15)
项目立项	0.01 (0.12)	0.09 (0.13)	0.00 (0.10)	0.19 (0.20)	0.01 (0.18)	−0.14 (0.15)	0.23 (0.14)
晋升奖励	−0.04 (0.12)	0.19 (0.13)	0.02 (0.10)	0.18 (0.21)	0.19 (0.19)	−0.04 (0.15)	0.10 (0.13)

注：* 表示 $p<0.05$，** 表示 $p<0.01$；表中呈现的是非标准化回归系数，括号内为标准误；所有模型均已加入表 5-12 中的控制变量，为节省篇幅，省略控制变量结果；表中加方框显示的数据表示组间系数差异达到显著水平，未加方框显示的数据表示组间系数差异未达显著水平，其中，年龄组的系数差异是两个年龄段分别与“46 岁及以上”教师子样本的对比结果。

资源的动员含量无显著影响,虽然存在这些差异,但组间系数未达显著水平。海外流动经历可以显著提升女教师从海外学术网络动员的论文发表机会资源含量,但对男教师此类资源的动员含量无显著影响,并且组间系数差异达到显著水平,表明女教师可以通过海外流动从海外学术网络获得更大的论文发表机会资源收益。

在年龄子样本中,海外流动经历对不同年龄阶段的大学教师从海外学术网络动员的情感支持资源、项目立项机会资源和晋升奖励机会资源均无显著影响。然而,海外流动经历可以显著提升 46 岁及以上教师从海外学术网络动员的科研信息资源、灵感建议资源、设备材料资源、引介同行资源和论文发表机会资源的动员含量,而对 46 岁以下教师无显著影响。SUR 检验结果显示,海外流动经历对 46 岁及以上教师从海外学术网络动员设备材料资源的影响效应显著高于 36—45 岁的教师,表明 46 岁及以上教师可以通过海外流动从海外学术网络获得更大的设备材料资源收益。

3. 各类海外流动经历对大学教师海外学术网络资源动员的异质性影响

分流动类型来看,无论是何种类型的海外流动经历均对大学教师从海外学术网络动员情感支持资源和三类学术认可资源无显著影响,与总样本的研究结论一致,再次证明这一结论具有较强的稳健性。然而,与总体上看海归教师可以从海外学术网络动员更多的设备材料资源不同,四类海归教师从海外学术网络动员的设备材料资源均不显著高于本土教师。各类海外流动经历对大学教师从海外学术网络动员的其他三类知识生产资源的影响也存在差异。其中,海外访学教师从海外学术网络动员的科研信息资源、灵感建议资源和引介同行资源显著高于本土教师。海外博士教师仅在从海外学术网络动员的灵感建议资源方面显著高于本土教师。海外博士/工作教师仅在从海外学术网络动员的科研信息资源方面显著高于本土教师。这既与其更优的潜在海外社会资本有关,也与其个人的资源动员策略有关。但令人意外的是,海外工作教师从海外学术网络动员的各类学术资源均与本土教师无显著差异,其原因还有待进一步探究。

表 5-14　各类海外流动经历对大学教师海外学术网络资源动员的异质性影响

网络资源	海外访学	海外博士	海外工作	海外博士/工作
科研信息	0.25* (0.11)	0.23(0.20)	−0.09(0.18)	0.38* (0.19)
灵感建议	0.17* (0.09)	0.31* (0.14)	−0.00(0.14)	0.09(0.14)
设备材料	0.22(0.11)	0.02(0.19)	0.13(0.17)	0.16(0.19)
引介同行	0.26** (0.09)	0.13(0.16)	0.13(0.15)	0.09(0.16)
情感支持	0.03(0.10)	0.04(0.18)	0.01(0.18)	−0.05(0.17)
论文发表	0.16(0.10)	0.17(0.20)	−0.09(0.17)	0.12(0.16)
项目立项	0.09(0.10)	−0.22(0.17)	−0.17(0.16)	−0.11(0.17)
晋升奖励	0.08(0.09)	−0.01(0.18)	−0.17(0.16)	−0.07(0.17)

注:* 表示 $p<0.05$,** 表示 $p<0.01$;海外访学模型和海外工作模型的控制变量在表 5-12 的基础上额外加入了“博士毕业于原‘985 工程’高校/中(社)科院”这一虚拟变量;海外博士模型和海外博士/工作模型的控制变量与表 5-12 相同。

三、海外流动经历对大学教师学术网络资源动员的作用路径

根据逐步检验法,只有当总效应显著时才会考虑中介变量,但由于抑制效应或不一致的中介效应可能会掩盖真实的中介效应,因此,总效应是否显著并非检验中介效应的必要前提,逐步检验法将错过很多实际存在的中介效应。①虽然,前文的统计分析结果显示,海外流动经历对大学教师八类本土学术网络资源和四类海外学术网络资源的动员含量均无显著影响,总效应未达显著水平,但这并不意味着中介效应不存在,而可能是由于抑制效应掩盖了潜在社会资本的中介效应。前文已经发现,海外流动经历显著影响大学教师的潜在社

① 王孟成.潜变量建模与 Mplus 应用基础篇[M].重庆:重庆大学出版社,2014:41-42.

会资本,从结构视角来看,更丰富的潜在社会资本可能为动员更多的社会资本提供网络结构优势。因而,本部分假定潜在的社会资本可能在海外流动与大学教师的学术网络资源动员过程中发挥中介作用。为检验这一理论假设,本部分将采用中介效应检验法深入分析海外流动经历对大学教师学术网络资源动员的作用路径,即海外流动经历究竟是直接影响学术网络资源动员,还是借助潜在的社会资本间接作用于这一过程。由于自变量为分类变量,本部分在 SPSS 25.0 中采用 PROCESS 3.4 插件,在插件内置的 76 个典型模型中选择模型 4 进行中介效应分析。具体分析步骤为:首先通过 OLS 回归检验海外流动经历是否通过潜在社会资本影响各类学术网络资源的动员含量;然后采用自举法(Bootstrap)检验中介变量的回归系数是否达到显著水平。

(一)海外流动经历对大学教师本土学术网络资源动员的作用路径

OLS 回归分析结果显示,海外流动经历对大学教师从本土学术网络动员的设备材料资源和引介同行资源的直接效应显著,海归教师从本土学术网络动员的设备材料资源比本土教师显著高出 16%、动员的引介同行资源显著高出 14%,而对科研信息资源、灵感建议资源、情感支持资源和三类学术认可资源的动员含量均不存在显著的直接作用路径。

潜在的本土社会资本确实显著影响大学教师从本土学术网络动员的学术资源含量,但各类学术网络特征变量的影响范围和影响程度不同。其中,本土学术网络规模仅显著正向影响科研信息资源和引介同行资源的动员含量,并且影响效应很小,分别在 5%和 10%的显著水平上,本土学术网络规模每提高 1 个单位,大学教师动员的科研信息资源和引介同行资源均只增加 1%。进一步检验中介效应发现,本土学术网络规模对科研信息资源和引介同行资源动员含量的中介效应均不显著。

本土学术网络的关系强度显著正向影响八类学术网络资源的动

员含量且影响效应较大，本土学术网络关系强度每提高1个单位，大学教师从本土学术网络动员的各类资源含量可以增加7%—19%。本土学术网络中强关系的比例越高，大学教师从本土学术网络动员得到的各类学术资源含量显著越多。这一结果与格兰诺维特基于美国文化提出的“弱关系”理论不符，但证实了边燕杰基于中国“人情社会”文化特点提出的“强关系”理论。前者强调弱关系可以为行动者带来更多非冗余的、有价值的信息[①]，后者强调隐秘信息和人情资源的传递更依赖于强关系。在中国“差序格局”的关系网络中，“人情关系的强弱与获得照顾是正相关的：人情关系强，得到照顾的可能性就大；人情关系弱，结果不得而知；没有人情关系，除偶然的例外，不会得到照顾”[②]。虽然弱关系可以为大学教师传递非冗余信息，但对于什么方向的项目容易立项、什么主题的论文容易发表、立项标准和发表标准是什么等更为深层次的信息获取更依赖于强关系。所以即使在弱关系强调的信息资源优势方面，在中国的学术场域中依然是强关系更为重要。中介效应检验结果显示，关系强度对大学教师从本土学术网络动员各类学术资源的中介效应均达显著水平，也即本土学术网络关系强度显著降低了海归教师从本土学术网络动员的八类学术资源含量。

网络顶端对大学教师从本土学术网络动员的八类学术资源含量也有显著正向影响且影响效应较大，本土学术网络顶端每提高1个单位，大学教师从本土学术网络动员的各类资源含量显著增加10%—14%。林南认为社会资源呈金字塔结构，越往塔顶，规模越小，资源越多，行动者动员的关系人地位越高，难度越大，但一旦动员成功，带来的资源回报也越多。[③]顶尖的本土学者占据学术场域的顶

---

① 马克·格兰诺维特.找工作：关系人与职业生涯研究[M].张文宏，译.上海：上海人民出版社，2008：41-47.

② 边燕杰.社会网络与地位获得[M].北京：社会科学文献出版社，2012：93.

③ 林南.社会资本：关于社会行动与结构的理论[M].张磊，译.上海：上海人民出版社，2004：35.

表 5-15 海外流动经历对大学教师本土学术网络资源动员的作用路径

变 量	科研信息	灵感建议	设备材料	引介同行	情感支持	论文发表	项目立项	晋升奖励
海归教师(参照:本土教师)	0.10	0.06	0.16*	0.14*	−0.01	0.10	0.09	0.11
网络规模	0.01*	0.00	−0.00	0.01**	0.00	0.00	0.00	0.00
关系强度	0.19***	0.16***	0.07*	0.09**	0.09**	0.08**	0.09**	0.07*
网络顶端	0.12***	0.14***	0.13***	0.11***	0.10***	0.13***	0.10**	0.10***
核网海外规模	−0.05	−0.11***	−0.03	−0.03	−0.03	−0.04	0.03	0.02
控制变量	已控制	已控制	已控制	已控制	已控制	已控制	已控制	已控制
样本量	1 514	1 514	1 514	1 514	1 514	1 514	1 514	1 514
修正 R^2	0.14	0.12	0.12	0.13	0.10	0.08	0.09	0.12

注:* 表示 $p<0.05$,** 表示 $p<0.01$,*** 表示 $p<0.001$。

表 5-16 海外流动经历对大学教师本土学术网络资源动员作用路径的效应分解

	影响路径	科研信息	灵感建议	设备材料	引介同行	情感支持	论文发表	项目立项	晋升奖励
	直接效应	0.10	0.07	0.13*	0.14*	−0.01	0.08	0.07	0.09
间接效应	网络规模	0.00	0.00	0.00	0.00	0.00	0.00	0.00	0.00
	核网海外规模	−0.03	−0.08*	−0.02	−0.02	−0.01	−0.02	0.02	0.01
	关系强度	−0.04*	−0.04*	−0.01*	−0.02*	−0.02*	−0.02*	−0.02*	−0.01*
	网络顶端	−0.01	−0.01	−0.01	−0.01	−0.01	−0.01	−0.01	−0.01
	总计	−0.08*	−0.13*	−0.04	−0.05*	−0.04	−0.05*	−0.01	−0.01
	总效应	0.02	−0.06	0.09	0.09	−0.05	0.03	0.06	0.08

注:* 表示 $p<0.05$,表中呈现的是标准化系数。

端，掌握着最丰富的学术资源，为他人提供帮助的能力最强，大学教师本土学术网络中顶尖本土学者的比例越高，动员成功的概率就越高，从本土学术网络动员的学术资源含量也越高。然而，由于海外流动经历对大学教师本土学术网络顶端无显著影响，所以海外流动通过影响网络顶端间接作用于本土学术网络资源动员的中介路径也未达显著水平。

核网海外规模对大学教师从本土学术网络动员的灵感建议资源存在显著负面影响且中介效应显著，大学教师核心学术网络中海外同行的数量每提高 1 个单位，从本土学术网络动员的灵感建议资源就减少 11%。

（二）海外流动经历对大学教师海外学术网络资源动员的作用路径

OLS 回归分析结果显示，与本土学术网络资源动员的直接作用路径相同，海外流动经历仅对大学教师从海外学术网络动员的设备材料资源和引介同行资源具有显著的直接效应，而对科研信息资源、灵感建议资源、情感支持资源和三类学术认可资源的动员含量均无显著的直接效应。与本土教师相比，海归教师从海外学术网络动员的设备材料资源和引介同行资源分别高出 21%和 17%，并且均达 5%的显著水平。潜在的海外社会资本也显著影响大学教师从海外学术网络动员的学术资源含量，但各类学术网络特征变量的影响范围和影响程度也不同。其中，海外学术网络规模仅对大学教师从海外学术网络动员科研信息资源有显著影响，海外学术网络规模每提高 1 个单位，大学教师从海外学术网络动员的科研信息资源增加 2%。进一步检验中介效应发现，“海外流动—扩大海外学术网络规模—提升科研信息资源动员含量（海外）”的中介效应显著，证实了格氏的“弱关系”理论。关系强度对大学教师海外学术网络资源动员含量的影响不及本土学术网络，关系强度可以显著提升八类本土学术网络资源的动员含量，但仅能显著提升两类（设备材料资源和引介同行资源）海外学术网络资源的动员含量。海外学术网络的关系强度

表 5-17　海外流动经历对大学教师海外学术网络资源动员的作用路径

变　量	科研信息	灵感建议	设备材料	引介同行	情感支持	论文发表	项目立项	晋升奖励
海归教师(参照:本土教师)	0.18	0.09	0.21*	0.17*	0.04	0.09	0.05	0.04
网络规模	0.02*	0.01	−0.00	0.01	−0.00	0.01	−0.01	−0.01
关系强度	0.06	0.03	0.09*	0.09*	0.01	0.01	−0.00	0.03
网络顶端	0.11**	0.09**	0.11*	0.09*	0.14**	0.12**	0.13**	0.15***
核网海外规模	0.08	0.15***	−0.04	0.05	0.06	0.07	0.01	−0.00
控制变量	已控制	已控制	已控制	已控制	已控制	已控制	已控制	已控制
样本量	990	990	990	990	990	990	990	990
修正 R^2	0.10	0.14	0.04	0.11	0.11	0.11	0.04	0.08

注：* 表示 $p<0.05$，** 表示 $p<0.01$，*** 表示 $p<0.001$。

表 5-18　海外流动经历对大学教师海外学术网络资源动员作用路径的效应分解

影响路径		科研信息	灵感建议	设备材料	引介同行	情感支持	论文发表	项目立项	晋升奖励
直接效应		0.15	0.10	0.17*	0.16*	0.03	0.07	0.04	0.03
间接效应	网络规模	0.01*	0.01	−0.00	0.01	−0.00	0.00	−0.00	−0.01
	核网海外规模	0.05	0.11*	−0.02	0.03	0.03	0.04	−0.01	−0.00
	关系强度	0.01	0.01	0.02*	0.02*	0.00	0.00	0.00	0.01
	网络顶端	0.02*	0.02*	0.02*	0.02*	0.03*	0.03*	0.03*	0.03*
	总计	0.09*	0.15*	0.02	0.08*	0.06*	0.07*	0.02	0.03
总效应		0.24**	0.25**	0.19*	0.24**	0.09	0.14	0.06	0.06

注：* 表示 $p<0.05$，** 表示 $p<0.01$，表中呈现的是标准化系数。

每提高1个单位，大学教师从海外学术网络动员的这两类资源均增加9%，并且中介效应均达显著水平。网络顶端的影响效应不存在文化差异，与本土学术网络资源动员情况相同，海外学术网络顶端显著提升了大学教师从海外学术网络动员的八类学术资源含量，并且中介效应均达显著水平。海外学术网络顶端每提高1个单位，大学教师从海外学术网络动员的各类学术资源增加9%—15%。网络顶端不仅对资源动员的影响范围大，其影响程度也大于网络规模和关系强度。核网海外规模对大学教师从海外学术网络动员灵感建议资源存在显著正向影响且中介效应显著，核心学术网络中海外同行的数量每提高1个单位，大学教师从海外学术网络动员的灵感建议资源就增加15%。

第三节　本章小结

本章首先描述了大学教师的总体学术网络特征和核心学术网络特征，随后重点探讨了海外流动经历对大学教师潜在社会资本（学术网络特征）和动员社会资本（学术网络资源）的影响，并检验了海外流动经历通过影响大学教师的潜在社会资本进而影响动员社会资本的中介作用是否显著，通过实证分析，得出以下研究结论。

第一，中国“双一流”建设高校教师的整体学术网络规模较小，在一个月内，每位大学教师平均与9.83名学术同行交流学术工作。受个体交往偏好、嵌入资源含量和交往互动空间的影响，大学教师学术交流的地理同质性特征明显，本土学术网络规模是海外学术网络规模的5.43倍。中西方在人际交往方面的文化差异增加了中国高校教师与海外同行建立强关系的难度，导致大学教师的本土学术网络关系强度较高，海外学术网络关系强度较低。由于顶尖学者的稀缺性，即使是高水平大学的教师也很难与顶尖学者建立常态的交流互动机制，无论是本土学术网络还是海外学术网络，中国“双一流”建设高校教师的网络顶端均较低。在由五人构成的核心学术交流网络中,也呈现出鲜明的地理同质性特征,核网海外同行的数量不及本土同行的1/4,但由于学术人员对学术共同体的忠诚度高于对学校和国家的忠诚度,核心学术交流网络中的专业同质性要强于地理同质性。然而,大学教师的核心学术网络并非完全是专业封闭的,学术人员也会与部分其他专业的学者保持交流互动关系,这种非正式的学术交流模式是推动科学知识增长与创新的重要社会机制。

第二,海外流动经历对大学教师学术网络特征的影响具有"两面性",它虽然扩大并优化了大学教师的海外学术网络规模和网络结构,但也降低了大学教师的本土学术网络质量。与本土教师相比,海归教师的海外学术网络规模、关系强度和网络顶端以及核网海外规模显著较高,但本土学术网络关系强度显著较低。海外流动经历对大学教师各类学术网络特征的影响效应并无显著的学科差异和性别差异,但存在显著的年龄差异。海外流动经历对46岁及以上教师核网海外规模和海外学术网络关系强度的正向影响显著低于35岁及以下教师;对其本土学术网络顶端的负面影响显著小于46岁以下的教师。不同类型的海外流动经历对大学教师学术网络的影响效应不同。虽然海外博士教师和海外博士/工作教师在海外学术网络方面的收益最大,但在本土学术网络方面的损失也最大;海外工作教师和海外访学教师在海外学术网络方面的收益较小,但在本土学术网络方面的损失也较小。可以说,海外学术网络的收益是以牺牲本土学术网络为代价的。然而,关系网络具有动态性,海归教师的本土学术网络劣势是可以得到弥补的。随着回国时间的推移,海归教师的本土学术网络规模、关系强度和网络顶端逐渐提升,但这又在一定程度上牺牲了海外学术网络,海归教师在回国中期的海外学术网络规模和关系强度显著低于回国初期,虽然在回国后期又有所提升,但一直没有达到回国初期的水平。关系网络的动态变化特征揭示了"个体的关系网络容量在一定时间范围内是有限的"这一理论命题。在一个特定的时段内,大学教师的本土学术网络和海外学术网络处于此消彼长的状态。然而，长期海外流动并非建构海外学术网络的唯一方式，大学教师通过短期海外流动或者借助校内中外合作平台和海归教师引介等方式也可建构海外学术网络。在国际化水平较高的“双一流”建设高校，本土教师的学术网络中不仅有海外学术同行，而且相熟的海外同行和顶尖的海外学者也占一定比例，甚至有的本土教师将海外学术同行纳入自己的核心学术交流网络。

第三，学术网络中嵌入了丰富的学术资源。本研究根据深度访谈结果，从学术研究“过程—结果”的维度将学术网络中嵌入的学术资源划分为指向研究过程的知识生产资源和指向研究结果的学术认可资源。知识生产资源包括“提供科研信息、激发学术灵感和提供研究建议、共享研究设备和研究材料、引介研究所需同行、排解研究中的负面情绪”五类帮助行为；学术认可资源包括“增加论文发表机会、项目立项机会和晋升奖励机会”三类帮助行为。对比两类学术网络的资源动员含量发现，对本土学术发展而言，本土学术网络比海外学术网络更为重要。无论是本土教师还是海归教师从本土学术网络动员的科研信息资源、设备材料资源、引介同行资源、情感支持资源、项目立项机会资源和晋升奖励机会资源均显著高于海外学术网络；海归教师仅从海外学术网络动员的灵感建议资源和论文发表机会资源高于本土学术网络，但只有灵感建议资源达到显著水平。总体而言，海外学术网络仅在“激发学术灵感，提供研究建议”方面更有价值，而本土学术网络不仅对大学教师获取知识生产资源具有重要意义，而且对其获取学术认可资源的影响更为关键，缺失本土学术网络最为严重的影响就是项目立项机会的降低。

第四，社会资本动员是个体自主选择的过程，潜在的社会资本并不能自动转化为动员的社会资本，两者之间也并非总是一致的。个体最终动员的社会资源含量不仅受社会结构性因素和潜在社会资本的制约，也受个体动员意愿、动员能力和动员策略的影响。虽然，海归教师的潜在本土社会资本弱于本土教师，但由于海归教师具有更强的动员意愿和动员能力,并有策略地根据资源嵌入方向决定向何处动员何种资源,海归教师从本土学术网络动员的八类学术资源含量均与本土教师无显著差异。然而,潜在本土社会资本的欠缺确实抑制了海归教师从本土学术网络动员的部分资源含量。例如,海外博士教师和海外博士/工作教师因在本土学术网络关系强度方面与本土教师的差距最大,导致其从本土学术网络动员的灵感建议资源和情感支持资源显著低于本土教师。在海外学术网络资源动员方面,海归教师更加丰富的潜在海外社会资本确实帮助其从海外学术网络动员了更多的学术资源,尤其是在四类知识生产资源(科研信息资源、灵感建议资源、设备材料资源和引介同行资源)动员方面具有显著优势。

第五,分析海外流动经历对大学教师学术网络资源动员的作用路径发现,海外流动仅对大学教师从海内外学术网络动员的设备材料资源和引介同行资源具有显著的直接效应,而对其他资源的作用路径均以间接路径为主。中介效应检验结果显示,本土学术网络关系强度显著降低了海归教师从本土学术网络动员的八类学术资源含量;海外学术网络顶端显著提升了海归教师从海外学术网络动员的八类学术资源含量;其他学术网络特征变量也对部分学术网络资源动员具有中介作用。在潜在社会资本与动员社会资本的关系方面也有比较有意思的发现,总体而言,各类潜在社会资本变量对动员社会资本的影响范围和影响程度不同。其中,网络规模对海内外社会资本动员的影响范围和影响强度最低,而网络顶端对海内外社会资本动员的影响范围和影响强度最大,这两类潜在社会资本变量对动员社会资本的影响效应不存在文化差异。关系强度对动员社会资本的影响效应却存在文化差异,受中国人情文化和人际互动法则的影响,关系强度对本土社会资本动员的影响范围更大,关系强度可以显著提升八类本土学术网络资源的动员含量,但仅能显著提升两类海外学术网络资源(设备材料资源和引介同行资源)的动员含量,并且对本土学术网络资源动员的影响强度更大。

第六章　资本转化:海外流动经历对大学教师学术发展的影响机制

根据大学教师学术发展三个理论模型,除社会结构性因素外,大学教师个人的学术素养水平和学术网络构成是影响其学术发展水平的两个重要过程性因素。第四章和第五章的研究发现,海归教师的学术素养水平,海外学术网络规模、关系强度和网络顶端,以及从海外学术网络动员的知识生产资源含量均显著高于本土教师,但其本土学术网络关系强度却显著低于本土教师。那么,海归教师的人力资本和海外社会资本优势能否转化为更多的学术成果和更高的学术地位?在中国关系主义的文化背景下,本土社会资本的劣势又是否会限制海归教师的学术发展?本章将从学术发展结果的维度,分别探讨海外流动经历对大学教师学术成果产出和学术地位获得的影响,并在此基础上采用链式中介效应分析方法进一步检验海外流动经历是否会通过影响大学教师的学术素养和学术网络进一步影响其学术成果产出并最终影响学术地位获得。通过对这些问题的分析,深化海外流动经历对大学教师学术发展影响机制的理论认识。

第一节　海外流动经历与大学教师的学术成果

学术成果是学术人在学术界的立足之本。默顿学派认为科学奖励系统主要是根据普遍主义原则运作的,科学家对科学知识的贡献大小决定了其在科学界的地位高低。[①]随着项目制在学术场域的渗透,原本属于学术资助范畴的课题项目数量与级别被异化为新型的学术评价指标。在中国学术评价的实践场域,无论是常规的职称评定、科研奖项评审,还是高级别的人才项目申报,均将科研产出与项目立项情况作为最重要的评定标准。因此,本研究以国家级项目数量和科研产出数量作为大学教师学术成果的测量指标。根据不同学科的特点,以 EI/SCI 发表数量和发明专利数量测量理工科教师的科研产出水平;以 SSCI 和 CSSCI 发表数量测量人文社科教师的科研产出水平。参照鲍威构建的论文发表指数计算方法来计算科研总产出数据如下:人文社科领域学术论文数＝国内学术论文数×0.8＋国外学术论文数×1;自然科学领域学术论文数＝国内学术论文数×0.4＋国外学术论文数×1。[②]由于本研究测量的是近三年内的科研产出数量,所以在分析科研产出数据时删除了工作年限不足三年的样本。

一、海外流动经历对大学教师学术成果的影响

(一)海外流动经历对大学教师学术成果的总体影响

图 6-1 是对海归教师与本土教师学术成果数量差异的均值比较,统计发现,与本土教师相比,海归教师的国家级项目数量少 0.04 项、科研总产出数量多 1.37 篇、EI/SCI 的发表数量多 1.30 篇、SSCI 发表数量多 0.45 篇,而发明专利数量少 0.28 项、CSSCI 发表数量少 0.18 篇,但仅科研总产出达到 5%的显著水平。

考虑到各类学术成果变量均为非负计数型数据,并且方差大于均值,本研究采用标准负二项回归进一步检验海外流动经历对大学

① R.K.默顿.科学社会学[M].鲁旭东,林聚任,译.北京:商务印书馆,2003:365.

② 鲍威,金红昊,田明周.我国研究型大学教师队伍年龄结构与科研产出的关系[J].高等教育研究,2020,41(5):54－62.

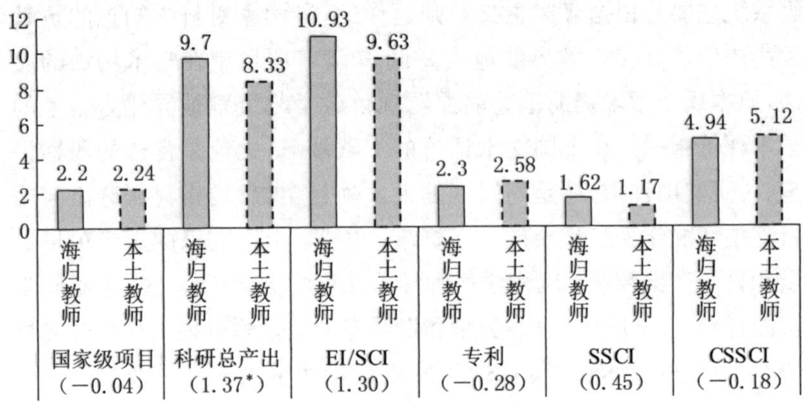

图 6-1　海归教师与本土教师学术成果的均值差异

注：* 表示 $p<0.05$。

教师学术成果的影响。如表 6-1 所示，在加入控制变量后，海归教师的科研总产出数量不再显著高于本土教师，其他各类学术成果数量也与本土教师无显著差异，表明海外流动经历并未显著提高大学教师的各类学术成果数量。相反，海归教师的国家级项目数量、发明专利数量和 CSSCI 发表数量低于本土教师。本研究的调查结果与来自爱尔兰①、西班牙②和中国教育学科③、经济学科④的几项研究结果相同，但与支持海外流动会显著提升大学教师学术生产力的研究结果不同。支持者的理论依据主要源自知识复合理论和科技人力资本理论。知识复合理论认为学术人员的跨国流动伴随着知识的流动，

① Gibson J, McKenzie D. Scientific Mobility and Knowledge Networks in High Emigration Countries: Evidence from the Pacific[J]. Research Policy, 2014(43):1486 - 1495.

② Cruz-Castro L, Sanz-Menendez L. Mobility versus Job Stability: Assessing Tenure and Productivity Outcomes[J]. Research Policy, 2010(39):27 - 38.

③ 叶晓梅，梁文艳.海归教师真的优于本土教师吗?:来自研究型大学教育学科的证据[J].教育与经济，2019(1):75 - 86.

④ 夏纪军.近亲繁殖与学术退化:基于中国高校经济学院系的实证研究[J].北京大学教育评论，2014，12(4):130 - 140.

表 6-1　海外流动经历对大学教师学术成果影响的负二项回归分析

变　量	国家级项目	科研总产出	EI/SCI	发明专利	SSCI	CSSCI
海归教师(参照:本土教师)	−0.04	0.03	0.07	−0.14	0.31	−0.00
男(参照:女)	0.13*	0.13*	0.20*	0.02	0.17	−0.03
年龄(参照:≤35 岁)						
36—45 岁	0.29***	−0.11	−0.08	0.08	−0.92**	0.11
≥46 岁	0.27*	−0.21	−0.04	−0.10	−1.99***	−0.19
年资	0.02***	−0.00	−0.00	0.02*	0.01	0.00
职称(参照:中级及以下)						
副高级	0.35***	0.35**	0.48**	0.01	−0.28	0.32
正高级	0.94***	0.87***	0.99***	0.24	0.56	0.89***
有行政职务(参照:无)	0.19**	0.11	0.05	0.47***	0.38	0.18
C9 高校(参照:非 C9 高校)	0.11*	0.02	0.04	−0.08	−0.00	−0.12
高校地区(参照:东部)						
中部	0.03	−0.00	−0.05	0.23	0.37	−0.09
西部	−0.11*	−0.09	−0.15	0.03	−0.27	0.15
东北	−0.10	−0.00	0.03	0.06	−0.87*	0.03
理工科(参照:人文社科)	0.59***	0.56***				

续表

变　量	国家级项目	科研总产出	EI/SCI	发明专利	SSCI	CSSCI
国家重点学科(参照:一般学科)	0.18**	0.07	0.11	0.00	0.48*	−0.10
学院优势方向(参照:非优势方向)	0.17**	0.15**	0.17**	0.37**	−0.05	0.06
博导为知名学者(参照:博导为普通学者)	0.08	−0.02	−0.04	−0.05	−0.02	−0.02
本科毕业高校(参照:国内一般高校)						
原"211 工程"高校	−0.00	−0.02	−0.11	0.31	−0.16	0.04
原"985 工程"高校	0.03	0.01	−0.04	0.26*	0.05	−0.04
海外高校	0.08	−0.07	−0.08	−0.45	0.35	−0.05
科研时间投入	0.17***	0.21***	0.20***	0.24***	0.30**	0.22***
常数项	−1.84***	0.25	0.58**	−1.06*	−0.52	0.21
样本量	1 507	1 222	818	822	420	414
Log pseudolikelihood	−2 069.28	−3 817.18	−2 675.75	−1 623.87	−578.33	−1 102.73
Pseudo R^2	0.14	0.05	0.04	0.02	0.05	0.03
alpha 的置信区间	0.12	0.45	0.44	1.47	2.79	0.68
	0.23	0.56	0.57	2.01	4.61	1.01

注：* 表示 $p<0.05$，** 表示 $p<0.01$，*** 表示 $p<0.001$；多元共线性检验结果同表 4-8。

通过将遥远国度的知识与本土知识融合,海归教师可以形成独特的知识集,利用“思想套利”(ideas arbitrage)的位置提升学术生产力。①科技人力资本理论认为海外流动经历具有很高的学术收益,这种收益不仅包括学术知识和学术能力的提升,也包括学术网络,尤其是海外学术网络的扩展,海归教师既与本土学者有联系,也拥有国际合作资源,本土和海外二元学术网络使海归教师置身“结构洞”的优势位置,通过信息优势和控制优势提升学术生产力。②

然而,反对者依据“逆向筛选效应”“人力资本失灵效应”“归国适应效应”和“本土学术网络缺失效应”对上述观点提出了挑战。“逆向筛选效应”认为由于发展中国家的研究环境与发达国家尚存差距,拥有卓越学术能力的研究者往往选择留在发达国家,回流者可能是“凤尾”,其科研能力并不高于本土教师。③但是,这一点并不符合本研究的调查样本。第四章对学术素养的研究发现,虽然大量一流的海外学术人才并未回国,但已经回国的各类海归教师的学术素养水平依然显著高于本土教师。“人力资本失灵效应”并没有否认海归教师拥有更强的学术能力,而是认为即使海归教师科研能力更出众,但囿于各国学术发展需求的差异,海归教师从海外习得的知识技能可能与母国的需求不相匹配,导致海归教师在海外积累的人力资本无法有效迁移至母国,出现人力资本失灵问题。④本研究采用“您在海外学到的知识技能对您目前的学术研究是否有帮助”这一题项检验中国

---

① Franzoni C, Scellato G, Stephan P. The Mover's Advantage: The Superior Performance of Migrant Scientists[J]. Economics Letters, 2014, 122(1):89 - 93.

② Jonkers K, Cruz-Castro L. Research upon Return: The Effect of International Mobility on Scientific Ties, Production and Impact[J]. Research policy, 2013, 42(8): 1366 - 1377.

③ 叶晓梅,梁文艳.海归教师真的优于本土教师吗?:来自研究型大学教育学科的证据[J].教育与经济,2019(1):75 - 86.

④ Melin G. The Dark Side of Mobility: Negative Experiences of Doing a Postdoc Period Abroad[J]. Research Evaluation, 2005(14):229 - 237.

海归教师是否存在这一问题，结果发现，只有1位(0.08%)海归教师选择“完全没有帮助”，9位(0.75%)选择“帮助不大”，两项合计共占全体海归教师的0.83%，而164位(13.64%)海归教师选择“帮助一般”，462位(38.44%)选择“帮助较大”，566位(47.09%)选择“帮助非常大”，三项共占全体海归教师的99.17%，表明中国绝大部分海归教师不存在人力资本失灵问题。

“归国适应效应”认为长期的海外学术规训和海外学术环境熏陶使海归教师形成了西方的学术研究范式、研究思维和研究志趣，而对国内的研究范式不熟悉，对国内杂志的评审制度不了解，海内外学术体制和学术环境的差异也使得海归教师难以适应国内的研究氛围和学术文化，因归国适应导致的“水土不服”问题可能会抑制海归教师的学术产出能力。[①]这一点也得到了访谈资料的证明，如在德国留学的人文社科教师D3回国后发现，他在德国从事的研究主题并不受国内学者欢迎，他所采用的研究方法和表述方式也与国内不同，于是他现在正在将自己的研究方向调整到国内学者喜欢的话题，并重新学习国内的研究方法，“学术上我遇到的问题还挺多的，首先回国之后我们还得经历重新学习的过程，就是要了解国内的学者在思考什么，国内的话题是什么，国内的方法是什么，无论是方法还是知识量方面都需要重新调整。比如，开会时我听到很多国内学者做的文章题目都很大，从一个命题到另一个命题就直接跳跃过去了，我们就觉得这个要研究很多很多内容啊，所以我们一篇文章会写很久很久，但他们可能一个月就写出来了。比如，我研究逻辑学，国内学者就不是特别喜欢或者根本听不懂，但如果讲伦理学或生命伦理，国内学者就更听得懂，也就更受欢迎，我们海归很多时候研究的题目很细、很小、很冷门，后来我就逐渐发现，我们还是需要按照国内学者喜欢的方式来表

① 张东海，袁凤凤.高校青年“海归”教师对我国学术体制的适应[J].教师教育研究，2014，26(5)：62－67.

达自己的想法,说大家听得懂的话,或是讨论大家喜欢的话题,这样我们文章才发得出去或者项目才申请得到"(D3 男 人文社科 讲师)。理工科教师的学术研究成果主要以国际发表为主,对中文发表不太注重,所以理工科教师对国内研究规则的不了解主要体现在项目申请方面,"如果你博士是在国内读的或是在国内做的博士后,那么你很早就会参与到导师的项目申请,还包括代课、做助教等工作之中,那么其实很早就会对国内的相应规则了解得比较清楚,就知道一步一步该做哪些事情。因为国内的变化特别快,感觉一年一个样,海归教师可能就不能及时得到信息或者得到的信息比较滞后,其实我就了解很多刚从海外回来的老师他们第一年申请国家自然科学基金都失败了,但大家都觉得他们学问做得挺不错的,我们后来分析就是因为在国外做研究做时间长了,那么思维可能就偏国外的套路,跟国内要求的格式可能就不太一样。也有很多老师在失败之后仔细钻研国内的研究套路或者说研究格式,后来就申请成功了"(DJ5 男 理工科 副教授)。正如第四章所谈到的,除了不熟悉国内的研究范式和研究规则之外,海归教师往往在海外养成了"求质不求量的研究追求",他们对国内过于强调学术产出,尤其是快速产出的学术评价体系不太适应,有些海归教师也不愿为了产出而产出,他们更看重自己的研究质量和学术声誉,"很多期刊我们不愿意发,因为我们比较注重自己的学术声誉"(D6 男 人文社科 特聘副研究员)。

"本土学术网络缺失效应"认为虽然海外流动经历扩展了大学教师的海外学术网络,但也降低了大学教师的本土学术网络质量,支持者片面夸大了海外学术网络的优势,忽略了本土学术网络的重要作用。在中国关系主义的文化背景下,本土学术网络对项目申请和论文发表有着至关重要的作用。[1]例如,有受访教师表示"我觉得海归

① 史兴松.高校海归教师归国适应情况调查研究:以北京高校为例的分析[J].华侨华人历史研究,2017(2):1-9.

教师主要的劣势在于国内的学术资源是断掉的，我们现在最大的问题就是在国内发文章不认识编辑很麻烦，你得慢慢去建立你的学术人脉网，在国外这几年肯定不如在国内做博士，跟着参加各种大中小会议，或者自己导师的帮助，能够或多或少有一些意外收获，但是在国外这个收获就是零，现在C刊又比较紧缺，你要是想投好一点的话，你不认识编辑难度就很大，所以说这方面可能是最大的一个问题。文科还好一点，其实理工科这方面的问题尤其大，他们要申请自然科学基金，我跟有些理工科的教授交流，他们说最主要的就是看人脉，如果你不认识人的话或者跟人家不熟的话，中的可能性就很小”(D7 男 人文社科 讲师)；“我感觉海归教师没有什么优势，反而还有劣势，因为国内科研环境都是一个圈，都是需要有人脉积累的，你博士没在国内，那你比人家少了四年的积累。如果你想拿项目，那就主要靠国内学术圈的资源，在这方面我跟人家国内毕业的博士没法比，人家可能导师是这个领域的，一直带着他从博士就开始认识圈里的人，那我们这种海外博士在这方面就比较欠缺”(DJ7 男 理工科 助理研究员)。

综上，从本研究的经验材料来看，海外流动经历之所以没有显著提高大学教师的学术成果数量，不是由于海归教师的学术素养水平不优于本土教师，也不是由于海归教师在海外习得的知识技能与国内的学术需求不相匹配，而主要是由海归教师的归国适应问题和本土学术网络缺失问题导致的。

控制变量对大学教师的学术成果数量也有显著影响。在性别方面，男教师的国家级项目数量和科研总产出数量显著高于女教师，科研产出的差异主要体现在EI/SCI发表方面。这一结果与已有研究结论相同，学界认为家庭责任分工、个人时间分配、社会角色认同和社会网络缺失等因素是导致学术成果性别差异的主要原因。①在年

① 袁玉芝.高校教师科研产出性别差异及其原因探析：基于某研究型大学教育学教师的经验分析[J].高教探索，2017(3)：5－12.

龄方面,由于本研究测量的是自工作以来的总立项数目,所以 36 岁及以上教师获得的国家级项目数量显著较高,而 35 岁及以下教师因有海外博士和海外博士后流动经历的比例较高,对国际期刊的研究主题和发表规则更加熟悉,发表的 SSCI 数量显著较高,但在科研总产出、EI/SCI、发明专利和 CSSCI 发表数量方面均无显著差异。这一结果也证实了"科学并不是年轻人的游戏"①,大学教师的科研产出并未随着年龄增长而退化,只是不同年龄阶段的教师根据个人的教育经历和学术特长有策略地选择了不同的学术发表方式而已。在职业年龄方面,年资越高的教师获得的国家级项目数量和发明专利数量显著越多。在职称方面,具有副高和正高职称的教师获得的国家级项目数量、科研总产出数量和 EI/SCI 发表数量显著高于中级及以下职称的教师,正高职称教师的 CSSCI 发表数量也显著高于中级及以下职称的教师。从内在原因来看,一般而言,职称层级越高,科研能力越强,研究基础越好,获得立项和发表的机会越多。从外在原因来看,高校对高级职称教师的教学任务要求相对较低,高职称教师往往拥有更充裕的研究时间,即使授课,高级职称教师也主要讲授研究生课程,与研究生的交流互动也有助于促进科学研究。②有行政职务的教师获得的国家级项目数量和发明专利数量显著较高,但在科研总产出、EI/SCI、SSCI 和 CSSCI 发表数量方面并无显著差异。由于具有结构优势,C9 高校教师的国家级项目数量显著高于非 C9 高校,但在各类科研产出方面均不存在显著差异。西部高校教师获得的国家级项目数量显著低于东部高校教师,东北高校教师发表的 SSCI 论文数量显著低于东部高校教师,反映了东部高校较高的资源获取能力和国际化研究水平。理工科教师的国家级项目数量和科研

① 魏钦恭,秦广强,李飞."科学是年轻人的游戏"?:对科研人员年龄与论文产出之间关系的研究[J].青年研究,2012(1):13-23.

② Sonnert G, Blackburn R T, Lawrence J H. Faculty at Work: Motivation, Expectation, Satisfaction[J]. The Journal of Higher Education (Columbus), 1996, 67(6):716.

总产出数量显著高于人文社科。万纳(Wanner)等人的研究也发现自然科学比社会科学更易获得科研资助,发表论文的能力也更强。① 加斯顿认为不同学科的规范条理化程度存在差异,相比人文社科,理工科关于什么是重要的研究问题,解决问题的适当方法是什么,如何评价研究结果等问题有较为一致的看法,所以规范条理化程度较高的学科退稿率较低。朱克曼和默顿对不同学科退稿率的统计发现,退稿率与学科的规范条理化程度的排列顺序十分相似,如历史学的退稿率最高,而物理学的退稿率排倒数第三。②国家重点学科教师获得的国家级项目数量和 SSCI 发表数量显著较高。学院优势研究方向教师获得的国家级项目数量、科研总产出数量、EI/SCI 发表数量和发明专利数量显著较高,但在 SSCI 和 CSSCI 发表数量方面不存在显著差异,这表明微观层面的专业平台优势对理工科教师学术成果的影响更大,而人文社科因对研究资金和研究团队的需求相对较低,受专业平台的制约相对较小。在个人教育经历方面,博导声望并未显著提高大学教师的学术成果数量,这可能是由于知名博导更注重研究质量,从而影响了学生从教后的学术品位和发表取向。本科毕业于原"985 工程"高校的教师拥有的发明专利数量显著高于本科毕业于国内一般高校的教师。科研时间投入与国家级项目数量和各类科研产出数量均呈显著正相关。虽然,学术成果数量在一定程度上取决于科研人员的时间精力投入,但是科研时间投入并不是越长越好,对两者关系的专门研究发现科研时间投入与论文数量之间呈倒 U 形关系,当科研时间超过一个拐点之后,论文数量不升反降,尤其是高水平论文(EI/SCI)的时间拐点低于论文总量的时间投入拐

---

① Wanner R A, Lewis L S, Gregorio D I. Research Productivity in Academia: A Comparative Study of the Sciences, Social Sciences and Humanities[J]. Sociology of Education, 1981, 54(4): 238 - 253.

② 杰里·加斯顿.科学的社会运行:英美科学界的奖励系统[M].顾昕,译.北京:光明日报出版社,1988:75.

点。换言之,过多地增加科研时间投入只会提高普通论文数量,但会降低高质量论文数量,所以科技政策不应把激励科研人员增加时间投入作为提高论文产出水平的主要手段。①

(二)海外流动经历对大学教师学术成果影响的学科、性别和年龄异质性

海外流动经历对不同学科、不同性别、不同年龄阶段大学教师的科研总产出、EI/SCI 发表数量、发明专利数量、SSCI 和 CSSCI 发表数量均无显著影响,与总样本的研究结论一致,表明这一研究结论具有较强的稳健性。海外流动经历对不同学科教师的国家级项目数量也无显著影响,并且组间系数差异未达显著水平。然而,海外流动经历对大学教师国家级项目数量的影响却存在显著的性别差异和年龄差异。海外流动经历显著降低了女教师获得的国家级项目数量,女海归教师获得的国家级项目数量比女本土教师少 0.31 项,但海外流动经历对男教师国家级项目数量的影响却呈正向不显著,SUR 检验结果显示,组间系数差异达到 5%的显著水平。海外流动经历对 46 岁及以上教师国家级项目数量的提升作用显著高于 46 岁以下的教师。46 岁以下的海归教师获得的国家级项目数量低于同年龄段的本土教师,而 46 岁及以上的海归教师获得的国家级项目数量高于同年龄段的本土教师。这可能是由于 46 岁及以上的海归教师已经回国较长时间,制约其国家级项目立项的归国适应问题和本土学术网络缺失问题都已经得到了缓解与修复,而 46 岁以下的海归教师可能受这两个问题的影响更难获得国家级项目。

(三)各类海外流动经历对大学教师学术成果的异质性影响

从国家级项目立项情况来看,各类海归教师获得的国家级项目数量均低于本土教师,但仅海外博士/工作教师与本土教师的差异达

① 李强,赵延东,何光喜.对科研人员的时间投入与论文产出的实证分析[J].科学学研究,2014, 32(7):1044-1051.

表 6-2　海外流动经历对不同学科、性别、年龄大学教师学术成果数量的异质性影响

科研产出	学科		性别		年龄		
	理工科	人文社科	男	女	≤35 岁	36—45 岁	≥46 岁
国家级项目	−0.01	−0.10	0.01	−0.31*	−0.15	−0.14	0.09
	(0.06)	(0.10)	(0.05)	(0.13)	(0.09)	(0.07)	(0.08)
科研总产出	0.04	0.04	0.04	−0.11	−0.07	0.12	−0.02
	(0.07)	(0.10)	(0.06)	(0.13)	(0.11)	(0.08)	(0.09)
EI/SCI	0.07	—	0.04	0.25	−0.03	0.11	0.04
	(0.07)		(0.08)	(0.16)	(0.14)	(0.09)	(0.12)
发明专利	−0.14	—	−0.11	−0.06	−0.27	−0.30	0.08
	(0.11)		(0.11)	(0.32)	(0.32)	(0.16)	(0.15)
SSCI	—	0.31	0.44	−0.01	0.14	0.41	0.01
		(0.24)	(0.25)	(0.42)	(0.73)	(0.36)	(0.37)
CSSCI	—	−0.00	0.11	−0.39	−0.47	0.25	−0.07
		(0.11)	(0.12)	(0.23)	(0.29)	(0.15)	(0.19)

注：* 表示 $p<0.05$；表中呈现的是非标准化回归系数，括号内为标准误；所有模型均已加入表 6-1 中的控制变量，为节省篇幅，省略控制变量结果；表中加方框显示的数据表示组间系数差异达到显著水平，未加方框显示的数据表示组间系数差异未达显著水平，其中，年龄组的系数差异是两个年龄段分别与“46 岁及以上”教师子样本的对比结果；—表示无此项数据。

到显著水平。海外博士/工作教师在国家级项目立项方面表现最不理想，可能是由于其海外流动时间最长，对本土的研究范式最不熟悉，归国适应问题也最为严重。已有研究发现，海归教师拥有的跨国资本越多（在海外的学术地位越高、在海外期间的研究影响力越大、海外流动时间越长),回国后越易出现文化适应问题,重新融入的过程越慢。①前文的研究发现,海外博士/工作教师在本土学术网络关系强度方面的损失最大。与其他海归教师相比,海外博士/工作教师面临着最为严重的归国适应问题和强本土学术网络缺失问题,虽然其学术素养水平最高,海外学术网络结构最优,但这依然不足以支撑其获得更多的国家级项目。这一结果可能在一定程度上证明了受访教师的言论,即本土学术网络可能对获得国家级项目的重要作用大于教师个人的学术素养和海外学术网络。

从科研产出情况来看,各类海归教师的科研总产出数量均与本土教师无显著差异。虽然各类海归教师的 EI/SCI 发表数量均高于本土教师但未达显著水平,表明海外流动经历对理工科教师国际发表的提升作用较为有限。在日常的研究工作中,没有长期海外流动经历的理工科教师也以阅读国际期刊、撰写并发表国际论文为主,长期阅读、写作、发表的磨炼使得理工科本土教师在国际论文发表方面并不显著弱于理工科海归教师。各类海归教师的发明专利数量显著低于本土教师,并且海外博士/工作教师与本土教师的差异达到显著水平,这可能反映了海归教师不同于本土教师的发表策略,海归教师可能更倾向于发表期刊论文而非发明专利。各类海归教师的 SSCI 发表数量均高于本土教师,但仅海外博士教师和海外博士/工作教师与本土教师的差异达到显著水平,表明海外博士流动和海外博士/工作流动对人文社科教师国际发表的提升作用更大。虽然海外流动经历提升了人文社科教师的国际发表机会,但也不同程度地降低了中文发表的可能性,除海外访学教师的 CSSCI 发表数量高于本土教师之外,其他三类海归教师的 CSSCI 发表数量均低于本土教师,并且

① Li F, Ding J, Shen W. Back on Track: Factors Influencing Chinese Returnee Scholar Performance in the Reintegration Process[J]. Science and Public Policy, 2018, 46(2):184 - 197.

海外工作教师和海外博士/工作教师与本土教师的差异达到显著水平。

表 6-3 各类海外流动经历对大学教师学术成果数量的异质性影响

学术成果	海外访学	海外博士	海外工作	海外博士/工作
国家级项目	−0.01(0.06)	−0.15(0.18)	−0.06(0.08)	−0.35** (0.10)
科研总产出	−0.00(0.06)	−0.01(0.12)	0.06(0.09)	0.05(0.12)
EI/SCI	0.02(0.08)	0.05(0.15)	0.14(0.10)	0.09(0.13)
发明专利	−0.02(0.12)	−0.37(0.30)	−0.11(0.17)	−0.61** (0.23)
SSCI	0.13(0.26)	1.29* (0.56)	0.19(0.59)	1.15* (1.54)
CSSCI	0.07(0.12)	−0.17(0.23)	−0.75** (0.27)	−1.06* (0.53)

注：* 表示 $p<0.05$，** 表示 $p<0.01$；海外访学模型和海外工作模型的控制变量在表 6-1 的基础上额外加入了“博士毕业于原‘985 工程’高校/中(社)科院”这一虚拟变量；海外博士模型和海外博士/工作模型的控制变量与表 6-1 相同。

二、海外流动经历对大学教师学术成果的作用路径

如表 6-4 所示，本部分首先分四个模型采用标准负二项回归逐步考察海外流动经历对大学教师学术成果的作用路径。基准模型考察海外流动经历影响大学教师学术成果的总效应；人力资本模型检验海外流动经历是否通过人力资本变量影响大学教师的学术成果；人力资本 & 潜在社会资本模型检验在进一步控制人力资本变量的情况下，海外流动经历是否通过潜在社会资本影响大学教师的学术成果；人力资本 & 动员社会资本模型检验在进一步控制人力资本变量的情况下，海外流动经历是否通过动员社会资本影响大学教师的学术成果。然后采用自举法检验中介效应是否显著，中介效应检验结果详见表 6-5。

（一）人力资本模型的中介效应

基准模型结果显示，海外流动经历对大学教师的各类学术成果

表 6-4　海外流动经历对大学教师学术成果的作用路径

变　量	国家级项目	科研总产出	EI/SCI	发明专利	SSCI	CSSCI
基准模型	**Pseudo R^2**	**Pseudo R^2**	**Pseudo R^2**	**Pseudo R^2**	**Pseudo R^2**	**Pseudo R^2**
	0.14	**0.05**	**0.04**	**0.02**	**0.05**	**0.03**
海归教师(参照:本土教师)	−0.04	0.03	0.07	−0.14	0.31	−0.00
人力资本模型	**Pseudo R^2**	**Pseudo R^2**	**Pseudo R^2**	**Pseudo R^2**	**Pseudo R^2**	**Pseudo R^2**
	0.14	**0.05**	**0.04**	**0.02**	**0.05**	**0.03**
海归教师(参照:本土教师)	−0.06	0.01	0.05	−0.13	0.26	−0.00
学术素养	0.03	0.09*	0.11**	−0.06	0.22	−0.00
人力资本 & 潜在社会资本模型	**Pseudo R^2**	**Pseudo R^2**	**Pseudo R^2**	**Pseudo R^2**	**Pseudo R^2**	**Pseudo R^2**
	0.15	**0.06**	**0.04**	**0.03**	**0.07**	**0.03**
海归教师(参照:本土教师)	−0.04	0.01	0.05	−0.08	−0.10	0.04
学术素养	0.01	0.05	0.07	−0.09	0.35*	−0.05
本土学术网络规模	0.01**	0.01	0.01	0.02***	−0.01	0.01*
海外学术网络规模	−0.01	0.01	0.01	−0.04	0.15**	−0.00
相熟的本土同行	0.04	0.02	0.00	−0.11*	−0.09	0.15**
相熟的海外同行	−0.00	0.02	0.01	0.03	0.13	0.03
顶尖的本土学者	0.05*	0.02	0.03	0.03	−0.28*	−0.01
顶尖的海外学者	−0.01	0.00	0.00	0.09	−0.01	−0.00
核网海外规模	0.01	0.01	0.02	−0.17**	0.17	−0.06

续表

变　量	国家级项目	科研总产出	EI/SCI	发明专利	SSCI	CSSCI
人力资本 & 动员社会资本模型	**Pseudo R^2 0.16**	**Pseudo R^2 0.06**	**Pseudo R^2 0.04**	**Pseudo R^2 0.04**	**Pseudo R^2 0.08**	**Pseudo R^2 0.04**
海归教师(参照:本土教师)	−0.00	−0.04	−0.06	−0.36	−0.04	0.06
学术素养	−0.00	0.05	0.06	−0.01	0.28	−0.07
科研信息资源(本土)	−0.00	−0.00	−0.06	0.08	0.03	0.09
灵感建议资源(本土)	0.02	−0.03	−0.01	−0.22	−0.33	0.12
设备材料资源(本土)	−0.07*	−0.02	−0.01	0.02	0.05	−0.09
引介同行资源(本土)	0.09*	−0.03	0.01	0.17	−0.46**	−0.06
情感支持资源(本土)	−0.00	0.00	−0.03	−0.18	−0.00	0.11
发表/立项机会(本土)	0.07*	0.11**	0.11*	0.25*	0.04	0.10
科研信息资源(海外)	−0.02	0.02	0.03	0.07	0.07	0.01
灵感建议资源(海外)	0.05	0.04	−0.01	−0.40*	0.27	0.05
设备材料资源(海外)	0.01	−0.03	−0.03	0.06	−0.30**	0.09
引介同行资源(海外)	−0.06	0.05	0.08	−0.07	−0.00	−0.03
情感支持资源(海外)	−0.01	−0.05	−0.03	0.05	0.03	−0.15*
发表/立项机会(海外)	0.00	0.05	0.06	0.08	0.49***	−0.16*

注：* 表示 $p<0.05$，** 表示 $p<0.01$，*** 表示 $p<0.001$；由于学术志趣、学科知识和学术能力三个因子之间高度相关，为避免多重共线性，将其合并为学术素养公因子纳入分析模型；所有模型均已加入控制变量，为节省篇幅不再报告控制变量结果；表中数据 0.00 和−0.00 是保留两位小数后的写法，并非值为 0，其中，0.00 的实际数据介于 0 至 0.01 之间，−0.00 的实际数据介于−0.01 至 0 之间。

表 6-5　海外流动经历影响大学教师学术成果的中介效应检验结果

模型	中介变量	因变量	效应值	占总效应的比	95%置信区间
人力资本模型	学术素养	科研总产出	0.02	100%	[0.01 0.04]
		EI/SCI	0.03	100%	[0.01 0.06]
人力资本&潜在社会资本模型	各类潜在社会资本	科研总产出	0.03	100%	[0.00 0.08]
	核网海外规模	发明专利	−0.06	−66.67%	[−0.11 −0.01]
	学术素养	SSCI	0.01	25%	$p=0.04, <0.05$
	海外学术网络规模	SSCI	0.01	25%	$p=0.02, <0.05$
	相熟的本土同行	CSSCI	−0.03	−1.26 倍	[−0.07 −0.00]

注:为节省篇幅仅呈现达到显著水平的中介路径;表中数据 0.00 和−0.00 是保留两位小数后的写法,并非值为 0,其中,0.00 的实际数据介于 0 至 0.01 之间,−0.00 的实际数据介于−0.01 至 0 之间。

数量均无显著影响,总效应不显著。人力资本模型结果显示,当投入学术素养变量后,模型对各类学术成果的解释力均无变化,表明学术素养对各类学术成果的单独解释力非常微弱。从作用路径来看,海外流动经历对各类学术成果数量依然无显著影响,直接效应不显著。学术素养可以显著提升科研总产出数量和 EI/SCI 发表数量,但对国家级项目数量和其他科研产出数量无显著影响。中介效应检验结果显示,海外流动通过学术素养对科研总产出数量和 EI/SCI 发表数量发挥完全中介效应,"海外流动—学术素养—科研总产出数量或 EI/SCI 发表数量"的间接效应显著(95%置信区间不含 0),标准化效应值分别为 0.02 和 0.03,占总效应的比值均为 100%。上述结果表明海外流动经历本身并不能直接提高大学教师的科研产出数量,而必须通过提升学术素养水平间接提高科研产出数量,这反映了学术素养是影响科研产出数量,尤其是 EI/SCI 发表数量的重要因素,一定程度上证实了人力资本模型。心理学家认为除家庭背景和教育背景等环境因素外,个体的智力水平、知识技能和原创精神等认知能力和内在品性也对创造性成就有着不容忽视的重要影响。①对美国高校教师的实证研究也发现，自我把控能力、角色偏好和对机构赋予角色期望的感知是驱动教师学术产出的主要因素。②阎光才基于500名45—65岁大学教师整个职业生涯的纵向发表数据的研究也发现，在控制组织与环境变量后，个人的学术兴趣与学术抱负、能力潜质与意志品质等相对稳定的内在资质因素是影响整个职业生涯学术活力的重要因素。③

（二）人力资本&潜在社会资本模型的中介效应

人力资本&潜在社会资本模型结果显示，在同时加入人力资本和潜在社会资本变量后，模型对国家级项目数量、科研总产出数量、发明专利数量和SSCI发表数量的解释力相对基准模型均有所提升，仅对EI/SCI和CSSCI发表数量的解释力没有提升，这表明人力资本和潜在社会资本对上述四类学术成果具有单独的解释力。从作用路径来看，海外流动经历对各类学术成果数量的直接效应依然不显著。下面重点分析各中介变量是否显著影响各类学术成果数量及其中介效应是否达到显著水平。

1. 学术素养对各类学术成果的影响作用不同，其影响大小也不及潜在社会资本

在引入潜在社会资本变量后，学术素养对国家级项目数量、发明专利数量和CSSCI发表数量依然无显著影响，与人力资本模型结果相同。然而，学术素养对科研总产出数量和EI/SCI发表数量的回归系数相比人力资本模型均有所下降，并且由原来的显著变为不显著。海外流动经历通过影响学术素养进而影响科研总产出数量和

① Eysenck H J. Creativity and Personality：Suggestions for a Theory[J]. Psychological Inquiry，1993，4(3)：147－178.

② Johnsrud L K. Measuring the Quality of Faculty and Administrative Work Life：Implications for College and University Campuses[J]. Research in Higher Education，2002，43(3)：379－395.

③ 阎光才，丁奇竹.学术系统内部分化结构生成机制探究：基于学术人职业生涯过程中产出稳定性的分析[J].高等教育研究，2015，36(2)：13－21.

EI/SCI 发表数量的中介效应也不再显著。这意味着学术素养原本发挥的显著促进作用可能有一部分被潜在社会资本变量所解释,当加入潜在社会资本变量后,更高的学术素养水平并不能带来更高的科研总产出数量和 EI/SCI 发表数量,表明潜在社会资本确实会对科研总产出数量和 EI/SCI 发表数量发挥一定影响,但中介效应检验结果发现,各类潜在社会资本对科研总产出和 EI/SCI 发表数量的单条中介效应均不显著,仅对科研总产出的总中介效应达到显著水平(95%置信区间不含 0),标准化效应值为 0.03,占总效应的比为 100%。

在 SSCI 发表数量方面,学术素养的回归系数由人力资本模型中的 0.22 提升至 0.35,并且由不显著变为显著,表明潜在社会资本变量抑制了学术素养对 SSCI 发表数量的提升作用。进一步分析发现,潜在本土社会资本对 SSCI 发表数量具有负向抑制作用,尤其是顶尖本土学者的比例越高,SSCI 发表数量显著越低。由此可以推测,学术素养的抑制效应主要来自顶尖的本土学者,当大学教师的学术网络中顶尖的本土学者占比较高时,即使高学术素养水平的教师也不会发表更多的 SSCI 论文。这可能是因为当潜在本土社会资本占优势时,大学教师更愿发表中文期刊,或者是因为潜在本土社会资本更优的教师更熟悉中文期刊的发表规则,更擅长发表中文期刊。中介效应结果显示,在控制潜在社会资本和其他社会结构性变量后,海外流动经历确实会通过学术素养间接影响 SSCI 发表数量,“海外流动—学术素养—SSCI 发表数量”的间接效应显著(Sobel 检验[1] $p=0.04$,

---

① 在 PROCESS 3.4 插件中采用自举法检验中介效应发现,由学术素养和海外学术网络规模到 SSCI 发表数量的中介路径均不显著。然而,第五章的研究发现,海外流动经历与大学教师的学术素养和海外学术网络规模显著正相关,即 a 显著,而表 6-4 的结果显示,在人力资本 & 潜在社会资本模型中,学术素养和海外学术网络规模与 SSCI 发表数量显著正相关,即 b 显著,在 a、b 均显著的情况下却得出 ab 不显著的结果可能是由于 PROCESS 插件采用的是 OLS 回归,OLS 回归对于计数型变量的统计结果不如标准负二项回归精确。为进一步检验海外流动经历是否通过影响学术素养和海外学术网络规模间接作用于 SSCI 发表数量,根据在 STATA 15.1 中采用标准负二项回归统计得到的学术素养和海外学术网络的非标准回归系数和标准误,采用 Sobel 方法手动计算中介效应是否显著,Sobel 检验网址为 http://www.quantpsy.org/sobel/sobel.htm.

<0.05)，标准化效应值为0.01，占总效应的比值为25%。

Pearson相关分析结果显示，学术素养与国家级项目数量、科研总产出数量、EI/SCI和SSCI发表数量的相关系数分别为0.12、0.16、0.18和0.13，并且均达5%的显著水平。这表明学术素养与这几类学术成果在回归分析中的不显著主要是由变量间的相互控制导致的，在不加入其他控制变量的情况下，学术素养与上述学术成果数量显著正相关。然而，即使不加入控制变量，学术素养与发明专利数量和CSSCI发表数量的相关系数也仅为0.03和0.04，并且均未达显著水平，这意味着发明专利与CSSCI发表几乎与学术素养没有关系，这一结果可能反映了中外学术成果发表的公平性存在差异。从相关分析结果来看，国际期刊(EI/SCI和SSCI)的发表机会可能更为公平，虽然其发表也主要受潜在社会资本的制约，但一定程度上教师还可以凭借个人实力获得发表机会，而中文发表机会(发明专利和CSSCI)的公平性可能相对较低，教师个人的学术素养水平与之并无显著正相关关系。为响应习近平总书记对“广大科技工作者要把论文写在祖国大地上”的号召①，一些高校正在教师评价中加大对中文学术成果的考核力度，然而，如若不能保证中文发表的公正性，可能会伤害学术人的学术激情与学术自尊，不公正的学术奖励体系最终也将阻碍整体科学知识的进步与发展。

2. 潜在本土社会资本和潜在海外社会资本对各类学术成果的影响大小和影响方向不同

由于国家级课题项目、发明专利和CSSCI发表的评审人主要为本土学者，所以潜在本土社会资本对这三类学术成果具有显著正向影响，而潜在海外社会资本对其均无显著影响。然而，不同的潜在本土社会资本变量影响大小也不同。在国家级项目数量方面，本土学

① 杨越冬，闫文.科技工作者要把论文写在祖国大地上[N].河北日报，2021-08-18(7).

术网络规模和网络顶端可以显著提高国家级项目的立项数量,但本土学术网络的关系强度对其无显著影响。由于海外流动经历对本土学术网络规模和网络顶端无显著影响,所以海外流动通过本土学术网络规模和网络顶端影响国家级项目数量的中介路径也未达显著水平。

在发明专利方面,本土学术网络规模越大,发明专利数量显著越多。核网海外规模越大,发明专利数量显著越少,进一步证明了本土学术网络规模对发明专利数量的重要作用,要产出更多的发明专利不仅需要本土学术网络的总体规模大,还需要核心学术网络中本土同行数量多。虽然本土学术网络规模会显著提升发明专利数量,但本土学术网络关系强度却会显著降低发明专利数量,学术网络中相熟的本土同行占比越高,发明专利数量越少。这表明以“大规模、弱关系”为特征的本土学术网络尤其有助于提高发明专利数量。中介效应检验结果显示,海外流动经历通过核网海外规模对发明专利数量发挥负向中介效应,“海外流动—核网海外规模—发明专利数量”的间接效应显著(95%置信区间不含 0),标准化效应值为－0.06,占总效应的比值为－66.67%。

在 CSSCI 发表数量方面,本土学术网络规模越大,相熟的本土同行占比越高,大学教师发表的 CSSCI 数量显著越多,而本土学术网络顶端对其无显著影响。这表明以“大规模、强关系”为特征的潜在本土社会资本可以显著提升 CSSCI 发表数量。中介效应检验结果显示,“海外流动—相熟的本土同行—CSSCI 发表数量”的间接效应显著(95%置信区间不含 0),标准化效应值为－0.03,占总效应的比值为－1.26 倍。这表明本土学术网络关系强度的不足确实显著降低了海归教师的 CSSCI 发表数量。

由于 SSCI 期刊的评审人主要为海外学术同行,所以潜在海外社会资本对 SSCI 发表数量具有正向促进作用,尤其是海外学术网络规模越大,SSCI 发表数量显著越多,而海外学术网络的关系强度和网络顶端对其无显著影响。潜在本土社会资本会对SSCI发表数量有负向抑制作用,尤其是顶尖本土学者占比与SSCI发表数量显著负相关。中介效应检验结果显示,"海外流动—海外学术网络规模—SSCI发表数量"的间接效应显著(Sobel检验 $p=0.02$, <0.05),标准化效应值为0.01,占总效应的比值为25%。

在科研总产出和EI/SCI发表数量方面,各类潜在社会资本变量对其均无显著影响。从影响方向来看,潜在本土社会资本和潜在海外社会资本对国家级项目立项、发明专利、SSCI和CSSCI的发表数量呈现相反的作用力,与这几类学术成果不同,无论是潜在本土社会资本,还是潜在海外社会资本,均与科研总产出数量和EI/SCI发表数量呈正向关系。由于样本中理工科占比较高且按照0.4∶1的比例将中外发表数量核算为科研总产出数量,所以科研总产出主要反映了EI/SCI的发表情况。Pearson相关分析结果显示,科研总产出数量与EI/SCI发表数量的相关系数高达0.99,并且达5%的显著水平。海内外潜在社会资本均可提升EI/SCI发表数量可能是由于理工科的研究范式与国际较为接轨,本土教师也以发表国际期刊为主,所以潜在本土社会资本也有助于提高理工科教师国际期刊的发表数量。这表明对EI/SCI发表而言,潜在本土社会资本和潜在海外社会资本之间是相互促进而非相互竞争的关系。

(三)人力资本&动员社会资本模型的中介效应

1. 社会资本对学术成果的作用机制

潜在社会资本对学术成果的影响揭示的是学术网络特征与学术成果之间的内在关联,反映的是一种事实层面的连接状态,属于What的问题。然而,它并未涉及社会资本对学术成果的作用机制,也即How的问题。社会资本究竟是如何影响学术成果的?要回答这一问题需要采用动员的社会资本。社会网络学派认为"真正影响职业发展的是关系资源而非网络的形式与结构。同时,关系资源本身并非作用机制,不同形式的关系资源背后蕴含着不同的关系机制”①。换言之，我们不能仅停留于关系资源的表面，而应进一步深入挖掘各类关系资源背后的作用机制。本研究认为，学术网络中嵌入的各类知识生产资源分别通过成本降低机制、创新启发机制、条件优化机制和激情保持机制促进知识生产，从而提高学者的学术成果数量；学术网络中嵌入的立项/发表机会资源可以通过认知偏爱机制、人际信任机制和人情交换机制提高学者的学术成果数量，具体如下。

（1）知识生产资源对学术成果的作用机制

第一，科研信息资源与成本降低机制。非正式的学术交流网络是传递科研信息的有效渠道。学者可以从个人的学术网络中获取学术同行的研究工作信息和学术前沿信息，从而将注意力引向非重复的、前沿的研究领域，提高知识生产资源的利用效率。通过学术网络及时获取相关信息，不仅直接降低了学者的信息搜寻成本，也通过避免资源的无效利用间接降低了整个学界的知识生产成本。第二，灵感建议资源与创新启发机制。高深知识的生产与创新既是一个认识过程，也是一个社会过程。科学研究离不开科研人员之间的互动交流。大量实证研究发现，学者之间非正式的互动交流会激发个人产生创新想法，提高创新能力，如沙利（Shalley）对比处于独立工作状态和参与合作状态的两类学者在创新方面的差异发现，团队成员之间的交流互动会提高个人的学术创新水平。②佩里-史密斯（Perry-Smith）关于社会关系在促进个人创造力方面的研究也发现，与他人的社会互动可以加深个人对某个领域的理解，促使其产生独特的新想法。③著名留美历

① 张顺，郝雨霏.求职与收入获得的关系机制：理论模型与实证研究[J].社会学研究，2013，28(5)：104－125.

② Shalley C. Effects of Coaction，Expected Evaluation，and Goal Setting on Creativity and Productivity[J]. Academy of Management Journal，1995，38(2)：483－503.

③ Perry-Smith J E. Social Yet Creative：The Role of Social Relationships in Facilitating Individual Creativity[J]. Academy of Management Journal，2006，49(1)：85－101.

史学人王希的博士论文选题就是在非正式学者社群的“清谈”中受到启发而诞生的。①学术网络成员之间的交流互动在本质上是学术人之间的知识传播、扩散与共享，这一过程最终有利于碰撞出新的学术思想，促进知识创新。那些学术网络规模较大、质量较高的大学教师更可能在与网络成员的交流互动中获得有冲击力和启发性的学术思想，或是就学术研究中遇到的问题寻求学术网络成员提供更高质量的建议与帮助，进而提升学术创造力和学术成果水平。第三，设备材料资源、引介同行资源与条件优化机制。学术网络中嵌入的设备材料资源和引介同行资源分别从物的资源和人的资源两个方面优化了大学教师的研究条件。目前，不同学术部门之间的研究设备材料资源的正式共享机制尚未充分建立，当研究者自身的研究设备材料资源不足时，可以凭借私人交情向相识的学术同行借用相应的研究设备材料，使其突破本单位研究条件的限制，通过横向的学术关系网络改善个人的研究物质条件。大学教师还可以借助个人的学术网络成员帮忙引介研究所需的合作伙伴，以最快速度找到与自己较为匹配的、容易建立信任关系的合作者，从而优化自己的研究团队条件。第四，情感支持资源与激情保持机制。能否保持学术激情对学术人的学术活力有重要影响。阎光才认为：“对于学术人而言，如果缺乏持续的情绪能量注入，即我们通常所言的热情与激情，他以思考、智慧、知识获取与传播为鹄的职业人生将难以为继”②。社会网络具有情感性支持功能，学术网络成员之间的情感交流有助于研究处于瓶颈状态或连续受挫状态的教师重燃学术信心与学术激情，通过情感能量的激发提升学术创造力。

（2）立项/发表机会资源对学术成果的作用机制

第一，认知偏爱机制。学术网络中不仅传递着可以促进知识生

---

① 于汝霜.高校教师跨学科交往研究[D].上海：华东师范大学，2013：67.

② 阎光才，闵韡.高校教师的职业压力、倦怠与学术热情[J].高等教育研究，2020，41(9)：65－76.

产的学术同行研究工作信息和学术前沿信息,也传递着科研立项/发表信息,该类科研信息资源可以通过认知偏爱机制提升学者的立项/发表机会。学术网络之所以可以增加大学教师的项目立项机会和论文发表机会,一部分就源于学术网络成员可以为学者提供立项/发表的方向信息和标准信息,第五章的访谈资料已经从经验层面证实了这一点,科尔的研究则从理论层面揭示了这一资源的作用机制。科尔认为科学知识有“核心知识”和“前沿知识”之分,核心知识是已经受到科学共同体普遍认可的知识,而前沿知识因有着一个更为广阔与松散的知识网,尚未受到科学界的普遍认可,对科学前沿工作而言,学术界对“什么是出色的工作,谁在做出色的工作,有前途的研究标志是什么”等问题本身存在很大的分歧,这种情况既适用于自然科学也适用于社会科学。国家级项目申请、发明专利和论文发表均是对科学前沿的探索,由于不存在一个预先设定的已经达成共识的评价标准,评审人对同一项目申请书或同一科研成果的认识存在很大程度的分歧。科尔对美国国家科学基金申请评价过程的研究发现,评审人认知上的分歧直接导致科学家申请的国家科学基金能否得到立项一半是要靠运气。①假设一位学者的项目申请书或科研成果正好被送到一位与之认知旨趣截然相反的评审人手中,评审人很可能会因为自己的认知偏好认为这份申请书或科研成果的科学价值是琐细微小的,其理论观点是完全错误的或者是其所采用的方法论是不科学的,因而拒绝资助这项研究申请或拒绝同意发表这项科研成果。虽然中国国家自然科学基金评审规定“评审过程应当注重保护创新和学科交叉,重视或包容不同的研究方法和创新的学术思想,避免对理论和研究方法先入为主的偏见”②,然而正如马尔凯等人所言,“一

---

① 史蒂芬·科尔.科学的制造:在自然界与社会之间[M].林建成,王毅,译.上海:上海人民出版社,2001:171.

② 姚金菊.高校教师学术纠纷解决机制研究[J].中国教育法制评论,2019(2):34-47.

个评价者对自己认为在根本上就有智力缺陷的东西和自己认为很出色的东西,大约是不可能没有偏见或使用同样标准的"①。由于对科学前沿认识内容的共识程度不高,那些学术网络规模更大、质量更高的人就更可能得到立项资助和发表机会。个人的学术网络规模越大、质量越高,就越容易获得更多非冗余的、非公开的、高质量的科研立项/发表的方向信息和标准信息,从而使其撰写的项目申请书或学术论文从内容到形式都更符合评审人的认知趣味,提高立项资助概率与发表机会概率。第二,人际信任机制。根据林南的观点,社会资本之所以能够运作的一个重要机制就是社会关系可以被视为个人社会信用的证明。②科学界的学术关系网络也具有类似的作用。科尔认为,在日常的学术评价中,几乎无法把对科学家的评价和对其研究成果的评价区分开来,对某个科学家的评价在很大程度上决定了对其研究成果的评价。③项目评审既包括对项目自身所体现的科学价值、创新性、社会影响力等内容的评审,也包括对项目申请人的研究能力与创新潜力的评审。那些本土学术网络规模更大一些、认识的顶尖本土学者更多一些的项目申请人,更有可能被项目评审人所认识,其研究能力与创新潜力更有可能被项目评审人所了解。设想两份项目申请书的质量大致等同,但项目评审人认识其中的一位项目申请者且认为他具备不错的研究能力,而另一位项目申请者不被项目评审人所认识,显然被认识的项目申请者更容易获得立项。对发明专利和学术论文的评审也大致如此,评审人也可能因为认识论文作者,知晓他的业务能力而对他更加信任,更愿意接受他的申请与投

---

① 史蒂芬·科尔.科学的制造:在自然界与社会之间[M].林建成,王毅,译.上海:上海人民出版社,2001:229.

② 林南.社会资本:关于社会行动与结构的理论[M].张磊,译.上海:上海人民出版社,2004:19.

③ 史蒂芬·科尔.科学的制造:在自然界与社会之间[M].林建成,王毅,译.上海:上海人民出版社,2001:199.

稿。第三,人情交换机制。立项/发表机会资源也可能通过人情交换机制发挥作用。与其他场域一样,学术场域也存在着人情交换。布迪厄在《学术人》一书中对法国学术场域的各种"人情交换"现象进行了细致的描绘与尖锐的批判。[①]科尔在《科学的制造:在自然界与社会之间》一书中也对美国学术界存在的各种"人情交换"现象列举了大量案例。中国自古就有"关系主义"的文化传统,金耀基认为利用个人关系动用社会资源以达成特定目标是中国人行动的一种文化策略,通过关系以求迅速办成一件事的做法从来就存在于中国社会。[②]因此,学术场域的人情交换可能在中国表现得更为突出。关于学者动用关系以实现课题申报、论文发表、职称评定、人才项目评审等学术目的的事例经常见诸报端。由于国家项目的评审并不是匿名的,评审人可以看到申请者的个人信息,所以,有时甚至都不需要个人主动去"拉关系""打招呼",评审人自己就会主动"送人情",如在评审结束后,评审人只需和申请人讲一句"今年你的项目是我审的",申请人就会记评审人的一个人情,并在未来合适的时机加以回报。在关系主义的中国社会,人与人之间的社会交换遵循"讲人情"的原则,每个人心里都有一笔"人情账","给的人不能说,受的人不能忘,在持续的、交互的施与受中,人际信任网络逐步拓展,社会交换的深度与广度得以加深"[③]。虽然,论文评审主要采用双盲的方式,但有些评审人还是可以通过研究工作的内容猜出这篇论文的作者是谁,或者是通过其他办法了解这篇论文来自谁,这也就为学术网络成员之间进行人情交换提供了发挥作用的空间。然而,正如科尔所认为的,由于现实中认知和非认知影响在人际交往中往往是混合在一起的,要区分这种人情交换究竟是建立在科学的"认知标准"之上,还是建立在

① 皮埃尔·布迪厄.人:学术者[M].王作宏,译.贵阳:贵州人民出版社,2006:130.

② 金耀基.关系和网络的建构:一个社会学的诠释[J].二十一世纪,1992(8):1-9.

③ 李智超,罗家德.透过社会网观点看本土管理理论[J].管理学报,2011,8(12):1737-1747.

个人的“非认知标准”之上，是非常困难的一件事情。[①]本研究的经验材料也难以做出这种区分，仅访谈资料证实“人情交换”机制在国家级项目申请中确实存在，但这也往往是建立在申请人的学术水平、研究基础和申请质量相差无几的前提之下的。例如，有受访教师表示“这种项目到最后其实大家都差不多，那就看谁的人脉广，谁找的关系多，也有可能还得送点钱……很多项目其实他给你的反馈都没有硬伤，就属于故意找茬，原因就是人家已经找好关系了嘛”(DJ7 男 理工科 助理研究员)；“比方说你们去申请一个项目，你们两个的学术水平差不多，也没见他比你强多少，但是最后他拿到了你没有拿到，就觉得为什么会是这样。用一个很通俗的话来讲其实就是‘同样的水平靠关系，同样的关系看水平’。我个人认为这是一个比较普遍的现状，因为大家都有自己的朋友圈，说白了就是资源比较有限，有的时候并不是说你光有非常好的学术成果就能拿到更多的支持，你还要有非常好的人脉、非常好的交际能力，为人处事的时候不能树立敌人”(J5 男 理工科 特聘研究员)。

2. 社会资本作用机制的效应检验

关系资源本身虽然不是作用机制，但它确是作用机制的直观反映。通过检验各类关系资源对学术成果的影响大小，可以了解究竟是哪一种作用机制在发挥主要作用。因此，本部分对人力资本 & 动员社会资本模型进行了检验，如表 6-4 所示，在同时加入人力资本和动员社会资本变量后，模型对国家级项目数量、科研总产出数量、发明专利数量、SSCI 和 CSSCI 发表数量的解释力相比基准模型均有所提升，仅对 EI/SCI 发表数量的解释力没有明显提升。这表明人力资本和动员社会资本对这五类学术成果具有单独的解释力。对比人力资本 & 潜在社会资本模型和人力资本 & 动员社会资本模型的

① 史蒂芬·科尔.科学的制造：在自然界与社会之间[M].林建成，王毅，译.上海：上海人民出版社，2001：238－242.

Pseudo R^2 值可以发现,两个模型对科研总产出数量和 EI/SCI 发表数量的拟合优度相同,但人力资本 & 动员社会资本模型对国家级项目数量、发明专利数量、SSCI 和 CSSCI 发表数量的拟合优度更高,表明动员的社会资本比潜在的社会资本对上述四类学术成果的解释力更大。从作用路径来看,海外流动经历对各类学术成果数量依然不存在显著的直接效应。中介效应检验结果发现,各类动员社会资本的中介效应均未达显著水平,但这并不表明该类变量对学术成果数量无显著影响。下面将重点分析各类学术网络资源对学术成果发表数量的影响,以厘清社会资本的主要作用机制。

在投入动员的社会资本变量后,学术素养对各类学术成果数量均无显著影响,再次证明了社会资本比人力资本对学术成果数量的影响作用更大,与顾琴轩和王莉红的研究结论一致。①动员的社会资本对各类学术成果数量有显著影响,但动员的本土社会资本和动员的海外社会资本对各类学术成果数量的影响作用不同。

在国家级项目方面,从本土学术网络动员的引介同行资源和立项机会资源可以显著提高国家级项目数量,而从本土学术网络动员的设备材料资源却显著降低了国家级项目数量,从海外学术网络动员的各类资源对国家级项目数量均无显著影响,再次证明了前文的研究结论,即国家级课题项目能否立项主要依赖于本土学术网络。在科研总产出和 EI/SCI 发表数量方面,仅从本土学术网络动员的发表机会资源具有显著提升作用,而从本土学术网络动员的其他资源和从海外学术网络动员的各类资源均对其无显著影响。在发明专利方面,从本土学术网络动员的发表机会资源可以显著提高发明专利数量,但从海外学术网络动员的灵感建议资源显著降低了发明专利数量。在 SSCI 发表数量方面,从海外学术网络动员的发表机会资源

① 顾琴轩,王莉红.人力资本与社会资本对创新行为的影响:基于科研人员个体的实证研究[J].科学学研究,2009, 27(10):1564-1570.

显著提高了SSCI发表数量，而从本土学术网络动员的引介同行资源和从海外学术网络动员的设备材料资源显著降低了SSCI发表数量。在CSSCI发表数量方面，各类本土学术网络资源均对其无显著影响，但从海外学术网络动员的情感支持资源和发表机会资源显著降低了CSSCI发表数量。

上述结果显示，立项/发表机会资源是提高各类学术成果数量(除CSSCI)的最重要资源，这表明认知偏爱机制、人际信任机制和人情交换机制是社会资本提高学术成果数量的主要作用机制，只是各类学术成果依赖的社会资本来源不同。其中，国家级项目、科研总产出、EI/SCI和发明专利主要依赖于从本土学术网络动员的立项/发表机会资源，SSCI主要依赖于海外学术网络提供的发表机会资源。然而，由于各类学术网络资源均对CSSCI无显著正向作用，本研究并未发现社会资本提高CSSCI发表数量的作用机制。虽然Pearson相关分析结果显示，CSSCI发表数量与从本土学术网络动员的科研信息资源和灵感建议资源显著正相关，其相关系数分别为0.08和0.11，但在回归模型中加入控制变量后，这两类资源均为正向不显著，这表明成本降低机制、认知偏爱机制和创新启发机制可能对CSSCI发表具有一定作用，但其影响程度很小。另外，社会资本也可通过优化研究团队条件提高国家级项目的立项数量。

然而，值得注意的是，无论是国家级项目立项还是SSCI发表，动员更多的设备材料资源反而会起到负向抑制作用。这可能是由于行动者是否选择动员关系、选择动员何种关系并不是随机的。一般而言，自身越是缺乏某种资源越倾向于动员某种资源以弥补自身的不足。[①]动员的设备材料资源越多可能反映了自身拥有的研究设备条件较差，因而会限制其学术产出。对发明专利、SSCI和CSSCI发表而言，本土学术网络和海外学术网络具有相反的作用力，两类学术网

① 边燕杰.社会网络与地位获得[M].北京：社会科学文献出版社，2012：98.

络之间是相互竞争的关系,从海外学术网络动员更多的资源反而会抑制发明专利和 CSSCI 发表数量,从本土学术网络动员更多的资源也会抑制 SSCI 发表数量。这意味着大学教师需要根据自己的发表偏好有选择地建构自己的学术网络,有策略地动员不同类型的学术资源。均衡两类学术网络不仅是不可能的,也是无益的,对人文社科教师而言更是如此。

第二节　海外流动经历与大学教师的学术地位

一、海外流动经历对大学教师初职地位的影响

访谈时就“您的海外学习/工作经历是否为您回国后的学术发展带来了一些优势”这一问题询问了 26 位具有海外流动经历的教师,其中共有 6 位教师提到“求职与晋升优势”,占总受访海归教师的 23.08%。例如,一位人文社科的海外博士教师表示“优势肯定是有的,最重要的就是入场券,如果没有海归身份的话,很多单位就直接不考虑”(D3 男 人文社科 讲师),另一位理工科的海外工作教师也表示“优势很难说,因为我也不太清楚会怎么样,但有一点我知道,假如我没有在德国待过两年,我肯定不可能进入这所学校工作,因为好点的大学都要求必须有海外背景”(J6 男 理工科 副教授)。还有两位教师同时提到求职与晋升优势,如一位任职于西部高校的人文社科海外访学教师表示“第一个是求职,你找工作的时候就会比较明显,很多学校都有海外经历的硬性要求,甚至有的高校已经硬性要求你必须是在国外拿的学位了,你要没有的话简历就直接被刷掉了;第二个是职称晋升,你求职后要转正,要评职称,这个时候海外经历也是有用的。比如说你是在国外拿的学位,那你可以直接评特聘副高。另外,我们学校评职称的要求有好几项,其中一项就是海外经历,如果你有这个经历就可以少满足一条其他条件,这样评职称就会比较

占便宜”（V4 男 人文社科 专职博士后），另一位任职于东部高校的理工科海外博士/工作教师表示“我们学院在2000年初刚成立的那几年招聘的教师基本都是本土高校毕业的，但大概从2010年之后再进来的教师就基本都是有海外背景的了，虽然学院并没有将海外背景作为教师招聘的一个硬性条件，但在实际招聘过程中，除非本土博士发表的论文很强，否则很难进来。现在国内很多博士毕业后选择先到国外发展一下，然后再回来，因为这样可以给你加分。打个比方，也不一定对，比如一个985高校的博士或者是博士后，论文发得很好，成果也很多，他来我们学校求职，学校可能给他一个讲师，但如果他博士毕业后先到国外去做个博士后再回来申请我们学校，学校可能给他个副教授，这个起点就不一样了”（DJ4 男 理工科 副教授）。从访谈资料来看，由于中国高校在教师招聘与晋升中更倾向于优待有海外经历的教师，海归教师可能在求职与晋升中占据优势地位。这究竟是个别的偶然，还是具有普遍意义的现象，还需要统计分析的证明。

学术系统是一个高度分化的等级系统，不仅学术人之间存在层化现象，学术机构之间也存在等级分化。本部分以高校级别（是否任职于C9高校）、学科级别（是否任职于国家重点学科）、专业平台（是否任职于学院优势研究方向）和职称级别（是否副高及以上职称）四个指标测量大学教师的初职地位。根据近几年“双一流”建设高校教师的招聘制度，入职前三年内的大学教师正处于“非升即走”的考核期，发生更换学校的流动可能性较低，所以本部分筛选2017—2020年首次入职高校的304名新教师作为研究样本，假定其当时任职的学术机构级别和个人职称级别就是其初职学术机构级别和初始职称级别。虽然有一部分教师可能在三年内职称得到晋升，但考虑到“双一流”建设高校的职称晋升难度，这个比例应该也较小，即使是因后期晋升致使海归教师的职称级别高于本土教师，那也反映了在同样的时间段内海归教师的晋升概率更大。将样本范围控制在近三年入职的新教师，也可排除因不同年代大学教师的招聘标准不同而导致的干扰作用。

如图 6-2 所示,在高校级别方面,海归教师和本土教师入职 C9 高校的比例分别为 21.33%和 12.66%,但卡方检验结果显示两组差异并不显著($\chi^2=2.85$, $p>0.05$),这表明虽然海归教师入职 C9 高校的概率略高但并不具有统计学意义。在学科级别方面,海归教师和本土教师入职国家重点学科的比例分别为 73.44%和 56.72%,并且卡方统计结果达到显著水平($\chi^2=6.51$, $p<0.05$),表明海归教师确实比本土教师更可能入职国家重点学科,这一概率超过了偶然,具有统计学意义。在专业平台方面,海归教师和本土教师在学院优势研究方向工作的比例分别为 56.00%和 58.23%,海归教师的比例略低于本土教师,但卡方检验结果显示两组差异并不显著($\chi^2=0.12$, $p>0.05$)。在职称级别方面,入职三年内,海归教师和本土教师拥有副高及以上职称的比例分别为 50.67%和 37.97%,但卡方检验结果显示两组差异并不显著($\chi^2=3.78$, $p>0.05$)。

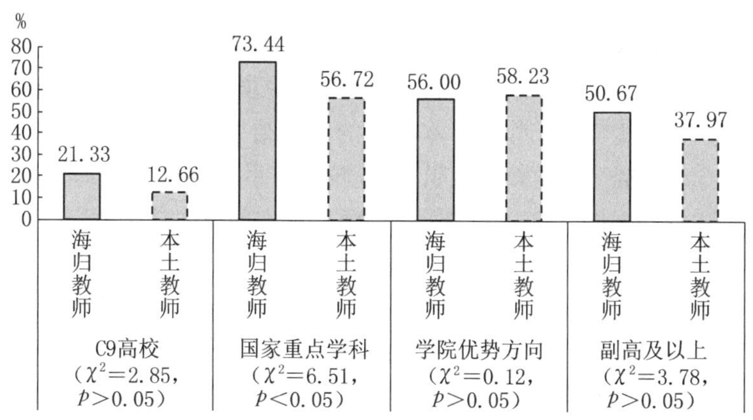

图 6-2　海归教师与本土教师初职地位获得概率的差异分析

卡方检验结果帮助我们了解了海归教师与本土教师在初职地位获得概率方面的事实差异,但是无助于我们检验海外流动经历对大学教师初职地位获得的净影响效应。为更精确估计海外流动经历对大学教师初职地位获得的影响，本研究构建 Logit 回归模型，将教师性别、年龄、学科类别、本科毕业高校声望和博导声望以及个人的学术素养水平、各级学缘关系和学术年龄等可能影响初职地位获得的变量纳入回归模型。如表 6-6 模型 1 所示，在加入控制变量后，有连续一年及以上海外流动经历的教师入职国家重点学科的概率显著高出 71%，但对高校级别、专业平台和职称级别无显著影响，与卡方检验结果一致。模型 2 进一步分海外流动类型进行了探讨，结果发现，相比本土教师，海外博士/工作教师入职 C9 高校的概率显著高出 1.72 倍，而海外访学教师、海外博士教师和海外工作教师入职 C9 高校的概率与本土教师无显著差异。各类海外流动经历也均不能显著提高大学教师入职国家重点学科和学院优势研究方向的概率。在个人职称级别方面，入职三年内，海外工作教师和海外博士/工作教师拥有副高及以上职称的概率比本土教师分别高出 1.53 倍和 1.59 倍，而海外访学流动和海外博士流动对职称级别无显著影响。

上述结果在一定程度上证实了受访教师的言论：海外流动经历确实赋予了大学教师求职与晋升优势，但并非所有类型的海外流动都有同样的优势赋予作用。本研究的调查结果显示，不仅短期的海外访学难以提高大学教师入职 C9 高校的概率，长期的单一海外博士流动和海外工作流动也无法保障教师有更大的概率获得 C9 高校的教职，只有同时具备海外博士和海外工作双重流动经历的教师才有更大的可能进入 C9 高校执教。这一结论与刘霄基于“2012 年亚洲学术职业变革”调查数据得到的分析结论不同。刘霄的研究发现海外学位流动可以显著提高大学教师的入职高校级别和学科级别，尤其是海外博士流动对提升学术聘任机构级别的促进作用最大。①

① 刘霄.海外学历对学术职业聘任与发展的影响：以我国 28 所公立高校的专任教师为例[J].教师教育研究，2020，32(5)：115－128.

表 6-6 海外流动经历对大学教师初职地位影响的 Logit 回归分析

变量	C9 高校		国家重点学科		学院优势方向		副高及以上	
	模型 1	模型 2	模型 1	模型 2	模型 1	模型 2	模型 1	模型 2
流动类型(参照:无海外流动经历)								
有海外流动经历	0.70		0.71*		0.03		0.39	
海外访学		0.16		0.77		0.49		−0.22
海外博士		0.85		0.14		−0.73		0.08
海外工作		0.83		1.01		−0.04		1.53*
海外博士/工作		1.72**		0.79		0.27		1.59*
学术素养	0.08	−0.11	0.13	0.09	0.17	0.07	0.68*	0.66*
学术年龄	−0.07	−0.12	0.02	−0.04	0.00	−0.05	0.43***	0.29**
本科学缘(参照:无)	0.06	−0.25	−0.02	−0.23	−0.13	−0.44	0.68	0.69
硕士学缘(参照:无)	−0.28	0.22	−0.11	0.09	0.52	0.88*	0.47	0.73
博士学缘(参照:无)	0.77*	1.35**	0.92*	1.00*	0.73*	0.39	−0.58	−0.57
博导为知名学者(参照:博导为普通学者)	0.49	0.54	0.63*	0.68*	0.39	0.39	0.01	−0.17
男(参照:女)	0.21	0.41	−0.29	−0.45	0.02	−0.06	0.78*	0.70
36—45 岁(参照:≤35 岁)	0.29	0.53	0.47	0.86	−0.50	−0.33	0.34	0.49
理工科(参照:人文社科)	−0.35	−0.51	0.23	0.25	0.08	0.16	1.22***	1.02**
本科毕业高校(参照:国内一般本科)								
原“211 工程”高校	0.58	0.61	0.16	0.01	−0.68	−0.45	0.29	0.70
原“985 工程”高校	−0.22	−0.10	0.90*	0.84	−0.04	0.26	−0.52	−0.33
海外高校	0.28	0.88	1.09	1.41	0.01	0.50	−0.93	−1.80*
常数项	−2.58*	−2.23	−1.39	−0.99	−0.79	−0.39	−5.67**	−5.23**
样本量	304	252	259	213	304	252	304	252
Pseudo R^2	0.05	0.10	0.09	0.11	0.05	0.09	0.25	0.28

注:* 表示 $p<0.05$,** 表示 $p<0.01$,*** 表示 $p<0.001$。

两项结果的差异反映出中国学术劳动力市场的竞争日益激烈，刘霄的调查时间比本研究早了八年，在她的调查样本中，拥有海外博士学位的教师仅占总样本的3.1%，而本研究中海外博士教师占总样本的比例已达到22.9%，随着越来越多拥有海外博士学位的教师选择回国任教，仅仅拥有海外博士研究生学历已经不足以支撑其在中国顶尖高校谋得教职。在学术劳动力市场日益饱和的时代背景下，博士后经历尤其是海外博士后经历，正逐渐成为中国顶尖高校教师的"基本配置"，因而只有同时拥有海外博士流动和海外博士后流动经历方可提升入职顶尖高校的概率。在职称晋升方面，本研究的研究结果证实并补充了刘霄的研究结论，与本研究一致，刘霄的研究也发现海外博士流动并未加速教师的职称晋升速度，但刘霄仅研究了海外学位流动，而不包括海外访学流动和海外工作流动，本研究通过将更多类型的海外流动经历纳入分析模型，发现虽然海外访学流动和海外博士流动不能加速教师的职称晋升速度，但海外工作流动和海外博士/工作流动确实抬高了教师的职称起点或提高了教师在三年内晋升为副高及以上职称的概率。综上所述，大学教师确实可以通过海外工作流动，尤其是海外博士/工作双重流动提升未来的初职机构地位与职称晋升速度，部分证实了社会结构模型。

在控制变量方面，大学教师的学术素养和学术年龄仅对职称级别具有显著正向影响，而对入职高校级别、学科级别和专业平台无显著影响。学术素养不能显著正向预测大学教师入职的学术机构级别，可能在一定程度上反映了中国高校目前的教师招聘实践并未有效甄选出真正有学术潜力的学术人才。不同学段的学缘关系对大学教师初职地位的影响大小不同。本科学缘对大学教师入职的学术机构级别和个人的职称级别均无显著影响；硕士学缘仅可显著提升在学院优势研究方向任职的概率；博士学缘的影响最大，有博士学缘的教师更有可能入职C9高校、国家重点学科或学院优势研究方向，但对职称级别无显著影响。有博士学缘的教师更易入职C9高校，反映了中国高校博士交换网络的封闭性。同时这一结果可能也是教师自我选择的结果,入职博士毕业高校有助于教师尽快适应工作环境,降低组织交易成本。学缘还具有社会资本的特点,学缘所承载的信任、义务和学术资源等可以加速回归母校教师的学术发展速度。[①]因而,回归母校可能也是教师个人基于未来学术发展考量的理性抉择。博导声望仅对入职的学科级别有显著正向影响,而对高校级别、专业平台和职称级别无显著影响,与赖斯金的研究结论类似。[②]男教师比女教师更可能在入职三年内获得副高及以上职称,与朱婷钰的研究结论相同,她认为玛蒂尔达效应而非马太效应是导致女性科技工作者的地位低于男性的主要原因。[③]理工科教师比人文社科教师更可能在入职三年内获得副高及以上职称,反映了理工科教师更快的职称晋升速度。相比本科毕业于国内一般高校的教师,本科毕业于原"985 工程"高校的教师入职国家重点学科的概率更高,本科毕业于海外高校的教师在三年内获得副高及以上职称的概率反而更低,这意味着更早出国留学反而会对职称晋升带来不利的影响。

二、海外流动经历对大学教师职后地位的影响

(一) 海外流动经历对大学教师职后地位的总体影响

20 世纪 90 年代以来,为提升中国的学术竞争力,中国政府部门开始设置人才项目,历经 20 余年的发展,中国政府部门已经构建起一套层级分明、上下衔接的人才项目体系。人才项目兼具选拔与培养学术精英的双重功能:一方面,人才项目依据学术业绩高低筛选出具有学术潜力或研有所成的出色学者,通过向入选者分配学术声誉

---

① 黄建雄.高校教师学缘的社会资本特征及其优化[J].江苏高教,2012(2):64 - 65.

② Reskin B F. Academic Sponsorship and Scientists' Careers[J]. Sociology of Education, 1979, 52(3):129 - 146.

③ 朱婷钰,赵万里.玛蒂尔达效应与科学界的性别不平等:基于对中国科技工作者分层状况的调查研究[J].自然辩证法通讯,2017, 39(5):8 - 18.

和学术知名度为学术精英构筑身份边界，其所带来的地位声誉效应远远盖过了传统的常规性职称体系；另一方面，人才项目作为一套资源分配制度形塑了科研人员的社会分层，入选者可以获得超出一般学者的科研经费、收入津贴，甚至获批更多的博士生指标与博士后名额，通过向入选者分配更多学术资源给予重点培养的方式确保其未来有更大可能实现卓越发展。[①]因而，能否入选人才项目、入选什么级别的人才项目不仅决定了学术人员现阶段的学术地位，也在很大程度上影响了其后续的学术发展前景。在中国特殊的学术认可制度情境下，用人才项目级别而非常规的职称级别来测量大学教师的职后地位可能更为贴合。本研究以一道多选题“您获得过的人才项目有”测量大学教师的人才项目获得情况，选项包括“校级人才项目、地市级人才项目、省(直辖市)人才项目(以下简称‘省级人才项目’)、国家级海外高层次人才引进计划(含青年人才引进计划)、青年长江学者/青年拔尖人才/优秀青年基金、‘杰青’基金/长江学者/万人计划、两院院士、以上都没有”八个类别。考虑到国家级海外高层次人才引进计划(含青年人才引进计划)主要针对海外回国人才，将之纳入统计分析会干扰海归教师与本土教师人才项目获得差异的精确性，所以本研究将仅入选了“国家级海外高层次人才引进计划(含青年人才引进计划)”而未入选其他人才项目的教师样本删除。然后，根据大学教师获得的最高人才项目级别将这一题重新编码为四个变量，其中，三个二分类变量，分别是地市级及以下人才项目获得者(包括校级人才项目和地市级人才项目)、省级人才项目获得者和国家级人才项目获得者(包括青年长江学者/青年拔尖人才/优秀青年基金、“杰青”基金/长江学者/万人计划和两院院士)；一个五级连续变量，1 表示没有获得任何级别的人才项目，2 表示校级人才项目获得者，3 表

---

① 蔺亚琼.人才项目与当代中国学术精英的塑造[J].高等教育研究，2018，39(11)：1－12.

示地市级人才项目获得者,4 表示省级人才项目获得者,5 表示国家级人才项目获得者。通过对比海归教师与本土教师在这四个人才项目变量方面的差异,探究海外流动经历对大学教师职后地位的影响。

图 6-3 是对海归教师与本土教师人才项目获得情况的卡方检验和独立样本 T 检验。结果显示,随着人才项目级别的提高,海归教师与本土教师的人才项目获得比例均呈下降趋势,表明人才项目级别越高,获得难度越大。对比海归教师与本土教师各级人才项目的获得比例发现,海归教师获得的地市级及以下人才项目、省级人才项目和国家级人才项目的比例分别比本土教师高出 4.52%、7.12%和 2.05%,但卡方检验结果显示,两类教师仅在省级人才项目获得方面达到显著水平($\chi^2=8.91$, $p<0.01$),而在地市级及以下人才项目($\chi^2=3.10$, $p>0.05$)和国家级人才项目($\chi^2=2.19$, $p>0.05$)的获得方面均未达显著水平。可见,海归教师仅在省级这一中等级别的人才项目获得方面具有显著优势,而在一般级别的地市级及以下人才项目和最高级别的国家级人才项目获得方面并无显著优势。从纵向的人才项目获得级别来看,在 1—5 级的人才项目分级中,海归教

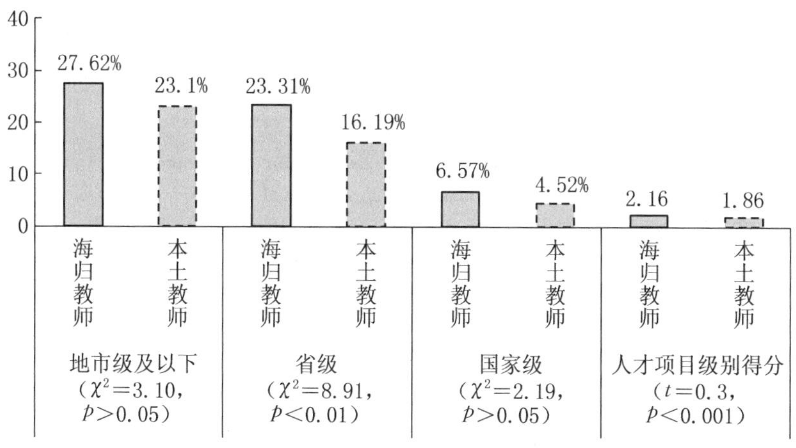

图 6-3　海归教师与本土教师人才项目获得的差异分析

师的均值得分为 2.16，本土教师的均值得分为 1.86，并且独立样本 T 检验结果达到 1‰的显著水平，表明海归教师的人才项目获得级别显著高于本土教师。

在控制其他可能影响人才项目获得的重要变量后，Logit 回归分析结果显示，海归教师在省级人才项目获得方面的显著优势依然存在，但在地市级及以下人才项目和国家级人才项目的获得方面依然与本土教师无显著差异，与卡方检验结果相同。OLS 回归分析结果显示，在加入控制变量后，海归教师的人才项目获得级别不再显著高于本土教师。这一结果表明，总体而言，海外流动经历对大学教师职后地位的获得仅有很小的推动作用，尤其是在最高级别的国家级人才项目获得方面，海归教师并不具备显著优势。来自阿根廷[①]、德国[②]、西班牙[③]和中国[④]的几项研究也证明，海外流动非但没有加速科研人员后期的学术发展速度，反而存在延缓效应。

与海归教师并未产出更高数量的学术成果原因相同，学者们认为归国适应问题和本土学术网络缺失问题是导致海归教师后期学术发展速度缓慢的主要原因。关于海归教师归国适应的研究发现，归国适应不仅降低了海归教师的心理适应、社会文化适应和总体生活质量，也在较大程度上影响了其工作质量[⑤]，导致海归教师在回国后

---

① Jonkers K. Mobility, Productivity, Gender and Career Development of Argentinean Life Scientists[J]. Research Evaluation, 2011, 20(5):411 - 421.

② Lutter M, Schröder M. Who Becomes a Tenured Professor, and Why? Panel Data Evidence from German Sociology, 1980 - 2013[J]. Research Policy, 2016, 45(5):999 - 1013.

③ Cruz L, Sanz L. Mobility versus Job Stability: Assessing Tenure and Productivity Outcomes[J]. Research Policy, 2010(39):27 - 38.

④ Li F, Li T. When International Mobility Meets Local Connections: Evidence from China[J]. Science and Public Policy, 2019, 46(4):518 - 529.

⑤ 史兴松.高校海归教师归国适应情况调查研究:以北京高校为例的分析[J].华侨华人历史研究,2017(2):1 - 9.

的发展过程中遭遇“学术硬着陆”,研究进展缓慢。[①]本土学术网络的缺失进一步限制了海归教师的学术发展,阿克斯强调影响海归教师学术发展的因素不能忽视本土学术网络,只有当海归教师建立起良好的本土学术网络时,海外流动经历才可以促进大学教师的学术发展,否则将产生负面抑制作用。[②]伯特基于西方个人主义文化提出的“结构洞”理论并不适用于中国以集体主义为特征的社会文化和以高度承诺为特征的组织文化。[③]在中国的文化背景下,开放网络因具有“脚踏两只船”的贬义色彩往往被排斥,而以熟悉、信任和义务为特征的关系网络往往更被看重。鲁晓的研究发现,国际化的“结构洞”优势仅对海归教师初期的学术发展(由讲师到副教授)具有显著提升作用,但在后期学术发展阶段(由副教授到教授),国际学术网络的提升作用开始弱化,本土学术网络的提升作用开始增强。[④]访谈中,一位本土教师基于他个人的观察也持有类似的观点,他表示“我周围有几个留在大团队里的老师,因为没有时间一直没有出过国,但是他们在晋升发展方面比从国外回来的还要快一点、好一点。因为那些在国外待了很长时间的不一定比我们优秀很多,而且我们不需要环境转变,很适应本土的学术氛围,在做科研的过程中应当遵循什么规则,哪些地方需要注意,哪些地方不需要注意,我们都很清楚,在这方面我们肯定比从海外回来的好很多。另外,有的海归回来后,比如他写项目、做 PPT 或者写材料,经常存在天马行空的问题,按照国外的想法去做,那么回来之后,其实很大程度上还是受限的。而且如果你海

---

① 朱佳妮.“学术硬着陆”:高校文科青年海归教师的工作适应研究[J].复旦教育论坛,2017, 15(3):87 - 92.

② Ackers L. Internationalisation, Mobility and Metrics: A New form of Indirect Discrimination? [J]. Minerva, 2008, 46(4):411 - 435.

③ 尉建文,陆凝峰,韩杨.差序格局、圈子现象与社群社会资本[J].社会学研究,2021, 36(4):182 - 200.

④ 鲁晓.海归科学家的社会资本对职业晋升影响的实证研究[J].科学与社会,2014, 4(2):49 - 62.

表 6-7 海外流动经历对大学教师人才项目获得的总体影响

变量	Logit 回归			OLS 回归
	地市级及以下	省级	国家级	人才项目级别
海归教师(参照:本土教师)	0.05	0.38*	−0.18	0.13
男(参照:女)	0.08	0.26	1.07	0.17
年龄(参照:≤35 岁)				
36—45 岁	−0.12	−0.46	0.28	−0.14
≥46 岁	−0.44	−0.79*	0.28	−0.45*
年资	−0.05***	0.00	−0.05*	−0.02*
职称(参照:中级及以下)				
副高级	0.39	0.94	9.76***	0.18
正高级	0.92*	1.81**	14.24***	1.15***
有行政职务(参照:无)	0.43**	0.62***	0.06	0.32**
C9 高校(参照:非 C9 高校)	−0.34	−0.04	1.19***	0.27**
高校地区(参照:东部)				
中部	0.00	−0.10	0.06	0.01
西部	−0.46*	−0.28	−0.68	−0.36***
东北	−0.10	−0.25	−0.58	−0.23
理工科(参照:人文社科)	−0.44**	−0.35*	1.04**	−0.07
国家重点学科(参照:一般学科)	0.07	0.01	0.86*	0.09
学院优势研究方向(参照:非优势方向)	−0.03	0.31*	0.59	0.23**
博导为知名学者(参照:博导为普通学者)	−0.07	−0.04	0.36	0.06
本科毕业高校(参照:国内一般高校)				
原“211 工程”高校	−0.10	−0.19	0.67	0.05
原“985 工程”高校	−0.14	−0.03	0.56	0.07
海外高校	−0.40	0.22	—	−0.06
科研时间投入	0.11	0.12	0.28	0.10**
常数项	−0.73	−3.12**	−20.48***	1.11***
样本量	1 258	1 258	1 258	1 236
Pseudo R^2/修正 R^2	0.06	0.07	0.33	0.17

注:* 表示 $p<0.05$,** 表示 $p<0.01$,*** 表示 $p<0.001$;—表示在国家级人才项目获得者中没有本科毕业于海外高校的样本,导致无此项统计数据。

外气息很重的话,你融入国内的学术圈也比较困难,因为学术圈有一定的圈子文化,你来了后得按照这个圈子的节奏做事,如果你从国外回来之后特别特立独行,你不跟任何人交流,甚至瞧不起这些人,那就很容易沉浸在自己的氛围里。他改变得很慢,他可能也很优秀,但这直接导致他的发展受限”(L1 男 理工科 副教授)。

在控制变量方面,男教师的各级人才项目获得概率与人才项目获评级别均高于女教师,但不具备统计显著性,表明在中国“双一流”建设高校,男教师在人才项目获得方面并不具备显著优势。年龄会显著影响人才项目获得,由于各类人才项目申报均有年龄限制,超过40周岁尤其是45周岁的教师,将失去大部分人才项目的申报资格,所以46岁及以上教师获得省级人才项目的概率和人才项目获评级别显著低于35岁及以下教师。年资越长的教师,入选地市级及以下人才项目和国家级人才项目的概率显著越低,获得的人才项目级别也显著越低。职称级别会显著提高人才项目获得概率与获得级别,副高职称教师获得国家级人才项目的概率显著高于中级及以下职称,正高职称教师在各级人才项目的获得概率和人才项目获得级别方面均显著高于中级及以下职称,与经验认知相符。担任行政职务可以显著提高大学教师获得地市级及以下人才项目和省级人才项目的概率,但对国家级人才项目无显著影响,这表明行政职务对人才项目获得的影响是有限度的,在最高级别的人才项目甄选中,行政职务身份所能发挥的作用微乎其微。与已有研究结论一致,工作机构声望是大学教师学术地位获致的重要赞助性变量。①任职于C9高校的教师获得国家级人才项目的概率和入选的人才项目级别显著更高;国家重点学科也可以显著提高大学教师获得国家级人才项目的概率;任职于学院优势研究方向的教师获得省级人才项目的概率和人

① 阎光才.我国学术英才成长过程中的赞助性流动机制分析[J].中国人民大学教育学刊,2011(3):5-22.

才项目获评级别显著更高。人才项目获得者不仅在纵向的学术机构等级体系中分布不均衡，在横向的地域分布中也呈现出不均衡的特征。西部高校教师获得地市级及以下人才项目的概率和人才项目获得级别显著低于东部。这既可能源于西部高校教师在人才项目遴选中竞争力不足；另一方面也可能受高端学术人才地理流动规律的影响。黄海刚对"杰青"和"长江学者"地理流动规律的研究发现，虽然总体而言，中西部和东北部地区高端人才流出的规模不如人们想象的大，但这些地区在吸引高端人才流入方面缺乏吸引力，而东南部地区则形成了较为良性的人才环流态势。①理工科教师虽然获得地市级及以下人才项目和省级人才项目的概率显著低于人文社科教师，但获得国家级人才项目的概率显著高于人文社科教师，这可能是由于面向理工科的国家级人才项目种类较多，如"杰青"和"优青"都主要面向理工科和经管领域甄选人才，而经管领域之外的人文社科教师则不具备申报条件。然而，在人才项目获得级别方面并不存在显著的学科差异。博导声望和本科毕业高校声望对人才项目获得也无显著影响。郭美荣等人基于 1994—2008 年"杰青"入选者资料的分析发现，59%的"杰青"本科毕业于原"211 工程"高校，41%的本科毕业于非"211 工程"高校，表明本科出身虽有一定优势，但差异并不显著。②个体努力程度也有显著的正向影响，科研投入时间越长，获得的人才项目级别越高，这意味着要获得高级别的人才项目离不开学术人长期持久的艰苦努力。

（二）海外流动经历对大学教师职后地位影响的学科、性别和年龄异质性

如表 6-8 所示，海归教师的地市级及以下人才项目和国家级人

① 黄海刚，曲越，白华.中国高端人才的地理流动、空间布局与组织集聚[J].科学学研究，2018，36(12)：2191 - 2204.

② 郭美荣，彭洁，赵伟，等.中国高层次科技人才成长过程及特征分析：以"国家杰出青年科学基金"获得者为例[J].科技管理研究，2011，31(1)：135 - 138.

表 6-8　海外流动经历对不同学科、性别、年龄教师人才项目获得的异质性影响

人才项目	学科		性别		年龄		
	理工科	人文社科	男	女	≤35 岁	36—45 岁	≥46 岁
地市级及以下	0.07 (0.20)	0.05 (0.24)	0.08 (0.17)	−0.11 (0.37)	0.19 (0.42)	−0.01 (0.22)	0.05 (0.25)
省级	0.19 (0.22)	0.63* (0.26)	0.21 (0.18)	1.36* (0.58)	0.14 (0.47)	0.44 (0.27)	0.48 (0.25)
国家级	−0.31 (0.32)	0.86 (1.01)	−0.15 (0.31)	—	—	−0.02 (0.49)	−0.37 (0.43)
人才项目级别	0.01 (0.10)	0.31* (0.12)	0.07 (0.09)	0.29* (0.14)	0.27 (0.19)	0.14 (0.12)	0.14 (0.13)

注：表中呈现的是非标准化回归系数，括号内为标准误；所有模型均已加入表 6-7 中的控制变量，为节省篇幅，省略控制变量结果；* 表示 $p<0.05$；—表示该子样本中获得国家级人才项目的样本量很少，导致无此项统计数据。

才项目的获得概率在不同学科、不同性别和不同年龄阶段的子样本中均与本土教师无显著差异，与总样本的研究结论一致，表明这一结果较为稳健。在总样本中发现的海归教师获得省级人才项目的概率显著高于本土教师主要体现在人文社科和女教师子样本中。其中，人文社科海归教师获得省级人才项目的概率比人文社科本土教师显著高出 63%；女海归教师获得省级人才项目的概率比女本土教师显著高出 1.36 倍。人文社科海归教师和女海归教师获得的人才项目级别也显著较高。这一结果可能有两种解释：其一，在人文社科教师和女教师群体中具有海外流动经历的人数一般较少，相对稀缺性可能赋予了这两个群体的海归教师更大的学术发展优势；其二，在这两个群体中拥有海外流动经历的教师可能具有更强的学术抱负，在学术发展过程中会更积极地追求外部组织的认可与成功。对中国青年学术精英生成的研究发现，学术志业观和学术事业观可以显著提高人才项目的获得概率。[①]虽然存在上述差异，但 SUR 检验结果显示，海外流动经历对大学教师人才项目获得的影响效应并不存在显著的学科差异、性别差异和年龄差异。

（三）各类海外流动经历对大学教师职后地位的异质性影响

如表 6-9 所示，无论是在各级人才项目获得概率还是人才项目获得级别方面，各类海归教师均与本土教师无显著差异，再次表明海外流动经历并未显著促进大学教师的学术发展。从影响方向来看，虽然海外博士教师和海外博士/工作教师在省级和地市级及以下人才项目的获得概率方面高于本土教师，但在国家级人才项目获得概率方面却低于本土教师，尤其是仅具有海外博士流动经历的教师在国家级人才项目获得方面更无优势，仅有 1 名海外博士教师入选了国家级人才项目。这表明在不同层级的学术竞争中，海外博士教师和海外博士/工作教师所处的境遇不同。由于具有政策支持优势，这两类海归教师在省级及以下人才项目竞争中具有一定的优势。然而，在最高级别的国家级人才项目竞争中，海外博士教师和海外博

表 6-9 各类海外流动经历对大学教师人才项目获得的异质性影响

人才项目	海外访学	海外博士	海外工作	海外博士/工作
地市级及以下	−0.10(0.17)	0.54(0.37)	0.07(0.28)	0.26(0.33)
省级	0.24(0.19)	0.65(0.52)	0.09(0.31)	0.22(0.39)
国家级	−0.23(0.36)	—	0.06(0.51)	−0.55(0.63)
人才项目级别	0.01(0.09)	0.23(0.22)	0.12(0.16)	0.36(0.20)

注：海外访学模型和海外工作模型的控制变量在表 6-7 的基础上额外加入了“博士毕业于原‘985 工程’高校/中(社)科院”这一虚拟变量；海外博士模型和海外博士/工作模型的控制变量与表 6-7 相同；—表示该子样本中获得国家级人才项目的样本量很少，导致无此项统计数据。

① 郭卉，姚源.中国青年学术精英生成中的资质与资本因素影响探究：基于生物学科教师的调查[J].高等教育研究，2019，40(10)：46－58.

士/工作教师因自身存在的归国适应问题和本土学术网络缺失问题在高级人才项目争夺战中反而处于劣势地位。

三、海外流动经历对大学教师职后地位的作用路径

(一)海外流动经历影响大学教师人才项目获得的人力资本模型

根据普遍主义原则,学术产出的数量和质量是影响大学教师学术地位的最重要因素。人力资本模型认为教师个人的学术素养水平决定了学术产出水平。第四章的研究发现,海外流动经历显著提升了大学教师的学术素养水平。因而本研究假定,海外流动通过影响大学教师的学术素养进而影响其学术成果数量并最终影响获评的人才项目级别。为检验这一理论命题,本部分在 SPSS 25.0 中采用 PROCESS 3.4 插件,在插件内置的 76 个典型模型中选择模型 6 进行链式中介效应分析,并采用自举法检验中介效应是否显著。结果如图 6-4 所示,在控制个人努力程度和各类社会结构性因素之后,"海外流动—学术素养—科研总产出数量—人才项目级别"的链式中介效应显著(95%置信区间不含 0),但标准化效应值很小,仅为 0.005,占总效应的 5.2%。海外流动对人才项目级别的总效应和直接效应均不显著,表明海外流动并不能直接作用于人才项目级别。"海外流动—学术素养—人才项目级别"的中介效应也不显著,这意味着即使海归教师学术素养水平较高,但如果不能产出更高数量的科研成果,依然不能入选更高级别的人才项目。这也解释了虽然在本研究的调查样本中,各类海归教师的学术素养水平显著高于本土教师,但由于科研总产出数量与本土教师无显著差异,导致各类海归教师并未获评更高级别的人才项目。人力资本模型结果表明,中国的学术认可体系一定程度上遵循了普遍主义原则,人才项目的选拔主要依据科研产出水平,学术素养可以显著提高科研产出数量。然而,在引入社会资本变量后,海外流动经历通过提高教师的学术素养

水平进而提高科研总产出数量并最终影响人才项目级别的链式中介效应不再显著，这意味着相比人力资本，社会资本对人才项目获得的影响作用更大。此外，根据社会资本理论，社会资本不仅可以影响科研产出数量，也可能直接影响人才项目级别。因此，下文将重点检验社会资本在人才项目评选中的作用。

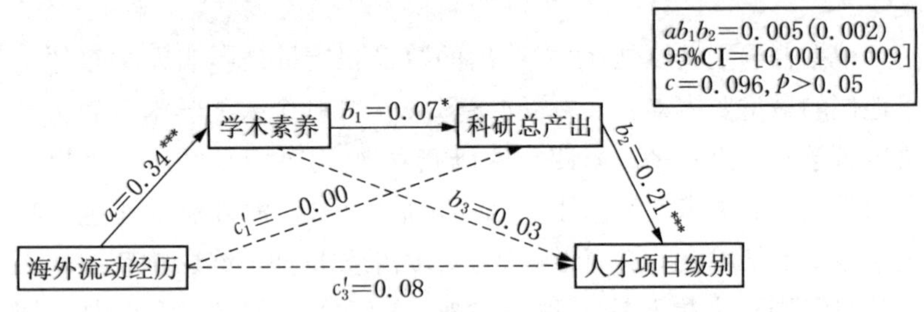

图 6-4　人力资本模型的链式中介路径图(标准化系数)

注：* 表示 $p<0.05$，*** 表示 $p<0.001$；虚线表示不显著，直线表示显著。

（二）海外流动经历影响大学教师人才项目获得的社会资本模型

林南认为社会资本之所以能够运作是因为社会关系可以通过对代理人(如招聘者、管理者)施加影响，在涉及行动者的雇佣或晋升等决定中扮演关键角色。①施加影响背后的作用机制可能是人际信任机制，也可能是人情交换机制。社会资本不仅可以通过影响科研产出进而影响人才项目级别，也可能直接对人才项目选拔施加影响。为检验这一理论命题，本部分首先通过 Logit 回归和 OLS 回归分三个子模型逐步考察海外流动经历对大学教师人才项目获得的作用路径。基准模型考察海外流动经历影响大学教师人才项目获得的总效应；潜在社会资本模型检验在控制学术成果数量的情况下，海外流动

① 林南.社会资本：关于社会行动与结构的理论[M].张磊，译.上海：上海人民出版社，2004：19.

经历是否通过潜在社会资本影响人才项目获得；动员社会资本模型检验在控制学术成果数量的情况下，海外流动经历是否通过动员社会资本影响人才项目获得。然后采用自举法检验中介效应是否达到显著水平。

如表 6-10 所示，地市级及以下人才项目获得并未呈现出明显的规律性特征。无论是海外流动经历、潜在社会资本、动员社会资本，还是学术成果数量均对其无显著影响。这可能是由于地市级及以下人才项目主要是为培养教师申报高一级别的人才项目而设置的，其培育属性大于筛选属性，总体竞争程度不够激烈，因而在各类关键变量上并无显著差异。然而，随着人才项目级别的升高，竞争程度逐渐增强，潜在社会资本、动员社会资本和学术成果数量的作用也开始逐渐凸显。人才项目级别越高，对学术成果数量的依赖性越强，在地市级人才项目中，无论是科研总产出数量还是国家级项目数量均对其无显著影响，而科研总产出数量可以显著正向预测入选省级人才项目的概率，国家级人才项目评选不仅依赖于科研总产出数量，也开始依赖于国家级项目数量。可见，中国的人才项目尤其是高级别人才项目，确实选拔出了一批学术产出优异者，为教师凭借出众的科研产出成果突破传统单位制下论资排辈的僵化评价体制提供了制度保障。然而，虽然学术成果数量对人才项目获得具有一定的效力，人才项目评选依然不能完全排除社会资本的影响，而且人才项目级别越高，对社会资本的依赖性越大。在控制学术成果数量后，本土学术网络规模越大、相熟的海外同行占比越高，入选省级人才项目的概率越高。然而，在这一中等级别的人才项目评选中，动员的社会资本尚未发挥显著提升作用。当人才项目级别升至最高级，仅大规模、强关系的学术网络已经不足以提高国家级人才项目的入选概率，只有学术网络顶端才具有显著的正向作用，由于国家级人才项目的评选者主要是本土学者，所以学术网络中顶尖的本土学者占比越高，入选国家级人才项目的概率显著越高，而顶尖的海外学者并不能干扰中国

表 6-10 海外流动经历对大学教师人才项目获得的作用路径

变 量	地市级及以下	省级	国家级	人才项目级别
基准模型	**Pseudo R^2**	**Pseudo R^2**	**Pseudo R^2**	**修正 R^2**
	0.06	**0.07**	**0.33**	**0.16**
海归教师(参照:本土教师)	0.05	0.38*	−0.18	0.13
潜在社会资本模型	**Pseudo R^2**	**Pseudo R^2**	**Pseudo R^2**	**修正 R^2**
	0.06	**0.10**	**0.44**	**0.23**
海归教师(参照:本土教师)	0.02	0.31	0.12	0.07
本土学术网络规模	0.00	0.02*	0.02	0.01*
海外学术网络规模	0.02	−0.08*	−0.02	−0.03
相熟的本土同行	0.01	−0.02	−0.16	−0.04
相熟的海外同行	0.01	0.19*	0.03	0.07
顶尖的本土学者	−0.03	0.05	0.64***	0.09*
顶尖的海外学者	−0.04	−0.07	−0.27	−0.02
核网海外规模	0.03	0.14	0.12	0.10*
科研产出总数量	0.02	0.03***	0.05***	0.02***
国家级项目数量	0.02	0.05	0.14**	0.07***
动员社会资本模型	**Pseudo R^2**	**Pseudo R^2**	**Pseudo R^2**	**修正 R^2**
	0.07	**0.09**	**0.45**	**0.22**
海归教师(参照:本土教师)	0.27	0.46*	−0.46	0.12
晋升奖励资源(本土)	0.01	−0.15	0.45*	0.01
晋升奖励资源(海外)	0.04	0.08	−0.61**	−0.04
科研产出总数量	0.01	0.03**	0.06***	0.03***
国家级项目数量	0.03	0.06	0.19**	0.09***

注:* 表示 $p<0.05$,** 表示 $p<0.01$,*** 表示 $p<0.001$;所有模型均已加入控制变量,为节省篇幅不再报告控制变量结果。

人才项目的评选过程与评选结果。动员的社会资本在国家级人才项目评选阶段也开始发挥作用，从本土学术网络动员的晋升奖励机会资源越多，入选国家级人才项目的概率显著越高。然而，从海外学术网络动员的晋升奖励机会资源越多，不仅不会提高，反而会显著降低入选国家级人才项目的概率。再次证明了对国家级人才项目评选而言，本土学术网络和海外学术网络之间是相互竞争的关系，本土学术网络可以促进中国大学教师学术地位获得，而海外学术网络反而会发挥阻碍作用。

晋升奖励机会资源在国家级人才项目评选阶段才开始发挥显著作用，表明社会资本的人际信任机制和人情交换机制在最高级的人才项目评选阶段发挥的作用更为强大。这一点符合社会资本作用空间与回报水平的理论预设。边燕杰关于社会资本对普通劳动力市场地位获得的研究发现，“一个经济体的市场竞争程度越高，对个体的相对比较优势要求就越高，不但要求拥有人力资本和政治资本，而且要求拥有社会资本，所以职业地位获得过程和结构的关系嵌入程度越深，关系作用空间就越大，关系回报率就越高”①。科尔基于学术场域的特点也提出奖励的匮乏程度会影响网络连结的回报水平。奖励越是匮乏，网络连结在做出决定时就越有可能发挥作用。②由于象征学术声誉的学术奖励总是名额有限的，科学界居“第四十一席”者的现象十分普遍，即总有一些做出了同样的科学贡献但不能获得同等级别学术奖励的科学家。朱克曼对诺贝尔奖评选过程的研究发现，诺贝尔奖的评选工作经历了两阶段的挑选过程：第一阶段是依据对科学贡献的大小这一普遍性标准界定出一群够格的候选人；第二阶段是从这一群合格的候选者中挑选出一个或多个最终的入选者，

---

① 边燕杰.社会网络与地位获得[M].北京：社会科学文献出版社，2012：14.

② 史蒂芬·科尔.科学的制造：在自然界与社会之间[M].林建成，王毅，译.上海：上海人民出版社，2001：231.

当够格的候选者人数很多时，像国籍、政治观点、科学家的个性特点、关系网络等特殊标准就开始投入使用。因而朱克曼认为争论普遍标准还是特殊标准支配着诺贝尔奖金的颁发是不合理的，两个标准可能都适用，先用普遍标准，然后再用特殊标准，以逐步缩小选择范围，确定最终入选者。①国家级人才项目作为中国最高级别的人才项目，因其强大的学术资源和学术声誉分配机制，引发了学者之间的激烈争夺。2018 年的统计数据结果显示“杰青基金”的资助率仅为 6.7%，“优青基金”的资助率仅为 7.4%。②不足 10%的资助率足见其名额的匮乏程度和竞争激烈程度。当符合条件的候选者人数众多时，社会资本的作用就开始凸显，那些可以触及更多顶尖本土学者的教师更有可能成功入选国家级人才项目。一位受访教师的言论表明在中国国家级人才项目评选乃至课题项目评选中确实存在着两阶段的选择过程，“因为我们人太多了，如果他的学术水平很高又很会经营人际关系，那他就更可能拿到人才项目，现实中往往都是这种人，他没有弱点。现在活下来的都是这些人，所有的‘杰青’‘长江’都是这样的人。我们中国的基数这么大，它可以保证每个入选的都是这样的人，基本有短板就完了”(J1 男 理工科 研究员)。

对连续变量人才项目级别进行 OLS 回归分析的结果与 Logit 回归分析结果基本相同。虽然科研总产出数量和国家级项目立项数量可以显著提高人才项目获评级别，但本土学术网络规模和顶尖的本土学者占比也具有同样的促进作用，表明这一结果具有较强的稳健性。OLS 回归分析结果还显示，核网海外规模越大，获评的人才项目级别越高，并且通过了中介效应检验。如图 6-5 所示，“海外流动—核网海外规模—科研总产出—人才项目级别”的链式中介效应

---

① 哈里特·朱克曼.科学界的精英：美国的诺贝尔奖金获得者[M].周叶谦，冯世刚，译.北京：商务印书馆，1982：70－71.

② 郭卉，姚源.中国青年学术精英生成中的资质与资本因素影响探究：基于生物学科教师的调查[J].高等教育研究，2019，40(10)：46－58.

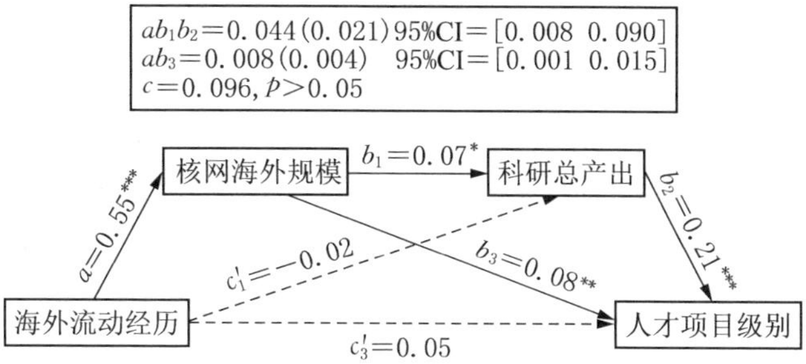

$ab_1b_2=0.044(0.021)$ 95%CI=[0.008　0.090]
$ab_3=0.008(0.004)$ 95%CI=[0.001　0.015]
$c=0.096, p>0.05$

海外流动经历
核网海外规模
科研总产出
人才项目级别
$a=0.55^{***}$
$b_1=0.07^{*}$
$b_2=0.21^{***}$
$b_3=0.08^{**}$
$c_1'=-0.02$
$c_3'=0.05$

图 6-5　社会资本的链式中介路径图(标准化系数)

注:* 表示 $p<0.05$,*** 表示 $p<0.001$;虚线表示不显著,直线表示显著;为保持图形简洁,仅呈现中介效应达到显著水平的变量。

显著(95% 置信区间不含 0),标准化效应值为 0.044,占总效应的比为 45.83%。另外,“海外流动—核网海外规模—人才项目级别”的中介效应也达显著水平(95%置信区间不含 0),但标准化效应值很小,仅为 0.008,占总效应的比仅为 8.3%。这表明海外流动经历主要是通过核网海外规模影响科研总产出进而影响人才项目获评级别。上述结果表明,海归教师之所以在人才项目级别,尤其是国家级人才项目级别方面没有显著优势,一方面与海归教师没有产出更高数量的学术成果有关;另一方面也一定程度上受到个人本土学术网络欠缺的影响。虽然海归教师具有海外学术网络的优势,但仅核心学术网络中海外同行数量较多有助于提高人才项目获得级别,而且这也需要借助科研总产出数量这一中间作用路径发挥作用,如若没有更高数量的科研产出,即使核网海外规模较大,入选更高级别人才项目的机会也很小。

第三节　本 章 小 结

本章围绕“海外流动经历对大学教师学术发展的影响机制”这一核心问题展开了实证研究。研究发现,海归教师获得的国家级项目数量并不显著高于本土教师，甚至女海归教师的国家级项目数量显著低于女本土教师。海归教师在各类科研产出数量方面与本土教师均无显著差异，这一结果在不同学科、不同性别、不同年龄阶段都得到验证，结论具有较强的稳健性。导致这一结果的原因不在于海归教师的学术素养水平不优于本土教师，也不在于海归教师在海外习得的知识技能与国内学术发展需求不相匹配，而主要是受制于海归教师自身的归国适应问题和本土学术网络缺失问题。在中国关系主义的文化背景下，社会资本对学术成果的影响作用大于人力资本，当加入社会资本变量后，海外流动通过学术素养影响学术成果的中介效应不再显著。相关分析结果显示，学术素养与国家级课题项目数量、科研总产出数量、EI/SCI 发表数量和 SSCI 发表数量显著正相关，但无论在回归分析还是相关分析中，学术素养水平与发明专利数量和 CSSCI 发表数量均无显著正向相关关系，这一结果可能反映了中外学术发表的公正性存在差异。为响应习近平总书记对“广大科技工作者要把论文写在祖国大地上”的号召，一些高校正在教师评价中加大对中文学术成果的考核力度。然而，如若不能保证中文发表的公正性，可能会伤害学术人的学术激情与学术自尊。不公正的学术奖励体系最终也将阻碍整体科学知识的进步与发展。

潜在社会资本对学术成果具有显著影响，但不同类型的学术成果所需要的潜在社会资本结构与来源不同。其中，以“大规模、高网顶”为特征的本土学术网络可以显著提高国家级项目立项数量，发明专利则更依赖于“大规模、低强度”的本土学术网络，CSSCI 发表更需要“大规模、高强度”的本土学术网络。对主要基于海外学者评审的 SSCI 发表而言，拥有大规模的海外学术网络更加重要。中介效应检验结果显示，海归教师确实可以借助海外学术网络的优势提高 SSCI 发表数量。然而，较低的本土学术网络关系强度也显著降低了海归教师的 CSSCI 发表数量。对于国家级项目申请、发明专利、SSCI 和 CSSCI 发表而言，本土学术网络和海外学术网络之间是相互竞争的关系。对主要依赖本土学术网络的学术成果而言,更优的海外学术网络反而会发挥负面影响。反之,对主要依赖海外学术网络的学术成果而言,更优的本土学术网络也会发挥负面影响。虽然本土学术网络和海外学术网络对 EI/SCI 发表均无显著影响,但对 EI/SCI 发表而言这两类学术网络之间是相互促进的关系,它们可以合力提高 EI/SCI 的发表数量。由此来看,"结构洞"优势仅对理工科教师发表 EI/SCI 论文具有积极意义,而对于大学教师申报国家课题项目和人文社科教师的学术发表而言,"结构洞"的消极意义可能更为凸显。

不同的关系资源背后隐藏着不同的关系作用机制。学术网络中嵌入的各类知识生产资源分别通过成本降低机制(科研信息资源)、创新启发机制(灵感建议资源)、条件优化机制(设备材料资源和引介同行资源)和激情保持机制(情感支持资源)促进知识生产;学术网络中嵌入的学术认可资源主要通过认知偏爱机制、人际信任机制和人情交换机制提高学者的学术成果数量。通过将动员的学术网络资源纳入回归模型检验社会资本的主要作用机制发现,认知偏爱机制、人际信任机制和人情交换机制是社会资本提高国家级课题项目、科研总产出、EI/SCI、发明专利和 SSCI 发表数量的主要作用机制。然而,由于各类学术网络资源均对 CSSCI 发表数量无显著正向作用,本研究并未发现社会资本提高 CSSCI 发表数量的作用机制。从相关分析结果来看,认知偏爱机制和创新启发机制可能对 CSSCI 发表具有一定的促进作用,但其影响程度很小。社会资本也可通过优化研究团队条件提高国家级项目的立项数量。然而,由于动员更多的设备材料资源可能反映了个人拥有的研究设备条件不足,所以动员更多的设备材料资源反而会对国家级项目申请和 SSCI 发表起到负向抑制作用。

关于海外流动经历对大学教师初职地位的影响发现,海外流动经历确实赋予了大学教师求职与晋升优势,但并不是所有类型的海外流动都具有同样的优势赋予作用。随着博士培养规模的日益扩大，博士后经历已经成为顶尖高校教师的“基本配置”，在学术劳动力市场渐趋饱和的时代背景下，单一的海外访学流动、海外博士流动和海外工作流动都不足以显著提高大学教师入职顶尖高校的概率，唯有拥有海外博士和工作双重流动经历的教师才有更大可能谋得C9高校的教职。虽然拥有连续一年及以上的海外流动经历可以显著提高在国家重点学科任职的概率，但各类海外流动经历均对任职的学科级别无显著影响。海外流动经历对入职优势专业平台也无显著影响。海外访学流动和海外博士流动对职称晋升速度也无显著影响，但海外工作流动和海外博士和工作双重流动经历确实抬高了教师的职称起点或提高了教师在三年内晋升为副高及以上职称的概率，上述结果一定程度上证实了社会结构模型。

对职后地位的研究发现，海归教师的人才项目获得级别并不显著高于本土教师。从各级人才项目的入选概率来看，海外流动经历仅显著提高了人文社科教师和女教师获得省级人才项目的概率，而对最高级别的国家级人才项目获得并无显著促进作用。换言之，海归教师在高级别的学术发展中并无显著优势，这一点并不因学科、性别、年龄阶段和流动类型而异。进一步分析作用路径发现，社会资本对人才项目获得的影响作用大于人力资本，在加入社会资本变量后，“海外流动—学术素养—科研总产出数量—人才项目级别”的链式中介效应不再显著。虽然学术成果数量对人才项目获得，尤其是高级别人才项目获得具有显著影响，但在控制学术成果数量的情况下，社会资本依然可以显著影响人才项目评选，而且人才项目级别越高，社会资本发挥的作用越大。这是因为竞争程度越高，对竞争者的相对比较优势要求越高，不仅要具有人力资本，也要具有社会资本。中国的国家级人才项目评选也经历了类似诺贝尔奖评选的两阶段过程：首先，依据学术产出水平选出一批够格的候选人；然后，根据关系网络等其他特殊标准确定最终的入选者。海归教师之所以在人才项目评选，尤其是国家级人才项目评选中没有表现出显著优势，一方面与海归教师没有产出更高数量的学术成果有关;另一方面也一定程度上受到其个人本土学术网络欠缺的影响。与国家级课题项目申请相同,国家级人才项目评选也主要依赖于本土学术网络,本土学术网络可以通过人际信任机制和人情交换机制显著提高国家级人才项目的入选概率,而海外学术网络并不能干扰中国国家级人才项目的评选过程与评选结果。相反,动员更多的海外学术网络资源反而会发挥负向影响。因此,"结构洞"的积极意义在中国的国家级人才项目评选中也不复存在。

第七章　研究结论与政策建议

第一节　研究结论与讨论

一、研究结论

海外流动是政策制定者和学术界共同关心的重要议题。本研究以任职于中国35所A类“双一流”建设高校的专任教师为研究对象，采用量化主导混合的研究方法，首先描绘了中国“双一流”建设高校教师近40年来海外流动与海外回流的现实样态及演变趋势，审视中国留学政策与海外引智政策的实施成效。然后围绕“海外流动经历对大学教师学术发展的影响”这一核心议题，系统探讨了海外流动经历对大学教师学术发展过程（学术素养和学术网络）和学术发展结果（学术成果产出和学术地位获得）的影响，并进一步分析了海外流动经历通过影响大学教师的学术发展过程进而影响学术发展结果的作用路径和作用机制，从利弊两方面全面揭示了海外流动经历对大学教师学术发展的双重影响。如果将大学教师参与海外流动的行为看作一种投资，那么，如同所有投资活动一样，海外流动兼具收益与风险的双重可能。本研究的核心结论如下。

一是中国“双一流”建设高校教师的海外流动与海外回流呈现出良好的发展态势，但依然存在一些不容乐观的问题。

分析中国“双一流”建设高校教师海外流动与海外回流的现状及

演变趋势发现，近40年来，中国“双一流”建设高校教师海外流动的规模平稳上升，并呈现出向世界一流大学集聚的发展态势，当前已有近七成教师拥有海外流动经历，其中近八成教师流向Top200的世界一流大学，呈现出“流动规模大，流动质量高”的特点。从流动类型来看，目前“双一流”建设高校教师以海外访学流动为主，海外博士流动和海外工作流动的比例偏低，但随着教师年轻化，海外访学流动的比例将逐渐降低，海外博士流动和海外工作流动的比例将逐渐提升。从流动方向来看，北美尤其是美国，一直是中国大学教师海外流动的中心，但有弱化趋势；欧洲正在替代美国成为中国新一代学者赴海外流动的主要目的地；东亚作为中国大学教师海外流动的亚中心呈现出先升后降的发展趋势；“一带一路”共建国家对中国大学教师的吸引力虽然持续较低，但有上升趋势。随着中国政治经济环境趋于稳定，中外学术实力差距日渐缩小，以及各类海外引智政策的实施，1980—2020年，中国“双一流”建设高校的回流教师规模逐步扩大，回流质量逐步提高。然而，由于中国过度行政化的管理模式、学术风气问题以及关系主义的社会文化等更为深层的原因，大部分高端海外学术人才依然不愿回国发展。目前，中国高校的回流教师多为刚刚获得海外博士学位或仅拥有海外博士后经历的青年学者，年长的高端海外学术人才回流比例一直很低。

二是海外流动是培养学术人才的有效途径，海外流动经历大幅提升了大学教师的学术素养水平，但不同的海外流动经历对学术素养的增值作用不同。

作为一项人力资本投资，海外流动是培养学术人才的有效途径。无论是具有单一海外访学经历、海外博士经历、海外工作经历，还是具有双重的海外博士和工作流动经历的海归教师，都认为海外流动经历大幅提升了自身的学术素养水平。然而，不同的海外流动经历对学术素养的增值作用不同。就流动类型而言，海外博士流动对学术素养的增值作用大于海外工作流动和海外访学流动，但在海外获得博士学位后，继续在海外从事博士后研究或其他全职工作对学术素养的额外增值作用较为有限。流向 Top200 高校的海归教师在学科知识和学术能力方面的收获水平显著较高，但是否有美国的流动经历对三个学术素养因子的增值作用均无显著影响。总体而言，相比海外流动时长和流动地区，海外流动类型和流动机构水平对学术素养的增值作用更大。引入本土教师作为参照发现，各类海归教师的学术素养水平均显著高于本土教师。海外流动的学术素养增值作用一方面来自地理流动本身，另一方面来自海内外学术机构的人才培养质量差异。就地理流动本身而言，流动到另一个学术机构，可以使学者跳出原有的学术圈，接触不同的学术环境，体悟不同的研究范式，在这一过程中调整更新原有的知识结构与研究惯性，提升知识生产所需的学术素养水平。虽然信息技术的发展为学术信息的获取方式和学术交流渠道提供了便利，使教师的学术视野不再受制于空间限制，但地理流动为教师与其他学术机构成员提供了长期的面对面接触机会，这种地理临近性更有助于双方间的知识互换，尤其是缄默知识的习得和 Know-How 知识的领悟。[①]就海内外学术机构的人才培养质量而言，在本研究的调查样本中，超八成教师流动到 Top200 的世界一流大学或世界知名的研究所或实验室。这些知名的海外学术机构在科研物质环境、学术交流环境、学术制度环境以及国际化环境等方面均优于中国本土学术机构，海外学术共同体的学术水平与指导水平也高于本土学术共同体，拥有海外流动经历的教师可以获得更好的学术训练与指导，进而获得更高的学术素养增值。虽然本研究基于年龄子样本的统计发现，中国本土学术机构的人才培养质量有所提升，但 35 岁及以下的海归教师在学科知识和学术能力方面依然显著高于同年龄段的本土教师，这表明中国本土高校的学术人才

① Boschma R A. Proximity and Innovation: A Critical Assessment[J]. Regional Studies, 2005, 39 (1):61 - 74.

培养质量依然不及海外，提升本土学术机构的人才培养质量依然任重而道远。

三是海外流动是建构海外学术网络的重要途径，但并非唯一途径，并且关系网络具有动态性和容量有限性，在一个特定的时段内，海归教师的海外学术网络和本土学术网络处于此消彼长的状态。

海外流动不仅是一项人力资本投资，也是一项社会资本投资。在本研究的调查样本中，海归教师的海外学术网络规模、核网海外规模、海外学术网络的关系强度和网络顶端均显著高于本土教师，这表明海外流动是建构海外学术网络的重要途径。丰特斯(Fontes)认为持久学术关系网络的建立与维系需要具备地理近似性、社会近似性、认知近似性和组织近似性四个条件，其中地理近似性是先决条件，是其他近似性得以形成与发展的前提与基础。①首先，海外流动为与海外学术同行建立关系网络提供了共处一地的机会，获得了地理近似性。然后，这种地理近似性又进一步促进了社会近似性、认知近似性和组织近似性的形成。通过共处一地，在同一个学术机构共同从事学术研究活动，中国大学教师与海外学术同行之间建立了共同的社会归属，获得了社会近似性。共处一地的地理近似性也为双方创造了稳定的交往互动空间，通过频繁地面对面互动交流，分享学术思想，双方之间就形成了共同的知识基(knowledge base)，获得了认知近似性。地理近似性也使中国大学教师有机会了解海外学术机构内部的组织规则与行为规范，获得了组织近似性。一旦双方之间具备了社会近似性、认知近似性和组织近似性，地理近似性的重要作用就会消退，流动学者在海外期间建立的学术网络不会因为回国而断裂，只需要临时短期共处一地就可以持久维持与海外同行的关系。认知近似性和组织近似性也提高了海归教师的跨文化交往能力，对海外

① Fontes M, Videira P, Calapez T. The Impact of Long-term Scientific Mobility on the Creation of Persistent Knowledge Networks[J]. Mobilities, 2013, 8(3):440-465.

学术研究范式、语言文化的了解有助于海归教师与海外学术同行顺畅地沟通交流，使其回国后不仅可以维持旧有的海外学术网络，还可以进一步扩宽新的海外学术网络。然而，值得注意的是，长期海外流动并非建构海外学术网络的唯一方式，大学教师通过短期海外流动或者借助校内中外合作平台和海归教师引介等方式也可建构海外学术网络。在国际化水平较高的“双一流”建设高校，本土教师的学术网络中不仅有海外学术同行，而且相熟的海外同行和顶尖的海外学者也占一定的比例，甚至有的本土教师将海外同行纳入核心学术网络。另一方面，海外流动对学术网络的影响具有“两面性”，海外流动在优化大学教师海外学术网络的同时也削弱了本土学术网络，虽然海归教师的本土学术网络规模和网络顶端与本土教师无显著差异，但海归教师的本土学术网络关系强度显著低于本土教师。其中，海外博士教师和海外博士/工作教师在海外学术网络方面的收益最大，但在本土学术网络方面的损失也最大；海外工作教师和海外访学教师在海外学术网络方面的收益较小，但在本土学术网络方面的损失也较小。可以说，海外学术网络的收益是以牺牲本土学术网络为代价的。然而，学术网络是动态变化的，随着回国时间的延长，海归教师的本土学术网络劣势逐渐得到修复，而海外学术网络的优势却有所下降，这表明个体的关系网络容量是有限的，在一个特定时段内，海归教师的海外学术网络和本土学术网络处于此消彼长的状态。

四是海外流动经历本身并不能提升大学教师的学术发展水平，如果海归教师不能建构起良好的本土学术网络，不能将跨国资本优势和政策支持优势转化为高产的学术成果，那么其依然无法在高水平的学术竞争中胜出，这一点不因学科、性别、年龄阶段和流动类型而异。

对比海归教师与本土教师的学术成果产出发现，海归教师的国家级课题项目数量和科研总产出数量均不显著高于本土教师，这一点在不同学科、不同性别、不同年龄阶段和不同流动类型的子样本中都得到验证，甚至女海归教师和海外博士/工作教师的国家级课题项目数量显著低于本土教师。虽然海归教师拥有更高的学术素养水平和海外学术网络的跨国资本优势，但受归国适应问题和本土学术网络缺失问题的影响，海归教师并未产出更高数量的学术成果。数据分析发现，除发表 SSCI 论文主要依赖海外学术网络之外，国家级课题项目、发明专利、EI/SCI 和 CSSCI 发表都主要依赖于本土学术网络。学术网络中不仅嵌入着知识生产资源，也嵌入着立项/发表机会资源。各类知识生产资源分别通过成本降低机制、创新启发机制、条件优化机制（物质条件和团队条件）和激情保持机制提高知识生产效率，立项/发表机会资源则主要通过认知偏爱机制、人际信任机制和人情交换机制影响学术成果产出，在中国关系主义的文化背景下，本土学术网络主要通过后三种机制发挥作用。

对比海归教师与本土教师的学术地位获得情况发现，在初职地位方面，虽然中国许多高校都将海外经历作为教师招聘与晋升的基准条件，但在学术劳动力市场日益饱和的时代背景下，只有海外博士和工作双重流动经历才可以显著提升大学教师入职 C9 高校的概率，也只有海外工作流动和海外博士和工作双重流动经历才可以显著抬高教师的职称起点或在三年内晋升为副高及以上职称的概率，而单一的海外访学经历和海外博士经历对入职的高校级别、学科级别、专业平台和职称级别均无显著促进作用。在职后地位方面，海归教师的人才项目获得级别并不显著高于本土教师。从各级人才项目的入选概率来看，海外流动经历仅显著提高了人文社科教师和女教师获得省级人才项目的概率，而对最高级别的国家级人才项目获得并无显著促进作用，也即海归教师在高级别的学术发展中并无显著优势，这一点并不因学科、性别、年龄阶段和流动类型而异。进一步分析作用路径发现，海外流动经历本身并不能直接影响人才项目的评选结果，在中国的学术场域中，能否入选高级别人才项目主要取决于大学教师的学术成果和本土学术网络。这一结果表明大学教师的学术发展是普遍主义机制和特殊主义机制综合作用的结果，大学教师学术地位的高低不仅取决于对科学贡献的大小，也依赖于个人的学术网络连结，尤其是本土学术网络连结。海归教师之所以在国家级人才项目评选中没有表现出显著优势，一方面与海归教师没有产出更高数量的学术成果有关；另一方面也一定程度上受到个人本土学术网络欠缺的影响。换言之，如果海归教师不能建构起良好的本土学术网络，不能将跨国资本优势和政策支持优势转化为高产的学术成果，那么其依然无法在高水平的学术竞争中胜出。本土学术网络不仅可以通过影响学术成果产出间接影响人才项目评选，也可通过人际信任机制和人情交换机制直接影响人才项目评选，而且人才项目级别越高，本土学术网络发挥的作用越大，而海外学术网络并不能干扰中国人才项目的评选过程和评选结果，相反，动员更多的海外学术网络资源反而会产生负面影响。总体而言，“结构洞”并不适用于中国以集体主义为特征的关系文化和以高度承诺为特征的组织文化。

二、研究讨论

结合当前的国际形势，着眼未来的长远发展，远距离审视全文的研究结论，发现还需对以下四个问题做进一步讨论。

（一）后疫情时代的逆全球化趋势与教育对外开放问题

随着民族国家的建立与崛起，主导高等教育国际化进程的逻辑已由“认识论”转向“政治论”。[①]在这一逻辑转向下，海外流动已经不是学者自发的学术活动，而是演变为受国家公共政策制衡的政治活动。欧美发达国家已经意识到招收和使用国际学生，一方面对在全球范围内争夺优秀人才以提升国家竞争力至关重要，另一方面也可能会激化选民的民族主义情绪，招致选民的不满。21 世纪以来，欧

① 张应强，姜远谋.后疫情时代我国高等教育国际化向何处去[J].高等教育研究，2020，41(12)：1－9.

美发达国家在不同发展阶段、不同执政党时期以本国利益为中心不断调整国际学生流动政策，呈现出在主张全球化的新自由主义逻辑与主张逆全球化的民族保守主义逻辑之间来回摇摆的演变态势。[①]2016 年以来，随着英国“脱欧公投”以及特朗普（Trump）当选美国总统并在上台后推行“美国优先”的单边主义政策，逆全球化趋势开始在世界范围内蔓延，从而对以海外流动为主要形式的高等教育国际化造成严峻挑战。2020 年新冠疫情的暴发不仅直接导致海外流动人数的锐减和国际教育服务贸易的停摆[②]，还进一步加剧了这几年有所抬头的逆全球化趋势。新冠疫情暴发以来，美国出台了一系列针对中国的保守主义政策，如禁止向部分中国学生发放 F-1 或者 J-1 签证，禁止中国学者参与富布莱特学者项目等。据统计，截至 2020 年 9 月，美国给中国留学生发放的签证数量比 2019 年下跌了 99%。[③]逆全球化思潮不仅是部分国家的政府意志，也是一些民众的个人意愿。新冠疫情的暴发进一步激化了一些国家民众的排外情绪。据美国皮尤研究中心（Pew Research Center）的调查，2020 年，66%的美国人对中国持负面态度，这是自 2005 年启动相关调查以来最为消极的评价。[④]另据国际媒体报道，新冠疫情暴发后，在英国、部分其他欧洲国家和澳大利亚，亚洲学生和居民在外出戴口罩时遭遇种族主义歧视甚至人身攻击。[⑤]为保护中国国民的健康安全，中国政

---

① 马佳妮.新自由主义与民族保守主义的钟摆交替：欧美国家国际学生流动政策的逻辑与演变[J].江苏高教，2021(4)：107－115.

② 胡昳昀，范丽珺.后疫情时代高等教育国际化发展的风险及规避策略研究：基于风险社会理论的视角[J].高教探索，2021(5)：12－19.

③ 岑建君.疫情影响下的国际教育政策走向和未来发展[J].大学教育科学，2021(2)：10－15.

④ 傅莹.新冠疫情后的中美关系[EB/OL].（2020-06-22）[2021-10-19]. https://www.sohu.com/a/402372173_220095.

⑤ 马佳妮.逆全球化浪潮下全球留学生教育的特征、挑战与趋势[J].教育研究，2020，41(10)：134－149.

府部门特意发布赴澳大利亚留学的安全风险预警。受新冠疫情、国际关系变化和逆全球化等民粹主义思潮的影响，目前中国国内也出现了反美、反全球化的激进主义思想，一些激进分子盲目自信自大，主张闭关自守，不利于正常的国际交流。[①]后疫情时代，面对来势汹汹的逆全球化趋势，中国高等教育国际化的道路该向何处去需要认真思考。王英杰认为，在当前的时代背景下，中国未来的命运就悬于未来教育国际化政策的选择之中。[②]本研究发现，海外流动兼具学术人才培养功能与海外学术网络建构功能。虽然，学术素养的提高与海外学术网络的扩展并未对海归教师个人的学术发展带来决定性的加速与提升作用。但是，海外流动的积极收益具有很强的正外部性。例如，海外流动作为培养学术人才的有效途径，为中国高校培养和储备了大量优秀师资，弥补了中国本土博士培养能力的不足；海归教师独特的科技人力资本不仅促进了西方先进科技知识向中国的迁移，也通过引进西方先进的研究方法提高了中国学术研究的专业化和科学化水平；在耳濡目染西方先进的学术管理制度之后，海归教师也将西方的办学理念、制度和模式引入中国，促进了中国现代大学制度的建设。[③]回溯历史，中国教育学[④]、教育经济学[⑤]和政治学[⑥]等现代学系的创立与本土化建设也离不开海归教师的努力推动。海归教师更优的海外学术网络不仅促进了中国的国际科研合作，也成为沟通中

① 李梅.全球化新变局与高等教育国际化的中国道路[J].北京大学教育评论，2021，19(1)：173－188.

② 王英杰.后疫情时代教育国际化三题[J].比较教育研究，2020，42(9)：8－13.

③ 沈文钦.国际学术流动与中国大学的发展：逆全球化趋势下的历史审视[J].北京大学教育评论，2020，18(4)：47－70.

④ 孙元涛，刘伟.哥伦比亚大学留学归国群体与中国教育学的创建[J].大学教育科学，2020(4)：121－127.

⑤ 郑刚，余桃桃.留学生与近代中国教育经济学的萌生[J].教育与经济，2020，36(4)：75－82.

⑥ 杨洋，李峰.知识移植与本土转向：以留美生与清华大学政治学的构建为例(1926—1937)[J].华侨华人历史研究，2019(3)：81－92.

国与全球学术中心的纽带，实现中国与国际学术中心的互动与整合。[①]海归教师在学术职业国际化方面的比较优势极大地提升了中国高等教育的教学国际化和科研国际化水平。[②]海归博导指导的博士生发表的国际期刊论文数量也显著高于本土博导。[③]海外流动的溢出效应也促进了学生和教师同事的专业发展。[④]拥有海外背景的教师担任校领导可以显著提升高校的创新绩效，而且学位型海归校领导的影响作用远大于进修型海归校领导。[⑤]由此观之，海外流动在科研、教学、管理等方面极大地促进了中国高等教育事业的发展，在提升中国的科技发展水平、推动中国科学研究融入全球学术中心体系、提高中国的国际竞争力等方面也发挥着非常重要甚至不可替代的作用。本戴维(B. David)等人认为，居于全球学术体系非中心地位的国家只有向学术中心国家保持开放，才能提高自己的高等教育发展水平。[⑥]现阶段中国依然处于从全球学术体系的边缘向中心迈进的发展进程之中，中国虽然是高等教育大国，但尚未成为高等教育强国。面对后疫情时代的逆全球化挑战，我们需要正确认识中国在全球学术体系中的位置，警惕民粹主义与民族主义的合流，进一步坚持教育对外开放的基本政策，探索多元的高等教育国际化发

---

① 沈文钦.国际学术流动与中国大学的发展：逆全球化趋势下的历史审视[J].北京大学教育评论，2020，18(4)：47－70.

② 余荔.海归教师是否促进了高等教育国际化：基于“2014 中国大学教师调查”的研究[J].高等教育研究，2018，39(8)：66－76.

③ 李澄锋，沈文钦，陈洪捷.“海归”博导比“本土”博导的博士生指导水平更胜一筹吗?：基于中国博士毕业生调查数据的分析[J].清华大学教育研究，2019，40(2)：126－132.

④ Leung M. Of Corridors and Chains：Translocal Developmental Impacts of Academic Mobility between China and Germany[J]. International Development Planning Review，2011，34(4)：475－489.

⑤ 杨立娜，许家云.海归校领导与高校创新绩效：基于中国 114 所 211 高校的实证研究[J].世界经济文汇，2018(2)：57－84.

⑥ Perkin H J，Ben-David J. Centers of Learning：Britain，France，Germany，United States[J]. The Journal of Higher Education (Columbus)，1979，50(5)：684.

展道路，以更好地服务于高等教育现代化与高等教育强国建设的战略目标。

（二）高端学术人才培育的对外依附与独立自主问题

长期以来，海外流动固然为中国高校培养了大批高水平师资，但也导致了大量优秀人才的流失。历史数据显示，利用海外优质学术资源为中国培养学术人才的留学政策仅在1985年之前收到了较好的效果。自20世纪80年代中后期以来，随着全球学术劳动力市场的形成以及自费留学超越公费留学成为留学生的主体，大量留学人员开始滞留不归，导致中国出国留学的政策目标难以有效达成。据统计，到1989年底，大约52%的公派留学人员和96%的自费留学人员并未回国服务。[①]进入1990年代之后，这一趋势不仅没有扭转，反而有上升态势。在1992—2001年在美获得博士学位的中国留学生中，五年后依然在美就业的比例从65%上升到96%。[②]2002—2008年，89.6%的留美中国博士毕业生选择在美国继续工作和从事研究。[③]为扭转人才外流问题，中国不得不于1992年左右将留学政策的重心由鼓励出国留学调整为鼓励留学生回国服务、为国服务。[④]随着2008年海外高层次人才引进计划的出台，中国已经形成了由中央到地方再到高校的一系列海外引智计划，各类海外引智计划通过多项优厚条件吸引海外人才回国服务。虽然在这些政策的推动下，近年来，中国人才流失局面得到了一定程度的缓解，许多青年优秀人才回国就业，但由于中国与海外学术环境的差异，大批一流的海外人才并未回国，留学政策重心的转向还衍生了新的问题。公共政策具有很

---

① 苗丹国.出国留学六十年[M].北京：中央文献出版社，2010：303.

② 梁茂信.全球化视野下亚洲科技人才移民美国的历史透视[J].史学月刊，2015(3)：91-108.

③ 李梅.中国留美学术人才回国意向及其影响因素分析[J].复旦教育论坛，2017(2)：79-86.

④ 刘艳.当代中国出国留学政策变迁的动因分析[J].清华大学教育研究，2016，37(2)：91-95.

强的导向性,隐藏在公共政策背后的价值隐喻在很大程度上左右着社会群体的选择行为。[①]吸引留学人才回国的政策设计传递的价值隐喻是海外学位和经历优于国内学位,"海外背景"成为衡量人才优劣的新标签,从而导致的政策悖论是在吸引部分优秀人才回国的同时,也诱发了本土优秀学子热衷于追求海外学位或海外博士后经历,引发中国本土博士生源质量下降和博士后高薪难聘等问题,优秀生源的缺失不仅制约着中国本土博士的培养质量,也不利于海归教师的学术发展。除了引发优秀生源和博士后的流失之外,倾向于海归人才的政策设计也容易引发本土教师的不平衡心理,不利于两类教师之间建立良性的互动关系。孙早等人的研究还发现,在学术资源有限的条件下,资源过度向海归教师倾斜将会抑制本土教师的成长。[②]美国独立的早期也面临着中国目前的人才培养困境,关于"这个国家最有能力的年轻人是应当送往海外接受进一步教育,还是应当在国内发展新的院校来教育他们?美国在艺术、科学和专门职业方面是应该依赖外国学者实现新的发现,还是必须发展出属于自己的完备的研究设施?这个国家如何才能达到真正的教育上的独立?诸如此类问题在美国建国早期教育家的心目中占有重要地位"[③]。这一时期,美国的政治领袖们认为学校教育是培养国家认同感、忠诚感和统一感的理想场所,虽然留学欧洲可以让美国学子获得最好的高等教育机会,但也可能会使他们面临来自海外的政治和学术"污染",1780—1800年推动美国高等教育发展的主要动力就是阻止未来的领导者留学海外。为了留住全美最优秀、最聪明的学生,扭转学

① 黄海刚,马健生."自主培育"还是"依赖引进":中国人才战略的实践悖论[J].北京师范大学学报(社会科学版),2012(4):20-28.

② 孙早,刘坤.海归人才促进还是抑制了本土人才水平的提高?:来自中国高等学校的经验证据[J].经济科学,2014(1):102-113.

③ 亚当·R.尼尔逊,朱知翔.留学的可知风险(1780~1880):国家主义、国际主义与美国大学的起源[J].北京大学教育评论,2010,8(3):111-133.

生和学者的流动方向，杰斐逊(Jefferson)、华盛顿(Washington)和拉什(Rush)等人一直致力于从国外吸取先进的办学理念、模式和资源，以便在美国国内建立一所现代化的、大型的国立大学。[①]然而，直到19世纪末甚至20世纪初，西欧尤其是德国，依然占据着全球学术中心的位置，成千上万的美国年轻人远赴德国留学。[②]为扭转这一趋势，当时的美国人参照德国的研究型大学模式，兼顾美国自身的文化传统，继续对本国的旧学院进行改造，逐步建立起现代意义上的研究型大学，并最终于20世纪中期之后使其成为全球学术中心，成功扭转了学术人才的流动方向。从美国的发展经验来看，要实现高等教育强国的战略大计，依赖海外学术机构培育高端学术人才虽然是必要的，但只是权宜之计，通过国际交流与合作寻求国际先进的办学理念，改革本国的人才培养体系，实现高端学术人才的自主培养战略才是长久之计，这一过程虽然漫长，但却是最有价值的。目前中国本土高校的人才培养质量已经有所提升，但距离海外学术机构依然有不小的差距，如何进一步提升中国本土学术机构的人才培养质量，将被动的人才引进转变为主动的人才汇聚，应该是未来政策调整的主要方向。

(三)学术网络的知识生产与资源分配问题

从学术网络嵌入的资源类别来看，学术网络同时具有知识生产功能和资源分配功能，但从主要发挥作用的资源类别来看，学术网络的资源分配功能可能在中国的学术场域中表现得更为突出。虽然，中国的学术奖励系统具备一定的普遍主义成分(表现为课题项目和科研产出数量可以显著提高省级及以上人才项目的入选概率)，但总体而言，其主要的运作方式依然是基于特殊主义的，尤其是当学术网

---

① 亚当·R.尼尔逊，朱知翔.留学的可知风险(1780～1880)：国家主义、国际主义与美国大学的起源[J].北京大学教育评论，2010，8(3)：111-133.

② 诺维克.那高尚的梦想[M].杨豫，译.北京：生活·读书·新知三联书店，2009：27-28.

络的影响作用前置到课题项目立项和科研产出环节，即使人才项目评选完全基于课题项目和科研产出数量，恐怕也很难讲这种学术奖励体系完全是基于普遍主义的。那么，特殊主义的学术奖励系统就一定不利于科学知识的发展吗？科尔认为对这一问题的判断需要做进一步的区分，如果学术网络成员主要是基于认知性因素做出的资源分配结果，那么这种特殊性并不一定阻碍科学知识的进步。首先，由于科学前沿缺乏客观明确的评价标准，对科学前沿的绝大部分评价本身就是建立在主观标准之上的，基于认知偏爱机制的特殊主义评价方式既是普遍的，也是必要的，因为保持共识是科学发展的必要条件，如果科学家们愿意接受每一个非正统的理论、方式或技术，就会破坏共识，使科学发展陷入混乱无序的状态。虽然可能会在一个小概率的基础上阻碍真正创新思想的产生和及早吸纳，但正如波兰尼(Polanyi)所强调的，“维持共识是那么重要，所以拒绝一种后来被证明是正确的偶然想法更好一些，而不应付出丢掉共识的代价对所有新想法过于开放”①。其次，如果资源分配者具有准确的科研前瞻力和识才能力，那么基于认知偏爱机制和人际信任机制的特殊主义运作方式反而会推动科学知识的进步。相比普遍主义机制平等对待每一个人，这种特殊主义机制可以确保把稀缺学术资源分配给能够最好地使用它们的人，从而促进科学知识的进步。正是在这个意义上，科尔认为一个“普遍性”的奖励体系并不一定是“有效的”，相反，一个“特殊性”的奖励体系也不一定就是“无效的”。尤其是美国拥有一个高度分散的科学评价体系，针对教师聘任和研究资助等学术事务开展的学术评价都是在几百个不同评价点上作出的且互相之间的联系并不密切，这就在很大程度上消解了因特殊性导致的消极后果。只有当特殊主义的奖励体系主要是建立在与认知因素无关的人情交

---

① 史蒂芬·科尔.科学的制造：在自然界与社会之间[M].林建成，王毅，译.上海：上海人民出版社，2001：247－249.

换的基础之上时，才会阻碍科学的发展进步。[①]虽然，本研究的经验材料显示，在中国的学术场域中，学术网络主要是通过认知偏爱机制、人际信任机制和人情交换机制影响稀缺学术资源的分配。然而，由于现实中即使是人情交换也往往混杂了认知性因素，所以本研究的经验材料无法分离出如果脱离认知性因素，人情交换因素究竟在其中发挥多大作用。虽然从学术资源分配的客观结果看无法做出这一判断，但基于学术人的主观认知可能可以说明一定的问题。阎光才曾于 2010 年围绕“学术失范问题”对中国高校教师展开了调查，结果发现，“在不同程度上，85.9%的教师认为在当下的中国学术界，学者占有的学术资源与其学术能力不成正比；42.4%的教师认为在阅读本学科的一些权威杂志时没有什么收获；74.1%的教师认为获奖的学术成果名不副实；76.1%的教师认为最后拿到课题研究项目的人往往不是最合适的人选”[②]。这一结果表明，一半以上参与调查的教师认为中国的学术认可过程并不是基于实力至上的普遍主义原则，而是掺杂着学术网络或权力干预等特殊主义因素的影响。由于中国缺乏像美国一样高度分散化的学术评价体系，科尔基于美国情境对特殊主义奖励体系做出的乐观判断并不适用于中国。目前，中国大学教师的学术发展过度依赖于国家级课题项目和人才项目，能否获得规定数量的国家级课题项目，能否在规定时间内获得相应的国家级人才项目，在很大程度上决定着中国大学教师的学术发展水平与学术发展前景。高度集中的学术评价体系导致中国大学教师只能在一个过于狭窄的独木桥上竞争极为有限且又无可替代的学术发展资源，随着竞争程度的提高，大学教师动用学术网络实现学术发展目的的动机也得以增强，所以本研究发现，越是高级别的人才项目，

---

① 史蒂芬·科尔.科学的制造：在自然界与社会之间[M].林建成，王毅，译.上海：上海人民出版社，2001：251－256.

② 阎光才，张银霞.高校学术失范问题的探索性实证研究[J].北京大学教育评论，2010，8(2)：121－134.

学术网络发挥的作用越大。根深蒂固的人情文化和高度集中的学术评价体系进一步增强了中国学术奖励体系的特殊性，严重损害中国学术奖励体系的公正性，这不仅会浇灭大学教师致力于知识创新的"神圣火花"，也会导致中国学术奖励体系的整体公信力下降。有学者认为中国当代的学术奖励体系已经出现了信任危机，不仅社会群体不信任，许多学术生产者也越来越不信任基于当前的学术评价方式做出的学术奖励分配①，这对中国学术体系的良性运行和健康发展必将造成灾难性的重创。②复杂的人情关系也是阻碍海外华人学者，使其不愿回国发展的重要因素。如何发挥学术网络促进知识生产的正向功能，抑制其在资源分配中发挥的不当干预作用？这不仅需要学者个人的自律精神，更需要能够有效规避人情因素的制度设计。

（四）学术评价的数量导向与质量导向问题

20 世纪 80 年代中后期以来，为规避学术评价中的官僚主义和人情因素干扰，激发高校教师的学术活力，促进中国的学术繁荣，中国高校开始在教师职称评审工作中探索实施量化评价，将各类科研成果数量和教学工作量等指标作为主要的职称评审依据，这种评价方式在很大程度上打破了职称评审中一直存在的论资排辈现象，使得一些优秀青年教师可以凭借出色的成果产出快速得到晋升。③自量化评价开始应用于中国高校教师的职称评审之后，量化评价方式因其客观透明、操作简单、可通约性和成本较低等优点迅速蔓延至教师招聘、绩效考核、奖项评审和人才项目申报等诸多学术评价领域，并

① 王泽龙.大力倡导当代学术与学术评价的学术尊严[J].云梦学刊，2013，34(4)：14－15.

② 宋旭红.论我国学术评价中的程序正当和结果公正[J].清华大学教育研究，2019，40(2)：72－82.

③ 李永刚.高校教师职称评审中实施学术代表作评价制的挑战与构想[J].大学教育科学，2021(2)：71－78.

被中国绝大部分高校采纳应用。在最初实施阶段,量化评价确实较好地规避了特殊性因素的干扰,并促进了中国学术产出数量的大幅提升。然而,随着量化评价的评价指标规定越来越细致严苛,评价周期过频过短且评价结果直接与教师个人的薪资待遇、职称晋升和学术奖励挂钩,其负面效应日渐凸显。量化色彩过于浓重的学术评价体制不仅直接导致了海归教师的归国适应问题,并间接导致了海归教师的职后发展受阻。由于学术中心国家大多采取基于代表作的同行评议方式,更看重学术研究的成果质量而非成果数量,海归教师对中国高校目前盛行的量化考评制度颇有微词,他们认为无论多么细致、多么精确的量化考核指标,也不能完全准确地反映学术质量,过于注重数量反而会牺牲研究质量。有的海归教师不愿顺从中国的量化考评制度,而是坚守自己注重质量、注重创新的学术志向。本研究发现,总体而言,海归教师的学术成果数量并不显著高于本土教师,这导致海归教师在国家级人才项目评选中也并未获得显著优势。换言之,注重数量的大学教师学术评价体制并未使得拥有更高学术素养水平、更加注重学术创新的海归教师在职后发展中胜出。部分海归教师由于不适应这套学术评价体制或是未能在这套评价体制下获得理想发展而产生再次流向海外的想法,进而威胁到中国海归教师队伍的稳定。其实不仅是海归教师,过频过短且水涨船高的量化考核要求也引发了中国全体高校教师的群体焦虑,为满足规定时间内必须完成的量化考核任务,大学教师总有一种“时不我待”之感,他们以“自我剥削”的方式,强迫自己牺牲闲暇时间投入学术研究,甚至不惜以牺牲身心健康为代价。在这种疲于奔命的工作状态下,许多大学教师以“学术民工”“赚工分”的话语自嘲,不再将自己视为从事高深知识创造的研究者,而是努力赚取工分的计件工人,学术研究成了“为稻粱谋”的工具而不是神圣的召唤。更为严峻的现实是面对变动不居、高不可攀的量化指标,为数不少的大学教师经历了一个从“拼命追赶到筋疲力尽再到彻底放弃”的痛苦历程,其中许多并不是由于学术能力不足或是努力程度不够，而是由于某些畸高的指标（如国家级课题项目、“四青”人才帽子等）实在已经超出了个人所能控制的范围，从而导致一批原本拥有较好学术素养的中青年教师不得不放弃学术研究。①从功能发挥的角度来看，一套完善的学术评价制度应该既有利于产生重大的学术成果，也有利于营造优良的学术生态环境。②然而，中国目前盛行的量化学术评价制度却收到了适得其反的效果。其一，量化评价引发了学术泡沫化和功利化，不利于研究质量的提升。为多发、快发学术论文，大学教师不敢挑战风险性较大、耗时较长的原创性议题，而是热衷于追逐热点话题，大量开展低水平重复性研究，更有甚者将一篇研究成果拆解为多份拿去发表。“平庸学识的过度生产”虽然增加了研究成果的数量，但却无助于研究质量的提升，甚至会导致研究质量的下降，最终沦为“平庸之恶”。更令人担忧的是，量化评价在中国教师群体中形塑了一种追求数量而非质量的研究文化，大学教师之间的交流不再是围绕具体的研究议题，而是更加关心对方发了多少篇文章，发在什么级别的期刊，拿了什么级别的课题，获得了多少课题经费等外显指标。教师们对研究数量指标的关注远远超过了对具体研究内容与研究质量的关注，教师之间的竞争变为一场数字比拼游戏，而不是真正的学术创新竞赛，这种研究文化的形成将进一步遏制中国学术研究质量的提升。其二，量化评价诱发了诸多学术不端行为，严重破坏中国的学术生态环境。在残酷的竞争压力之下，一些学者通过一稿多投、抄袭剽窃、伪造篡改实验数据等有违学术规范的不光彩方式来满足量化考核要求，其中不乏一些身居高位的学术精英，这不仅破坏了相关学者本人的学术声誉，更损害了中国整个学术共同体的社会形象和社会公信力。学术

① 周川.量化评价的泛滥及其危害[J].江苏高教，2021(5)：8 - 14.

② 李立国，赵阔，王传毅，等.超越“五唯”：新时代高等教育评价的忧思与展望（笔谈）[J].大学教育科学，2020(6)：4 - 15.

不端行为也具有社会传染性，当教师发现周围有人通过学术不端行为获取了利益而又未受到惩罚或惩罚力度很小时，很可能会起而仿效。当学术不端现象成为中国学界一个较为常见甚至较为普遍的现象，中国整体的学术生态环境将遭到严重破坏。学术不端现象的产生固然与个别学术人员自身的学术道德水平有关，但学术制度方面的影响范围远大于个人。从知识生产规律来看，学术研究具有不确定性和长期性等特点，能否做出有意义的学术发现并不是学者个人可以掌控的，重大意义的学术发现更不是一朝一夕可以完成的，而量化评价要求学者在一定时间内必须产出一定数量的学术成果，如果达不到要求就面临出局的风险，残酷的压力导致学术不端现象的产生具有了一定的必然性。为扭转数量导向的学术评价制度，促进中国科学的真正繁荣，早在2011年，教育部就发文规定要“确立质量第一的评价体系”。在随后的十年中，尤其是进入2016年之后，中国各部门以更频繁的速度发布了更多关于改革学术评价的政策文件。改革量化导向的学术评价制度，重新构建质量至上的学术评价制度已经迫在眉睫。

第二节 政策建议

一、坚持并扩大教育对外开放，构建多元的高等教育国际化发展格局

阿特巴赫教授认为，新冠疫情在对高等教育国际化发展造成挑战的同时也带来了新的发展机遇，疫情结束后，全球高等教育国际化格局可能会发生变化，西方国家的统治地位会慢慢改变，而中国却可能会快速崛起，进一步走向全球高等教育中心。[①]新形势下，面对这

① 刘进，高媛，Philip G. Altbach，Hans De Vit.阿特巴赫谈新冠疫情对全球高等教育国际化的影响[J].现代大学教育，2020，36(6)：31－38.

一重要的历史发展机遇，中国要前瞻谋划，主动应变，继续坚持并扩大教育对外开放，构建多元的高等教育国际化发展格局，以提升中国高等教育的国际话语权，实现高等教育强国的战略目标。2020 年 6 月 23 日，中国教育部等八部门联合发布《关于加快和扩大新时代教育对外开放的意见》，全方位谋划了中国新时代的教育对外开放蓝图，要求“形成更全方位、更宽领域、更多层次、更加主动的教育对外开放局面”①。

（一）以海外流动为主要高等教育国际化形式，推动流动地区分散化

学术人才的海外流动既是高等教育国际化的传统形式也是最为主要的形式。虽然，新冠疫情和逆全球化趋势使海外流动面临严峻挑战，但从学术人才流动的历史规律来看，“海外流动不会因任何外力阻隔而彻底断裂，疫情对海外流动的影响只是暂时的，任何基于意识形态判断而做出的反流动举措最终也将被历史洪流冲垮”②。后疫情时代，中国要继续将海外流动作为高等教育国际化的主要举措。《关于加快和扩大新时代教育对外开放的意见》也重申“将继续通过出国留学渠道培养中国现代化建设需要的各类人才”③。然而，改革开放以来，中国学生和学者的流动目的地主要集中在欧美等西方发达国家，尤其是以前往美国的流动数量最多。海外流动目的地过于集中与窄化不仅导致中国高等教育国际化被人诟病为“西方化”或“美国化”，而且也加大了海外流动的潜在风险。随着中美关系下行，中国要积极推动海外流动目的国或地区的分散化，进一步挖掘其他方向的国际合作潜力，与更多国家和地区建立高等教育合作与交流

①③　教育部.教育部等八部门印发意见加快和扩大新时代教育对外开放[EB/OL].(2020-06-23)[2021-10-23]. http://www.moe.gov.cn/jyb_xwfb/s5147/202006/t20200623_467784.html.

②　刘进，高媛，Philip G. Altbach，Hans De Vit.阿特巴赫谈新冠疫情对全球高等教育国际化的影响[J].现代大学教育，2020，36(6):31－38.

关系。积极开拓欧洲国家、新兴国家和"一带一路"共建国家的优质教育资源，拓展学术人才海外流动的空间范围。由于中国的比较优势，"一带一路"共建国家的海外人才回流比例更高，合理引导中国学术人才赴"一带一路"共建国家高水平学术机构求学深造还可在一定程度上规避人才流失的潜在风险。为满足海外流动区域分散化的需要，中国要积极推动外语教学的多元化，加强小语种课程设置，为学生们去非英语国家流动做好语言准备。①值得注意的是，推动海外流动地区的分散化并不意味着要放弃与美国合作的可能性。现阶段甚至在今后很长的一段时期内，美国依然是世界唯一的超级大国，美国大学依然居于全球学术中心地位。我们不应忽视美国在中国科学发展中的重要作用，帕克兰（Packalen）等人指出，"中国与美国在科学上的特殊关系将其推向全球科学前沿""中国是通过美国融入全球科学网络的"②。同样，美国的发展也离不开中国。几十年来，中国留学生为美国高校贡献了巨额的财政收入，大批赴美华人学者留美工作也为美国的学术发展和科技繁荣做出了重要贡献。中美合作交流对双方而言依然至关重要，中美经济发展和科学发展的需求决定了双方仍有继续合作的可能性与必要性。2020 年 5 月，沈文钦团队对中国精英大学本科生的访谈发现，美国依然是中国精英大学本科生首选的读研目的国。③美国在限制中国学术人才的赴美签证之后，又重申最新签证限制仅针对小部分人，美国继续欢迎中国留学生赴美学习，并会为他们优先办理签证。④中美高校领导者之间也有继续合作的强烈意愿，2020 年 10 月 13 日，在清华大学和耶鲁大学共同主办

① 蓝丽娇，卢晓东.后疫情时代我国拔尖创新人才要继续"走出去"：基于对院士留学经历的分析[J].高校教育管理，2021，15(1)：38－47.

② 西蒙·马金森，杨力苈.生生不息的火焰：全球科学中的中国[J].北京大学教育评论，2020，18(4)：2－33.

③ 沈文钦.国际学术流动与中国大学的发展：逆全球化趋势下的历史审视[J].北京大学教育评论，2020，18(4)：47－70.

④ 王英杰.后疫情时代教育国际化三题[J].比较教育研究，2020，42(9)：8－13.

的中美大学校长论坛上，20 所中美大学校长相聚云端，共同探讨新形势下如何推进两国高等教育的发展与合作。①认为在疫情受控和拜登上台后，中美学术人员之间的流动有望重回正轨。后疫情时代，中国虽然需要警惕美国“去中国化”的敌对行为，但更应本着合作共赢的开放胸怀积极构建包括美国在内的全方位多边合作模式。

（二）探索新形式的高等教育国际化道路，积极推进在地国际化

虽然，学术人才的海外流动是最有效的高等教育国际化形式，但其本身也存在两大固有缺陷。其一，可能导致边缘国家丢失本土文化特色。关于高等教育国际化与本土化的关系，从应然状态来讲，高等教育国际化应以完善、协调并扩展地方特色为目标。②然而，由于全球学术体系客观存在中心—边缘的格局分化，海外流动的高等教育国际化实践极易导致边缘国家对中心国家的依附，使国际化成为同质化或霸权的中介。③从实然状态来看，传统海外流动的国际化实践难以实现保存并扩展地方特色的应然目标。其二，海外流动只能使少数家境优越、资质突出的学术人才享受到国际化的益处，而大部分人则被排除在国际化活动之外。即使是发达国家也难以回避由此导致的教育不公问题。据统计，尽管欧洲推动学生国际流动的政策项目已实施多年，但大部分高校的学生国际流动率依然不足 10%。④中国大学生的国际流动率更低，2015 年，中国的留学人数占中学后

① 龙新力，刘书田.20 所中美高校参加“中美大学校长云论坛”共商建设更开放、更融合、更有韧性的大学[EB/OL].（2020-10-14）[2021-10-25]. https://mp.weixin.qq.com/s?src=11×tamp=1632964775&ver=3345&signature=41Hfer4NxiKl8owQzm3Cbz3ORwj7CG7wUUgVE41GuRQWVN1o* 0LcqAzvsm* z2SBh6L* MPZVnH2AUtfC8W7u7MdDoZ0GIdgp7w4E-aXUlbM6rGtQyBQPzmOv7AOyKPlrP&new=1.

② Knight J. Five Myths about Internationalization[J]. International Higher Education, 2015, 3(62): 14 - 15.

③ 王英杰，高益民.高等教育的国际化：21 世纪中国高等教育发展的重要课题[J].清华大学教育研究，2000(2)：13 - 16.

④ 张伟，刘宝存.在地国际化：中国高等教育发展的新走向[J].大学教育科学，2017(3)：10 - 17.

在校学生人数的比例仅为0.55%。[①]为弥补海外流动的不足,“在地国际化”作为一种新兴的高等教育国际化形式得以出现并迅速发展。1999年,瑞典马尔默大学副校长尼尔森(Nilsson)首次提出“在地国际化”这一概念,他认为“在地国际化是指教育领域中的除学生海外流动之外的所有与国际事务相关的活动,其目标是通过让所有学生在求学时期有机会接受国际理念与跨境文化的影响来提升自身能力和资格,以应对不断变化的全球化世界的需求”[②]。随后,其他学者进一步深化了这一概念的理论意涵,如贝伦(Beelen)等人认为“在地国际化是指有意识地将国际性和跨文化维度纳入面向国内学习环境中所有学生的正式和非正式课程之中”[③]。从两者的关系来看,在地国际化并不能替代海外流动这一传统的国际化实践形式,而是与其相辅相成,协力推进中国高等教育的国际化进程。在地国际化“立足本土,普惠全体”的特征可以弥补海外流动的不足,海外流动可以为在地国际化提供可利用的宝贵资源。当前,中国本土高校已经初步具备了开展在地国际化的资源基础,但要深入推进在地国际化还需在以下三方面做出努力。第一,树立国际化的培养目标。长期以来,中国大学很少站在“人类命运共同体”的高度提出国际化的培养目标,反观国外的世界一流大学,均非常注重承担国际责任,履行国际使命。例如,早在20世纪90年代,耶鲁大学就提出要为全世界培养伟大领导者的愿景,哈佛大学一直致力于拓展全球能力,建立全球声誉,培养全球领袖。[④]推进在

---

① 唐君.基于本土国际化模式培养学生跨文化交际能力的实证研究[J].吉林化工学院学报,2017,34(6):79-85.

② Nilsson B. Internationalization at Home—Theory and Praxis [EB/OL]. (2016-11-10) [2021-10-26]. http://www.eaie.org/pdf/intathome.asp.

③ Beelen J, Jones E. Redefining Internationalization at Home[C]// Curaj A, Matei L, Pricopie R, et al. The European Higher Education Area between Critical Reflections and Future Policies. Berlin: Springer Verlag, 2015:59-72.

④ 王明明.国际责任与话语权:一流大学国际化建设的使命与方向[J].现代教育管理,2018(11):59-64.

地国际化首先要求中国高校转变办学理念，树立国际化的培养目标。尤其是肩负培养精英责任的“双一流”建设高校要将培养具有国际视野和跨文化交流与工作能力的人才作为培养目标，这样才能为在地国际化的开展提供明确的目标导向与价值支撑。第二，打造国际化的课程教学。从贝伦“在地国际化”的概念来看，课程教学的国际化是推进在地国际化的最佳方式。推广在地国际化，要大力加强国际化课程建设。一方面，促进课程内容与国际接轨，跟踪国际知识进展，及时将国际最新知识融入本土的课程体系；另一方面，注重对国际知识的本土化改造，协调好国际化教育与民族教育的关系，构建具有中国特色的自主课程体系，切忌盲目信奉国际知识、国际观点。同时，采取国际化教学模式，培养教师的国际化教学能力，提高全英文授课或双语授课的比例。第三，建设国际化的校园环境。要达到在地国际化的效果，不仅需要显性的课程教学，还需要隐性的潜课程熏陶。因此，要加强中国本土高校的国际化校园环境建设。一方面，积极参与全球高端学术人才竞争，通过有吸引力的薪资待遇和制度环境建设吸引高水平的外籍教师和海外华人学者加盟，提升中国师资队伍的国际化水平；另一方面，大力发展来华留学生教育，继续发挥“中国政府奖学金”的作用，扩大来华留学生的规模，优化来华留学生的结构，提升来华留学生的质量。在管理方式上，破除目前双轨制的管理办法，探索协同管理模式，通过定期开展中外学生学术交流活动等方式，创造条件促进本土学生和留学生的群际交流，以增进相互间的文化了解。

二、提升高端学术人才的自主培养能力，降低人才培养的对外依赖

（一）优化博士教育制度，提高博士培养质量

20 世纪 80 年代以来，随着博士教育规模的持续扩大，学界关于“何谓博士教育”的理解发生了根本性的变化。传统上，博士教育一直被视为“知识创新”的过程，能否“撰写一篇增进人类知识的论文著

作"是衡量博士教育质量的唯一标准。近些年,这种产品视角的博士教育质量观逐渐受到挑战,博士教育被重新定义为"对未来研究者的训练",而非要求其"撰写一篇增进人类知识的论文著作"①。过程视角的博士教育质量观认为,博士教育不能仅仅关注博士论文的创新性,而更应该关注博士生实际习得的科研技能、科研方法与科研素养。新英格兰大学指出"培养博士候选人的首要宗旨是研究方法的高深训练"。在很多欧洲国家,学界对博士论文的看法正在从"大师之作"向"学徒之作"转变。在博士教育实践领域,将产品—过程相结合的美国模式正在替代仅关注产品的欧洲模式,英国的博士教育越来越等同于研究训练,德国也以更为正式化、结构化的科研训练取代传统的学徒制模式。②从世界范围内博士教育质量观和教育模式的变化趋势来看,优化中国博士教育制度,提高博士培养质量,最根本的是需要扭转传统产品视角的博士教育质量观,树立更为注重过程的博士教育质量观。博士教育观念的变化要求我们在课程教学、导师指导、学术交流与考核评价等方面做出一系列配套改革。首先,要更加重视课程教学在博士培养中的重要作用。本研究发现,海外学术机构系统前沿的课程设置、艰深的课程内容、严格的课程要求、科学的教学组织形式和对教学的高度重视,促使海归教师通过课程教学打牢了知识基础,拓宽了学术视野,了解了学术前沿,掌握了研究方法。课程教学对提高博士生培养质量具有不可替代的意义,一向不重视课程教学的德国也开始重视博士生课程学习的规范化。③

---

① Collinson J A. Professionally Trainer Researchers? Expectations of Competence in Social Science Doctoral Research Training[J]. Higher Education Review, 1998, 31(1):59-67.

② 沈文钦.博士培养质量评价:概念、方法与视角[J].北京大学教育评论,2009,7(2):47-59.

③ Kehm B M. Doctoral Education in Europe: New Structures and Models[C]// Georg Krücken, Anna Kosmützky, Marc Torka. Towards a Multiversity?: Universities between Global Trends and National Traditions, Bielefeld: Transcript Verlag, 2006: 132-153.

与学术中心国家相比,中国博士生的课程教学还存在课程总学分要求低,课程总量少,课程考核不够严格与规范①,课程结构比例不合理,跨学科选修课占比较低,前沿性知识缺乏,课堂授课方式单一等问题。②因此,中国博士培养单位一方面要合理调整博士课程设置,提高课程总学分要求,优化课程结构体系,适当增加选修课、跨学科课程和方法类课程的学分比重,通过专题课程等形式保持课程内容的前沿性;另一方面则要提高课程修读要求,通过加深课程内容的深度,严格课程考核要求,提升博士生的学习投入度,并鼓励教师采取合作、探究式的授课方式,促进教学与科研相结合,通过科学的教学组织形式提升课程教学成效。其次,要加强博士导师的培训,提高导师的指导能力。学术研究和教书育人所需要的知识和技能并不是完全等同的,一位好学者未必是一位好导师。为了提高博导的指导能力,英美高校建立了一套完善的导师培训制度。英国将导师培训分为"岗前入门培训"和"在职进阶培训"两个阶段,通过系统的主题培训课程帮助博士导师提高指导能力,并为全体导师发放一本《导师手册》。该手册不仅规定了师生双方的职责范围,也对导师指导过程中可能遇到的问题提供一些具有操作性的解决建议,内容几乎涵盖了指导全过程,从"如何选择研究生"到"如何与学生建立关系",从"如何避免出现问题"到"如何支持学生与他人合作研究"。美国的康奈尔大学也出台了《指导关系》《成功的导师》等策略包,供指导过程遇到问题的博导自主查阅,普林斯顿大学还通过定制咨询服务的形式为导师提供个性化的解决方案。③中国可借鉴英美高校的经验,强化

① 包水梅.美国学术型博士生课程建设的特征与路径研究[J].高校教育管理,2016,10(1):116-124.

② 张祥兰,王秋丽,林莉萍.影响博士生科研能力培养的课程因素调查分析[J].学位与研究生教育,2010(5):6-9.

③ 申超,杨兆豪.英美顶尖大学如何设计导师培训?:基于罗素与常春藤盟校等顶尖大学的制度考察[J].研究生教育研究,2021(4):91-97.

教师教学发展中心的服务职能，将之作为负责导师培训与提供咨询服务工作的专门组织机构，聘请专业人员为导师提供系统性、全方位、可操作、灵活性的培训内容。为提升博士指导质量，有条件的高校还可以探索实施导师与博士生指导委员会相结合的博士指导制度，克服单一导师制的不足。再次，要加大对博士生参与学术交流的支持力度。一方面，高校和院系应为博士生设立专门的学术交流资金，支持博士生参加国际国内学术会议；另一方面，高校应通过主动承办高级别学术会议、定期举办学术讲座和学术论坛等方式保证博士生参与学术交流的机会，充分发挥学术交流在开阔博士生学术视野、建构学术网络中的积极作用。最后，淡化对博士论文原创性的考核要求，注重对博士生独立研究能力的考察。可以借鉴德国采取口试的方式，让博士生选取两个与博士论文题目不同的选题进行口试答辩，由学术同行根据博士生的口试陈述和问题回答情况判断其是否具备了全方位独立研究的能力。

（二）回归博士后的制度初衷，发挥其在高端学术人才培养中的重要作用

中国博士后制度的创立初衷是培养青年科研人员，帮助博士学位获得者迅速成长为具备独立研究能力的高层次学术人才。博士后制度的主要倡导者李政道先生认为“博士毕业后真正做研究前，还必须学习和锻炼如何自己找方向、找方法、找结果，这个锻炼的阶段就是博士后”。邓小平将中国博士后制度的价值取向概括为“培养和使用相结合，在使用中培养，在培养和使用中发现更高级人才”①。然而，中国博士后制度在现实运行过程中却出现了走样，“重使用，轻培养”的现象日渐突出，博士后培养质量十分堪忧。有学者发出“中国博士后是学者摇篮，还是论文主力军？”②的深刻质问。还有学者发

① 许士荣.新时期我国博士后政策的发展困境与改革路径[J].教育发展研究，2021，41(11)：59－65.

② 中国博士后：学者“摇篮”，还是论文主力军[EB/OL].（2019-12-30）[2021-10-30]. https://www.sohu.com/a/363647258_683950.

出警示:“莫让博士后成为短期科研政绩的工具。”①为引导中国博士后制度回归初衷,充分发挥博士后制度在高端学术人才培养中的重要作用。国务院办公厅专门于 2015 年发布《关于改革完善博士后制度的意见》,明确提出“博士后制度是中国培养高层次创新型人才的一项重要制度”,并要求“把提升博士后研究人员培养质量作为改革完善博士后制度的核心”②。这是中国博士后政策实施以来第一次以国务院办公厅的名义发布的政策文件,足见党和国家对博士后制度的高度重视。作为中国人才战略的重要组成部分,提升博士后培养质量已经迫在眉睫。首先,应撤销水平不高的博士后站点,依托高水平站点提升培养质量。30 年来,中国博士后招收人数的连年递增是依靠不断增加博士后站点数量来实现的,这种方式既缺少单位规模效益,也不利于高水平博士后站点形成制度品牌。博士后站点的质量直接影响博士后的培养质量。当务之急是要通过退出机制撤销水平不高的博士后站点,同时提高新增博士后站点的设置条件,扩大高水平博士后站点的招收规模,依托高水平博士后站点提升博士后培养质量。③其次,博士后培养单位必须强化博士后培养目标,加强博士后的学术训练。有调查显示,北京大学的博士后参与学术训练的机会显著低于哈佛大学,在 2012 年 8 月到 2013 年 9 月间,北京大学仅为博士后提供了 5 项活动,并且均为会议通知,而在同一时段,哈佛大学共提供了 68 次活动,内容涉及“博士后新人培训、专业发展、求职技巧、人际关系提升、社会活动等方面”,其中,博士后最感兴趣的是“项目申请写作报告、学术面试研讨会、从博士后到独立导师

---

① 张端鸿.莫让博士后成短期科研政绩工具[N].中国科学报,2020-3-31(5).

② 国务院办公厅.关于改革完善博士后制度的意见[EB/OL].(2015-12-03)[2021-10-30]. http://www.gov.cn/zhengce/content/2015-12/03/content_10380.htm?ivk_sa=1024320u.

③ 姚云,曹昭乐,唐艺卿.中国博士后制度 30 年发展与未来改革[J].教育研究,2017,38(9):76－82.

的转变”①。学术训练的数量和质量直接关系到博士后的培养质量。中国博士后招收单位应该强化博士后的培养目标，杜绝只关注科研产出而忽视博士后培养的现象产生。培养单位应该创造条件，让博士后参与甚至主持高水平研究课题，通过课题训练提升博士后的培养质量，真正达到在使用中培养的目的。可以效仿哈佛大学，结合博士后的成长需求，提供有针对性的学术训练，提升博士后的独立研究能力。再次，合作导师也要提升培养意识和培养责任，加强对博士后专业知识学习、课题项目申报和科研技能训练的指导，避免合作导师流于形式。

（三）加大教师参与海外访学的支持力度，促进教师持续发展

虽然目前社会上存在海外访学变“游学”的批评声音，但本研究的统计分析发现，海外访学教师的学术素养依然显著高于本土教师，海外访学教师自身也认为海外访学经历大幅提高了自身的学术素养水平。这一结果表明“访学”变“游学”的现象很可能只是个案，并不具备普遍代表性，连续一年及以上的海外访学经历可以显著提升大学教师的学术素养。中国支持教师参与海外访学的政策是有价值的。未来应该进一步加大支持力度，扩大海外访学项目的资助范围，让更多教师有机会参与海外访学项目，并着力提升海外访学的效益。首先，教师个人要端正海外访学态度，正确认识海外访学对促进个人学术成长、拓展海外学术网络的重要意义，积极响应国家和高校的海外访学政策。在出国前努力提升外语听说能力，提前了解目的国或地区的社会文化和生活习惯，制订好翔实的研修计划，通过充分的前期准备缩短出国后的适应期，尽快融入海外的文化环境和学术环境。在进修过程中，教师应积极主动参与海外学术机构的学术活动，通过旁听课程、参加学术会议、参与导师的研究课题等方式进行沉浸式的

① 李福华，姚云，吴敏.中美博士后教育发展的比较与启示：基于北京大学和哈佛大学的调查[J].教育研究，2014，35(12)：143 - 148.

学习体验，促进个人学术素养的提升。其次，高校应该健全海外访学的筛选机制和访学效果的扩散机制。在前期选拔环节，高校应加大对申请教师的申报资格、访学动机和学术潜力的筛选力度，让真正有志于学术研究、有学术潜力的教师脱颖而出。通过严格遴选，提高海外访学的效益。高校应意识到海外访学具有正外部性，通过完善访学效果的扩散机制，进一步扩大海外访学的效益。可要求海外访学教师以学术讲座或学术沙龙的形式分享个人在海外期间的学术收获，以开阔其他教师的学术视野；鼓励海外访学教师利用在海外积累的学术人脉资源为本校服务，如邀请海外学者来校讲学、推荐本校教师赴海外学习等，提高本校的国际化水平。①最后，中国政府部门要完善出国访学项目监督机制。加大对海外访学教师的中期考核，严抓过程评价，杜绝学术懈怠现象的发生，确保其能够按期高质量完成研修计划。

三、构建质量至上的学术评价制度，规避人情因素的不当影响

量化主导的学术评价制度和根深蒂固的人情文化既是引发海归教师归国适应问题的主要原因，也是阻碍一流海外人才大批回国的关键因素。根据国际学术体制的运行惯例，构建质量至上的大学教师学术评价制度，以完善的制度设计规避人情因素的不当影响，不仅有助于营造健康的学术环境，缩短海归教师的适应周期，也有助于提升对海外人才的吸引力，最终变泡沫式的学术增长为真正的学术创新。

（一）明确学术评价目的，构建有利于学术创新的评价标准

学术评价具有导向与激励功能，大学教师学术评价的终极旨归是通过对做出重要学术贡献的学者予以及时承认，引导并激励学者

① 赵显通，彭安臣，刘绪.高校教师出国访学的现实困境与改革路径：基于22名教师访谈数据的质性分析[J].高校教育管理，2018，12(4)：111－117.

继续从事有利于知识创新的研究活动，进而推动科学界的繁荣发展。能否促进知识进步是衡量一套学术评价制度是否有效的唯一标准。为更好发挥学术评价推动知识创新的导向与激励作用，亟须优化中国目前的学术评价标准。第一，要还原课题项目的资助属性，重点评价学者的学术贡献。项目制作为一种新型的学术治理模式，正在颠覆中国传统的学术评价价值观并已经产生巨大影响，项目资助本身而非研究成果被高度重视，科研项目等级和经费数量超越论文成为评价教师最为重要的指标。例如，许多高校规定新教师在聘用期内必须拿到一项"国家级课题"，否则就要走人；没有"国家级课题"就不能参评教授，不能招收研究生等；对"国家级课题"的奖励金额也大大高于对论文发表甚至权威期刊论文发表的奖励金额。过于注重课题项目的学术评价标准导致学者们往往"重申报，轻研究；重立项，轻结题"，学者将大部分时间精力用于撰写项目申请书，而不是投入真正的学术研究，学术重心的错置必然阻碍真正的学术创新。国家级课题项目的稀缺性也进一步加剧了中国学术场域的人情泛滥，故而周川批判道："'唯课题'的谬误远远超过'唯论文'，它对学术道德、学术生态的危害性也远甚于'唯论文'。"[①]扭转学者学术精力的不当投放，需要还原课题项目的资助属性，重点评价学者的学术贡献。第二，要坚持分类评价，构建基于学科特点的多元评价标准。科学界是一个复杂的王国，无论是斯诺(Snow)提出的"两种文化"，还是比彻(Becher)基于"软与硬"和"纯与应用"的标准所划分的学术部落，都是对学科差异的理性审视与直观呈现。[②]采用同一套标准"一刀切"地评价所有学科是不科学的，在制定学术评价标准时，必须树立学科差异意识，构建基于学科特点的多元评价标准。对以基础研究为主

① 周川.量化评价的泛滥及其危害[J].江苏高教，2021(5)：8－14.

② 陈斌.从"表现主义"到"本质主义"：大学学术评价指标化的支配及其超越[J].高等教育研究，2021，42(5)：44－54.

的自然科学，要侧重评价学术成果的前沿性与创新性；对以应用研究为主的工程领域，要侧重评价学术成果的现实效用及其向生产力转化的潜力；对以引领人类思想和解释社会现象为主的人文社会科学，要侧重评价其对社会观念的影响力、对社会现象的解释力以及对解决社会问题的适切性。人文社会科学评价标准的制定还需要处理好国际化与本土化的关系。近年来，在高等教育国际化和中国哲学社会科学"走出去"的发展趋势下，中国许多高校相继推出针对人文社会科学教师发表国际期刊论文的激励制度，不仅对 SSCI 和 A&HCI 论文的奖励力度远大于国内期刊，在教师招聘与晋升、绩效考核等学术评价环节也赋予国际发表更大的权重。①以国际期刊发表作为人文社科领域教师的主要评价标准，固然有利于推动中国的人文社会科学走向世界②，但也可能将中国国内的人文社会科学期刊和本土学术研究推向危险境地③，致使中国的学术研究陷入"自我殖民化"的困境。④与理工科脱域化的特点不同，人文社会科学的研究对象、研究范式与研究语言具有文化嵌入性，对人文社会科学的评价并无一套国际通用的评价标准。中国人文社会科学评价标准的制定不能拱手让给西方，必须结合中国国情构建一套既有中国特色又有世界眼光的人文社科学术评价标准，增强中国人文社科领域研究者的学术主体意识。

（二）改革学术评价方式，推行基于学术代表作的同行评议

学术代表作评价是指"对一定数量最能代表评价对象学术水平

---

① 许心，蒋凯.高校教师视角下的人文社会科学国际发表及其激励制度[J].高等教育研究，2018，39(1)：43－55.

② 王宁.对人文社会科学现行学术评价系统的确认与辩护[J].学术研究，2006(3)：5－9.

③ 朱剑.学术评价、学术期刊与学术国际化：对人文社会科学国际化热潮的冷思考[J].清华大学学报(哲学社会科学版)，2009，24(5)：126－137.

④ 党生翠.美国标准能成为中国人文社科成果的最高评价标准吗?：以 SSCI 为例[J].社会科学论坛，2005(4)：62－72.

的成果进行专家学术评审的一套规则，其核心是淡化数量，突出质量和贡献”[①]。西方发达国家对大学教师的评价多采用学术代表作制度，如英国在对高校教师进行业绩考评和晋升评审时要求提交高质量出版物[②]，荷兰大学协会的学术评价要求科研人员提供五份有代表性的出版物及其他可以体现学术研究质量和学术声誉的材料。[③]学界认为实施代表作评价制度有助于扭转由量化评价导致的学术不正之风，为开展高水平学术研究创造适宜的学术环境。[④]中国政府部门也试图将学术代表作制度作为学术评价体制改革的主要方向，如2020年中国颁发的《深化新时代教育评价改革总体方案》明确提出，改革高校教师评价，突出质量导向，推行代表性成果评价。然而，有学者担心学术代表作制度很可能由于“无客观标准”更易背后操作，实施学术代表作制度可能将学术评价推向更坏的方向，进一步加重学术腐败和人情评审，并最终演变成学术评价体系改革的一剂毒药。[⑤]在中国的文化背景下，为确保学术代表作制度的有效实施，需要做好以下三方面工作。第一，合理确定学术代表作的形式，注重评议结果的区分度。实施学术代表作评价首先需要厘清什么可以作为学术代表作。在“唯论文”的强大惯性支配下，切忌将论文作为学术代表作的唯一表现形式，不同学科领域的成果表现方式不同，学术代表作的呈现形式也应该有所差异，如2012年12月在美国细胞生物学年会上提出的《旧金山宣言》就强调“科研产出具有多样性，对于科

---

① 陈燕，韩菲.代表作评价制度：制约因素与对策分析[J].中国高教研究，2020(12)：15-20.

② 李颖，董超，李正风，等.美英社会科学评价的经验与启示[J].清华大学教育研究，2015，36(5)：13-20.

③ 邱均平，任全娥.国内外人文社会科学科研成果评价比较研究[J].国外社会科学，2007(3)：58-66.

④ 臧峰宇.学术评价不妨尝试“代表作”制度[N].光明日报，2012-03-21(2).

⑤ 陈云良，罗蓉蓉.“学术代表作”制度的实施条件和程序安排[J].现代大学教育，2014(1)：99-105.

研产出的评价应考虑期刊论文之外的成果，包括图书、数据、试剂和软件，等等”①。关于每个学科应该采取什么形式的学术代表作，应当充分听取学科教师的意见和建议，由学科教师共同商讨适用于本学科特点的学术代表作呈现形式。为解决学术代表作因不可通约可能导致评议结果丧失甄别功能的问题，应当要求评议者依据评价标准做出有区分度的评议结果，可以根据评价标准设计结构化的评分表，将评分意见量化为具体数值，以便于不同研究领域之间的比较。②第二，严格执行同行评议，确保评议结果的公正性。首先，组建学术共同体专家库。由于学术研究的高深性和专业性，学术代表作只能由同一研究领域的学术同行进行评议。评议者研究领域的相近性在很大程度上决定着评议结果的科学性与公正性。随着学术代表作制度的渐次推广，可以由教育部牵头建立各学科领域的学术共同体专家库。③专家库成员应由各学科领域的教师推荐本领域高水平的教师担任，并建立定期更新机制，及时补充新鲜血液。入选的专家成员需要完善个人信息录入，包括隶属学科专业、具体研究方向、籍贯、亲属关系、本硕博的毕业院校和导师姓名、工作单位与学科专业等信息，以实现评议者与被评议者研究领域的高度匹配，真正做到“小同行评议”，同时确保评议双方之间不存在地缘、亲缘、学缘和业缘等特殊关系。其次，以制度防范评议专家的不公正评审行为。在中国根深蒂固的关系主义文化背景下，仅仅依靠学术共同体成员的主观自律难以保证评议结果的公正性，必须通过健全的制度设计加以防范，规避人情因素对评议结果的不当干预。可以借鉴国际同行

---

① 叶继元.近年来国内外学术评价的难点、对策与走向[J].甘肃社会科学，2019(3)：61-67.

② 李永刚.高校教师职称评审中实施学术代表作评价制的挑战与构想[J].大学教育科学，2021(2)：71-78.

③ 陈云良，罗蓉蓉.“学术代表作”制度的实施条件和程序安排[J].现代大学教育，2014(1)：99-105.

评议惯例，实行评议专家回避制度、评审意见反馈制度和评议结果申诉与复议制度。一方面允许被评议人根据自己的研究情况提交需要回避的评议专家名单；另一方面要求与被评议人存在社会关系的评议专家回避，以消除由认知偏爱和人情交换导致的评议不公。评议结束后，应将评议结果和具体的评审意见反馈给被评议人，如果被评议人对评审结果不满意，可以提出申诉。配合该制度，可以成立第三方学术评议申诉和复议机构，专门负责学术评价的申诉和复议受理，对合理的申诉，及时对申诉人提交的证据展开质证，并在规定时效内回应质证结果，对必要的申诉项目应该启动复议程序，增强学术评审的透明度和公信力。①对于做出不公正评审的评议专家，取消其今后在各类学术项目中的评议资格，以约束评议人的评审行为。第三，辅以适当的量化评价指标，提升评议结果的准确性。从西方发达国家学术评价制度的经验来看，一个完善的学术评价制度往往是以同行评议为主，量化评价为辅。《莱顿宣言》强调“量化评价需要与质化评价有机结合，基于指标的量化评估是辅助性的，而基于同行评议的质性评估是主导性的，量化指标可以降低同行评议中的偏见并促进更为深入的审议”②。因此，推行基于学术代表作的同行评议，并不是完全不要量化评价，而是使量化评价退居次要位置，对大学教师学术水平和学术贡献的评判要综合采用同行评议和量化评价结果，通过事实判断和价值判断相结合做出更准确、更公正的评判。

（三）延长学术评价周期，探索实施长周期学术评价

目前中国高校对教师的学术评价不仅有聘期考评，还有一年一度的年度绩效考评，并且年度绩效考评结果直接与当年度的绩效奖励挂钩，影响着大学教师的收入水平。绩效工资的管理方式源自企

① 宋旭红.论我国学术评价中的程序正当和结果公正[J].清华大学教育研究，2019，40(2)：72-82.

② 叶继元.近年来国内外学术评价的难点、对策与走向[J].甘肃社会科学，2019(3)：61-67.

业，但也主要适用于易于计件、周期较短的工种，而非任何企业、任何工种都不加区别地采用。[①]学术研究的创造性和复杂性决定了其具有高度的不确定性和不可预期性，现行的年度绩效考核不利于教师潜心科研，容易加剧学术界的浮躁之风，诱导学者追逐短期效应。阿祖莱（Azoulay）等人对比了分别受到美国国立卫生研究院和霍华德·休斯医学研究所资助的科研人员的成果产出情况，结果发现，前者一般以3—5年为资助期，受其资助的科研人员成果数量显著高于后者，而医学研究所的资助时间较长，受其资助的科研人员成果数量虽然相对较少，但原创性研究成果却显著优于前者。[②]换言之，学术评价的周期不同导致成果产出的质量不同，短周期的学术评价有助于增加一般水平的成果产出数量，长周期的学术评价可以提升高水平研究成果的数量。因此，强调质量的学术评价制度，应该根据学术研究的基本规律和学术成果产出的周期特点，减少学术评价频次，延长学术评价周期，探索实施长周期学术评价。学术评价周期究竟定为多长时间并无一定之规，各高校需要根据自身实际情况灵活确定，即使是同一研究领域的学者也需要考虑不同学者正在承担的课题任务的原创性与风险性，一般而言，研究创新性越强、风险性越大，需要的研究时间也越长。

四、创设公平竞争的制度环境，促进本土教师与海归教师协同发展

吸引海外人才回国的关键在于能否创造出有利于开展一流学术研究的学术环境，而非仅出台针对少数人的内外有别的优惠政策。过于向海归教师倾斜的政策设计，不仅诱发了海外学位优于中国学

① 夏茂林，冯文全.关于高校实行教师绩效工资制度的理性思考[J].教育与经济，2010(3)：39-43.

② Azoulay P, Graff Z J S, Manso G. Incentives and Creativity: Evidence from the Academic Life Sciences[J]. The Rand Journal of Economics, 2011, 42(3):527-554.

位的社会认知，加剧了中国优秀博士生源和博士后的流失，也人为造成了海归教师与本土教师的群体撕裂，不利于两类教师的良性互动。吸引海外人才回国服务本身并不是目的，而是要将其作为人才强国战略的一个组成部分，其最终目标依然是通过提升中国高等教育体系的国际化水平和国际声誉来实现祖国复兴的伟大目标。然而，真正的高等教育国际化需要的是“双”，而不是“单”。所谓“双”是指中西兼备，只有做到了“双”，才能达到高度的国际化，才能通过高等教育国际化来实现高等教育强国的战略目标。如今中国急需的不是西方的价值和知识，而是能够理顺中西知识和价值之间的关系，善于将中西知识和价值有机融合起来的学者，“研究者既要做到眼观八方，又不能失去自己的中心，应该学会利用国际学术表现自己的内容，在了解世界及我们自己的基础上讲好中国故事。中国的未来在于我们是否了解西方，是否正确地界定西方，是否也让西方正确地认识中国”①。然而，中国目前的大部分学者仅仅了解中西知识体系的一方，真正会通中西的学者并不多见。由于学术成长环境不同，本土教师和海归教师实则各有所长。海归教师更熟悉国际学术研究范式、更擅长发表国际期刊论文，拥有规模更大、质量更优的海外学术网络；本土教师更善于捕捉本土问题，对本土问题的理解与把握更加透彻，更擅长用中文进行研究写作。海归教师与本土教师的良性互动，有助于双方通过知识共享完善彼此的知识结构，从而实现两类教师的协同发展，并最终协力推动中国高等教育事业的高质量发展，提高中国的综合国力与国际影响力。因此，中国高校师资队伍的建设应从注重海归教师的单向引进转向促进海归教师与本土教师的和谐共存。第一，高校在日常的教师招聘与管理实践中，需要淡化海外背景的标签作用，坚持“唯才是举”而非“唯洋是举”，为两类教师创设公平

① 杨锐.中国高等教育国际化：走出常识的陷阱[J].北京大学教育评论，2021，19(1)：165－172.

竞争的制度环境，以免因区别对待而引发两类教师之间的隔阂。2020 年 12 月，人社部、教育部联合发布的《关于深化高等学校教师职称制度改革的指导意见》明确规定，在教师评价中“不得将出国（出境）学习经历作为限制性条件”①。为真正推动提升中国高等教育的国际化水平，在教师职称晋升中可以采用更丰富的国际化贡献评价方式来取代单一的海外背景指标，如大连理工大学规定专任教师申报高级专业技术岗位除需要满足教学、科研和社会服务工作等基准条件外，还需要在国际化方面有所贡献，国际化贡献包括“在有影响的国际学术组织任职或以会员等形式参与活动；在重要国际会议做大会特邀报告；作为主要成员主办或承办国际会议；开展学术交流活动，参加两次国际学术交流会议并做口头报告；在海外获得学位，或曾具有连续一年以上海外学习或工作经历；至少负责一项国际教学或科研合作项目；作为导师，至少指导一名海外留学生；开设一门全外文授课课程或开设一门双语授课课程；以发明人前三名获授权国际专利一项；入校以来，曾带队参加国际级比赛或担任国际级比赛裁判员”，申报教师只要满足其中两条即可。第二，高校应以“兼容并包，中西融通”的开放理念，助推海归教师与本土教师的良性互动，协同发展。主动创造条件，鼓励海归教师与本土教师开展深入的学术交流和学术合作。两类教师也要客观审视自身知识结构的优势与不足，在与对方的交流互动中，吸取对方之长，补己之短，以完善自身的知识结构，提升中西会通能力。

第三节　研究局限与未来研究方向

本研究仍有一些不足之处，尚待未来加以完善。

---

① 人力资源社会保障部，教育部.关于深化高等学校教师职称制度改革的指导意见［EB/OL］.（2020-12-31）［2021-11-18］. http://www.mohrss.gov.cn/xxgk2020/fdzdgknr/zcfg/gfxwj/rcrs/202101/t20210127408522.html.

第一,受本研究的研究重点与问卷容量的限制,在探讨海外流动经历对大学教师学术素养的影响时,本研究仅依据访谈调查资料探讨了海归教师学术素养的收获来源,缺乏相应的问卷调查资料,导致本研究无法统计分析各类收获来源对学术素养的具体影响大小,也无法对比不同类型的海归教师在参与海外学术活动方面是否存在显著差异,更无法探讨各类海归教师学术素养的收获差异是否由参与海外学术活动的差异造成。未来可以在本研究访谈调查结果的基础上,从海外学术参与的角度进一步探讨海外流动经历对大学教师学术素养的影响机制。另外,由于大学教师是否具有海外流动经历并不是随机分布的,一般而言,学术实力较强的大学教师更有可能拥有海外流动经历,样本自选择偏误导致本研究存在内生性问题。虽然本研究证明了海归教师的学术素养水平显著高于本土教师,但这究竟是源自海外流动的正向选择效应,还是源自海外学术机构的培养效应,本研究仅依据纵向调查量表证实了培养效应的存在,但这并不能精确回答海归教师更高的学术素养水平究竟在多大程度上源自海外学术机构的培养效应。未来的研究可以通过更完善的研究设计来验证本研究的结论,进一步探讨海外流动经历对大学教师学术素养的净影响效应。

第二,在探讨海外流动经历对大学教师学术网络的影响时,本研究发现海归教师本土学术网络的关系强度显著低于本土教师,并且关系强度对各类本土学术网络资源的动员含量具有显著正向影响,但海归教师实际动员得到的各类本土学术网络资源含量与本土教师均无显著差异,这一研究结果与理论预设并不相符。目前本研究仅根据社会资本动员理论,从个体的动员动机、动员能力与动员策略等角度对这一结果做出了尝试性解释,但这一解释是否正确还需要经验材料的证实。在研究海归教师学术网络特征的动态演变时,最理想的应该是采用纵贯的面板数据,但受数据性质的限制,本研究仅采用梁玉成利用横截面数据探讨社会网络动态变化的变通方法对这一议题进行了初步探究，虽然也得出了一些有意义的发现，但未来还需要基于面板数据进一步验证相关结论。

第三，在探讨海外流动经历对大学教师学术成果的影响时，本研究仅发现海归教师的学术成果数量与本土教师无显著差异，但由于问卷调查不易收集“引用率、影响因子”等可以反映学术成果质量的相关数据，导致本研究无法对比分析两类教师的学术成果质量是否存在显著差异。在进一步分析海外流动经历对大学教师学术发展的影响机制时，本研究发现归国适应问题和本土学术网络缺失问题是导致海归教师学术发展受阻的主要原因，但受研究重点与问卷容量的限制，本研究的调查数据中并未包括归国适应的相关数据，导致无法计量归国适应问题对海归教师学术发展情况的影响，未来还需要完善相关调查以弥补上述不足。另外，本研究虽然证实了认知偏爱机制、人际信任机制和人情交换机制是社会资本的主要作用机制，但由于现实中即使是人情交换也往往混杂了认知性因素，所以从本研究的经验材料无法分离出如果脱离认知性因素，人情交换因素究竟在其中发挥多大作用。证明这一问题对揭示中国学术场域的运行机制究竟在多大程度上受到与认知无关的特殊性因素的影响具有重要意义，未来需要针对这一问题设计出更加切实可行的测量工具或采用质性研究方法对此问题进行更为深入的探究。

第四，本研究的调查样本仅局限于在35所A类“双一流”建设高校任职的专任教师，由于不同层次高校所拥有的海归教师的数量和质量存在差异，海外流动经历对其他层次高校教师学术发展的影响结果也可能存在差异。因此，本研究的研究结论并不能推广到所有层次的高校教师，未来可以针对这一问题对其他层次高校教师进行研究，以进一步验证相关研究结论。

附录1 调 查 问 卷

尊敬的老师，您好：

本问卷旨在了解我国“双一流”建设高校教师参与境外流动的情况及其对学术发展的影响，诚挚邀请您填答问卷。您的回答对我们了解有关信息，改进教师培养方式，完善教师管理政策具有十分重要的意义。问卷以匿名的方式进行，绝不涉及您的个人隐私。问卷中所有问题的回答，没有对错之分，您只要根据实际情况如实回答即可。填答问卷大概需要5—10分钟。希望您帮助我们完成本次调查，谢谢您的帮忙！

一、个人基本信息（以下如无特别说明，均为单选）

1. 您的性别：①男　②女

2. 您的出生年份：________年

3. 您目前任职的高校为：[下拉框单选题]

4. 您目前任教的学科门类：①理科　②工科　③人文科学　④社会科学

5. 您目前任职高校的学科地位：

①国家重点学科（含培育）　②省（自治区、直辖市）重点学科　③市重点学科　④一般学科　⑤不清楚

6. 您目前的研究方向是否属于所在院系的优势研究方向：①是　②否

7. 您目前担任行政职务的情况:①无　②实验室主任/研究所所长　③院级领导　④校级领导

8. 您目前的职称级别:①初级　②中级　③副高级　④正高级

二、教育经历与工作情况

9. 您的学士学位授予机构为:

①境外高校/科研院所　②原"985"工程高校　③原"211"工程高校　④境内一般本科院校

10. 您的博士学位授予机构为:

①境外高校/科研院所　②中国科学院/中国社科院　③原"985"工程高校　④原"211"工程高校　⑤境内一般本科院校

11. 您的博士导师是:[多选题]

①诺贝尔奖获得者　②院士(不限于中国)　③"杰青"或长江学者　④权威期刊编委或专业学会理事长　⑤以上均不是

12. 您的博士学位授予年份:________年

13. 您首次在高校/科研院所全职工作的年份:________年

14. 您哪段学习经历和现工作单位是同一个?

①本科　②硕士　③博士　④以上都不是

15. 本学年,您平均每天花在科研上的时间约为

①不足1小时　②1—2小时　③3—4小时　④5—6小时　⑤7小时及以上

三、境外流动经历

16. 读博以来(含读博),您连续在境外学习/工作的最长年限为:

①不足1年　②1—4年　③5—9年　④10年及以上

17. 读博以来(含读博),您有过以下哪种类型的境外学习/工作经历:[多选题](第16题选非①时回答)

①境外访学　②境外联合培养博士　③境外合作研究　④境外

博士　⑤境外博士后　⑥境外全职工作　⑦其他

18. 您的境外学习/工作机构的所在地是:[多选题](第 16 题选非①时回答)

①中国港澳台地区　②美国　③加拿大　④英国　⑤德国　⑥法国　⑦澳大利亚　⑧日本　⑨新加坡　⑩其他国家或地区

19. 您的境外学习/工作机构的类型是:[多选题](第 16 题选非①时回答)

①大学　②科研院所　③企业研发机构　④其他

20. 您的境外学习/工作机构在世界大学排名中的位次是:(如有多所机构,请选排名最靠前的一所回答)(第 19 题选①时回答)

①Top 200　②Top 201 及以下　③不清楚

21. 您于哪年全职回到境内高校/科研院所工作:________年(第 17 题选④⑤⑥时回答)

22. 您在境外学到的知识技能对您目前的学术研究是否有帮助(第 16 题选非①时回答)

①完全没帮助　②帮助不大　③一般　④帮助较大　⑤帮助非常大

四、学术素养

23. 您的境外学习/工作经历对您下列学术素养的影响程度:(1 为完全没有帮助,5 为帮助非常大)(第 16 题选非①时回答)

题　项	1	2	3	4	5
激发学术兴趣					
树立学术志向					
遵守学术伦理					
打牢知识基础					

续表

题　　项	1	2	3	4	5
拓宽学术视野					
了解学术前沿					
提出研究问题的能力					
解决研究问题的能力					
理性批判已有研究的能力					
管理研究项目的能力					
发展、维持和运用境外学术网络的能力					
国际论文写作能力					

24. 您是否同意下列描述:(1 为完全不同意,5 为完全同意)

题　　项	1	2	3	4	5
我热爱学术研究					
我很看重我做的研究是否有重要的科学价值					
我严格遵守学术规范					
我精通本学科的基础理论知识					
我拥有宽广的学术视野					
我了解本学科的学术前沿					
我能提出有价值的研究问题					
我能找到合适的方法解决研究中遇到的问题					

续表

题　项	1	2	3	4	5
我能理性地对他人的研究提出质疑					
我能很好地管理课题项目或研究团队					
我善于与境外同行建立合作交流关系					
我善于与本土同行建立合作交流关系					
我善于用英文进行论文写作					
我善于用中文进行论文写作					

五、学术交流网络

25. 在人数方面，上个月，您大约与________人讨论过学术研究问题，其中，境外人士大约________人(若无，请填 0)。

26. 这些人中，下列人员大约占多大比例：

	几乎没有	小部分	一半左右	大部分	几乎全部
相熟的本土学术同行					
相熟的境外学术同行					
顶尖的本土学者					
顶尖的境外学者					

27. 这些人中，与您学术交流最密切的 5 个人是谁？您与他们的关系是：(请按交流密切程度，由高到低进行填写)

	本土导师	本土同学	本院所同事	本校同事	其他本土同行	境外同行
第1人						
第2人						
第3人						
第4人						
第5人						

28. 您的本土学术人脉是否可以在以下方面为您提供帮助：(1为完全没有帮助，5为帮助非常大)

题 项	1	2	3	4	5
获取科研发展、科研立项走向等有价值的科研信息					
激发我的学术灵感或拓宽研究思路					
为我的研究提供建设性意见					
为我提供研究所需的研究设备、研究材料等					
为我引介研究所需的学术同行					
增加我的论文被录用或被引用的机会					
增加我的项目通过立项的机会					
增加我通过职称晋升、获评科研奖项或人才项目的机会					
帮我排解研究过程中的消极情绪					

29. 您的境外学术人脉是否可以在以下方面为您提供帮助：(1为完全没有帮助，5为帮助非常大，若您没有境外学术人脉，此题

可不填）

题　　项	1	2	3	4	5
获取科研发展、科研立项走向等有价值的科研信息					
激发我的学术灵感或拓宽研究思路					
为我的研究提供建设性意见					
为我提供研究所需的研究设备、研究材料等					
为我引介研究所需的学术同行					
增加我的论文被录用或被引用的机会					
增加我的项目通过立项的机会					
增加我通过职称晋升、获评科研奖项或人才项目的机会					
帮我排解研究过程中的消极情绪					

六、学术发展情况

30. 截至目前，您共获批立项的国家级课题数量为（不含参与课题）：________项（若无，请填 0）

31. 过去三年，您取得的学术成果情况是：（若无，请填 0）

	篇（项）数
以第一/通讯作者身份发表的 EI/SCI/SSCI 论文（不含会议论文）	
以第一/通讯作者身份发表的 CSSCI 论文（含扩展版）或专利（仅发明专利）	

32. 您获得过的人才项目有:[多选题]

①校级人才项目　②地市级人才项目　③省(直辖市)人才项目　④国家级海外高层次人才引进计划(含青年人才引进计划)　⑤青年长江学者/青年拔尖人才/优秀青年基金　⑥“杰青”基金/长江学者/万人计划　⑦两院院士　⑧以上都没有

附录2 访谈提纲

一、海归教师

1. 您为什么会去境外读博(做博后、访学)?

2. 您在境外学习/工作期间主要有哪些学术收获?这些收获是如何获得的?哪些收获是在国内无法获得的?

3. 您为什么选择回境内发展?

4. 回境内后,您在学术发展过程中有没有遇到一些困难?主要困难是什么?

5. 您的境外学习工作经历对您的学术发展有什么影响吗?尤其是与本土教师相比,您认为您的优势与劣势分别是什么?

6. 在您日常的学术交流网络中(既包括与您有正式合作项目的成员,也包括虽没有正式合作项目,但有学术交流互动的成员),有没有境外同行?他们大概占多大比例?您与他们是如何认识的?他们能为您的学术研究提供什么支持吗?

7. 您的学术交流网络中的本土同行与您是什么关系?你们是如何认识的?他们能为您的学术研究提供什么支持?与境外同行提供的支持有什么不同吗?

8. 您认为就本土学术发展而言,本土学术网络和境外学术网络哪个更重要?

二、本土教师

1. 您有到境外访学或做博后的计划吗？为什么？

2. 您认为与海归教师相比，您的优势与劣势分别是什么？

3. 在您日常的学术交流网络中，有没有境外同行？你们是如何认识的？

4. 您与境内外同行都有哪些方面的交流合作？他们为您的学术研究提供了哪些帮助？本土同行与境外同行提供的帮助有什么不同吗？

5. 您认为就本土学术发展而言，本土学术网络和境外学术网络哪个更重要？

参考文献

一、中文专著

[1] C.赖特·米尔斯.社会学的想象力[M].陈强,张永强,译.北京:生活·读书·新知三联书店,2001.

[2] R.K.默顿.科学社会学[M].鲁旭东,林聚任,译.北京:商务印书馆,2003.

[3] 阿特巴赫.变革中的学术职业:比较的视角[M].别敦荣,译.青岛:中国海洋大学出版社,2006.

[4] 阿特巴赫.全球高等教育趋势:追踪学术革命的轨迹[M].姜有国,等,译.上海:上海交通大学出版社,2010.

[5] 埃米尔·迪尔凯姆.社会学方法的准则[M].狄玉明,译.北京:商务印书馆,1995.

[6] 埃米尔·迪尔凯姆.自杀论[M].冯韵文,译.北京:商务印书馆,2008.

[7] 巴里·巴恩斯.局外人看科学[M].鲁旭东,译.北京:东方出版社,2001.

[8] 边燕杰.社会网络与地位获得[M].北京:社会科学文献出版社,2012.

[9] 陈向明.旅居者和外国人:留美中国学生跨文化人际交往研究[M].北京:教育科学出版社,2004.

［10］ 黛安娜·克兰.无形学院:知识在科学共同体的扩散［M］.刘军,等,译.北京:华夏出版社,1988.

［11］ 段成荣.人口迁移研究原理与方法［M］.重庆:重庆出版社,1998.

［12］ 欧内斯特·博耶.关于美国教育改革的演讲［M］.涂艳国,方彤,译.北京:教育科学出版社,2002.

［13］ 付八军.教育散论:付八军教育学术论文集［M］.杭州:浙江工商大学出版社,2014.

［14］ 哈贝马斯.认识与兴趣［M］.郭官义,等,译.上海:学林出版社,1999.

［15］ 哈里特·朱克曼.科学界的精英:美国的诺贝尔奖金获得者［M］.周叶谦,冯世刚,译.北京:商务印书馆,1982.

［16］ 杰里·加斯顿.科学的社会运行:英美科学界的奖励系统［M］.顾昕,译.北京:光明日报出版社,1988.

［17］ 兰德尔·柯林斯.哲学的社会学:一种全球的学术变迁理论(上)［M］.吴琼,等,译.北京:新华出版社,2004.

［18］ 李梅.高等教育国际市场:中国学生的全球流动［M］.上海:上海教育出版社,2008.

［19］ 林南.社会资本:关于社会行动与结构的理论［M］.张磊,译.上海:上海人民出版社,2004.

［20］ 刘进.大学教师流动与学术劳动力市场［M］.北京:商务印书馆,2015.

［21］ 吕素珍.现实与超越:大学教师理想角色形象研究［M］.武汉:华中师范大学出版社,2012.

［22］ 马克·格兰诺维特.镶嵌:社会网与经济行动［M］.罗家德,等,译.北京:社会科学文献出版社,2015.

［23］ 马克·格兰诺维特.找工作:关系人与职业生涯研究［M］.张文宏,译.上海:上海人民出版社,2008.

[24] 马克斯·韦伯.学术与政治[M].冯克利,译.北京:生活·读书·新知三联书店,1999.

[25] 苗丹国.出国留学六十年[M].北京:中央文献出版社,2010.

[26] 诺维克.那高尚的梦想[M].杨豫,译.北京:生活·读书·新知三联书店,2009.

[27] 皮埃尔·布迪厄.人:学术者[M].王作宏,译.贵阳:贵州人民出版社,2006.

[28] 皮埃尔·布迪厄.实践与反思:反思社会学导引[M].李康,等,译.北京:中央编译出版社,1988.

[29] 乔纳森·科尔,史蒂芬·科尔.科学界的社会分层[M].赵佳,等,译.北京:华夏出版社,1989.

[30] 史蒂芬·科尔.科学的制造:在自然界与社会之间[M].林建成,王毅,译.上海:上海人民出版社,2001.

[31] 舒新城.近代中国留学史[M].上海:上海书店出版社,2011.

[32] 王孟成.潜变量建模与 Mplus 应用基础篇[M].重庆:重庆大学出版社,2014.

[33] 雅克·韦尔热.中世纪大学[M].王晓辉,译.上海:上海人民出版社,2007.

[34] 约翰·克雷斯维尔.混合方法研究导论[M].李敏谊,译.上海:格致出版社,2015.

二、中文期刊

[1] 包水梅.美国学术型博士生课程建设的特征与路径研究[J].高校教育管理,2016, 10(1).

[2] 包水梅.学术型博士生培养目标定位及其素质结构研究[J].教育科学,2015, 31(2).

[3] 鲍威,哈巍,闵维方,等."985 工程"对中国高校国际学术影响力的驱动效应评估[J].教育研究,2017, 38(9).

[4] 鲍威,金红昊,田明周.我国研究型大学教师队伍年龄结构与科研产出的关系[J].高等教育研究,2020, 41(5).

[5] 鲍威,田明周,陈得春.新形势下海外高端人才的归国意愿及其影响因素[J].高等教育研究,2021, 42(2).

[6] 边燕杰,孙宇.职业流动过程中的社会资本动员[J].社会科学战线,2019(1).

[7] 边燕杰,王学旺.作为干部晋升机制的关系社会资本:对于基层法官的实证分析[J].西北师大学报(社会科学版),2019, 56(6).

[8] 边燕杰,张磊.论关系文化与关系社会资本[J].人文杂志,2013(1).

[9] 边燕杰,张文宏,程诚.求职过程的社会网络模型:检验关系效应假设[J].社会,2012, 32(3).

[10] 边燕杰.城市居民社会资本的来源及作用:网络观点与调查发现[J].中国社会科学,2004(3).

[11] 蔡永莲.在地国际化:后疫情时代一个亟待深化的研究领域[J].教育发展研究,2021, 41(3).

[12] 岑建君.疫情影响下的国际教育政策走向和未来发展[J].大学教育科学,2021(2).

[13] 曾婧婧,邱梦真.当前我国高校教师职称评聘的特点:基于20 所"985 工程"高校的职称评聘细则[J].现代教育管理,2016(10).

[14] 曾明彬,韩欣颖,张古鹏,等.社会资本对科学家科研绩效的影响研究[J].科学学研究,2021(2).

[15] 陈斌.从"表现主义"到"本质主义":大学学术评价指标化的支配及其超越[J].高等教育研究,2021, 42(5).

[16] 陈斌.中美学术型博士研究生培养模式比较研究[J].研究生教育研究,2014(6).

[17] 陈萍,沈文钦,张存群.国际合作与博士生的知识生产:基于某"985 工程"高校三个实验室的分析[J].中国高教研究,2019(3).

[18] 陈学飞.改革开放以来大陆公派留学教育政策的演变及成效[J].复旦教育论坛,2004(3).

[19] 陈燕,韩菲.代表作评价制度:制约因素与对策分析[J].中国高教研究,2020(12).

[20] 陈云良,罗蓉蓉."学术代表作"制度的实施条件和程序安排[J].现代大学教育,2014(1).

[21] 程诚,王奕轩,边燕杰.中国劳动力市场中的性别收入差异:一个社会资本的解释[J].人口研究,2015, 39(2).

[22] 程伟华,张海滨,董维春."双一流"战略引领下的来华留学研究生教育发展探析[J].研究生教育研究,2018(3).

[23] 党生翠.美国标准能成为中国人文社科成果的最高评价标准吗?:以 SSCI 为例[J].社会科学论坛,2005(4).

[24] 丁瑞常,徐如霖."一带一路"倡议下中新教育交流合作回顾与前瞻[J].比较教育研究,2020, 42(12).

[25] 杜育红.人力资本理论:演变过程与未来发展[J].北京大学教育评论,2020, 18(1).

[26] 樊秀娣.本土科技人才发展评价及对策:基于本土人才与海归人才的比较[J].中国高校科技,2018(10).

[27] 顾琴轩,王莉红.人力资本与社会资本对创新行为的影响:基于科研人员个体的实证研究[J].科学学研究,2009, 27(10).

[28] 郭卉,姚源.中国青年学术精英生成中的资质与资本因素影响探究:基于生物学科教师的调查[J].高等教育研究,2019, 40(10).

[29] 郭美荣,彭洁,赵伟,等.中国高层次科技人才成长过程及特征分析:以"国家杰出青年科学基金"获得者为例[J].科技管理研究,2011, 31(1).

[30] 郝明松,边燕杰.社会网络资源的形塑:职业交往的视角[J].中国研究,2013(2).

[31] 胡昳昀,范丽珺.后疫情时代高等教育国际化发展的风险及

规避策略研究:基于风险社会理论的视角[J].高教探索,2021(5).

[32] 黄海刚,白华.博士生需要什么样的导师?:基于对全国44所高校博士生的问卷调查[J].高教探索,2018(8).

[33] 黄海刚,马健生."自主培育"还是"依赖引进":中国人才战略的实践悖论[J].北京师范大学学报(社会科学版),2012(4).

[34] 黄海刚,曲越,白华.中国高端人才的地理流动、空间布局与组织集聚[J].科学学研究,2018,36(12).

[35] 黄海刚.从人才流失到人才环流:国际高水平人才流动的转换[J].高等教育研究,2017,38(1).

[36] 黄海刚.散居者策略:人才环流背景下海外人才战略的比较研究[J].比较教育研究,2017,39(9).

[37] 黄建雄.高校教师学缘的社会资本特征及其优化[J].江苏高教,2012(2).

[38] 黄明东,姚建涛,陈越.中国出国访问学者访学效果实证研究[J].高教发展与评估,2016,32(5).

[39] 黄亚婷,王思遥.博士生学术职业社会化及其影响因素研究:基于《自然》全球博士生调查数据的实证分析[J].中国高教研究,2020(9).

[40] 蒋玉梅,刘勤.高等教育国际化视野下教师出国访学收益研究[J].开放教育研究,2015,21(1).

[41] 金帷,周曼丽.来华留学教育事业发展趋势与策略选择[J].高教发展与评估,2020,36(4).

[42] 金耀基.关系和网络的建构:一个社会学的诠释[J].二十一世纪,1992(8).

[43] 蓝丽娇,卢晓东.后疫情时代我国拔尖创新人才要继续"走出去":基于对院士留学经历的分析[J].高校教育管理,2021,15(1).

[44] 李澄锋,陈洪捷,沈文钦.课题参与对博士生科研能力增值

的影响:基于“全国博士毕业生离校调查”数据的分析[J].中国高教研究,2019(7).

[45] 李澄锋,陈洪捷,沈文钦.中外联合培养经历对博士生科研能力增值及论文产出的影响:基于“全国博士毕业生离校调查”数据的分析[J].高等教育研究,2020, 41(1).

[46] 李澄锋,沈文钦,陈洪捷.“海归”博导比“本土”博导的博士生指导水平更胜一筹吗?:基于中国博士毕业生调查数据的分析[J].清华大学教育研究,2019, 40(2).

[47] 李福华,姚云,吴敏.中美博士后教育发展的比较与启示:基于北京大学和哈佛大学的调查[J].教育研究,2014, 35(12).

[48] 李黎明,李晓光.社会结构、交往行动与社会资本动员:以社交餐饮网的建构过程为例[J].社会科学战线,2016(12).

[49] 李黎明,李晓光.社会资本动员如何影响社会支持获取?:理论拓展与因果检验[J].山东社会科学,2019(5).

[50] 李黎明,龙晓,李晓光.谁更愿意动员社会资本?:基于心理人格特质的实证分析[J].社会学评论,2018, 6(6).

[51] 李立国,赵阔,王传毅,等.超越“五唯”:新时代高等教育评价的忧思与展望(笔谈)[J].大学教育科学,2020(6).

[52] 李梅.全球化新变局与高等教育国际化的中国道路[J].北京大学教育评论,2021, 19(1).

[53] 李梅.中国留美学术人才回国意向及其影响因素分析[J].复旦教育论坛,2017, 15(2).

[54] 李强,赵延东,何光喜.对科研人员的时间投入与论文产出的实证分析[J].科学学研究,2014, 32(7).

[55] 李潇潇,左玥,沈文钦.谁获得了精英大学的教职:基于北大、清华 2011—2017 年新任教师的履历分析[J].中国高教研究,2018, 4(8).

[56] 李艳,马陆亭.博士生培养质量与导师相关性的实证研究

[J].国家教育行政学院学报,2015(4).

[57] 李颖,董超,李正风,等.美英社会科学评价的经验与启示[J].清华大学教育研究,2015, 36(5).

[58] 李永刚,王海英.理工科博士生科研能力的养成状况及其影响因素研究:基于对我国研究生院高校的调查[J].研究生教育研究,2019(4).

[59] 李永刚.高校教师职称评审中实施学术代表作评价制的挑战与构想[J].大学教育科学,2021(2).

[60] 李永刚.理工科博士生的学术交往活跃度与其影响研究:以我国部分研究型大学为例[J].学位与研究生教育,2020(3).

[61] 李志峰,魏迪.高校教师流动的微观决策机制:基于“四力模型”的解释[J].高等教育研究,2018, 39(7).

[62] 李智超,罗家德.透过社会网观点看本土管理理论[J].管理学报,2011, 8(12).

[63] 梁茂信.全球化视野下亚洲科技人才移民美国的历史透视[J].史学月刊,2015(3).

[64] 梁文艳,周晔馨.社会资本、合作与“科研生产力之谜”:基于中国研究型大学教师的经验分析[J].北京大学教育评论,2016, 14(2).

[65] 梁玉成.社会资本和社会网无用吗?[J].社会学研究,2010, 25(5).

[66] 蔺亚琼.人才项目与当代中国学术精英的塑造[J].高等教育研究,2018, 39(11).

[67] 刘宝存,张继桥.改革开放四十年教育对外开放政策变迁的历史考察[J].高校教育管理,2018, 12(6).

[68] 刘进,高媛,Philip G. Altbach, Hans De Vit.阿特巴赫谈新冠疫情对全球高等教育国际化的影响[J].现代大学教育,2020, 36(6).

［69］刘进，哈梦颖.世界一流大学学术人才向中国流动的规律分析："一带一路"视角［J］.比较教育研究，2017，39(11).

［70］刘进.学术职业资历惩罚理论的中国解释：教师流动对于NRS模型的贡献分析［J］.复旦教育论坛，2015，13(1).

［71］刘霄."谁"左右了高校教师的教学、科研选择：基于"能力"的认知而非"功利"的取向［J］.中国高教研究，2020(3).

［72］刘霄.海外学历对学术职业聘任与发展的影响：以我国28所公立高校的专任教师为例［J］.教师教育研究，2020，32(5).

［73］刘艳.当代中国出国留学政策变迁的动因分析［J］.清华大学教育研究，2016，37(2).

［74］刘影，张优良."一带一路"倡议与中国高等教育国际化的新图景［J］.清华大学教育研究，2020，41(4).

［75］楼晓玲，陈昌贵，高兰英.我国高校留学人员回国后发挥作用状况与分析［J］.清华大学教育研究，2000(3).

［76］鲁晓.海归科学家的社会资本对职业晋升影响的实证研究［J］.科学与社会，2014，4(2).

［77］陆根书，彭正霞.大学教师学术发展中的性别隔离现象分析［J］.高等教育研究，2010，31(8).

［78］陆国栋.治理"水课" 打造"金课"［J］.中国大学教学，2018(9).

［79］罗尧成.论研究生课程学习与科研训练整合的三个维度：基于30位新进校博士青年教师的调查启迪［J］.学位与研究生教育，2010(11).

［80］罗志敏.从信仰到公共理性：学术伦理的权力逻辑［J］.现代大学教育，2014(4).

［81］马佳妮.逆全球化浪潮下全球留学生教育的特征、挑战与趋势［J］.教育研究，2020，41(10).

［82］马佳妮.新自由主义与民族保守主义的钟摆交替：欧美国家国际学生流动政策的逻辑与演变［J］.江苏高教，2021(4).

[83] 马莉萍,张心悦.研究型大学海归教师与本土教师本科教学质量的比较研究[J].中国高教研究,2020(10).

[84] 闵韡.外来的和尚会念经?:“海归”与本土学者职业特征之比较[J].中国高教研究,2019(8).

[85] 田静,胡中俊.“青铜时代”留学青年的困境及出路[J].当代青年研究,2018(1).

[86] 乔纳森·R.科尔,哈丽特·朱可曼,张纪昌.婚姻生育对女性科学家科研成果的影响[J].山东科技大学学报(社会科学版),2006(1).

[87] 秦建国.高校青年教师招聘歧视现象调查分析:以 2014 年北京“211”高校教学科研岗应届毕业生(博士后)招聘为例[J].北京青年研究,2015, 24(4).

[88] 邱均平,任全娥.国内外人文社会科学科研成果评价比较研究[J].国外社会科学,2007(3).

[89] 阮沁汐,李臣之,纪海吉.研究生学习获得及其影响因素的实证研究[J].教育探索,2020(3).

[90] 申超,杨兆豪.英美顶尖大学如何设计导师培训?:基于罗素与常春藤盟校等顶尖大学的制度考察[J].研究生教育研究,2021(4).

[91] 沈红,熊俊峰.职业性别隔离与高校教师收入的性别差异[J].高等教育研究,2014, 35(3).

[92] 沈红.中国大学教师发展状况:基于“2014 中国大学教师调查”的分析[J].高等教育研究,2016(2).

[93] 沈文钦.博士培养质量评价:概念、方法与视角[J].北京大学教育评论,2009, 7(2).

[94] 沈文钦.国际学术流动与中国大学的发展:逆全球化趋势下的历史审视[J].北京大学教育评论,2020, 18(4).

[95] 沈裕挺,沈文钦,刘斌.人文学科学生的学术志趣是怎么形成的[J].教育学术月刊,2019(3).

[96] 史兴松.高校海归教师归国适应情况调查研究:以北京高校为例的分析[J].华侨华人历史研究,2017(2).

[97] 宋旭红.论我国学术评价中的程序正当和结果公正[J].清华大学教育研究,2019, 40(2).

[98] 孙立平."关系"、社会关系与社会结构[J].社会学研究,1996(5).

[99] 孙伟,赵世奎.联合培养博士生的留学收益及影响因素分析[J].研究生教育研究,2017(6).

[100] 孙元涛,刘伟.哥伦比亚大学留学归国群体与中国教育学的创建[J].大学教育科学,2020(4).

[101] 孙早,刘坤.海归人才促进还是抑制了本土人才水平的提高?:来自中国高等学校的经验证据[J].经济科学,2014(1).

[102] 唐君.基于本土国际化模式培养学生跨文化交际能力的实证研究[J].吉林化工学院学报,2017, 34(6).

[103] 王传毅,杨佳乐,辜刘建.博士生培养质量及其影响因素研究:基于 Nature 全球博士生调查的实证分析[J].宏观质量研究,2020, 8(1).

[104] 王俊.学术职业的性别寓言:解读大学女教师学术发展的新框架[J].现代大学教育,2010(1).

[105] 王明明.国际责任与话语权:一流大学国际化建设的使命与方向[J].现代教育管理,2018(11).

[106] 王宁.对人文社会科学现行学术评价系统的确认与辩护[J].学术研究,2006(3).

[107] 王英杰.后疫情时代教育国际化三题[J].比较教育研究,2020, 42(9).

[108] 王泽龙.大力倡导当代学术与学术评价的学术尊严[J].云梦学刊,2013, 34(4).

[109] 尉建文,陆凝峰,韩杨.差序格局、圈子现象与社群社会资

本[J].社会学研究,2021, 36(4).

[110] 魏浩,袁然,赖德胜.中国吸引留学生来华的影响因素研究:基于中国与全球172个国家双边数据的实证分析[J].教育研究,2018, 39(11).

[111] 魏立才.海外青年理工科人才回国流向及其影响因素研究[J].高等教育研究,2019, 40(6).

[112] 魏钦恭,秦广强,李飞."科学是年轻人的游戏"?:对科研人员年龄与论文产出之间关系的研究[J].青年研究,2012(1).

[113] 吴殿廷,李东方,刘超,等.高级科技人才成长的环境因素分析:以中国两院院士为例[J].自然辩证法研究,2003, 19(9).

[114] 吴殿廷,刘超,顾淑丹,等.高级科学人才和高级科技人才成长因素的对比分析:以中国科学院院士与中国工程院院士为例[J].中国软科学,2005(8).

[115] 吴青,罗儒国.博士生缘何入职非学术岗位:基于《自然》杂志调查的发现[J].中国高教研究,2020(8).

[116] 西蒙·马金森,杨力苈.生生不息的火焰:全球科学中的中国[J].北京大学教育评论,2020, 18(4).

[117] 夏纪军.近亲繁殖与学术退化:基于中国高校经济学院系的实证研究[J].北京大学教育评论,2014, 12(4).

[118] 夏茂林,冯文全.关于高校实行教师绩效工资制度的理性思考[J].教育与经济,2010(3).

[119] 肖敏,张艳宁,谢妮.有效教学行为对研究生课程学习收获的影响分析[J].学位与研究生教育,2021(4).

[120] 熊进.高等教育项目制的组织阐释与大学学术场域变迁[J].高教探索,2019(4).

[121] 徐娟,毕雪妮.大学高层次人才生成中国际学术流动及演变:基于我国5类项目人才履历的实证分析[J].比较教育研究,2021, 43(3).

[122] 徐冶琼.博士生对导师指导满意吗?:基于 Nature 全球博士生调查[J].中国高教研究,2021(1).

[123] 许士荣.新时期我国博士后政策的发展困境与改革路径[J].教育发展研究,2021, 41(11).

[124] 许心,蒋凯.高校教师视角下的人文社会科学国际发表及其激励制度[J].高等教育研究,2018, 39(1).

[125] 亚当·R.尼尔逊,朱知翔.留学的可知风险(1780～1880):国家主义、国际主义与美国大学的起源[J].北京大学教育评论,2010, 8(3).

[126] 阎光才,丁奇竹.学术系统内部分化结构生成机制探究:基于学术人职业生涯过程中产出稳定性的分析[J].高等教育研究,2015(2).

[127] 阎光才,闵韡.高校教师的职业压力、倦怠与学术热情[J].高等教育研究,2020, 41(9).

[128] 阎光才,张银霞.高校学术失范问题的探索性实证研究[J].北京大学教育评论,2010, 8(2).

[129] 阎光才.海外高层次学术人才引进的方略与对策[J].复旦教育论坛,2011, 9(5).

[130] 阎光才.我国学术英才成长过程中的赞助性流动机制分析[J].中国人民大学教育学刊,2011(3)

[131] 阎光才.象牙塔背后的阴影:高校教师职业压力及其对学术活力影响述评[J].高等教育研究,2018, 39(4).

[132] 阎光才.新形势下我国留美高层次人才回国意愿和需求分析[J].苏州大学学报(教育科学版),2016, 4(3).

[133] 阎光才.学术系统的分化结构与学术精英的生成机制[J].高等教育研究,2010, 31(3).

[134] 杨芳娟,刘云.青年高层次人才引进特征与质量分析[J].科研管理,2016, 37(S1).

[135] 杨立娜，许家云.海归校领导与高校创新绩效：基于中国114 所 211 高校的实证研究[J].世界经济文汇，2018(2).

[136] 杨锐.中国高等教育国际化：走出常识的陷阱[J].北京大学教育评论，2021，19(1).

[137] 杨洋，李峰.知识移植与本土转向：以留美生与清华大学政治学的构建为例(1926—1937)[J].华侨华人历史研究，2019(3).

[138] 姚云，曹昭乐，唐艺卿.中国博士后制度 30 年发展与未来改革[J].教育研究，2017，38(9).

[139] 姚金菊.高校教师学术纠纷解决机制研究[J].中国教育法制评论，2019(2).

[140] 叶继元.近年来国内外学术评价的难点、对策与走向[J].甘肃社会科学，2019(3).

[141] 叶荔辉.隐性教育中的群际融合路径研究：基于 545 名来华留学生的质性访谈和实证研究[J].思想教育研究，2020(7).

[142] 叶晓梅，梁文艳.海归教师真的优于本土教师吗?：来自研究型大学教育学科的证据[J].教育与经济，2019，35(1).

[143] 易连云，赵国栋，毋改霞.高校教师聘任的“出身论”现象研究：对百所“985”、“211”院校的调查[J].重庆大学学报(社会科学版)，2013，19(5).

[144] 余荔.海归教师是否促进了高等教育国际化：基于“2014 中国大学教师调查”的研究[J].高等教育研究，2018，39(8).

[145] 袁玉芝.高校教师科研产出性别差异及其原因探析：基于某研究型大学教育学教师的经验分析[J].高教探索，2017(3).

[146] 岳英.我国高校教师职称晋升影响因素的事件史分析[J].教育发展研究，2020，40(Z1).

[147] 张斌.博士毕业生互聘网络中的院系分层与结构化特征：基于部分物理学学者学缘的社会网络分析[J].教育研究，2013(1).

[148] 张冰冰，张青根，沈红.海外访学能提高高校教师的论文产

出吗?:基于“2014 中国大学教师调查”的分析[J].宏观质量研究,2018,7(2).

[149] 张存群,马莉萍.学术活跃度与博士生学术产出的实证分析:以中国某研究型大学为案例[J].研究生教育研究,2013(6).

[150] 张东海,袁凤凤.高校青年“海归”教师对我国学术体制的适应[J].教师教育研究,2014,26(5).

[151] 张青根,沈红.出国进修如何影响高校教师收入?:基于“2014 中国大学教师调查”的分析[J].教育与经济,2016(4).

[152] 张顺,郝雨霏.求职与收入获得的关系机制:理论模型与实证研究[J].社会学研究,2013,28(5).

[153] 张思齐.社会网络中的“强连接”对留学生活的影响:基于英国伦敦政治经济学院中国留学生的实证研究[J].江汉论坛,2018(1).

[154] 张伟,刘宝存.在地国际化:中国高等教育发展的新走向[J].大学教育科学,2017(3).

[155] 张祥兰,王秋丽,林莉萍.影响博士生科研能力培养的课程因素调查分析[J].学位与研究生教育,2010(5).

[156] 张应强,姜远谋.后疫情时代我国高等教育国际化向何处去[J].高等教育研究,2020,41(12).

[157] 赵卫华.海归博士与本土博士职业成就比较:基于全国博士质量调查的统计分析[J].中国高教研究,2010(11).

[158] 赵显通,彭安臣,刘绪.高校教师出国访学的现实困境与改革路径:基于 22 名教师访谈数据的质性分析[J].高校教育管理,2018,12(4).

[159] 赵延东,周婵.我国科研人员的科研合作网络分析:基于个体中心网视角的研究[J].科学学研究,2011,29(7).

[160] 郑淳,闫月勤,杨帆.关于“双一流”背景下高校国际联盟发展的思考:基于对 30 所“一流大学”建设高校的实证研究[J].上海教

育评估研究，2020，9(5).

[161] 郑刚，余桃桃.留学生与近代中国教育经济学的萌生[J].教育与经济，2020，36(4).

[162] 郑永彪，高洁玉，许睢宁.世界主要发达国家吸引海外人才的政策及启示[J].科学学研究，2013，31(2).

[163] 郑震.社会学方法论的基本问题：关系主义的视角[J].天津社会科学，2019(4).

[164] 周川.量化评价的泛滥及其危害[J].江苏高教，2021(5).

[165] 周海涛，胡万山.研究生有效教学的特征：基于教育学研究生课程收获影响因素的调查分析[J].学位与研究生教育，2019(2).

[166] 朱佳妮."学术硬着陆"：高校文科青年海归教师的工作适应研究[J].复旦教育论坛，2017，15(3).

[167] 朱剑.学术评价、学术期刊与学术国际化：对人文社会科学国际化热潮的冷思考[J].清华大学学报(哲学社会科学版)，2009，24(5).

[168] 朱军文，徐卉.海外归国高层次人才质量与分布变迁研究[J].科技进步与政策，2014，31(14).

[169] 朱婷钰，赵万里.玛蒂尔达效应与科学界的性别不平等：基于对中国科技工作者分层状况的调查研究[J].自然辩证法通讯，2017，39(5).

[170] 朱依娜，何光喜.学术产出的性别差异：一个社会网络分析的视角[J].社会，2016，36(4).

[171] 朱依娜，马缨.性别、时间分配与高校教师的科研产出[J].妇女研究论丛，2015(4).

三、学位论文

[1] 邓侨侨.高被引科学家职业迁移与集聚现象研究[D].上海：上海交通大学，2014.

［2］李永刚.成为研究者:理科博士生素养与能力的形成[D].上海:华东师范大学,2018.

［3］于汝霜.高校教师跨学科交往研究[D].上海:华东师范大学,2013.

［4］张斌.学术场域的政治逻辑[D].上海:华东师范大学,2013.

四、电子文献

［1］傅莹.新冠疫情后的中美关系[EB/OL].(2020-06-22)[2021-10-19].https://www.sohu.com/a/402372173_220095.

［2］国务院办公厅.关于改革完善博士后制度的意见[EB/OL].(2015-12-03)[2021-10-30].http://www.gov.cn/zhengce/content/2015-12/03/content_10380.htm?ivk_sa=1024320u.

［3］教育部.高等学校教师职务试行条例[EB/OL].(2010-01-29)[2020-06-08].http://www.moe.gov.cn/s78/A04/s7051/201001/t20100129_180698.html.

［4］教育部.教育部等八部门印发意见加快和扩大新时代教育对外开放[EB/OL].(2020-06-23)[2021-10-23].http://www.moe.gov.cn/jyb_xwfb/s5147/202006/t20200623_467784.html.

［5］教育部.中华人民共和国高等教育法[EB/OL].(2018-12-29)[2020-06-08].http://www.moe.gov.cn/s78/A02/zfs__left/s5911/moe_619/201512/t20151228_226196.html.

［6］龙新力,刘书田.20所中美高校参加“中美大学校长云论坛”共商建设更开放、更融合、更有韧性的大学[EB/OL].(2020-10-14)[2021-10-25].https://mp.weixin.qq.com/s?src=11×tamp=1632964775&ver=3345&signature=41Hfer4NxiKl8owQzm3Cbz3ORwj7CG7wUUgVE41GuRQWVN1o*0LcqAzvsm*z2SBh6L*MPZVnH2AUtfC8W7u7MdDoZ0GIdgp7w4E-aXUlbM6rGtQyBQPzmOv7AOyKPlrP&new=1.

［7］人力资源社会保障部，教育部.关于深化高等学校教师职称制度改革的指导意见［EB/OL］.（2020-12-31）［2021-11-18］. http://www.mohrss.gov.cn/xxgk2020/fdzdgknr/zcfg/gfxwj/rcrs/202101/t20210127_408522.html.

［8］人民日报海外版.中国迎来最大规模"海归潮"［EB/OL］.（2017-02-28）［2021-11-01］. http://www.mohrss.gov.cn/zyjsrygls/ZYJSRYGLSgongzuodongtai/201706/t20170601_271816.html.

［9］中国博士后：学者"摇篮"，还是论文主力军［EB/OL］.（2019-12-30）［2021-10-30］. https://www.sohu.com/a/363647258_683950.

五、报纸

［1］杨越冬，闫文.科技工作者要把论文写在祖国大地上［N］.河北日报，2021-08-18(7).

［2］臧峰宇.学术评价不妨尝试"代表作"制度［N］.光明日报，2012-03-21(2).

［3］张端鸿.莫让博士后成短期科研政绩工具［N］.中国科学报，2020-3-31(5).

六、英文文献

［1］Ackers L. Internationalisation and Equality: The Contribution of Short Stay Mobility to Progression in Science Careers［J］. Recherches Sociologiques et Anthropologiques, 2010, 41(1).

［2］Ackers L. Internationalisation, Mobility and Metrics: A New Form of Indirect Discrimination?［J］. Minerva, 2008, 46(4).

［3］Ackers L. Moving People and Knowledge: Scientific Mobility in the European Union［J］. Migration, 2005, 43(5).

［4］Adams J. Collaborations: The Rise of Research Networks

[J]. Nature (London), 2012, 490(7420).

[5] Allison P D, Long J S. Departmental Effects on Scientific Productivity[J]. American Sociological Review, 1990, 55(4).

[6] Astin A W. Student Involvement: A Developmental Theory for Higher Education [J]. Journal of College Student Personnel, 1984(25).

[7] Azoulay P, Graff Z J S, Manso G. Incentives and Creativity: Evidence from the Academic Life Sciences [J]. The Rand Journal of Economics, 2011, 42(3).

[8] Barjak F, Robinson S. International Collaboration, Mobility and Team Diversity in the Life Sciences: Impact on Research Performance[J]. Social Geography, 2008, 3(1).

[9] Bauder H, Hannan C, Lujan O. International Experience in the Academic Field: Knowledge Production, Symbolic Capital, and Mobility Fetishism[J]. Population Space and Place, 2017, 23(6).

[10] Bauder H. The International Mobility of Academics: A Labour Market Perspective [J]. International Migration, 2015, 53(1).

[11] Becker G S. Investment in Human Capital: A Theoretical Analysis[J]. The Journal of Political Economy, 1962, 70(5).

[12] Beelen J, Jones E. Redefining Internationalization at Home[C]// Curaj A, Matei L, Pricopie R, et al. The European Higher Education Area between Critical Reflections and Future Policies. Berlin: Springer Verlag, 2015.

[13] Berger M, Abel T, Page C (eds). Freedom and Control in Modern Society[M]. New York: Van Nostrand, 1954.

[14] Bernela B, Milard B. Co-authorship Network Dynamics

and Geographical Trajectories—What Part Does Mobility Play? [J]. Bulletin de Méthodologie Sociologique，2016，131(1).

[15] Bilecen B，Van Mol C. Introduction：International Academic Mobility and Inequalities[J]. Journal of Ethnic and Migration Studies，2017，43(8).

[16] Biraimah K L，Jotia A J. The Longitudinal Effects of Study Abroad Programs on Teachers' Content Knowledge and Perspectives：Fulbright-hays Group Projects Abroad in Botswana and Southeast Asia[J]. Journal of Studies in International Education，2013，17(4).

[17] Blackburn R T，Behymer C E，Hall D E. Research Note：Correlates of Faculty Publications[J]. Sociology of Education，1978，51(2).

[18] Blume S. Extended Review on the Internationalisation of Research Training in the E. U. [M]. Amsterdam：University of Amsterdam，1995.

[19] Bozeman B，Dietz J S，Gaughan M. Scientific and Technical Human Capital：An Alternative Model for Research Evaluation [J]. International Journal of Technology Management，2001，22(7/8).

[20] Brandi M C，Avveduto S. Le Migrazioni Qualificate in Italia[J]. Studi Emigrazione，2004，41(156).

[21] Burt R S. Structural Holes and Good Ideas[J]. American Journal of Sociology，2004，110(2).

[22] Cao C. China's Scientifc Elite [M]. London & New York：Routledge Curzon，2004.

[23] Cao C. A Survey of the Influencing Factors for International Academic Mobility of Chinese University Students [J]. Higher Education Quarterly，2016，70(2).

[24] Cao C. China's Brain Drain at the High End：Why Government Policies have Failed to Attract First-rate Academics to Return[J]. Asian Population Studies，2008，4(3).

[25] Chen T，Barnett G A. Research on International Student Flows from a Macro Perspective：A Network Analysis of 1985，1989 and 1995[J]. Higher Education，2000，39(4).

[26] Cole J R，Zuckerman H. Marriage，Motherhood and Research Performance in Science[J]. Scientific American，1987，256(2).

[27] Collinson J A. Professionally Trainer Researchers? Expectations of Competence in Social Science Doctoral Research Training[J]. Higher Education Review，1998，31(1).

[28] Crane D. Social Class Origin and Academic Success：The Influence of Two Stratification Systems on Academic Careers[J]. Sociology of Education，1969，42(1).

[29] Crane D. Transnational Networks in Basic Science[J]. International Organization，1971，25(3).

[30] Cruz-Castro L，Sanz-Menendez L. Mobility versus Job Stability：Assessing Tenure and Productivity Outcomes[J]. Research Policy，2010(39).

[31] Davern M. Social Networks and Economic Sociology：A Proposed Research Agenda for a More Complete Social Science[J]. American Journal of Economics and Sociology，1997，56(3).

[32] Delamont S，Atkinson P. Doctoring Uncertainty：Mastering Craft Knowledge[J]. Social Studies of Science，2001，31(1).

[33] Dillon N. Tackling the Postdoc Brain Drain[J]. EMBO Reports，2001(9).

[34] Eysenck H J. Creativity and Personality：Suggestions for

a Theory[J]. Psychological Inquiry, 1993, 4(3).

[35] Faggian A, McCann P, Sheppard S. Human Capital, Higher Education and Graduate Migration: An Analysis of Scottish and Welsh Students[J]. Urban Studies (Edinburgh, Scotland), 2007, 44(13).

[36] Fontes M, Videira P, Calapez T. The Impact of Long-term Scientific Mobility on the Creation of Persistent Knowledge Networks[J]. Mobilities, 2013, 8(3).

[37] Franzoni C, Scellato G, Stephan P. The Mover's Advantage: The Superior Performance of Migrant Scientists [J]. Economics letters, 2014, 122(1).

[38] Gaillard A M, Gaillard J. The International Circulation of Scientists and Technologists: A Win-lose or Win-win Situation? [J]. Science Communication, 1998, 20(1).

[39] Gaston J. The Sociology of Science[M]. San Francisco: Jossey-Bass, 1978.

[40] Gibson J, McKenzie D. Scientific Mobility and Knowledge Networks in High Emigration Countries: Evidence from the Pacific [J]. Research Policy, 2014, 43(9).

[41] Gill B. Homeward Bound?: The Experience of Return Mobility for Italian Scientists[J]. Innovation(Abingdon, England), 2005, 18(3).

[42] Gonzalez-Brambila C N, Veloso F M, Krackhardt D. The Impact of Network Embeddedness on Research Output [J]. Research Policy, 2013, 42(9).

[43] Greene J C, Caracelli V J, Graham W F. Toward a Conceptual Framework for Mixed-method Evaluation Designs[J]. Educational Evaluation and Policy Analysis, 1989, 11(3).

［44］Groves T，López E M，Carvalho T. The Impact of International Mobility as Experienced by Spanish Academics［J］. European Journal of Higher Education，2017，8(1).

［45］Haldin-Herrgard T. Difficulties in Diffusion of Tacit Knowledge in Organizations［J］. Journal of Intellectual Capital，2000，4(1).

［46］Hargens L L，Hagstrom W O. Sponsored and Contest Mobility of American Academic Scientists［J］. Sociology of Education，1967，40(1).

［47］Heckman J J，Stixrud J，Urzua S. The Effects of Cognitive and Noncognitive Abilities on Labor Market Outcomes and Social Behavior［J］. Journal of Labor Economics，2006，24(3).

［48］Herberle R. The Causes of Rural-urban Migration：A Survey of German Theories［J］. American Journal of Sociology，1938，43(6).

［49］Hidi S，Renninger K A. The Four-phase Model of Interest Development［J］. Educational Psychologist，2006，41(2).

［50］Hu S，Kuh G D. Maximizing What Students Get Out of College：Testing a Learning Productivity Model［J］. Journal of College Student Development，2003(2).

［51］Hunter R S，Oswald A J，Charlton B G. The Elite Brain Drain［J］. The Economic Journal，2009，119(538).

［52］Institute of International Education. Open Doors Data［EB/OL］.（2016-06-07）［2020-07-26］. http://www.iie.org/opendoors.

［53］Johnson R B，Onwuegbuzie A J，Turner L A. Toward a Definition of Mixed Methods Research［J］. Journal of Mixed Methods Research，2007，1(2).

[54] Johnson R B, Onwuegbuzie A J. Mixed Methods Research: A Research Paradigm Whose Time has Come[J]. Educational Researcher, 2004, 33(7).

[55] Johnsrud L K. Measuring the Quality of Faculty and Administrative Work Life: Implications for College and University Campuses[J]. Research in Higher Education, 2002, 43(3).

[56] Jonkers K, Cruz-Castro L. Research upon Return: The Effect of International Mobility on Scientific Ties, Production and Impact[J]. Research policy, 2013, 42(8).

[57] Jonkers K. Mobility, Productivity, Gender and Career Development of Argentinean Life Scientists[J]. Research Evaluation, 2011, 20(5).

[58] Jöns H. "Brain Circulation" and Transnational Knowledge Networks: Studying Long term Effects of Academic Mobility to Germany, 1954 - 2000[J]. Global Networks, 2009, 9(3).

[59] Jons H. Transnational Academic Mobility and Gender[J]. Globalisation, Societies and Education, 2011, 9(2).

[60] Kehm B M. Doctoral Education in Europe: New Structures and Models[C]// Georg Krücken, Anna Kosmützky, Marc Torka. Towards a Multiversity?: Universities between Global Trends and National Traditions, Bielefeld: Transcript Verlag, 2006.

[61] Kley S. Explaining the Stages of Migration within a Lifecourse Framework[J]. European Sociological Review, 2011, 27(4).

[62] Knight J. Five Myths about Internationalization[J]. International Higher Education, 2015, 3(62).

[63] Kumpilaite V, Duobak K. Developing Core Competencies: Student Mobility Cases [J]. Procedia, Social and Behavioral

Science，2013(99).

[64] Kyvik S，Karseth B，Blume S. International Mobility among Nordic Doctoral Students[J]. Higher Education，1999，38(4).

[65] Lawson C，Shibayama S. International Research Visits and Careers：An Analysis of Bioscience Academics in Japan[J]. Science and Public Policy，2015，42(5).

[66] Lee E S. A Theory of Migration[J]. Demography，1966(6).

[67] Leung M W H. 'Read Ten Thousand Books，Walk Ten Thousand Miles'：Geographical Mobility and Capital Accumulation among Chinese Scholar[J]. Transactions of the Institute of British Geographers，2013，38(2).

[68] Leung M. Of Corridors and Chains：Trans Local Developmental Impacts of Academic Mobility between China and Germany [J]. International Development Planning Review，2011，34(4).

[69] Levin H M. The Importance of Educational Adaptability，Improve Education in the Changing World Economy[M]. Beijing：Peking University Press，2012.

[70] Li F，Ding J，Shen W. Back on Track：Factors Influencing Chinese Returnee Scholar Performance in the Reintegration Process[J]. Science and Public Policy，2018，46(2).

[71] Li F，Li T. When International Mobility Meets Local Connections：Evidence from China[J]. Science and Public Policy，2019，46(4).

[72] Li H S. Bridging Minds across the Pacific：U.S.-China Educational Exchange，1978 - 2003 [J]. China Review International，2005，12(2).

[73] Lin N，Bian Y. Getting ahead in Urban China[J]. American Journal of Sociology，1991，97(3).

[74] Long J S, Allison P D, McGinnis R. Entrance into the Academic Career[J]. American Sociological Review, 1979, 44(5).

[75] Long J S. Productivity and Academic Position in the Scientific Career[J]. American Sociological Review, 1978, 43(6).

[76] Lörz M, Netz N, Quast H. Why do Students from Underprivileged Families Less often Intend to Study Abroad? [J]. higher Education, 2016, 72(2).

[77] Lu X, Hong W, He G X. The Academic and Innovation Productivity of Overseas Returnees: An Analysis Based on the National Survey of Science and Technology Personnel [J]. Fudan Public Administration Review, 2014, 12(2).

[78] Lutter M, Schröder M. Who Becomes a Tenured Professor, and Why? Panel Data Evidence from German Sociology, 1980－2013[J]. Research Policy, 2016, 45(5).

[79] Marginson S. Competition and Markets in Higher Education: A Glonacal Analysis[J]. Policy Futures in Education, 2004, 2(2).

[80] Maarten R. Insights into International Research Collaboration[EB/OL]. (2016-10-13) [2021-08-16]. https://www.researchgate.net/blog/post/insights-into-international-research-collaboration.

[81] Markus L, Nicolai N, Heiko Q. Why do Students from Underprivileged Families Less often Intend to Study Abroad? [J]. higher Education, 2016(72).

[82] Massey D S, Espinosa K E. What's Driving Mexico-U.S. Migration? A Theoretical, Empirical, and Policy Analysis[J]. The American Journal of Sociology, 1997, 102(4).

[83] Mcdowell J M, Smith J K. The Effect of Gender-Sorting

on Propensity to Co-auther：Implications for Academic Promotion [J]. Economic Inquiry，1992，30(1).

[84] McFadyen M A，Cannella Jr A. Social Capital and Knowledge Creation：Diminishing Returns of the Number and Strength of Exchange Relationships [J]. Academy of Management Journal，2004，47(5).

[85] McPherson J M，Smith-Lovin L. Homophily in Voluntary Organizations：Status Distance and the Composition of Face-to-Face Groups[J]. American Sociological Review，1987，52(3).

[86] Melin G. The Dark Side of Mobility：Negative Experiences of Doing a Postdoc Period Abroad [J]. Research Evaluation，2005(14).

[87] Melkers J，Kiopa A. The Social Capital of Global Ties in Science：The Added Value of International Collaboration[J]. The Review of Policy Research，2010，27(4).

[88] Michael F V，Victoria H F，Lisa M K，et al. Competency-based Assessment for the Training of PhD Students and Early-career Scientists[J]. eLife，2018(7).

[89] Mincer J，Polachek S. Family Investments in Human Capital：Earnings of Women[J]. The Journal of Political Economy，1974，82(2).

[90] Monks J，Robinson M. The Returns to Seniority in Academic Labor Markets[J]. Journal of Labor Research，2001，22(2).

[91] Morano-Foadi S. Scientific Mobility，Career Progression，and Excellence in the European Research Area[J]. International Migration，2005，43(5).

[92] Müllera M，Cowana R，Barnard H. On the Value of Foreign PhDs in the Developing World：Training versus Selection

Effects in the Case of South Africa[J]. Research Policy, 2018, 47(5).

[93] Murakami Y. Influences of Return Migration on International Collaborative Research Networks: Cases of Japanese Scientists Returning from the US[J]. The Journal of Technology Transfer, 2014, 39(4).

[94] Nerdrum L, Sarpebakken B. Mobility of Foreign Researchers in Norway[J]. Science and Public Policy, 2006, 33(3).

[95] Netz N, Hampel S, Aman V. What Effects does International Mobility Have on Scientists' Careers? A Systematic Review [J]. Research Evaluation, 2020, 29(3).

[96] Netz N, Jaksztat S. Explaining Scientists' Plans for International Mobility from a Life Course Perspective[J]. Research in Higher Education, 2017, 58(5).

[97] Nilsson B. Internationalization at Home—Theory and Praxis[EB/OL]. (2016-11-10) [2021-10-26]. http://www.eaie.org/pdf/intathome.asp.

[98] Nyquist J D. The PhD: A Tapestry of Change for the 21st Century[J]. Change the Magazine of Higher Learning, 2010, 34(6).

[99] Payumo J G, Lan G, Arasu P. Researcher Mobility at a US Research-intensive University: Implications for Research and Internationalization Strategies[J]. Research Evaluation, 2018(27).

[100] Perkin H J, Ben-David J. Centers of Learning: Britain, France, Germany, United States[J]. The Journal of Higher Education(Columbus), 1979, 50(5).

[101] Perry-Smith J E. Social Yet Creative: The Role of Social Relationships in Facilitating Individual Creativity[J]. Academy of

Management Journal，2006，49(1).

[102] Reskin B F. Academic Sponsorship and Scientists' Careers[J]. Sociology of Education，1979，52(3).

[103] Roberts S B G，Dunbar R I M. Managing Relationship Decay：Network，Gender，and Contextual Effects[J]. Human nature(Hawthorne，N Y)，2015，26(4).

[104] Rodgers R，Rodgers N. The Sacred Spark of Academic Research[J]. Journal of Public Administration Research and Theory，1999，9(3).

[105] Schultz T. Investment in Human Capital[J]. American Economic Review，1961，51(3).

[106] Seabury P，Pye A K，Blitz M，et al. A Symposium：What Future Directions for Academic Exchange? [J]. The ANNALS of the American Academy of Political and Social Science，1987，491(1).

[107] Shalley C. Effects of Coaction，Expected Evaluation，and Goal Setting on Creativity and Productivity[J]. Academy of Management Journal，1995，38(2).

[108] Shen H. Inequality Quantified：Mind the Gender Gap [J]. Nature，2013，495(7439).

[109] Shen W，Liu D，Chen H. Chinese PhD. Students on Exchange in European Union Countries：Experiences and Benefits[J]. European Journal of Higher Education，2017，7(3).

[110] Shen W. Transnational Research Training：Chinese Visiting Doctoral Students Overseas and Their Host Supervisors[J]. Higher Education Quarterly，2018，72(3).

[111] Simonton D K. Age and Literary Creativity：A Cross-cultural and Trans-historical Survey[J]. Journal of Cross-cultural

Psychology, 1975, 6(3).

[112] Singh J. External Collaboration, Social Networks and Knowledge Creation: Evidence from Scientific Publications [C]. Frederiksberg: Danish Research Unit for Industrial Dynamics Summer Conference, 2007.

[113] Sonnert G, Blackburn R T, Lawrence J H. Faculty at Work: Motivation, Expectation, Satisfaction[J]. The Journal of Higher Education(Columbus), 1996, 67(6).

[114] Sugimoto C R, Robinson G N, Murray D S, et al. Scientists Have Most Impact When They're Free to Move[J]. Nature (London), 2017, 550(7674).

[115] Terri K. Transnational Academic Mobility, Internationalization and Interculturality in Higher Education [J]. Education, 2009, 20(5).

[116] The NPA Core Competencies Committee. Rationale for Core Competencies [EB/OL]. (2013-10-12) [2020-05-21]. https://cdn.ymaws.com/www.nationalpostdoc.org/resource/resmgr/Docs/Core_Competencies_-_10.02.13.pdf.

[117] Thorn K, L B Holm-Nielsen. The International Mobility of Talent: Types, Causes, and Development Impact[M]. Oxford: Oxford University Press, 2008.

[118] Tierney W G, Robert A R. Faculty Socialization as Cultural Process: A Mirror of Institutional Commitment[M]. Washington D C: School of Education and Human Development, George Washington University, 1994.

[119] Todisco E, Brandi M C, Tattolo G. Skilled Migration: A Theoretical Framework and the Case of Foreign Researchers in Italy[J]. Fulgor, 2003, 1(3).

[120] Ulrich W，Dash D P. Research Skills for the Future：Summary and Critique of a Comparative Study in Eight Countries [J]. Journal of Research Practice，2013，9(1).

[121] Van D W，Marijk. International Academic Mobility：Towards a Concentration of the Minds in Europe[J]. European Review，2015，23(1).

[122] Vitae. Introducing the Vitae Researcher Development Framework to employers 2011[EB/OL].（2011-04-02）[2020-05-21]. https://www.vitae.ac.uk/vitae-publications/rdf-related/introducing-the-vitae-researcher-development-framework-rdf-to-employers-2011.pdf/view.

[123] Walker G E，Golde C M，Jones L，et al. The Formation of Scholars：Rethinking Doctoral Education for the Twenty-first Century [M]. New Jersey：John Wiley & Sons，2009.

[124] Wang J，Hooi R，Li A X，et al. Collaboration Patterns of Mobile Academics：The Impact of International Mobility[J]. Science & Public Policy，2019，46(3).

[125] Wanner R A，Lewis L S，Gregorio D I. Research Productivity in Academia：A Comparative Study of the Sciences，Social Sciences and Humanities[J]. Sociology of Education，1981，54(4).

[126] Weidman J C，Twale D J，Stein E L. Socialization of Graduate and Professional Students in Higher Education：A Perilous Passage? [M]. San Francisco：Jossey-Bass，2001.

[127] Weidman J C，Stein E L. Socialization of Doctoral Students to Academic Norms[J]. Research in Higher Education，2003，44(6).

[128] Welch A R. The Peripatetic Professor：the Internationalisation of the Academic Profession[J]. higher Education，1997(34).

[129] Wiers-Jenssen J. Background and Employability of Mobile vs. Mon-mobile Students[J]. Tertiary Education and Management, 2011, 17(2).

[130] Woolley R, Turpin T, Marceau J, et al. Mobility Matters: Research Training and Network Building in Science[J]. Comparative Technology Transfer and Society, 2009, 6(3).

[131] Xiang B, Shen W. International Student Migration and Social Stratification in China[J]. International Journal of Educational Development, 2009, 29(5).

[132] Xiao Z, Tsui A S. When Brokers May Not Work: The Cultural Contingency of Social Capital in Chinese High-Tech Firms [J]. Administrative Science Quarterly, 2007, 52(1).

[133] Zweig D, Chen C G, Rosen S. Globalization and Transnational Human Capital: Overseas and Returnee Scholars to China [J]. The China Quarterly (London), 2004(179).

后　记

本书是在我的博士论文的基础上稍作修改而成，如今得以付梓，需要感谢太多人的帮助与支持。首先想特别感谢所有接受调研的大学教师，感谢你们在百忙之中愿意抽出时间帮助一个像我这样素不相识的博士生填写问卷、参与访谈。没有你们的热心帮助，我无法完成这项研究。更让我备受感动的是，在问卷调查过程中，超过40%的教师没有领取问卷红包，大部分受访教师在线参与访谈时，也没有接受任何小礼品，纯属无偿帮忙。每当我想退缩的时候，就会想到为了这些帮我提供数据资料的老师也要坚持下去，把这项研究做好，是我唯一能够提供的回报。

感谢我的硕士导师郭卉，您是我科研路上的启蒙者，如果不是您的鼓励，我是没有勇气踏上这条路的。感谢我的博士导师荀渊，感谢您补录了我，让我有机会继续接受学术训练，攀登学术高峰，感谢您四年来对我学术上的指导，博士论文的选题、理论框架的构建、调查问卷的完善都得益于荀老师的教诲与启发。感谢阎光才老师、戚业国老师、徐国兴老师、李海生老师和李梅老师在开题阶段对论文提出的建设性意见。感谢张东海老师、岳英老师、李琳琳老师、曹妍老师和郭娇老师对调查问卷提出的修改建议。

感谢师门的兄弟姐妹和同窗好友，你们的陪伴与支持给予了我莫大的勇气，是你们让我觉得不是自己只身一人在奋斗。感谢家人对我的理解与支持，因为你们的牺牲与奉献，我才可以心无旁骛地开展研究、撰写论文。感谢中国高等教育学会将本篇论文收录进“中国高等教育学会学术创新计划——高等教育学博士学位论文文库”，这一殊荣将激励本人继续深潜学术，力争做出更好的研究成果。同时，感谢宁波大学公共管理研究所对本书出版的资助。

最后，限于自己的学识和阅历，书中难免会有疏漏或谬误，敬请读者批评指正。

刘　琳

2024 年 1 月 2 日

图书在版编目(CIP)数据

大学教师海外流动与学术发展 / 刘琳著 .— 上海 ：上海社会科学院出版社，2024
ISBN 978-7-5520-4406-5

Ⅰ. ①大… Ⅱ. ①刘… Ⅲ. ①高等学校—师资培养—研究 Ⅳ. ①G645.12

中国国家版本馆 CIP 数据核字(2024)第 110487 号

大学教师海外流动与学术发展

著　　者：刘　琳
责任编辑：曹艾达
封面设计：黄婧昉
出版发行：上海社会科学院出版社
上海顺昌路 622 号　邮编 200025
电话总机 021-63315947　销售热线 021-53063735
https://cbs.sass.org.cn　E-mail：sassp@sassp.cn
照　　排：南京理工出版信息技术有限公司
印　　刷：苏州市古得堡数码印刷有限公司
开　　本：890 毫米×1240 毫米　1/32
印　　张：11.625
插　　页：1
字　　数：312 千
版　　次：2024 年 8 月第 1 版　2024 年 8 月第 1 次印刷

ISBN 978-7-5520-4406-5/G・1326　定价：96.00 元